苏州品牌企业发展研究报告

SUZHOU PINPAI QIYE FAZHAN YANJIU BAOGAO

主编 魏文斌 洪海

苏州大学出版社
Soochow University Press

图书在版编目(CIP)数据

苏州品牌企业发展研究报告 / 魏文斌,洪海主编. —苏州:苏州大学出版社,2018.12
ISBN 978-7-5672-2696-8

Ⅰ. ①苏… Ⅱ. ①魏… ②洪… Ⅲ. ①企业发展—研究报告—苏州 Ⅳ. ①F279.275.33

中国版本图书馆 CIP 数据核字(2018)第 284469 号

书　　名:	苏州品牌企业发展研究报告
主　　编:	魏文斌　洪　海
责任编辑:	王　亮
装帧设计:	吴　钰
出版发行:	苏州大学出版社(Soochow University Press)
社　　址:	苏州市十梓街1号　邮编:215006
印　　刷:	苏州工业园区美柯乐制版印务有限责任公司
网　　址:	www.sudapress.com
电子邮箱:	sdcbs@suda.edu.cn
邮购热线:	0512-67480030
销售热线:	0512-67481020
开　　本:	787 mm×1 092 mm　1/16　印张 23.25　字数 495 千
版　　次:	2018 年 12 月第 1 版
印　　次:	2018 年 12 月第 1 次印刷
书　　号:	ISBN 978-7-5672-2696-8
定　　价:	68.00 元

凡购本社图书发现印装错误,请与本社联系调换。服务热线:0512-67481020

《苏州品牌企业发展研究报告》编委会

主　　编：魏文斌　洪　海
参　　编：（按姓氏笔画排序）

于广天	王　可	王　健	王　海	王玉香	王金鑫
王智亮	王群伟	王黎明	尹　璨	叶建慧	朱　君
朱才军	任孝峰	刘　泓	刘德星	汤　华	孙小青
杜　莉	巫前进	李　珂	李晓欣	李青霞	杨　洁
杨　峰	何　聪	位　凯	佘彩云	沈　正	沈激桦
张　鸣	张阿沛	张欣欣	张智慧	金冠群	周　恺
周　倖	周凤英	周剑玲	周联华	周路路	胡　勇
胡　菊	胡兆欣	钟　军	钟　颖	姜　艳	祝　雷
姚　远	秦嘉鑫	袁　鑫	袁建新	徐　征	徐　铮
董　骏	童　宇	雷星星	翟英才	潘琳士	

前　言

品牌是企业生存和发展的灵魂,品牌建设是一个长期积淀、文化积累和品质提升的过程。发达国家经济增长经验表明,发展品牌经济是实现经济转型升级的必由之路。2016年以来,我国出台了一系列文件、政策,大力推进中国品牌建设。国家"十三五"规划把质量品牌建设列入了重点规划。2016年6月,国务院办公厅《关于发挥品牌引领作用　推动供需结构升级的意见》中指出:"品牌是企业及至国家竞争力的综合体现,代表着供给结构和需求结构的升级方向。"2017年4月24日,国务院批复同意把每年5月10日设为"中国品牌日"。十九大报告中提出"质量强国",明确把"提高供给体系质量"作为主攻方向,品牌建设是其中的重要内容。因此,加强品牌建设,有利于推动"中国速度"向"中国质量"转变,有利于推动"中国产品"向"中国品牌"转变,有利于满足人们更高层次物质文化需求。

苏州地区是中国经济最具活力的地区之一,一批优秀的本土品牌企业不仅在本地区、本行业崭露头角,而且在全国甚至全球形成了较强的竞争力。苏州市政府把实施品牌战略、推进"品牌强市"作为促进经济转型升级的重要战略。为进一步提升苏州企业品牌价值和品牌影响力,促进区域经济转型升级,苏州市工商行政管理局和苏州大学MBA中心于2012年6月合作共建"企业案例研究基地",确定了"苏州本土品牌企业发展"为研究总课题,由苏州大学MBA案例研究中心主任魏文斌教授和苏州市市场监督管理学会(原苏州市工商行政管理学会)洪海秘书长共同主持。课题组选择苏州驰名商标、老字号、上市公司、信用企业、A级景区为研究样本,设计了相关调查问卷,发放全部样本企业,共回收有效问卷509份,并先后对苏州各典型品牌企业进行了50多次访谈,为课题的统计分析提供了重要的数据和第一手资料支持。

驰名商标作为经济发展的战略性资源和核心要素,在促进区域经济发展的过程中发挥着日益重要的作用,同时,驰名商标也能为企业的发展增添强劲动力,增强市场竞争力。课题组以苏州驰名商标企业为研究样本,设计调查问卷并发放截止到2012年年底的75件驰名商标所属企业,先后进行了10余次调研,选择了恒力、亨通、波司登、好孩子、捷安特、沙洲优黄、长江润发、强盛化工、太仓肉松、水天堂等典型企业进行了访谈。在问卷调查中,共回收了72份驰名商标企业的调查问卷。

苏州是中国著名历史文化名城,深厚的文化底蕴孕育了一大批具有鲜明地域特色的老字号企业。老字号不仅是苏州经济社会发展的历史见证,也是一种文化情结和城市名片,但经过沧桑变迁,数百年洗礼,能够生存到今天的已不到百家。为梳理苏州老字号和了解其发展现状,课题组在查阅大量史料的基础上,选择苏州72家老字号企业为研究样本,设计"苏州老字号企业发展情况调查问卷",并发放苏州72家老字号企业,先后进行了10多次调研,对采芝斋、松鹤楼、万福兴、乾泰祥、稻香村、雷允上、新聚丰、绿杨馄饨、如意檀香扇、太仓肉松、子冈玉坊、姜思序堂等老字号企业进行了实地访谈。在问卷调查中,共回收有效问卷68份。

上市公司是经济运行中最具发展优势的群体,是地方经济与产业发展的主要载体,也是资本市场投资价值的源泉。苏州是我国经济发展最为活跃的地区之一,上市公司的数量和规模不断增长。截止到2017年12月底,苏州市A股上市公司共有103家,分别在上海主板上市11家,在深圳主板上市3家,在深圳中小板上市39家,在深圳创业板上市30家。这些上市公司对苏州地区经济发展和产业转型升级起着重要的推动作用。课题组以苏州A股上市公司为研究样本,以上市公司可持续发展为主线,以苏州A股上市公司年报、内部控制评价报告、社会责任报告为主要研究素材,并先后进行了10多次实地调研,选择江苏吴中、东山精密、苏州高新、创元科技、江南嘉捷、东吴证券、纽威阀门、澳洋科技、澳洋顺昌、天顺风能、亨通集团、天孚通信、中利集团等上市公司进行了访谈。

市场经济就是信用经济,信用是市场经济机制正常运转的重要基础。企业作为市场经济中最为重要的主体,是社会信用体系建设的基础和重要内容。为推进企业诚信建设,规范企业合同行为,引导企业诚信履约、守法经营,国家工商行政管理总局积极开展"守合同重信用"(简称"守重")企业公示活动。截止到2016年度,苏州市共有省级"守重"企业308家,国家级"守重"企业87家。课题组设计了"苏州市守合同重信用企业情况调查问卷",发放苏州市已经公示的省级和国家级"守重"企业,在问卷调查中,共回收问卷311份,其中有效问卷304份,问卷有效率为97.75%,并选择盛虹集团、金陵体育、新美星、五洋集团、太仓市政、中亿丰、苏州一建等企业进行了访谈。

旅游景区是旅游业发展的资源基础,是旅游产品的最主要部分和旅游活动的核心,旅游景区服务质量和品牌建设是提升区域旅游竞争力的关键。作为国家重点风景旅游城市,A级景区一直是苏州旅游发展的重要资源和载体,截止到2017年度,苏州共有63家(68个点)国家A级旅游景区,其中5A级景区6家11个点,4A级景区36家,3A级景区17家,2A级景区4家。课题以苏州市A级景区为研究样本,设计"苏州市A级景区品牌建设调查问卷"和"苏州市旅游景区品牌与服务质量调查问卷",前者发放苏州市A级景区,后者发放来苏州A级景区旅游或曾经旅游过苏州A级景区的游客。在问卷调查中,"苏州市A级景区品牌建设调查问卷"回收了67份问卷,其中有效问卷65份,问卷有效率为97.02%;"苏州市旅游景区品牌与服务质量调查问卷"共发放635份,收回有效问卷616份,问卷有效率为97.01%。课题组选择留园、金鸡湖景区、沙家浜景区、周庄、陆巷古村、穹窿山景区、苏州乐园、苏州镇湖刺绣艺术馆等A级景区进行了访谈。

本书是苏州市市场监督管理学会和苏州大学MBA案例研究中心合作研究、众多人共同参与完成的集体成果。本课题在调研和编写过程中,得到了苏州工商行政管理局、下属各市场监督管理局领导以及各下属市场监督管理学会的大力支持,得到了被调研品牌企业高管的积极配合,得到了苏州市委研究室、苏州市政府政策研究室、苏州市哲学社会科学联合会、苏州市社会信用体系建设工作办公室、苏州市旅游局、苏州大学东吴商学院、苏州大学出版社等单位有关领导的关心和支持,在此一并表示感谢!

《苏州品牌企业发展研究报告》作为一部学术资料性著作,力求系统分析和总结苏州品牌企业发展经验,专题探讨苏州企业品牌建设问题,为苏州企业品牌建设提供决策建议,助力苏州城市品牌和企业品牌价值成长。本书可作为政府部门、行业协会、企业决策的参考资料,也可供研究人员、专业院校学生和社会人士阅读。当然,由于作者水平有限,以及品牌建设的系统性和长期性,书中肯定存在不足甚至错误之处,敬请读者批评指正。

编　者

2018 年 9 月

目录

概述篇

苏州驰名商标企业发展概述 …………………………………………… 3
苏州老字号品牌发展概述 ……………………………………………… 14
苏州 A 股上市公司发展概述 …………………………………………… 27
苏州"守合同重信用"企业发展概述 …………………………………… 37
苏州 A 级景区发展概况 ………………………………………………… 48
苏州 A 级景区品牌建设概述 …………………………………………… 54

商标篇

苏州市工业制造业品牌调查分析报告 ………………………………… 61
苏州市纺织服装业品牌发展报告 ……………………………………… 69
苏州市电子业品牌调查分析报告 ……………………………………… 76
苏州自主品牌发展的现状、问题与建议 ……………………………… 84
苏州战略性新兴产业品牌发展的特点、问题及对策 ………………… 93
促进苏州品牌发展的财政政策研究 …………………………………… 100
商标权的境外保护 ……………………………………………………… 106

老字号篇

苏州老字号的前世今生 ………………………………………………… 121
苏州"中华老字号"企业调查分析报告 ………………………………… 129

苏州老字号品牌的文化内涵 …………………………………………………… 136
消费者怀旧倾向对老字号品牌忠诚度的影响研究
　　——基于顾客感知价值的中介作用 ………………………………………… 139
基于扎根理论的老字号持续发展内在因素研究
　　——以苏州"中华老字号"企业为例 ……………………………………… 145

上市公司篇

苏州上市公司社会责任披露与分析研究报告 ………………………………… 153
企业文化与上市公司成长的关系研究
　　——以苏州 A 股上市公司为例 …………………………………………… 166
上市公司治理结构对企业可持续发展的影响研究
　　——基于苏州 A 股上市公司的实证分析 ………………………………… 176
苏州市上市公司可持续发展的实证分析 ……………………………………… 190
上市公司的知识产权问题探讨 ………………………………………………… 194

"守重"企业篇

社会信用体系建设：内涵、模式与路径选择
　　——基于苏州市社会信用体系建设现状的研究 ………………………… 205
苏州市企业信用治理研究 ……………………………………………………… 212
企业信用风险防范对策研究
　　——基于苏州市"守重"企业的调查分析 ……………………………… 216

企业信用对顾客购买意愿影响的实证研究
　　——基于顾客认同的中介变量 …………………………………… 224
关于企业信用信息记录的立法思考 ……………………………………… 236

A 级 景 区 篇

苏州市 A 级景区品牌建设调查分析报告 ………………………………… 245
苏州市 A 级景区智慧旅游研究报告 ……………………………………… 257
苏州市 A 级景区节事活动与品牌建设研究 ……………………………… 265
苏州市 A 级景区品牌传播与品牌提升研究 ……………………………… 270
苏州市 A 级景区旅游文化研究 …………………………………………… 275
游客对苏州旅游景区品牌与服务质量的评价 …………………………… 282
苏州市旅游景区服务质量实证研究 ……………………………………… 290
苏州旅游目的地品牌营销策略研究 ……………………………………… 301

附录一　政策法规 …………………………………………………………… 309
附录二　调查问卷 …………………………………………………………… 318
附录三　苏州品牌企业名单 ………………………………………………… 340

概述篇

苏州驰名商标企业发展概述

一、苏州市驰名商标品牌发展现状

苏州是中国经济最具活力的地区之一,一批优秀的本土品牌企业不仅在本地区、本行业崭露头角,而且在全国甚至世界范围内形成了一定的影响力和竞争力。截止到2017年年底,苏州市共拥有国家驰名商标119件,省著名商标797件,市知名商标939件,地理标志14件,马德里国际注册商标750件。在2010年苏州市政府实施"品牌强市""品牌强企"战略以来,苏州市驰名商标的发展更是取得了显著的成效,苏州市的经济和社会也得到了进一步的持续稳定发展。至2017年年底,苏州市共有行政认定驰名商标119件,位列全省第一,在全国同等级城市中排名前列。

苏州市自取得第一件国家驰名商标至今,走过了近20年的时间。苏州市国家驰名商标从无到有,从稳步前进到大踏步跨越,这20载是令人难以忘怀的一段时光。随着苏州市"十三五"规划的深入实施,苏州正从"品牌大市"迈向"品牌强市",驰名商标事业也步入了一个全新的发展阶段。长期以来,苏州市工商部门积极引导全市企业充分利用马德里体系这条便捷、有效的商标国际注册途径进行商标注册。截止到2017年年底,苏州市共拥有马德里国际注册商标750件,这使得苏州市在江苏省自主品牌建设方面处于领先的位置。

驰名商标作为经济发展的战略性资源和核心要素,在促进经济发展的过程中发挥着日益重要的作用,同时,驰名商标也能为企业的发展增添强劲动力,增强市场竞争力。苏州市在2010年落实"品牌战略"之后,驰名商标数量有了明显的大跨越,从2009年的36件驰名商标发展到2011年的58件、2012年的75件、2017年的119件,这样的发展速度是前所未有的。

驰名商标的发展反映了苏州市经济跨越式发展的整体形态。苏州市商标注册和驰名商标创建的质量、品牌结构、地区分布虽然还存在着一些问题,但总体上优势比较突出,驰名商标的辐射带动效应明显,为苏州市"十三五规划"的下半程奠定了坚实的基础。苏州市的"品牌战略"对驰名商标发展、对整个苏州经济发展都起到了重要的作用。

(一)从总体上看,苏州驰名商标数量稳步增长

波司登股份有限公司的"波司登"及好孩子儿童用品有限公司的"好孩子"两件商

标在1999年被行政认定为驰名商标,波司登股份有限公司和好孩子儿童用品有限公司成为苏州市第一批被国家工商总局认定驰名商标的企业,也引领了苏州市企业创牌发展之路。从2000年开始,苏州市的驰名商标数量有了稳步的增长。自2009年年底苏州市政府提出"品牌战略"之后,驰名商标的发展出现了前所未有的"大爆发"。从2011年至2015年,每年均有超过10件商标被认定为国家驰名商标。截至2017年年底,苏州市共有119件商标被认定为国家驰名商标(见图1)。

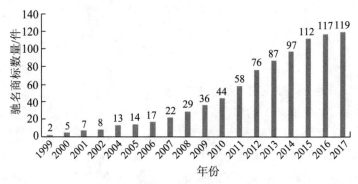

图1 苏州市驰名商标增长情况

(二)从行业分布看,苏州驰名商标分布行业广泛

苏州市119件驰名商标共覆盖34个行业(见表1)。其中,纺织服装服饰业和通用设备制造业均拥有13件驰名商标,占比10.9%,规模最大。"波司登"于1999年就被认定为国家驰名商标,这不仅是纺织服装服饰业的第一件驰名商标,同时也是整个苏州市最早被认定的国家驰名商标。纺织业共拥有10件驰名商标,占比8.4%,其中最早的是在2004年通过申请认证的"梦兰"。食品制造业共拥有9件驰名商标,占比7.6%,第一个申请到的是张家港新菊味精有限公司的"菊花"。化学原料和化学制品制造业累计有8件驰名商标,占比6.7%,最早的是由江苏德威新材料股份有限公司申请的"第1080023号图形"。专用设备制造业共拥有6件驰名商标,占比5%,该行业申请到的第一件驰名商标是苏州江南嘉捷电梯股份有限公司的"SJEC"。橡胶和塑料制品业有5件驰名商标,占比4.2%。紧接着的分别是电气机械和器材制造业,计算机、通信和其他电子设备制造业,金属制品业,商务服务业,均有4件驰名商标,占比3.4%。餐饮业,建筑装饰装修业,酒、饮料和精制茶制造业,其他运输设备制造业,研究和试验发展,以上5个行业均有3件驰名商标,占比2.5%。地理标志证明商标、房屋建筑业、非金属矿物制品业、木材加工及木制品业、皮革毛皮羽毛及其制品和制鞋业、医药制造业,以上6个行业均有2件驰名商标,占比1.7%。最后,道路运输业、纺织服装服饰制造业、公共设施管理业、黑色金属冶炼和压延加工业、化学纤维制造业、农副食品加工业、批发和零售业、软件和信息技术服务业、土木工程建筑业、仪器仪表制造业、有色金属冶炼和压延加工业以及造纸和纸制品业都各有1件驰名商标。苏州市驰名商标数量之多、覆盖行业之广,在全省均处于明显的领先位置(见表1)。

表1 苏州市驰名商标行业分布情况

行　业	驰名商标数量(件)	占总数量的百分比(%)
纺织服装服饰业	13	10.9
通用设备制造业	13	10.9
纺织业	10	8.4
食品制造业	9	7.6
化学原料和化学制品制造业	8	6.7
专用设备制造业	6	5.0
橡胶和塑料制品业	5	4.2
电气机械和器材制造业	4	3.4
计算机、通信和其他电子设备制造业	4	3.4
金属制品业	4	3.4
商务服务业	4	3.4
餐饮业	3	2.5
建筑装饰装修业	3	2.5
酒、饮料和精制茶制造业	3	2.5
其他运输设备制造业	3	2.5
研究和试验发展	3	2.5
地理标志证明商标	2	1.7
房屋建筑业	2	1.7
非金属矿物制品业	2	1.7
木材加工及木制品业	2	1.7
皮革毛皮羽毛及其制品和制鞋业	2	1.7
医药制造业	2	1.7
道路运输业	1	0.8
纺织服装服饰制造业	1	0.8
公共设施管理业	1	0.8
黑色金属冶炼和压延加工业	1	0.8
化学纤维制造业	1	0.8
农副食品加工业	1	0.8
批发和零售业	1	0.8
软件和信息技术服务业	1	0.8

续表

行　业	驰名商标数量(件)	占总数量的百分比(%)
土木工程建筑业	1	0.8
仪器仪表制造业	1	0.8
有色金属冶炼和压延加工业	1	0.8
造纸和纸制品业	1	0.8
合计	119	100

(三) 从地区分布看,苏州驰名商标覆盖所有县级市和所辖城区

苏州市共分为张家港、常熟、太仓及昆山四个县级市和吴江区、吴中区、相城区、高新区、姑苏区、工业园区六个区。常熟拥有24件驰名商标,在所有县、区中是最多的,其中,"波司登"在1999年即通过认证成为常熟第一个国家驰名商标,同时这也是苏州市最早的驰名商标。张家港共拥有20件驰名商标,张家港的第一个国家驰名商标"菊花(味精)"是由新菊味精有限公司申请得到的。太仓有7件驰名商标,其中,苏州雅鹿控股股份有限公司通过认证得到太仓第一个驰名商标——"雅鹿"。昆山市共拥有18件驰名商标,其中,最早通过认证的是由好孩子儿童用品有限公司在1999年申请的"好孩子"。吴江区有16件驰名商标,其中,亨通光电有限公司于2004年申请认证获得吴江区第一个驰名商标——"亨通光电"。吴中区有5件驰名商标,其中最早的是由苏州市吴中区洞庭(山)碧螺春茶业协会在2009年申请认证得到的"洞庭山碧螺春及图"。相城区共拥有5件驰名商标,其中,苏州罗普斯金铝业有限公司于2007年申请得到相城区第一个驰名商标——"罗普斯金LPSK"。高新区共有6件驰名商标,其中,明基电通有限公司于2007年最先申请到高新区第一个驰名商标——"BenQ"。姑苏区共有6件驰名商标,最早的是由苏州春花国际贸易有限公司于2000年申请得到的"春花"。苏州工业园区共有12件驰名商标,其中,苏州江南嘉捷电梯股份有限公司于2010年通过申请认证得到园区第一个驰名商标——"SJEC"。苏州市各地区驰名商标数量见图2。

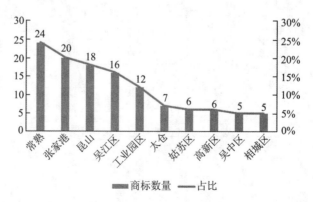

图2　苏州市各地区驰名商标数量情况

（四）从注册类别看，苏州驰名商标类别分布较广泛

苏州市驰名商标的类别分布比较广泛，119 件有效驰名商标共分布在 27 个不同类别中。其中，驰名商标数量最多的是第 25 类（服装、鞋、帽等），共有 18 件，占总量的 15.1%；其次为第 7 类（机械设备、马达、传动）和第 9 类（科学仪器、电子产品、安防设备），均拥有 12 件驰名商标，占总量的 10.1%；再次为第 12 类（运输工具、运载用具零部件）和第 24 类（纺织品、床上用品、毛巾），均拥有 7 件驰名商标，占总量的 5.9%。以上几类商标共占驰名商标总量的 47.1%（见表 2）。

表 2　苏州市驰名商标不同注册类别情况

商标类别	驰名商标数量（件）	占总数量的百分比（%）
服装、鞋、帽	18	15.1
机械设备、马达、传动	12	10.1
科学仪器、电子产品、安防设备	12	10.1
纺织品、床上用品、毛巾	7	5.9
运输工具、运载用具零部件	7	5.9
食品	6	5.0
灯具空调	5	4.2
方便食品	5	4.2
化学原料	5	4.2
建筑材料	5	4.2
金属材料	5	4.2
颜料油漆	4	3.4
运输贮藏	4	3.4
纱线丝	3	2.5
餐饮住宿	2	1.7
广告销售	2	1.7
建筑修理	2	1.7
酒	2	1.7
日化用品	2	1.7
饲料种子	2	1.7
网站服务	2	1.7
医药	2	1.7
办公用品	1	0.8

续表

商标类别	驰名商标数量(件)	占总数量的百分比(%)
材料加工	1	0.8
厨房洁具	1	0.8
皮革皮具	1	0.8
绳网袋篷	1	0.8
总计	119	100

二、苏州市驰名商标品牌发展存在的问题

(一)驰名商标行业发展不平衡,两极分化比较严重

虽然苏州市驰名商标覆盖达到34个行业,但行业之间的差距比较明显(见表1)。纺织服装服饰业、通用设备制造业、纺织业、食品制造业及化学原料和化学制品制造业等作为传统制造业的代表,其驰名商标数量之和占到了总数的44.5%。但新型工业化道路坚持以信息化带动工业化,以工业化促进信息化,是一条科技含量高、经济效益好、资源消耗低、环境污染少、人力资源优势得到充分发挥的工业化道路,而传统型支柱性产业恰恰相反,所以苏州市的驰名商标在行业分布上仍凸显出不均衡的现象。另外,这里的商务服务业是作为第三产业的重要组成部分,而且在苏州市《"十三五"规划》中明确提出要将服务业尤其是现代服务业置于战略高度进行发展,力争苏州市形成制造业和现代服务业两轮驱动,相互促进、共同提高的新格局。但到目前为止,苏州市商务服务业只有4件中国驰名商标。

(二)地区内驰名商标分布不平衡较严重,城区须加快发展步伐

苏州市所辖不同地区之间的驰名商标拥有量存在着比较大的差距,主要表现为县级市明显高于城区(见图3)。以常熟、张家港和昆山为代表的3个县级市共拥有62件

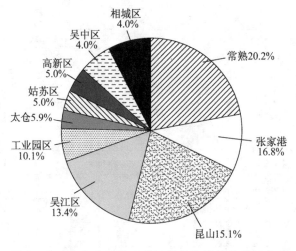

图3 苏州市各地区驰名商标数量占总数量的百分比

驰名商标,占总数量的 52%;而苏州 5 个城区(吴江区未计入)整体上相对较弱,5 个城区共有 34 件驰名商标,占总数量的 29%。可见,苏州市各地区之间驰名商标分布不均比较严重,主城区需要快速、强劲的发展动力。

(三)驰名商标的管理和保护力度有待加强

众所周知,"驰名商标"最早来自《保护工业产权巴黎公约》。按照国际和国内的知识产权法律法规,驰名商标制度是为充分保护知名商标所有权人的合法权益而创设的,其宗旨是合理保护相关的商标所有权,维护公平竞争,制止侵犯他人商标专用权的行为。由于驰名商标能够为企业带来巨大的经济效益,有利于企业在市场经济中巩固地位,对抗恶意抢注、不同商品的相似商标影响等一系列问题,因此,企业申请认定其商标为驰名商标就在于保护企业品牌权益。但是,在企业经营实践中,由于驰名商标知名度高和声誉好,反而受到严重的侵权。课题组回收的调查问卷表明,苏州有超过半数驰名商标企业的商标自 2008 年以来有过被侵权假冒的明确记录,在品牌管理与维护上仍存在多起商标侵权假冒情况,这其中许多都是业内知名的大中型企业。

除恒力、波司登、梦兰等大型企业集团以外,苏州不少驰名商标企业均缺少一整套完善的商标管理、运营、内控、维权等工作制度,商标管理的制度化水平不高。不少企业在创牌时对商标管理较为重视,但得到驰名商标以后放松了对商标的日常管理。驰名商标企业中目前还有三分之一的企业未建立起专业、规范的商标管理机构,未配备相应的管理人员。这使得这些企业的商标管理工作无法及时、规范、有效地开展,因商标管理不善而造成商标资源浪费;同时,在发生侵权的时候,企业也很难及时、准确、完整、有效地搜集商标侵权证据,不利于商标保护工作的开展。绝大多数驰名商标企业或多或少会遇到驰名商标被侵权冒用的问题,仅仅依靠企业商标管理和法务部门,难以在全国乃至世界范围内取得商标维权的最大效益。

而且,网络侵权很难有效进行防止,如不法个人以虚假身份在淘宝网上登记注册"哈森旗舰店""哈森品牌折扣店"等销售假冒"哈森"品牌产品,大肆侵犯"哈森"驰名商标权,致使维权成本巨大,且收效甚微。

(四)企业社会责任品牌参差不齐,品牌影响力有待进一步提升

21 世纪以来,社会对企业公民、企业责任的呼声越来越高,消费者对企业社会责任和企业公众形象越来越重视,企业对其社会责任的履行状况也日益成为顾客借以评价一个品牌好坏的重要尺度。因此,认真履行好企业社会责任,是企业品牌建设的前提和基础,也是企业长盛不衰的关键所在。

课题组在调查问卷中,专门设有"驰名商标认定后,本企业在公益事业、社会责任方面的捐赠或投资情况"一栏。我们注意到,拥有驰名商标的大型企业能积极承担社会责任,如沙钢、亨通、波司登等企业获得过"中华慈善奖"。但总体上看,大部分企业未设立社会责任机构,救灾、扶贫、助学等参差不齐,且缺乏系统性和连续性,企业品牌价值和社会影响力有待进一步提升。

三、苏州市驰名商标品牌进一步发展的总体建议

总体上,苏州驰名商标的发展应继续发挥政府引导、政策杠杆作用,加强驰名商标保护力度和规范化管理,以企业为主导、品牌文化为主线,推进企业社会责任品牌,提升驰名商标美誉度和企业综合竞争力。

(一)继续充分发挥政府政策的杠杆作用,持续推进驰名商标战略

在政府引导和企业主导的模式下,政府的作用体现为引导和扶持。首先是制定合理的产业政策,引导本地产业的合理发展,完善本地区的基础设施,营造良好的制度环境,并且搭造畅通的物流平台和信息共享平台;其次是注重对区域品牌内涵的开发,挖掘品牌的历史文化底蕴,丰富区域品牌的文化内涵。此外,政府还应对企业建设区域品牌进行政策上的支持,倡导区域品牌核心价值理念的创新,打击假冒伪劣产品的生产和销售,健全市场监督机制,为区域品牌建设服务。

苏州已出台《关于实施商标战略、建设品牌强市的实施意见》,对驰名商标发展起到了良好的助推作用,应继续加大财政、税收、金融政策支持力度,进一步完善人、财、物方面的保障。

1. 财政政策扶持

政府可采取以下措施:一是建立驰名商标发展基金。采取投资、融资、吸引外资等办法筹资,建立驰名商标企业发展基金,重点扶持名牌企业与区域品牌。二是在企业财务制度上给予支持。在产品成本能承受的一定范围内,允许品牌企业按销售额的一定比例计提科技开发费,并计入产品成本,用于新产品的开发和研制。三是加大技改资金的支持力度,支持企业技术改造和技术创新,形成一批拥有自主知识产权的名牌产品,按照择优扶强,突出重点,注重实效和注重质量、品种、效益的原则,选择一批品牌产品生产企业和项目,列入国家重点技术改造项目并予以支持。鼓励这些企业加快技术改造和技术创新步伐,逐步形成一批拥有自主知识产权的拳头产品和名牌企业。

2. 税收政策支持

驰名商标企业可充分利用国家政策,将前期投入的巨额资本作为费用列支,在税前扣除,从而降低税赋,规避一定风险,提高自身竞争力。当取得回报时,品牌企业可以将取得的收入迅速地再次投入研发,形成良性循环,促进企业成长,提高企业创新能力。将政府对技术创新的支持定位于产业研究和开发阶段,采取拨款和贷款贴息为主、税收减免为辅的支持政策体系。建议对驰名商标企业和品牌产品在境外销售的税收政策的制定和修订应及时适应外部环境变化。驰名商标企业税收可以从直接生产环节优惠向研发环节优惠转移,从生产贸易企业优惠向创新和产业化支持体系优惠转移,逐步建立对商业性研究(产业基础研究、产业应用研究)的税收优惠体系。

3. 金融政策支持

政府可采取以下措施:优先支持名牌企业与区域品牌的技改项目发行企业债券;拓宽企业的筹资渠道,在安排企业股份制改造和批准股票上市时,优先考虑名牌企业,通过股票上市筹集资金,降低企业负债率,提高名牌产品的竞争力;积极拓宽品牌企业的

投融资渠道,组织自身财力,多方面调动银行资金重点扶持名牌企业与区域品牌的发展;等等。

(二) 以法律法规为依据,加强市场监管,加大驰名商标保护力度

1. 进一步加强市场监管

第一,营造驰名商标企业生存和健康发展的市场生态环境。地方政府要理顺国家与企业的产权关系,健全和完善各类市场(包括生产要素市场);真正转变政府职能,减少政府对企业的不恰当干预,增强政府对企业发展的宏观规划、预测及政策引导等方面的职能。第二,努力营造舆论环境,加大推荐和宣传品牌的力度。相关部门要多开展一些如"中国质量万里行""3·15"消费者权益保障等活动,严厉打击假冒伪劣产品。第三,要规范市场秩序、扶优治劣。地方政府和质量技术监督、工商、公安等监督执法部门是行政执法的责任承担者,是打假战场上的第一线主力部队,要进一步严厉打击生产和销售假冒伪劣产品的违法行为,维护市场秩序,净化市场环境;依法保护驰名商标产品的信誉和驰名商标产品生产企业的合法权益,为驰名商标企业的健康发展保驾护航。

2. 加强驰名商标的法律保护

第一,立法保护。假冒驰名商标品牌是一种十分典型的侵权行为,相关执法管理部门都应当为驰名商标企业维护知识产权提供方便条件,加强法制建设,严肃执法,保护驰名商标企业的合法权益。假冒名牌又是一种欺骗消费者的犯罪行为,应当绳之以法,予以严厉的打击和惩处,决不能姑息迁就。同时,政府要加强对防伪技术的管理和监督,把防伪技术产品纳入专营和法制化管理、监督轨道,防止伪造防伪标志。特别是地方政府,可以根据各地品牌发展的实际情况制定某些地方性的法规条文来促进品牌的发展。第二,司法保护。依据现有的法律对驰名商标进行保护、打击假冒。司法保护主要是由司法机关来实施,其主要方式是通过司法程序,以法律为准则,以事实为依据,对假冒伪劣的违法犯罪行为进行法律制裁,从而保护驰名商标的声誉。深入开展以保护驰名商标为重点的市场专项执法行动,严厉打击商标假冒侵权违法行为,切实维护商标专用权人的合法利益。

3. 建立驰名商标保护的社会网络

建立苏州市驰名商标保护名录,充分利用商标保护协作网络,在外省市遭遇侵权的集中地区,开展跨省市维权行动,为苏州市的驰名商标企业提供强有力的异地保护。

发挥行业协会的保护作用,倡导成立各级商标协会,使商标协会成为沟通商标使用企业和社会各个阶层的桥梁和纽带,并协调开展更广泛层面上的商标专用权保护工作,使商标专用权保护工作向社会多个层面渗透。

加强与新闻媒体的合作,借助电视、报刊、广播等新闻媒介开展商标专用权保护的专题宣传,进一步强化全社会对于商标专用权的保护意识,使商标专用权行政保护与社会保护更好地结合起来,全面提升商标专用权的保护水平。

(三) 进一步加强驰名商标的规范化管理

可从以下三个方面加强驰名商标的规范化管理:一是从政府层面加强规范化管理。

在政府部门和相关网站设立"企业创建品牌指南"栏目,公布申请注册商标和申报驰名商标的办理条件、程序和时限,并在特定网站开通咨询服务,为企业提供创品牌咨询,增强对企业申报品牌的工作指导和服务。根据驰名商标争创要求高、规定新、标准出台较频繁的特点,政府有关部门要加强业务指导,有计划地安排组织专业培训,积极为企业在健全管理、提高产品质量等方面提供基础性的指导和服务,夯实企业争创品牌的基础。二是从企业层面加强规范化管理。驰名商标企业要加强商标基础管理,设立商标管理机构,配备商标管理人员,建立健全商标管理制度,并根据自身的发展需要,有针对性地制订和实施商标战略长远规划,把制定商标战略纳入企业的经营管理系统中;同时,重视企业商标档案管理,形成企业商标体系,积极协助执法机关打击假冒侵权行为,并将打假活动的相关资料留存入档,以维护企业的合法权益。三是加强行政部门与企业的沟通联动。工商部门可以帮助有条件的企业建立联络指导站,配备联络专员,负责同工商部门加强联系沟通,及时将实施商标战略的政策和技术标准等信息向企业进行宣传,促进企业发挥创新品牌的主体性作用。

(四)以品牌文化为主线,强化品牌意识,提升企业综合竞争力

具备优秀企业文化的企业,始终都把创造品牌作为企业的最高宗旨,致力于建立一种由共同的财富观、效益观、经营观、信誉观及共同的职业道德观等内容构成的文化价值体系。因此,企业必须加强品牌意识的培育,努力提高自身的品牌认知能力。概括而言,企业在实际工作过程中要强化品牌价值意识、品牌培育意识、品牌保护意识、品牌危机意识等,从意识形态上重视名牌战略,为名牌战略的实施奠定思想基础。

企业应全面提高驰名商标的信誉度和无形资产价值。单一型的生产经营服务单位,要以驰名商标为主体,集中力量开发主导产品和个性商标,提高生产经营服务质量和商标信誉度。集团型的生产经营服务单位,要以驰名商标为纽带,集中力量开发多元化产品和统一商标,提高多元化生产经营服务水平和商标美誉度,增强企业综合竞争力。

(五)推进企业社会责任品牌建设,提升驰名商标美誉度和影响力

根据企业社会绩效理论的倡导者卡罗尔(Carroll)提出的企业社会责任"金字塔模型",企业社会责任分为四个层面,这四个层面之间是一个由低到高层层递进的阶梯关系。金字塔的底层是经济责任,因为企业必须获利才能生存;第二层是法律责任,公司必须遵纪守法;第三层是道德责任,即公司的所有员工有义务公正、公平和正确地行事;第四层,即金字塔的顶端是慈善责任,它使公司成为一个合格的企业公民。这四个层面的具体内容与企业品牌建设有着密切的联系,积极承担社会责任有助于建立起一个良好的品牌形象,从而带来积极的品牌效应,最终为企业带来经济效益和企业声誉的双丰收。

1. 生产高品质产品,树立质量典范

保证产品质量是企业社会责任的基本内容,仅仅生产出合格的产品对于企业来说是不够的。企业要在产品品质上不断追求卓越,利用技术创新来保持产品的先进性,只

有这样才能保持消费者对品牌的认可。同时,企业要更加注重产品消费和使用安全,加强质量管理,防止产品安全事故的发生,并提前预测安全隐患,建立应急机制,用高品质产品打造知名品牌形象。

2. 建立公益事业体系,提高品牌美誉度

企业参与慈善公益事业,不仅会为社会进步贡献力量,还会提升企业自身无形资产和品牌附加值。企业在参与公益事业时,其品牌得到的隐性宣传比直接的广告效果更好,因为消费者在不知不觉中接纳并认可了为社会做出有益贡献的品牌。因此,企业参与公益事业从另一个角度来看是一种社会营销方式,并且这种营销会避免消费者的抵触情绪,从而提升品牌的美誉度。

3. 承担社会责任,促进品牌国际化

企业社会责任贯穿于企业的经济责任、法律责任、道德责任、慈善责任等所有责任之中,即企业的各方面经营活动都涉及社会责任,因此承担社会责任是企业应尽的义务。在本土品牌走向国际的过程中,社会责任也被作为一个门槛,在国际化趋势盛行的今天,要想与国际接轨就需要企业根据自己的核心优势承担起相应的社会责任,通过品牌国际化塑造国际品牌。

参考文献:

[1] 常敏. 我国驰名商标保护制度的反思与完善[J]. 河北法学,2012(8):70-75.

[2] 董新凯. 论驰名商标认定之内涵驱动——兼论《商标法》相关规范的修改[J]. 学术论坛,2013(12):156-161.

[3] 李阁霞. 论商誉与驰名商标保护——兼评我国《商标法》对驰名商标的规定[J]. 烟台大学学报,2014(5):36-45.

[4] 汪泽. 论驰名商标保护要件的适用顺序[J]. 知识产权,2015(6):48-52.

[5] 贾平,樊传果. 品牌价值链活动与品牌管理策略研究[J]. 商业经济研究,2016(9):60-62.

[6] 林忠钦,昊立峰,蒋家东,等. 中国制造业质量与品牌发展战略研究[J]. 中国工程科学,2017(3):20-29.

[7] 赵卫宏,张宇东. 区域品牌化的企业参与行为研究——基于文化认知的视角[J]. 当代财经,2017(4):67-78.

[8] 谢京辉. 品牌价值创造和价值实现的循环机制研究[J]. 社会科学,2017(4):47-56.

[9] 张炬. 商标运用策略与企业价值提升[J]. 商业研究,2018(2):1-8.

[10] 陈通,青平,涂铭. 企业社会责任在品牌危机中的作用研究[J]. 当代财经,2018(2):74-83.

(魏文斌、洪　海、袁建新、钟　军、汤　华)

苏州老字号品牌发展概述

一、苏州市老字号发展概况

苏州是一座具有 2 500 多年的历史文化名城,发达的经济和昌盛的文化造就了众多老字号,苏州老字号的历史之久、数量之多、门类之全,在江苏省内乃至全国都名列前茅。苏州老字号作为苏州的一张靓丽名片,是"文化苏州"的窗口,行走在苏州,总能看到一些耳熟能详的苏州老字号:陆稿荐、稻香村、采芝斋、乾生元、黄天源、得月楼、松鹤楼、奥灶馆、太仓肉松、子冈玉坊、恒孚银楼、雷允上、三万昌、沙洲优黄、乾泰祥等。而观前街上更是林立着苏州大部分的老字号店,从观前东街到观前西街,在这条历史步行街上这些百年老店给这座古老而又现代的城市增添了浓浓的文化气息,成为姑苏城一道独特的风景线。

老字号是指历史悠久,拥有世代传承的产品、技艺或服务,具有鲜明的中华民族传统文化背景和深厚的文化底蕴,取得社会广泛认同,形成良好信誉的品牌。由此可见,老字号最有价值之处是其文化内涵。翻开苏州老字号的历史,人们会感受到浓厚的苏州地域文化气息。本课题调查和访谈[①]的苏州市 72 家老字号企业分布于食品、餐饮、医药、工艺、茶叶、珠宝首饰、酱园、建材、丝绸、酒类等 10 多个不同行业和苏州市下辖的 10 个地区,其中由商务部认定的中华老字号有 30 家。从苏州老字号的始创时间来看,苏州现存老字号企业中"年纪"最长的是创建于明永乐年间的陆慕御窑金砖,距今有 600 余年的历史,有记载明确创办时间的是中国最早琢玉品牌——子冈玉坊,始创于 1539 年,至今已有 475 年历史;从行业分布来看,苏州市老字号企业最多的是餐饮业,共有 20 家,占总数的 27.8%;从地区分布来看,苏州市老字号企业最多的是姑苏区,共有 41 家,占总数的 56.9%。

二、受访的苏州老字号地区分布情况

苏州市 72 家老字号企业中,从地区分布来看,常熟有 2 家,占总数的 2.8%;张家港有 1 家,占总数的 1.4%;太仓、相城区及工业园区各有 4 家,占总数的 5.6%;昆山、吴江

---

① 本课题调查和访谈时间为 2014 年 6 月至 9 月。

区和高新区各有 3 家,占总数的 4.2%;吴中区有 7 家,占总数的 9.7%;而姑苏区有 41 家,占总数的 56.9%,占据了苏州老字号的"半壁江山"。见图 1。

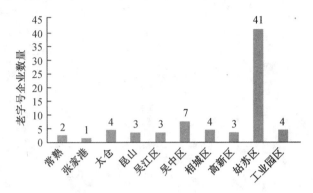

图 1 苏州市 72 家老字号的地区分布情况

三、受访的苏州老字号行业分布情况

苏州市 72 家老字号企业中,从行业分布来看,有 14 家属于食品类,占总数的 19.4%;有 5 家老字号来自酱园类,占总数的 6.9%;有 20 家属于餐饮类,占总数的 27.8%;而建材类、珠宝首饰类、茶叶类及其他类各有 3 家企业,占总数的 4.2%;有 7 家来自工艺类,占总数的 9.7%;医药类则有 10 家企业,占总数的 13.9%;酿酒类及丝绸类也各有 2 家,占总数的 2.8%。见图 2。

由图 2 可见,食品类、餐饮类和医药类老字号企业共有 44 家,占总数的 61%,而剩下的 28 家老字号分散在其余 8 个不同行业,苏州市老字号在行业分布上与地区分布一样,都存在着比较明显的不均衡现象。

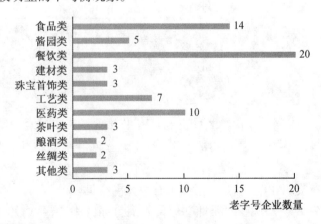

图 2 苏州市 72 家老字号的行业分布情况

四、受访人对老字号企业自身经营的看法

本课题调查问卷发放给苏州市 72 家老字号企业,共回收有效问卷 68 份。在回收

的68份调查问卷中,有65家企业认为"品牌"是企业目前最重要的竞争优势;有62家企业选择"产品质量"作为自身主要的竞争优势;有59家企业表示"传统工艺技术"也是老字号企业能够立足根本的优势所在;此外,还有49家企业选择了"服务态度"才是企业拥有的竞争优势。见图3。

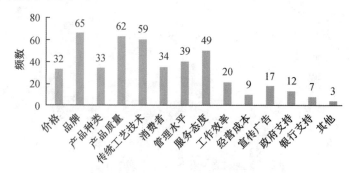

图3 本企业具有的竞争优势

在回收的68份调查问卷中,有47家企业管理人员表示"经营成本"成了本企业目前最主要的竞争劣势;还有26家企业管理人员分别选择了"价格"及"政府支持"作为企业现存的主要竞争劣势。见图4。

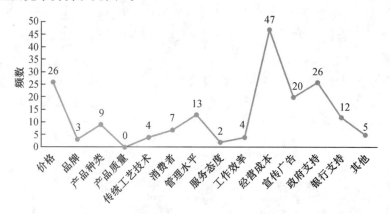

图4 本企业存在的竞争劣势

通过对比图3与图4可知,老字号企业具有的几项最突出的竞争优势恰好是竞争劣势图中出现最少的几项。这一方面说明了本次调查问卷结果的真实性、合理性;另一方面,我们找出了这些老字号企业目前主要的竞争优势、劣势,这对于分析老字号企业发展存在的问题及提出相应的对策、建议都有很大的帮助。

关于近五年(2009—2014年)企业在经营发展方面的举措,受访的老字号企业管理人员认为,"提高服务水平"是企业在经营发展方面最常采用的举措,占总频数的13.7%;另外还有44家企业管理人员选择了"增加新产品",占总频数的12.8%;此外,还有41家企业管理人员表示,"增加宣传广告"也是企业在经营发展上经常会采用的措施。见表1。

表1 近五年本企业在经营发展方面的举措

举措	频数	占比(%)	举措	频数	占比(%)
增加新产品	44	12.8	降低成本	31	9
增加新的生产线	13	3.8	增大投资	16	4.7
增加销售网点	40	11.7	扩大到其他行业	22	6.4
提高服务水平	47	13.7	优化业务流程	4	1.2
增加宣传广告	41	12	增加员工人数	10	2.9
增加新的工艺技术	25	7.3	其他	0	0
增加新的分公司	11	3.2	总计	343	100
改善经营环境	39	11.4			

关于近五年(2009—2014年)企业在营销策划和品牌认知方面的举措,"关注消费者的新需求"是企业在进行营销策划和品牌认知时最常采用的措施,有46家受访的老字号企业管理人员选择,占总频数的17.2%;有37家受访的企业管理人员认为,"结合传统节庆开展营销活动"也是企业非常重要的手段和措施;另外,"增加广告投入""增加销售网点"及设立营销部门等也都是企业营销策划和品牌认知经常采用的举措。见表2。

表2 近五年本企业在营销策划和品牌认知方面的举措

举措	频数	占比(%)	举措	频数	占比(%)
设立营销部门	27	10.1	改善销售环境	26	9.7
增加营销人员的数量	24	9	关注消费者的新需求	46	17.2
高薪引进营销人才	12	4.5	结合传统节庆开展营销活动	37	13.8
提高营销人员的工资	10	3.7	增加经销商	11	4.1
增加销售网点	29	10.8	其他	3	1.1
增加广告投入	32	11.9	总计	268	100
增加代理商	11	4.1			

关于近五年(2009—2014年)企业在品牌建设方面的措施,"广告投入增加"是最经常采用的措施,有34家受访的老字号企业选择,占总频数的19.2%;有31家企业选择"公司有形象代言人"作为本企业在品牌建设方面主要的措施;另外,"在传统节庆时进行品牌推广""更新公司内部装修风格""举办大型活动推广品牌"等也都是老字号企业经常采用的措施。见表3。

表3 近五年本企业在品牌建设方面的举措

举措	频数	占比(%)	举措	频数	占比(%)
更新公司标识	12	6.8	设立品牌推广部门/岗位	2	1.1
更新公司广告词	12	6.8	举办大型活动推广品牌	14	7.9
广告投入增加	34	19.2	在传统节庆时进行品牌推广	27	15.3
采用品牌经理制	13	7.3	更新公司内部装修风格	24	13.6
宣传广告渠道增多	3	1.7	其他	5	2.8
公司有形象代言人	31	17.5	总计	177	100

关于近五年(2009—2014年)企业在品牌传承方面所做的努力,受访的老字号企业管理人员的选择比较集中,有61家受访的企业管理人员选择"保留传统工艺、技术",占总频数的22.18%;有59家受访的企业管理人员认为"延续品牌形象"是本企业在品牌传承方面必需的措施,占总频数的21.45%;有58家受访的企业管理人员表示"保留传统的产品(服务)"是老字号企业经常采用的举措;另外,"传承品牌文化"也是企业经常采用的措施。见图5。

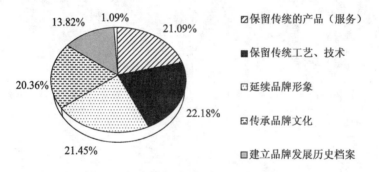

图5 近五年本企业在品牌传承方面所做的努力

关于近五年(2009—2014年)企业在新产品开发和品牌创新方面的举措,受访的老字号企业管理人员表示,"迎合新的消费需求"将是企业在进行新产品开发和品牌创新时最常使用的措施;有37家受访企业管理人员选择"迎合传统消费"作为企业自身经常采用的举措,占总频数的13.5%;还有36家受访企业管理人员认为"开发新的生产工艺"同样十分重要,占总频数的13.1%。见表4。

表4 近五年本企业在新产品开发和品牌创新方面的举措

举措	频数	占比(%)	举措	频数	占比(%)
设立研发部门	20	7.3	改善生产环境	34	12.4
增加研发人员数量	16	5.8	迎合新的消费需求	44	16
高薪引进研发人才	13	4.7	迎合传统消费	37	13.5
提高研发人员的工资	11	4	降低生产成本	23	8.4
开发新的生产工艺	36	13.1	其他	3	1.1
增加新的生产线	13	4.7	总计	275	100
增建新厂房	25	9.1			

关于近五年(2009—2014年)企业在信息化管理方面的举措,有44家受访的老字号企业认为,"建立公司网站"是自身在进行信息化管理时最常采用的措施,占总频数的17.6%;"财务信息化系统"也是企业经常采用的方法,有36家受访的老字号企业选择此项,占总频数的14.4%;此外,"办公自动化系统""销售信息化系统"等,也都是这些老字号企业在信息化管理中经常采用的措施。见表5。

表5 近五年本企业在信息化管理方面的举措

举措	频数	占比(%)	举措	频数	占比(%)
办公自动化系统	32	12.8	人力资源信息化系统	13	5.2
销售信息化系统	32	12.8	建立公司网站	44	17.6
采购信息化系统	25	10	采用网上销售	28	11.2
财务信息化系统	36	14.4	上述整套信息化管理系统	14	5.6
研发/设计信息化系统	12	4.8	其他	2	0.8
生产制造信息化系统	12	4.8	总计	250	100

关于近五年(2009—2014年)企业在社会责任方面的举措,受访的老字号企业管理人员比较一致地认为,"关注消费者权益"是企业在社会责任方面最重要的措施,占总频数的15.1%;另外,"关注员工权益"也是很多老字号企业不可忽视的一部分,有59家受访的企业选择,占总频数的14.4%;但"将其作为企业战略内容""设立社会责任岗位/部门"等这些涉及企业文化、更高层次的措施,很多老字号企业关注得还不够。见图6。

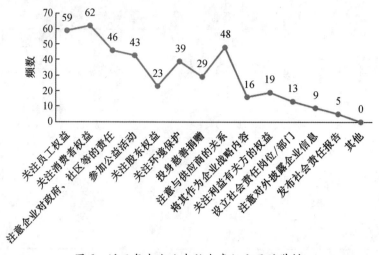

图 6　近五年本企业在社会责任方面的举措

关于近五年(2009—2014 年)企业在品牌价值提升方面的努力,受访的老字号企业中,有 62 家企业管理人员认为"加强客户关系管理"是企业在进行品牌价值提升时最经常使用的措施,占总频数的 22.06%;此外,"提高员工素质""重视品牌文化建设"等也都是企业经常会采用的举措。见图 7。

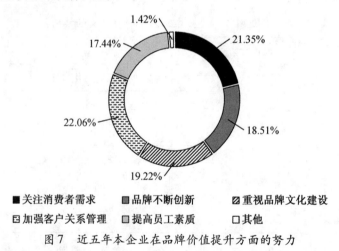

图 7　近五年本企业在品牌价值提升方面的努力

五、苏州市老字号企业发展存在的问题

通过对苏州市老字号发展历史、生产经营和品牌建设情况的调查和访谈可知,苏州市老字号企业在 2003 年改制后走上了复兴之路,总体上经营良好,但由于历史原因和体制转换等因素的影响,老字号企业在发展中面临许多新情况和新问题。概括而言,主要有以下几个方面。

(一)老字号品牌保护意识淡漠

近年来,老字号侵权事件经常发生,多次出现老字号这一"金字招牌"被假冒的不法行为和搭便车的现象。有些老字号未注册商标,注册商标的老字号保护也比较单一化,往往只有商标注册,没有外观设计或专利申请。姑苏区除"津津""黄天源"等为数不多的老字号企业重视商标的申报和保护外,大多数企业商标意识淡薄。如"采芝斋"商标被上海某公司抢注,只能另行注册"采芝图"商标。

由于苏州老字号的历史因素,国内存在几家公司共用同一字号的现象,如北京稻香村、桂香村,上海雷允上,杭州采芝斋,无锡陆稿荐,等等。此外,对于老字号制作技艺的商业秘密保护也欠缺制度规范性流程,对员工的保密约束有限。

老字号还存在权属隐患问题。苏州的老字号大多经历个人经营、公私合营、转制经营这样的历程,但有部分老字号权属纠纷没有彻底解决,有些还属于公私合营的集体或国有企业,现在真正运营的企业可能只拥有老字号的部分权益。

(二)经营成本相对偏高

在本课题回收的68份调查问卷中,有47家老字号企业管理人员表示"经营成本"成了本企业目前最主要的竞争劣势。经营成本上升的主要原因是老字号企业经营场地的租金、人力成本和原材料价格上涨,银根紧缩等客观因素,这些客观因素导致老字号企业经营困难。如苏州餐饮老字号多半都集中在热闹繁华的观前街或是山塘街,很多老字号由于没有房屋所有权而靠租赁房屋经营,水涨船高的租金则让老字号倍感压力。相当多的老字号店铺"缩水",如新聚丰、老正兴、东来仪、国际照相馆、乾泰祥等,有的甚至退出了竞争,如在太监弄经营了三十年的王四酒家,于2014年7月关门歇业。

大多数老字号企业属于中小微企业,经营业务也是传统产业居多,产品多为纯手工制品,利润较微薄,税费相对较重,未能享受政府的政策支持。如陆稿荐,是在苏州市卤菜行业中缴纳增值税较多的企业,仅2014年1—6月已缴纳增值税72万元,税负的加重严重影响了企业的发展。

(三)治理结构不够完善,管理方式落后

虽然改制后许多老字号的企业名称由原来的"店""厂"改成了"有限公司",但企业并未真正建立起现代企业制度,相当多的老字号企业的经营管理方式仍以家族化经营管理为主。老字号辉煌的成绩主要是属于过去的,在历史的发展过程中,老字号企业形成了以业主制和合伙制为主的企业管理形式,这种古典的经营管理方式适应了老字号企业大多数进行手工作坊式生产、商业机密不外传等特殊性。不少老字号是小批量生产或手工制作,老字号企业产品的产量、质量往往缺乏稳定性,其背后的关键是缺乏由手工生产上升到工厂化、标准化的工业化阶段所配套的研发生产制造能力和现代化管理体系。

苏州老字号企业基本上都是劳动密集型企业,大多沿袭过去家庭作坊式的经营模式。改革开放后,许多老字号仍停留在计划经济时期的思维与管理模式上,用人机制不活、沟通渠道不畅、基础管理工作薄弱等现象较为普遍。在全国建立市场经济体制和市场竞争的大潮下,老字号企业进行了制度变革,纷纷改制,在公司化发展过程中,"家族管理""传统管理"与"现代管理"的矛盾在公司治理中日益突出。在本课题回收的68

份调查问卷中,老字号企业采用整套信息化管理系统的占比仅为5.6%。

(四) 老字号传承和发展的人才短缺

老字号的魅力绝不仅仅在于它让人津津乐道的老故事,还有其身后世代传承的独家技艺,以及它在发展过程中的不断创新。老字号独特技艺的传承和发展需要源源不断的"新鲜血液",关键是人才。人才问题已经成为老字号企业能否传承和复兴的关键问题。在实际工作中,一些老字号企业管理人员仍采取简单的命令式管理方法,忽视老字号企业接班人才的培养工作。员工培养仍沿用师傅传徒弟的模式,没有系统、科学的培训手段,未能建立符合市场要求的激励机制、绩效考核和薪酬制度,严重影响了员工的积极性和活力。因此,现在许多年轻人宁愿挤破头去争抢一份公司白领的工作,也不愿意去从事技术工作,不愿意进老字号企业。苏州老字号正面临着技术丢失、继承人难找的尴尬境地。

如恒孚银楼存在生产制作技术人员培养后继无人的忧患。苏州本是全国工艺美术重要生产基地,对从事工艺美术行业的人才需求量很大,单靠企业自身引进和企业内部培养,已经不能满足企业发展的需要。再如,檀香扇厂的员工工资低、福利甚微,难以吸引青年人进入企业学艺。目前企业各生产工序基本上是后继无人,处于失传的状态;一些关键工艺、关键技术已经失传,如绢面檀香扇的生产已经停了10多年了。从事檀香扇的细画、矾绢、糊面、沿边等工艺的员工都年事已高,退休散落民间。传统技艺的传承进入了濒危的状态。

(五) 缺乏系统化的品牌管理

市场经济是一种资源配置经济,企业良好的品牌形象可以吸引众多的投资者、合作者及消费者。世界级品牌管理者皆有一套长期、规范的品牌运作系统来积聚和管理品牌资产。然而,就目前苏州老字号企业的经营情况看,品牌效应发挥有限,品牌保护、品牌认知、品牌延伸、品牌联盟、品牌创新、品牌传播、品牌文化等品牌运作和管理缺乏系统性。很多老字号企业缺乏在品牌上进行长期投资的意识,大多侧重于短期的经济利益指标。有的老字号企业加盟门槛低,甚至随意变卖"老字号",一定程度上影响了老字号的信誉。苏州老字号企业尽管改制较早,但计划经济体制的管理弊端对大多数老字号企业的运营仍然产生了不良影响,相比本地人,外地人、"新苏州人"对苏州老字号企业了解得并不多。大多数老字号企业品牌主动宣传意识不强,有的老字号多年来就仅仅依靠自己的一两个拳头产品"啃老本",品牌创新乏力,品牌营销渠道和传播方式仍然停留在以前的老方式、老方法上,不能与时俱进。

六、苏州市老字号品牌发展的对策建议

苏州老字号具有非常浓郁的地域文化特点,是苏州城市品牌和城市形象的重要体现,应从政府层面和企业层面采取相应政策和措施,坚持"保护与发展并重,传承与创新并举"的原则,形成促进老字号发展的合力,使苏州老字号焕发新的生机。

(一) 政府层面

1. 从战略角度,尽快出台《关于保护和促进苏州老字号发展的实施意见》

根据《商务部关于实施"振兴老字号工程"的通知》、14 部委《关于保护和促进老字号发展的若干意见》、文化部关于《国家级非物质文化遗产保护与管理暂行办法》等法规,在苏州市政府《关于实施商标战略、建设品牌强市的实施意见》及借鉴北京、上海等保护和促进老字号发展经验的基础上,尽快出台《关于保护和促进苏州老字号发展的实施意见》。通过制定政策法规,明确保护和促进老字号发展的指导思想、工作目标和基本原则,确定近五年工作重点和推进措施,以及长期发展思路,从战略角度实施苏州老字号的振兴工程,力争用 5~10 年时间打造 10 家在全国有较高知名度和品牌影响力的苏州老字号企业。

2. 加大财政、税收、金融政策支持力度

(1) 设立苏州老字号品牌发展专项基金,成立苏州老字号品牌发展服务中心。可采取投资、融资等办法筹资,设立老字号品牌发展基金,扶持有发展潜力的老字号企业,依托老字号品牌发展服务中心,为老字号品牌发展提供所需服务。可借鉴北京西城区的做法,北京西城区在"十二五"期间给予每年 2 000 万元资金支持用于老字号的保护和发展。

(2) 在税收政策方面,政府可对进行品牌创新的老字号企业实行税收优惠政策,减少企业的税赋,增加其留利,使从事品牌创新的老字号企业能够加大科技投入,增强自我开发和自我发展的能力。

(3) 在金融政策方面,政府可在信贷计划中增加老字号品牌创新贷款的比例,进一步扩大商业信贷规模。在利率政策上向老字号企业倾斜,对于积极进行品牌创新的老字号企业应给予低息贷款。发展风险投资事业,积极帮助老字号企业吸收海内外资金,支持企业的品牌创新。

3. 加强市场监管和法律保护

针对老字号企业商号频被抢注、盗用及搭便车的情况,基于目前专门针对老字号保护方面的法律法规还不够健全、完善的现实,首先政府部门应当完善这方面的行政法规,对于市场上出现的商标抢注、仿冒行为给予严厉的打击;其次司法部门应当尽快完善老字号保护方面的法律法规,对于一些模糊的违法行为应该有明确的法律规定,让现存的这些违法违规行为受到应有的惩罚,工商等职能部门应加强打击假冒老字号品牌行为的力度。

在实践中,由于"老字号"商标所有权仍归属于国家,政府长期保留大部分对无形资产的管理控制权,与现代法律制度并不协调一致。政府如果出于对保护老字号的考虑,可在归还企业相关权利的同时与企业签订协议,从控制老字号商标流向等角度对企业的行为进行一定的约束,如企业欲转让老字号商标或企业面临破产、兼并、关闭等事由时,应由政府享有优先购买权等。

老字号作为优秀民族文化,属于特定历史条件下特殊的文化遗产,也是地区形象的组成元素,地方政府可出台相应的登记、管理和保护老字号的法规,以避免老字号的流失、淡化或湮灭;同时,理顺老字号与其他知识产权的冲突规范,激发老字号企业在市场竞争中进行品牌创新,以保障老字号企业的持续发展。

4. 加快人才培养,保障老字号传承和发展后继有人

人才是老字号企业传承和创新的根本,政府可加大人才特别是老字号特殊制造技艺人才以及企业经营管理人才的培养力度,以人才来有效运作老字号品牌资产,挖掘老字号的品牌优势,使老字号"金字招牌"取得应有的量化价值。

在老字号非物质文化遗产保护方面,还要加大对传承人的支持。传统的技艺要发扬下去,传承人在其中起了重要作用。因此,在社会地位、经济支持、技术认证方面,政府可给予传承人便利的政策支持和经济保障,并协助和支持老字号企业培养传承人。

此外,作为全国工艺美术品的重要生产基地,苏州对从事工艺美术行业的人才需求量很大,企业品牌影响力的提升需要高、中、低不同层面的技艺人员,但是单靠企业自身引进和企业内部培养,已远远不能满足企业发展的需要。具备一定规模的老字号企业还可与大专院校合作,突破传统师徒之间传授的方式,对口开设相关理论和实践课程,培养老字号企业需要的运营管理人才。另外,政府还可支持举办老字号企业人才专场招聘会,鼓励高校和中等职业学校毕业生到老字号企业就业,支持职业经理人参与老字号企业经营管理,为老字号企业持续发展提供坚强的人才保障。

5. 搭建老字号旅游平台,积极宣传老字号文化

(1) 老字号是城市独具特色的旅游文化资源,政府在规划城市发展中,可考虑将老字号的建设归入其中。比如在发展旅游产业、文化产业的同时,将老字号结合到这些行业中去,可以听老品牌故事、参观原址、了解工艺流程等,既大力宣传老字号,又利用其来提升城市的整体文化形象。在这方面,苏州山塘街的改造已显示出一定的示范效应。借鉴北京西城区打造中华老字号的集聚区,上海打造"中华老字号第一街"和"中华老字号商城"等经验,可再次提升观前街商业区老字号的集聚度,打造苏州"中华老字号"集聚区,集中展示苏州老字号品牌。

(2) 进一步挖掘和整合老字号旅游、文化功能,开发老字号旅游文化线路,将苏州老字号纳入苏州旅游宣传营销体系,设计苏州老字号系列纪念品,提升老字号品牌的美誉度和知名度。目前,苏州市旅游局的宣传渠道包括官方网站、微博、微信,以及报纸专版、签约媒体合作栏目、记者网友体验活动等多种渠道,老字号企业可在宣传平台上发布信息。

(3) 在观前老字号文化展示馆基础上建立苏州老字号博物馆。观前老字号文化展示馆的性质是一个地区性的地志类单项目展示馆,建立之初为展示地方某方面的历史文化特色,有一个基本陈列,然而所展出的展品数量和质量都很有限,有些展品是居民从皮市街等旧货市场"淘"来的。在研究工作方面,由于人员构成的制约和缺少必要的学术研究环境,基本处于零状态,更不可能达到研究的深度和创造真正的学术价值。因此,为更好地传承老字号文化,建议在展示馆基础上建立老字号博物馆,尽可能多地搜集老字号的档案并进行集中展示,同时深入研究老字号文化,真正实现老字号文化的传承与保护。

(4) 与苏州城市品牌联动,每年举办"苏州老字号文化节"。通过举办或承办中华

老字号博览会、老字号旅游购物节、"食在苏州"美食文化节、老字号创意文化展示周、苏州玉石珠宝文化节、苏州丝绸(或刺绣)文化节、苏州茶文化节等一系列活动,提升苏州老字号的知名度和社会影响力。

(二) 企业层面

苏州老字号经过数百年沧桑变迁,能够长久延续发展、走向复兴的关键在于其上乘的产品质量、良好的商号信誉以及品牌文化的传承和创新。现阶段导致老字号企业产生分化的因素除外在因素外,更主要的是企业自身因素。在市场竞争条件下,老字号企业除了应完善现代企业制度,强化科学管理,运用连锁化、信息化、网络化等管理方式外,还应重点围绕老字号品牌文化建设提升企业竞争力。为此,本书在借鉴国内外老字号企业发展经验的基础上,以《商务部关于实施"振兴老字号工程"的通知》、14部委《关于保护和促进老字号发展的若干意见》、文化部关于《国家级非物质文化遗产保护与管理暂行办法》等文件为指导,从企业层面提出苏州老字号发展战略的"1+3"模式,即以"品牌文化"为核心的三条发展路径。具体如下:

1. 挖掘、提炼老字号品牌的文化价值内涵

文化是老字号发展的基石,也是老字号企业区别于普通企业的关键所在,因此,挖掘老字号文化传统是所有老字号企业必须进行的工作。

苏州老字号是苏州历史文化的宝贵遗产,有着浓郁的地域特色,已经成为苏州这座历史文化名城的重要标志。苏州老字号品牌的文化价值,应该体现"苏州味道"。本课题把苏州老字号品牌的文化内涵概括为"信""雅""和"。具体可参阅本书《苏州老字号品牌的文化内涵》中的相关内容。

2. 第一条发展路径:大众化

苏州老字号涉及十多个行业,大多与老百姓的日常生活密切相关,如食品、餐饮、酱品、医药、茶叶、酒类等。这些企业拥有相当多的年长消费者和较高的顾客忠诚度,但随着年轻消费者的加入和大众消费习惯的改变,以及消费者对自身健康的关注,老字号企业应采取适应性的变化经营和生产模式,跟随主流消费人群和消费热点,重点转向健康养生产业,加大健康养生服务领域的产品和服务创新。

3. 第二条发展路径:高档化

苏州历史上人文荟萃,吸引了一批又一批高端人士来此定居,而且经济较为发达。有些老字号,如丝绸、刺绣、玉石、珠宝首饰、工艺、高档建材等,在大众市场缺乏竞争优势,但可依靠传统品牌和文化内涵优势,切入高端市场。企业根据自身实力可采取差异化和集聚化战略,将资源积聚在满足某一区域或者特定人群的需求上,通过特色化的产品和服务开发,打造苏州老字号的高雅气质。

4. 第三条发展路径:体验化

体验营销被认为是21世纪营销战中最有力的秘密武器,它能最有效地与消费者进行沟通和互动。尽管体验营销在我国还处于萌芽阶段,但其所释放出的能量以及效应,让我们必须重视这一发展趋势,越来越多的行业开始实践体验营销。老字号企业往往

是服务业中具有品牌号召力的企业,而且其特有的文化和服务传统也能够带给消费者独特的感受和体验,因此通过加大体验式服务的开发,不仅能够弥补高端服务消费的不足,还能够获取高端利润,提升品牌层次。这不仅有利于开拓老字号的服务领域,获得新的市场空间,还能够通过顾客体验传播老字号品牌文化。

总之,苏州老字号拥有丰厚的文化内涵,悠久的历史,美丽的传说,动人的故事,这些都是老字号品牌传承和创新的宝贵财富,是竞争对手无法获取的核心竞争力。当今时代,企业之间的竞争已提升到品牌尤其是文化竞争阶段,苏州老字号发展应以品牌文化为核心,通过大众化、高档化、体验化的发展途径,使老字号企业在传承品牌文化的同时,大胆创新,满足顾客新需求,从而实现老字号的复兴和持续发展。

参考文献:

[1] 陶骏,李善文."中华老字号"品牌复兴:品牌延伸及反馈[J].经济管理,2012(2):97-106.

[2] 刘巨钦,田雯霞.老字号企业品牌文化创新研究[J].商业研究,2012(5):64-68.

[3] 张永,张浩.中国老字号企业连锁经营模式研究——以全聚德为例[J].管理学报,2012(12):1752-1760,1825.

[4] 安贺新,李喆.中华老字号顾客体验管理问题研究[J].管理世界,2013(2):182-183.

[5] 王成."老字号"品牌创新模式探究[J].商业时代,2013(6):46-47.

[6] 潘月杰,田耕耘,张筝.中华老字号品牌文化继承与创新发展研究[J].生产力研究,2013(10):160-161.

[7] 杜宪.老字号企业文化的发展现状及变革[J].产业与科技论坛,2013(1):21-22.

[8] 阚景阳.中华老字号的经营困境与对策分析[J].企业改革与管理,2014(3):79-81.

[9] 蒋尊国,廖菲,陈恩维.地方老字号的传承与振兴研究[J].江苏商论,2014(4):11-13.

[10] 李飞.中华老字号品牌的生命周期研究[J].北京工商大学学报(社会科学版),2015(4):28-34.

[11] 郭会斌.温和改善的实现:从资源警觉到资源环境建构——基于四家"中华老字号"的经验研究[J].管理世界,2016(6):133-147,188.

[12] 刘建华,周林.中华老字号企业可持续增长研究[J].辽宁大学学报(哲学社会科学版),2017(4):64-74.

(魏文斌、洪　海、刘　泓、任孝峰)

苏州 A 股上市公司发展概述

一、苏州 A 股上市公司发展概况

上市公司是指所发行的股票经过国务院或者国务院授权的证券管理部门批准在证券交易所上市交易的股份有限公司。A 股上市公司即发行人民币普通股票的上市公司。A 股是指在国内证券市场上市,并且用人民币进行交易的股票。目前,我国国内证券交易所共有 2 个,分别是上海证券交易所和深圳证券交易所。上海证券交易所成立于 1990 年 11 月,12 月 19 日正式营业,标志着中国 A 股市场的正式诞生。1990 年 12 月 1 日,深圳证券交易所成立,1991 年 7 月 3 日正式营业,我国国内的两大证券市场也正式形成。其后,我国于 2004 年 6 月 25 日推出中小板市场;2009 年 10 月 23 日,中国创业板也正式开板。截至 2017 年 12 月 31 日,中国 A 股上市公司数 3 474 家,其中上海主板 1 396 家,深圳主板 465 家,中小板 903 家,创业板 710 家;股票市价总值 566 252.50 亿元,其中上海证券市场市价总值 331 325 亿元,深圳证券市场市价总值 234 927.50 亿元[①]。经历了 28 年的发展,中国 A 股市场无论是上市公司的数量,还是市场的总市值,都有了较大的发展。

苏州地区作为中国经济最活跃的地区之一,作为苏南模式的典型代表,从创元科技股份有限公司在 1994 年登陆深圳主板市场开始,经过 20 多年的发展,初步形成了独具特色的"苏州板块",苏州上市公司也逐渐在全国资本市场的舞台上占据了举足轻重的地位。上市企业作为一个地区综合经济实力的具体体现,是衡量地方发展质量和水平的重要标尺。截至 2017 年 12 月 31 日,苏州市 A 股上市公司共有 103 家,其中上海主板 31 家,深圳主板 3 家,中小板 39 家,创业板 30 家。从上市公司数量来看,目前苏州是江苏唯一一个上市公司破百的地级市。

二、苏州 A 股上市公司地区、行业及时间分布情况

(一) 从地区分布看,苏州 A 股上市公司覆盖广泛

截至 2017 年 12 月 31 日,苏州市共有 103 家 A 股上市公司,它们分布在 4 个县级市

---

① 数据来源于《上证统计月报》(2017 年 12 月)、《深圳证券交易所市场统计月报》(2017 年 12 月)。

和5个管辖区(姑苏区还没有上市公司)。其中,张家港A股上市企业最多,占苏州A股上市公司数量的18.45%,共19家;其次是工业园区,有17家上市公司,占苏州A股上市公司数量的16.50%;排在第三位的是高新区,有14家上市公司,占苏州A股上市公司数量的13.59%;吴江区、昆山、常熟、吴中区、相城区、太仓分别占比11.65%、10.68%、9.71%、8.74%、6.80%、3.88%,分别有12家、11家、10家、9家、7家、4家上市公司。从图1可以看出,苏州A股上市公司数量达到10家及以上的地区共有6个市(区),分别为常熟、张家港、昆山、吴江区、高新区、工业园区。

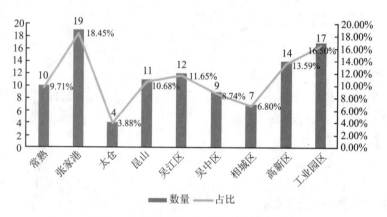

图1　苏州A股上市公司地区分布情况

苏州A股上市公司分布板块最多的为中小板,有39家;其次是上海主板,有31家;排在第三位的是创业板,有30家;分布最少的是深圳主板,有3家。从表1可以看出,在上海主板上市的苏州A股上市公司中,排在第一位的是高新区6家,其次是工业园区5家,排在第三位的是吴江区4家。在深圳主板上市的苏州A股上市公司共3家,其中高新区2家,吴江区1家。在中小板上市的苏州A股上市公司中,排在第一位的是张家港13家,排在第二位的是吴江区6家,排在第三位的是高新区5家。在创业板上市的苏州A股上市公司中,排在第一位的是工业园区8家,排在第二位的是昆山6家,排在第三位的是常熟4家。苏州各市(区)的A股上市公司主要集中在上海主板、中小板和创业板。

表1　苏州各市(区)A股上市公司板块分布

单位:家

地区	小计	上海主板	深圳主板	中小板	创业板
常熟	10	3	0	3	4
张家港	19	3	0	13	3
太仓	4	1	0	1	2
昆山	11	3	0	2	6
吴江区	12	4	1	6	1

续表

地区	小计	上海主板	深圳主板	中小板	创业板
吴中区	9	3	0	3	3
相城区	7	3	0	2	2
高新区	14	6	2	5	1
工业园区	17	5	0	4	8
合计	103	31	3	39	30

（二）从行业分布看，苏州制造业上市公司独占鳌头

根据中国证券监督管理委员会公布的《上市公司行业分类指引》（2012年修订）的行业划分标准，苏州市A股上市公司主要集中在11个行业门类，其中，排在第一位的是制造业，有78家，占比75.73%；排在第二位的是科学研究和技术服务业，有5家，占比4.85%；排在第三位的是交通运输、仓储和邮政业以及金融业，各有4家，分别占比3.88%。

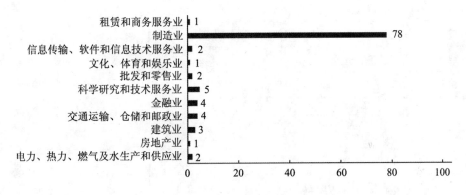

图2 苏州A股上市公司行业分布情况

针对苏州A股上市公司最多的制造业，按照《上市公司行业分类指引》（2012年修订）对制造业进一步细分，共涉及电气机械和器材制造业、纺织业、非金属矿物制品业等19个大类，其中排在第一位的是计算机、通信和其他电子设备制造业，有20家，占比25.64%；排在第二位的是电气机械和器材制造业，有9家，占比11.54%；排在第三位的是金属制品业，有8家，占比10.26%。苏州A股上市公司制造业企业分布具体情况见表2。

在苏州A股上市公司分布的11个行业中，中小板分布的行业数量最多，共涉及10个行业，有39家上市公司；排在第二位的是上海主板，共涉及7个行业；排在第三位的是创业板，共涉及3个行业；排在第四位的是深圳主板，共涉及2个行业。见表3。

表2 苏州A股上市公司制造业企业分布情况

序号	制造业分布	数量(家)	占比(%)
1	电气机械和器材制造业	9	11.54
2	纺织业	1	1.28
3	非金属矿物制品业	1	1.28
4	黑色金属冶炼和压延加工业	1	1.28
5	化学纤维制造业	2	2.56
6	化学原料和化学制品制造业	7	8.97
7	计算机、通信和其他电子设备制造业	20	25.64
8	金属制品业	8	10.26
9	木材加工及木制品业	1	1.28
10	皮革、毛皮、羽毛及其制品和制鞋业	1	1.28
11	汽车制造业	2	2.56
12	铁路、船舶、航空航天和其他运输设备制造业	1	1.28
13	通用设备制造业	7	8.97
14	文教、工美、体育和娱乐用品制造业	1	1.28
15	橡胶和塑料制品业	2	2.56
16	医药制造业	2	2.56
17	仪器仪表制造业	2	2.56
18	有色金属冶炼和压延加工业	3	3.85
19	专用设备制造业	7	8.97
	合计	78	100

表3 苏州A股上市企业的各行业板块分布情况

单位：家

行业	小计	上海主板	深圳主板	中小板	创业板
电力、热力、燃气及水生产和供应业	2	0	1	1	0
房地产业	1	1	0	0	0
建筑业	3	2	0	1	0
交通运输、仓储和邮政业	4	1	0	1	2
金融业	4	3	0	1	0

续表

行业	小计	上海主板	深圳主板	中小板	创业板
科学研究和技术服务业	5	2	0	1	2
批发和零售业	2	0	0	2	0
文化、体育和娱乐业	1	0	0	1	0
信息传输、软件和信息技术服务业	2	1	0	1	0
制造业	78	21	2	29	26
租赁和商务服务业	1	0	0	1	0
合计	103	31	3	39	30

（三）从时间分布看，苏州 A 股上市企业数量与时间不够稳定

在苏州 103 家 A 股上市公司中，创元科技是第一个在 A 股上市的企业，上市时间为 1994 年 1 月 6 日。从 1994 年至 2017 年这 24 年中，企业在 A 股上市最多的是 2010 年，共有 16 家，占比 15.53%；排在第二位的是 2011 年，共有 15 家，占 14.56%；排在第三位的是 2017 年，共有 14 家，占比 13.59%。此外，在 1995 年、1998 年、2001 年、2002 年、2004 年、2005 年、2013 年这 7 年中，苏州未有企业在 A 股上市。苏州 A 股上市公司具体上市时间分布见图 3。

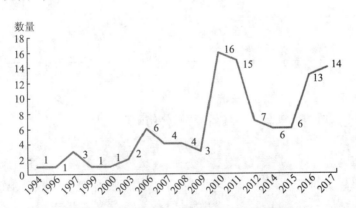

图3 苏州 A 股上市公司的上市时间分布情况

苏州企业在 A 股上市时间中，最早在上海主板上市的年份为 1996 年，在上海主板上市企业数量最多的年份为 2017 年，共有 8 家；最早在深圳主板上市的年份为 1994 年，其他分别在 1997 年、2000 年有 1 家企业在深圳主板上市；最早在中小板上市的年份为 2006 年，在中小板上市企业数量最多的年份为 2010 年，共有 14 家；最早在创业板上市的年份为 2009 年，在创业板上市企业数量最多的年份为 2011 年，共有 8 家。苏州 A 股上市企业上市时间的板块分布情况详见表 4。

表4 苏州A股上市企业的上市时间的板块分布情况

单位：家

年份	小计	上海主板	深圳主板	中小板	创业板
1994	1	0	1	0	0
1996	1	1	0	0	0
1997	3	2	1	0	0
1999	1	1	0	0	0
2000	1	0	1	0	0
2003	2	2	0	0	0
2006	6	0	0	6	0
2007	4	0	0	4	0
2008	4	0	0	4	0
2009	3	0	0	2	1
2010	16	0	0	14	2
2011	15	3	0	4	8
2012	7	1	0	1	5
2014	6	3	0	0	3
2015	6	3	0	1	2
2016	13	7	0	2	4
2017	14	8	0	1	5
合计	103	31	3	39	30

三、苏州市上市公司发展面临的问题

（一）上市公司的区域分布不均衡，两极分化严重

苏州A股103家上市公司分布于苏州的4个县级市以及6个辖区。其中，张家港和苏州工业园区分别有19家、17家上市公司，在数量上遥遥领先于其他地区，这两个地区的上市公司数量和占到了总体的30%；而其他地区，如常熟、太仓、昆山、吴江区、吴中区、相城区、高新区的分布则相对比较均衡，但姑苏区作为苏州市的城市中心，至今为止还没有一家上市公司。即使不谈政府对于姑苏区的特色发展定位（主要是指旅游、商贸业），这样的现状不免令人遗憾。所以，苏州市上市公司的区域分布存在着较为严重的两极分化现象，亟需改观。

（二）上市公司的行业结构较为失衡，高新技术产业亟需大力发展

通过对本研究调查数据进行整理分析，我们发现苏州市的上市公司虽然总体上覆盖面已经较为广泛，共分布于十大行业，但行业之间的失衡情况其实非常明显，如制造业下14个大类共有78家，占据着总量三分之二的上市公司，而像科学研究和技术服务业这类高技术含量、高产品附加值的上市公司仅有5家，占比4%。失衡如此严重，这在

一定程度上反映了苏州 A 股上市公司产业结构布局不够合理。

（三）上市公司的治理结构不够完善，自主创新能力有待提升

伴随着中国资本市场的不断发展深化，上市公司治理结构的重要性已经引起了政府管理部门、企业和学术界的足够重视。在苏州的上市公司中，同样存在股权结构不够合理、股东大会和独立董事未能真正发挥有效作用、内部激励机制有待完善等问题，这些问题在很大程度上制约了上市公司的可持续发展。

从行业分布来看，苏州 A 股 103 家上市公司除了金融业、科学研究和技术服务业以及计算机和通信电子设备制造业外，其他行业从根本上说都还是传统制造行业。这些传统制造行业依然以实体经济为支撑，产品科技含量、附加值以及核心竞争力很难跟高新技术产品相提并论。部分企业出于自身发展的顾虑，考虑更多的是利润以及市场份额，对于产品创新和研发投入只能"忍痛弃之"。所以，苏州市上市公司要进一步更好、更快、更强地发展，必须注重产品的创新开发，加大研发投入以及科技人才的引进，进一步提升企业自主创新能力和核心竞争力。

（四）上市公司的社会责任意识较为淡薄，社会责任水平有待提升

企业社会责任是指企业在创造利润的同时，还应该承担相关利益者的责任。上市公司企业的社会责任主要包括对股东、债权人、员工、客户、环境、消费者、政府以及社会公益的责任。通过对上海证券交易所以及深圳证券交易所公开发布的信息进行查询，我们发现苏州 A 股 103 家上市公司中只有 14 家公司发布了 2017 年度企业社会责任报告，仅 1 家公司发布了 2017 年度环境报告书。企业社会责任报告在一定程度上反映了企业面对社会责任的真实态度，是企业非财务信息披露的主要方式，也是企业与其利益相关者（如员工、消费者、社会公众等）进行沟通交流的重要载体和依托，但很多企业仍然在摸索的阶段。通过上市公司社会责任信息披露的数据，我们认为苏州市的大多数上市公司仍然处在社会责任管理的起步阶段，很多公司还没有把社会责任提升到企业战略的高度，社会责任意识较为淡薄。

（五）上市公司的企业文化建设参差不齐，普遍缺乏企业文化管理系统

在苏州 A 股 103 家上市公司中，有的企业在官方网站设立了企业文化专栏，但内容并不详尽。除少数公司重视企业文化实践外，大部分公司仅仅停留在口号和宣传上，有些公司的文化甚至就是"老板文化"。总体来看，苏州市上市公司对企业精神文化的塑造依然不够，这需要引起企业的重视；企业的制度文化和行为文化建设所处的水平还不高，还需要通过完善人力资源体系来增强企业的成长性和盈利性；企业的物质文化尤其是研发投入和品牌建设投入较为不足。

三、苏州市上市公司可持续发展的总体建议

（一）完善苏州地方金融体系，出台促进上市公司发展的政策

金融是现代经济的核心，地方金融是支持地方经济发展的关键要素。企业尤其是具备一定规模的上市企业，是地方经济与产业发展的主要载体。因此，苏州应大力推进地方金融改革创新,提升地方金融资源的集聚能力和配置效率,完善地方金融体系,为上市企业及后备上市企业提供金融支持平台。

苏州市政府应制定《苏州市上市公司发展战略规划》,尽快推动各地出台扶持政策和激励措施来推动企业上市。如对拟上市企业在项目立项、用地审批等方面开通"绿色通道",对改制上市的企业实施税收减免或优惠,对成功上市或以其他方式实现融资的企业或个人给予适当奖励等。在这方面,苏州工业园区已于2011年出台了《关于进一步鼓励和扶持企业上市的实施意见》,起到了很好的推动作用,苏州其他地区可借鉴出台相关政策,加大促进上市公司发展的政策支持力度。

(二)地方政府引导上市公司的地区分布、产业结构合理布局

上市公司在带动区域经济发展上的作用是不可忽视的,而上市公司数量的多少基本上又与经济发展程度是相一致的,因此,要重点培育上市公司后备力量,并大力推动那些上市公司少的地区的企业上市,帮助这些地区的优势企业和高新技术企业在证券市场上市融资,从而推动这些地区的经济发展,达到地区经济协调发展的目的。

针对苏州上市公司产业布局不合理的状况,在产业布局上,首先要继续培育高科技上市公司,充分发挥科技产业园的作用,促进科研成果向生产领域转化,使众多科研机构和高等院校的科技实力得以展现。其次要扶持发展旅游产业,苏州市旅游资源丰富,应该重点扶持和发展一些特色旅游项目,推动这些项目的股份制改造,加快其上市速度。再次,在地区布局上,应助推姑苏区实现上市公司的"零的突破"。同时,应重点挖掘和培育中小企业。以创业板、中小板、"新三板"为契机,重点挖掘和培育具有很强成长性的中小企业,使之成为苏州企业的主要上市后备力量。

(三)完善上市公司治理结构,加大研发投入,提升核心竞争力

在上市公司治理结构的完善方面,对于股权集中度高的公司,可通过引进新的投资主体,形成多元化的股权结构,形成"多股制衡机制",优化上市公司的股权结构;完善上市公司的董事会制度,真正发挥独立董事的监督作用;建立健全经理层激励机制。引入股票期权激励机制,在苏州的上市公司中,股票期权激励的范围依然很小,须扩大股票期权激励的范围,加强对经理层股权激励,完善激励机制,加大经理人员的持股比例,促进经理人员为股东创造财富的积极性。

上市公司持续发展的关键是核心竞争力的形成。核心竞争力是企业持续有效地调控资源以适应外部环境,领先竞争对手,通过创造超额顾客价值来保持竞争优势的处于核心地位的关键能力。苏州上市公司要充分认识企业核心竞争力对公司发展的重要作用,重视核心竞争力的培育,要结合公司自身实际来制定、实施和完善核心竞争力发展战略,立足公司自身优势,将资源集中配置于核心主业,从事某一专业化经营领域,形成公司独有的、其他竞争对手在短时间内无法模仿的能力,使公司在市场竞争中保持优势,确保公司持续经营。

(四)积极承担社会责任,实现利益相关者共赢

根据对苏州2017年已披露的社会责任报告分析,披露社会责任报告的上市公司数

量占比仅有14%。对此,我们呼吁上市公司应自觉履行企业应当承担的社会责任,并健全完善企业社会责任报告体系,根据具体细化的内容,进一步加强行为建设,优化公司运营模式;应当把企业社会责任报告相关内容纳入公司治理中去,使企业社会责任报告内容规范化、常态化。

从利益相关者角度来看,社会责任要求企业必须重视多方利益相关者的合法利益。所以,苏州上市公司在实施已做到的利益相关者社会责任维护的基础上,应当继续加强与履行社会责任还不到位的利益相关者的联系沟通,形成互动,对利益相关者履行相应的社会责任,实现利益相关者共赢的局面,这样更有利于上市公司平衡、持续发展。

(五)培育优秀的企业文化,提高公司品牌附加值

企业文化是上市公司可持续发展的内在要求。由于我国上市公司都处于发展阶段,企业文化凝练不足,缺乏核心竞争力,从而导致部分上市公司可持续发展能力不足。本报告以苏州上市公司为例,选取企业制度文化、行为文化和物质文化为自变量,在上市公司篇探讨了企业文化与上市公司成长的关系(详见本书上市公司篇:企业文化与上市公司成长的关系研究——以苏州上市公司为例)。研究表明,拥有企业精神文化的企业盈利能力和成长性要优于没有企业精神文化的企业;对于企业的制度文化和行为文化,通过回归分析看到,股权集中度、公司董事长教育程度和员工受教育程度对企业的盈利性和成长性均能起到促进作用;企业的物质文化与企业成长性有显著正相关关系。但是,企业董事长的专业技能、企业是不是高新技术企业以及企业是不是名牌企业与企业成长性是否有显著正相关关系,还有待进一步检验。因此,苏州上市公司需要构建企业文化管理系统,以文化的力量指引企业持续、健康地发展。

公司品牌是企业文化的外在体现,是企业文化的重要组成部分,塑造和提升丰富而独特的品牌文化是打造企业核心竞争力的重要内容。上市公司可以通过建立品牌传播系统、不断提高产品品质和服务水平、积极参与社会公益活动、主动承担社会责任等举措塑造公司品牌,不断提升企业自身的无形资产,为企业可持续发展注入内在的"软实力",从而实现基业长青。

参考文献:

[1] 苏州市统计局.苏州市2014年统计年鉴[M].北京:中国统计出版社,2014.

[2] 汤文华,刘小进.企业文化创新与公司绩效——基于中国上市公司的实证研究[J].理论观察,2013(4):82-84.

[3] 曹建新,李智荣.上市公司社会责任履行与企业价值相关性研究[J].财会通讯,2013(21):104-107.

[4] 张燚,刘进平,张锐,等.企业文化、价值承诺与企业绩效的相关性研究——来自沪市上市公司的经验证据[J].中国矿业大学学报(社会科学版),2014(4):94-103.

[5] 翟华云,方芳.区域科技金融发展、R&D投入与企业成长性研究——基于战略性新兴产业上市公司的经验证据[J].科技进步与对策,2014(5):34-38.

[6] 李金淼,宋海风.企业社会责任报告质量影响因素研究——基于沪深主板上市公司 2011 年度企业社会责任报告[J].财会通讯,2014(9):60-62.

[7] 韩少真,潘颖,张晓明.公司治理水平与经营业绩——来自中国 A 股上市公司的经验证据[J].中国经济问题,2015(1):50-62.

[8] 李文茜,刘益.技术创新、企业社会责任与企业竞争力——基于上市公司数据的实证分析[J].科学学与科学技术管理,2017(1):154-165.

[9] 靳小翠.企业文化会影响企业社会责任吗?——来自中国沪市上市公司的经验证据[J].会计研究,2017(2):56-62.

[10] 郭国庆,陈凤超,顾雷雷.慈善捐赠、品牌资产与企业绩效的关系——来自中国上市公司的数据[J].中国科技论坛,2018(3):100-106.

（魏文斌、洪　海、姚　远、张智慧、张阿沛）

苏州"守合同重信用"企业发展概述

一、苏州市"守合同重信用"企业建设历程

2006年2月,国家工商总局发布了《关于深入开展守合同重信用活动的若干意见》的通知,作为企业信用体系建设的重要组成部分,进一步规范了守合同重信用活动。2014年,国务院下发了《国务院关于印发社会信用体系建设规划纲要(2014—2020年)的通知》(国发〔2014〕21号)。随后,国家工商总局《关于守合同重信用企业公示工作的若干意见》发布,进一步推进守合同重信用(以下简称"守重")企业公示工作,并提出在全系统范围内统一"守重"企业信用标准体系,对于"守重"企业在品牌提升、社会认可、享受优惠政策等各方面都具有深远的意义。为深入推进江苏省企业诚信工程建设,2004年5月,江苏省工商局印发了《江苏省工商行政管理系统企业信用分类监管实施办法》。为推进全省社会信用体系建设,建立健全企业信用管理机制,2008年3月,江苏省工商局发布《江苏重合同守信用企业管理办法》。随着行政审批制度改革的不断深入和政府职能的逐步转变,国家工商总局于2012年起对全国"守合同重信用"企业的命名工作做了重大改革,由原来的命名方式改为向社会公示的方式。2013年10月,江苏省工商局重新制定了《江苏省守合同重信用企业公示办法》。

2012年5月,苏州市政府印发了《关于进一步加强我市社会信用体系建设的实施意见》,提出立足于苏州现状,借鉴国内外信用体系建设的主要模式与趋势,制订苏州市信用体系建设规划和实施方案。2014年,苏州市政府第26次常务会议讨论通过《苏州市注册资本登记制度改革实施方案》,加快推进注册资本登记制度改革。通过改革监管制度,进一步转变监管方式,强化信用监管,促进协同监管,提高监管效能;通过加强市场主体信息公示,进一步扩大社会监督,促进社会共治,激发各类市场主体创造活力,增强全市经济发展内生动力。2015年1月,苏州市政府正式出台了《苏州市社会信用体系建设规划(2014—2020年)》和《苏州市社会信用体系建设2014—2016年行动计划》,标志着苏州市社会信用体系建设完成顶层设计,全面进入系统、有序的组织实施阶段。2016年5月,苏州市发布了《苏州市法治政府建设2016—2020年规划》,提出将加大法治市场建设力度,并于2016年年底前完成清理工作;健全完善社会信用体系建设,构筑覆盖全社会的守信激励和失信惩戒机制,2017年基本建成覆盖全社会的信用信息系统。

根据国家工商总局2015年对全国企业信用信息公示系统2013年、2014年企业年报公示抽查报告,至2015年年底,苏州全市仅有4.14万户企业被列入经营异常目录,比江苏全省平均值低了7.5个百分点。在2016年5月10日的江苏省年度信用建设工作交流会上,苏州市获得2015年度江苏省信用建设考核一等奖。

二、苏州市"守合同重信用"企业发展现状

截止到2015年12月31日,苏州市共有371家被认定为国家级或者省级"守合同重信用"企业,其中有63家国家级"守合同重信用"企业。课题组对苏州市所有国家级和省级的"守合同重信用"企业发放了调查问卷,并于2016年6月底前回收了311份调查问卷,其中有效问卷304份,问卷有效率为97.75%。

1. 苏州市"守合同重信用"企业地区分布情况

在回收的304份有效问卷中,从图1苏州市"守重"企业地区分布情况来看,常熟"守重"企业最多,有47家,占总数的15.46%;其次为吴江区,有45家,占总数的14.80%;高新区有12家,占总数的3.95%;工业园区有23家,占总数的7.57%;姑苏区有30家,占总数的9.87%;昆山有25家,占总数的8.22%;太仓有19家,占总数的6.25%;吴中区有28家,占总数的9.21%;相城区有34家,占总数的11.18%;张家港保税区有11家,占总数的3.62%;张家港有30家,占总数的9.87%。

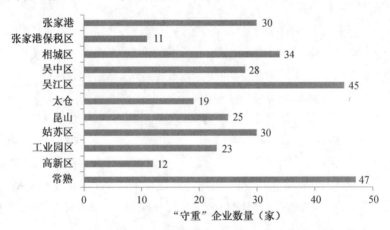

图1 苏州市304家"守重"企业地区分布情况

2. 苏州市"守合同重信用"企业行业分布情况

参考国家标准《国民经济行业分类》(GB/T 4754—2011),对苏州市304家"守重"企业进行了行业分类,其中最多的为制造业企业,有156家,占比达到了51.32%;其次为建筑业,有85家,占比达到27.96%;第三位为批发和零售业,有15家,占比4.93%;排在第四位的是房地产业,有11家,占比达到3.62%;其他行业"守重"企业也有分布,总占比在12.17%。从表1可见,苏州市"守重"企业行业虽然各行业都有涉及,但是分布仍然存在明显的不均衡现象。

表1　苏州市"守重"企业行业分布情况

行业分类	名称	企业数量(家)	占比(%)
A	农、林、牧、渔业	1	0.33
C	制造业	156	51.32
D	电力、热力、燃气及水生产和供应业	4	1.32
E	建筑业	85	27.96
F	批发和零售业	15	4.93
G	交通运输、仓储和邮政业	1	0.33
H	住宿和餐饮业	1	0.33
I	信息传输、软件和信息技术服务业	4	1.32
J	金融业	1	0.33
K	房地产业	11	3.62
L	租赁和商务服务业	6	1.97
M	科学研究和技术服务业	9	2.96
N	水利、环境和公共设施管理业	3	0.99
O	居民服务、修理和其他服务业	4	1.32
Z	综合	3	0.99
合　计		304	100.00

3. 苏州市"守合同重信用"企业类型情况

在本次课题组回收的304份有效问卷中,有集体企业17家,占比5.59%;民营企业249家,占比81.91%;国有企业和外商投资企业各9家,分别占比2.96%;其他类型的企业有20家,占比6.58%。从图2中可以很明显得出在"守重"企业中,民营企业占了大部分,其次是集体企业,这也表明越来越多的民营企业重视公司的信用建设,通过提高企业的声誉以获得企业的长足发展。

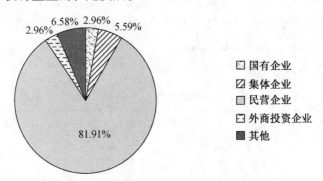

图2　苏州市"守重"企业性质情况

本次课题组回收的有效问卷中,苏州市"守重"企业有25家是上市公司,占比8.22%;非上市公司有279家,占比91.78%。见表2。

表2 苏州市"守重"企业公司类型情况

公司类型	企业数量(家)	占比(%)
上市公司	25	8.22
非上市公司	279	91.78
合计	304	100.00

三、苏州市"守重"企业的《企业信息公示暂行条例》实施情况

1. 对《企业信息公示暂行条例》的了解程度

本次调查回收的有效问卷中,对《企业信息公示暂行条例》非常了解的"守重"企业有50家,占比16.45%;比较了解的有136家,占比44.74%;有109家企业听说过但不太了解,占比35.86%;有9家企业没有听说过该条例,占比2.96%。从图3中可以看出,有一半以上的被调查企业对《企业信息公示暂行条例》比较了解或者非常了解,但是仍有30%以上的企业不是很了解,甚至还有企业没有听说过。

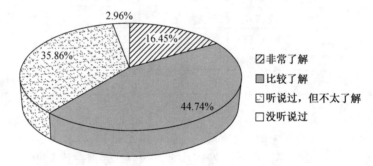

图3 "守重"企业对《企业信息公示暂行条例》的了解程度

2. 对企业信用信息公示系统的了解程度

在本次课题调查中,71家"守重"企业对企业信用信息公示系统非常了解,占比23.36%;161家企业对企业信用信息公示系统比较了解,占比52.96%;67家企业对企业信用信息公示系统听说过,但是不太了解,占比22.04%;还有5家企业对企业信用信息公示系统没有听说过,占比1.64%。见表3。

表3 "守重"企业对企业信用信息公示系统的了解程度

了解程度	企业数量(家)	占比(%)
非常了解	71	23.36
比较了解	161	52.96
听说过,但不太了解	67	22.04
没听说过	5	1.64
合计	304	100.00

3. 企业信用信息公示系统使用情况

在本次课题问卷调查中,有 135 家企业在与其他企业进行交易前会经常查询企业信用信息公示系统,占比达到 44.41%;138 家企业在交易前会偶尔查询企业信用信息公示系统,占比 45.39%;25 家企业知道该系统但从没有查询过,占比达到 8.22%;还有 6 家企业不知道该系统,占比 1.97%。见图 4。通过分析发现,在交易前使用该系统的企业占比达到了 89.8%;和表 3 相比可知,企业可能不是很了解企业信用信息公示系统,但是它们在与其他企业交易前还是愿意在系统上进行查询。

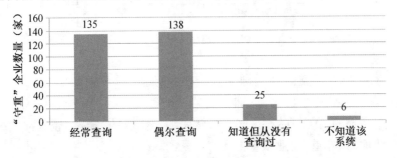

图 4 "守重"企业使用企业信用信息公示系统情况

就 304 家"守重"企业对"经营异常名录制度"的了解情况而言,非常了解的有 21 家,占比 6.91%;比较了解的有 139 家,占比 45.72%;一般了解的有 74 家,占比 24.34%;较少了解的有 50 家,占比 16.45%;还有 20 家企业表示对"经营异常名录制度"完全不了解,占比 6.58%。从表 4 中可以发现,52.63% 的"守重"企业对"经营异常名录制度"比较了解甚至是非常了解,但是仍有 23.03% 的"守重"企业对"经营异常名录制度"较少了解或者完全不了解。

表 4 "守重"企业对"经营异常名录制度"的了解情况

了解程度	企业数量(家)	占比(%)
非常了解	21	6.91
比较了解	139	45.72
一般了解	74	24.34
较少了解	50	16.45
不了解	20	6.58
合计	304	100.00

就 304 家"守重"企业对"严重违法企业名单制度"的了解情况而言,有 129 家"守重"企业表示对"严重违法企业名单制度"一般了解,占比 42.43%;有 102 家"守重"企业表示对"严重违法企业名单制度"比较了解,占比 33.55%;非常了解该制度的企业有 24 家,占比 7.89%;对"严重违法企业名单制度"较少了解的企业有 35 家,占比 11.51%;剩下的 14 家"守重"企业表示对"严重违法企业名单制度"完全不了解,占比

4.61%。见图5。

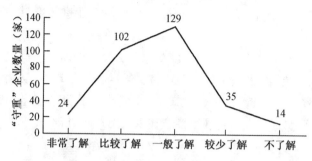

图5 "守重"企业对"严重违法企业名单制度"的了解情况

四、苏州市"守合同重信用"企业发展存在的问题

1. 苏州市"守重"企业在地区分布上存在不均衡

在苏州市所辖的10个县级市(区)中,常熟和吴江区的"守重"企业数量最多,都超过了40家,两地的"守重"企业数量占到总数量的30.26%,其次是张家港(张家港市及张家港保税区)和相城区,"守重"企业也分别超过了总数量的10%,以上4个县级市(区)共拥有的"守重"企业数量占到总数量的54.93%。而苏州其他6个市(区)的"守重"企业数量明显较少,尤其是太仓和高新区,分别仅有19家、12家"守重"企业,分别占总数量的6.25%、3.95%。近年来,苏州社会信用体系建设工作在苏州市政府领导的大力推进下取得了明显的成效,但是各个地区的发展仍不均衡,各地"守重"企业的发展存在明显的差异。

2. 苏州市"守重"企业在行业结构上失衡

苏州市"守重"企业中有51.32%属于制造业,虽然苏州市的制造业在经济中占据了重要的地位,其"守重"企业的数量相对其他行业也较多,但是制造业的"守重"企业占比超过了总数的一半,这显然出现了行业结构的失衡;建筑业"守重"企业的数量占到了总数量的27.96%,排在了第二;信息传输、软件和信息技术服务业,租赁和商务服务业,以及居民服务、修理和其他服务业的"守重"企业占比都在2%以下。这显然不太符合苏州市《"十二五"规划》中提出的将服务业尤其是现代服务业置于战略高度进行发展,形成制造业和现代服务业双轮驱动、相互促进、共同提高的新格局。从本次课题调查中发现,经过5年的发展,苏州产业转型虽然取得一定的新成就,但是这一目标并没有完全实现,苏州的行业结构还需要进一步优化。

3. 苏州市"守重"企业的信用管理制度不够完善

虽然"守重"企业和公司高层管理人员都非常重视信用管理,但是企业的信用管理制度方面仍存在欠缺。就企业对新的交易客户的内部信用评级制度而言,在课题的问卷调查中发现,28.95%的企业认为本企业的内部信用评级制度是非常完善的,60.53%的企业认为是很完善的,还有10.53%的"守重"企业的内部信用评级制度是存在缺陷的。对于客户不符合赊销条件的情况仍有不明确规定或者没有规定的企业占比

8.55%。有40.79%的企业没有要求重大交易的客户提供第三方信用服务机构的评估。随着《企业信息公示暂行条例》等新条例的实施,企业在交易管理制度方面并没有进行相应幅度调整的比例达到了46.71%,其中一般调整的达到35.53%,较少调整的占比8.22%,无调整的占比达到2.96%。对于"经营异常名录制度",有47.37%的"守重"企业不是很了解该制度,其中16.45%是较少了解,不了解的占到6.58%。本次课题调查的对象是苏州市所有的国家级或者省级的"守重"企业,其在信用管理方面已有一定的成就,但是还是有部分企业在信用管理制度方面并不是很完善,尤其是新客户管理和重大交易的客户管理方面,这将会给企业埋下潜在的信用风险。

4. 苏州市"守重"企业对资源整合利用的效率有待提高

当前国家正在积极倡导"全国一张网"的建设,2015年11月,国务院专门印发了《关于"先照后证"改革后加强事中事后监管的意见》,提出了大力建设企业信用信息公示"全国一张网",2016年年底前,初步实现工商部门、审批部门、行业主管部门及其他部门之间的信息实时传递和无障碍交换。对于企业而言,不仅有了更加优化的社会诚信环境,也更加便于企业查询信用信息。而在实现"一张网"的目标之前,企业对于各方面的资源利用率存在明显的差异。针对企业重要信息(如股权转让、行政处罚等)应自形成之日起多少个工作日内向社会公示,43.09%的企业并不清楚;对于"严重违法企业名单制度",58.55%的企业不是很了解,甚至有4.61%的调查企业完全不了解。除了工商部门的"企业信用信息公示系统"外,"守重"企业对其他部门的企业信用信息公示平台的了解度也有较大差异,85.53%的企业对中国人民银行的征信平台比较了解,70.72%的企业对人民法院的诉讼或失信被执行人信息平台比较了解,对于交通部门的公路建设市场信用信息平台、商务部和国资委的全国行业信用公共服务平台、海关的企业进出口信用信息公示平台、相关行业协会的信用信息平台的了解度则都低于45%,还有2.63%的"守重"企业则完全不了解这些信用信息公示平台。

五、促进苏州市"守合同重信用"企业发展的总体建议

(一)政府层面

1. 继续发挥政府作用,健全信用法规体系

目前,苏州市各级政府部门首先应把信用建设工作放在突出地位,继续加强对企业、公民等的宣传教育,不断提高其对信用的认识并最终形成社会信用体系,在全社会中营造信用氛围。政府作为社会的服务机构,可以加强对企业的信用体系建设的指导及培训,引导企业诚信经营及提高产品附加值,促进企业的转型升级,使其主动承担社会责任,实现企业的可持续发展。特别是一些信用体系建设还不够完善的地区,对于政府需要着重发展的服务业(如金融保险、旅游、教育等现代服务业)等行业,政府应根据行业的特点,引导企业建立相应的信用管理制度和信用管理部门,促进企业诚信经营。对于公司的管理层,应对其进行针对性的信用培训以及相关的条例和系统等方面的讲解,不断加强公司管理层诚信经营的意识以及对相应资源的了解,推动企业使用法律维

护自己的权益并做好企业信用风险防范。政府应做好对企业信用实施的监督和跟踪评估工作，随机抽查企业的信用信息公示情况，并在企业信用信息公示平台上进行实时更新。对于发现的问题，相关政府部门要及时提出整改措施，并加强对相关企业的宣传教育，促进企业诚信文化建设。

同时，政府应健全信用法规，尽快制定《企业信用体系建设管理办法》，对企业信用标准体系、评价体系、风险防范体系、信息披露体系、监督管理体系等的建设进行系统规范，提升企业整体信用水平。苏州市政府应健全企业信用配套制度，加快推进《苏州市商事主体信用信息公示办法》《苏州市食品安全信用信息管理办法》等信用制度建设，规范企业信用信息征集和应用，推动形成系统性、全方位的信用法规体系。

2. 完善市场监督体系，强化信用监管

从本次课题调查发现，85%的"守重"企业需要信用管理咨询服务，社会中介服务组织应提供企业咨询、培训等服务，帮助企业建立客户信用档案、赊销客户的授信、应收账款催收等一系列信用管理制度，提高企业防范赊销风险的能力。目前，苏州市场上的第三方信用服务组织并不是很多，政府应加紧制定第三方信用服务机构及从业人员的基本行为准则和业务规范，并引导企业与第三方信用服务机构合作，逐步建立信用治理的配套服务机制，规范市场的信用制度。第三方信用服务机构自身也需要不断加强业务实力，培养一支熟悉业务及市场的信用服务人才队伍，尤其是加强高端信用服务市场的人才培养。

对于相关的行业组织，政府应制定相关的信用服务市场的管理制度，并鼓励行业协会开展信用评级，加强同业的监督和自律，完善行业信用服务规范，从多层面提高企业诚信意识，促进企业诚信自律。

公民是社会信用体系建设中的重要环节，政府应不断推动公民个人信用体系的建立，树立全民诚信、全员治理的观念及风气，公民也应主动监督企业的诚信行为，最终在社会信用体系中形成一个良性监督体系。

在市场经济发展过程中，信用是连接市场交易、市场投资以及政府监管的一个重要纽带，也是市场交易和投资的基础。我国正在进行商事制度改革，放宽市场准入，降低了创业准入的制度性成本，这也意味着国家全面肯定每一个社会个体的自由营商权，商事主体可以根据价格信号和竞争规律开展经营活动。这样一种市场运行机制，就需要社会个体按照自我责任的要求，更加独立自主地从事经营活动，对自己的行为负责，也对交易对手和社会公众负责。由此，信用成为市场经济运行的重要基础，也是对市场主体至关重要的制约机制。但是，基于现实社会中的信息不对称、机会主义行为、道德风险等市场失灵行为，就要求有相应的信用披露和信息发现机制，从而降低交易双方的信息搜索成本，使社会能够对交易主体的诚信状况形成一种无形的评价。事实上，放宽市场准入对市场主体诚信经营的要求更高，对社会监督和信用监管的要求也更高，因此，随着商事制度改革的深化，根据国家社会信用体系建设的总体要求，加强对市场主体的信用监管成为市场监管的核心内容。在政府放松市场准入管制之后，唯有借助于信用机制,强化信用监管,才能真正促进企业诚信经营,提高交易效率,实现交易安全。

3. 加强企业信用治理协同机制建设

在国家法律框架内,政府应立足实际,区分企业信用信息中的公开信息与商业机密、个人信用信息中的公开信息和个人隐私的界限,可制定相应的信用公开、信用管理、信用惩戒奖励以及信用审查等方面的规章和条例,推动各行业协会建立和实施信用管理方面的制度和方法,对国家机密、企业的商业秘密和公民个人隐私给予有效的保护,形成规范完整的社会信用管理标准体系。

对于诚信模范个人和单位,应加强宣传和表彰,实行相应政策方面的优惠措施及奖励等,不断营造社会守信的氛围。对于失信的个人和单位,要采取严格的惩戒措施,并将其信息录入信用档案中,在媒体等平台上进行公布,使其受到社会的谴责,在银行贷款、补贴等方面也将受到惩戒。

在逐步完善的相关法律法规体系基础上,政府相关部门之间应明确各自部门的权责以及牵头部门,建立横向和纵向联动的机制。政府作为主要的监管主导机构,在权责一致、公开透明及平等协作的基础上,应完善企业信息的收集、存储及披露、监督等方面的工作。政府相关部门之间也应形成双向循环的沟通渠道,促使各部门之间达成高效、统一的协同合作机制,建立信用信息与报告的共享制度。

在信用信息的管理机制上,政府应建立失信企业"黑名单"管理机制,以及守信激励和失信惩戒机制。相关职能部门应围绕城市运行、安全生产、食品药品、产品质量、价格管理等重点领域,建立失信企业"黑名单"认定、修复和披露制度,同步反映法人失信行为与法定代表人、主要责任人的个人信用状况。对诚实守信企业实行优先办理、简化程序等"绿色通道"政策,在财政资金补助、政府采购等活动中,优先选择信用状况较好的市场主体。另外,应建立行业"黑名单"制度和市场退出机制,使企业一处失信、处处受限,增大违法经营成本。

(二)企业层面

1. 完善信用管理制度

首先,企业应设立专门的信用管理部门和人员,在交易前对客户的资信状况、信用额度等进行审查,销售部门、财务部门等也要通力协作和参与,使交易保质保量保时地完成;管理部门要对客户信用进行随时的动态更新,及时根据相关的政策规定调整信用管理制度,形成规范化、专业化的管理。其次,企业高层管理人员也要重视信用管理制度的制定和实施,明确各部门在信用管理中的职责和权力,并指定相关的负责人,加强企业内部员工的信用管理和培训,确保员工有一定的信用知识并掌握公司信用政策和程序,从而引导员工和整个企业诚信经营,树立良好的诚实守信的企业形象。

在信用风险管理方面,信用管理部门要根据客户的信用和财务状况等制定合理的赊销和结算方式;不同级别的管理人员应有不同的审批权限;面对重大交易客户和新客户时可以让第三方评估机构参与进来,从而规避不必要的信用风险;应收账款的人员、岗位、责任要明确落实;对于信用销售业务,要遵守严格的财务监督管理制度。在交易的整个环节中,应明确企业承担风险的范围,让企业在一个相对安全的环境中实现绩效目标。

2. 增强资源利用率

目前,除了工商部门的企业信用信息公示系统外,中国人民银行的征信平台、交通部门的公路建设市场信用信息平台、商务部和国资委的全国行业信用公共服务平台、海关的企业进出口信用信息公示平台、人民法院的诉讼或失信被执行人信息平台、相关行业协会的信用信息平台以及第三方信用服务机构等都可以提供相关的企业信用信息,企业在交易前以及交易的过程中,应从多方面对客户进行考察,尤其是对重大交易客户和新客户的交易,应将各方面的信用信息进行整合。

企业信用管理系统的建立和完善是一个长期的系统性工程,信用管理部门应随时将从各方面获得的信用信息更新进企业的信用管理系统,同时,企业的信用管理系统应与企业内部相关的系统实现链接,以便信用管理系统使用者更全面地了解客户的信用信息,并且该系统应对各部门实现共享。企业信用管理系统作为一套有效的信用防范体系不仅可以帮助企业规避交易过程中的商业风险,同时将促进企业在诚信经营中获得盈利和成长,并实现可持续发展。

3. 主动承担社会责任

在信用管理过程中,首先,企业要诚信经营,保质保量地提供产品,不断利用新技术提高产品品质。在交易过程中应始终秉持诚信的理念,企业也将由此获得客户良好的信誉度并树立良好的品牌形象。

其次,企业应根据相关的条例规定,在不涉及企业商业秘密的前提下,主动公示其信用信息;及时公布企业年度报告;对于企业的重要信息(如股权转让、行政处罚等)应在规定时限内向社会公示;对照"经营异常名录制度""严重违法企业名单制度"等进行及时改进;努力争做企业信用建设的示范企业,带动行业及社会依法守信。

企业作为社会信用体系的重要组成部门,也应主动实施监督管理的权利。对于客户失信行为,应根据相关法律法规维护自身权益。在企业内部,企业应形成诚信的企业文化,将员工的诚信行为列入员工考评中,奖励诚信行为,严惩失信行为,从制度、行为和物质等方面营造诚信经营的企业文化氛围,让企业在诚信中获得持续成长和健康发展。

参考文献:

[1] 林钧跃.第三代企业信用管理理论及其特点[J].征信,2014(1):28-31.

[2] 万斌.浅谈中小企业信用管理建设[J].现代经济信息,2015(23):78.

[3] 林海松.工商企业管理与企业信用管理体系的构建研究[J].管理观察,2015(12):69-70.

[4] 马宁.我国企业信用管理现状与策略探析[J].企业导报,2015(17):71,59.

[5] 杨欣宇,代静.加快推进社会信用体系建设研究[J].新经济,2016(18):

105-106.

[6] 邓礼全.信用管理信息系统研究[J].中国管理信息化,2016(13):94-95.

[7] 李静,陈军飞,孙湛清.制造业上市公司信用风险评估研究[J].武汉理工大学学报(信息与管理工程版),2016(3):289-292.

[8] 苑春,闫琳.公开信用体系下企业间知识共享行为分析[J].兰州大学学报(社会科学版),2016(2):164-169.

[9] 汪宇瀚.构建信用价值链初探[J].征信,2016(1):22-25.

[10] 赵中星,施新玲.行政管理体制改革背景下企业信用监管研究[J].经济研究导刊,2016(18):22-23,54.

[11] 韦子唯.基于信用价值的公司法理念再思考——以公司信用构成要素为视角[J].学术研究,2016(6):74-78.

[12] 王静.我国社会信用管理体系可持续发展模式与路径研究[J].经济问题,2016(8):19-25.

(魏文斌、洪 海、王玉香、王 海、王 可)

苏州 A 级景区发展概况

作为国家重点风景旅游城市，A 级景区一直是苏州旅游发展的重要资源和载体。2001 年,国家旅游局开始在全国开展 A 级景区评定,拙政园、虎丘、周庄、同里、虞山尚湖、甪直等重点景区入选首批国家 4A 级景区,苏州的 A 级景区得到快速发展。截至 2017 年度,苏州共有 63 家(68 个点)国家 A 级旅游景区。近年来,随着苏州旅游发展不断转型升级,苏州的 A 级景区也正加快转型,由以观光为主向观光、休闲、体验等转化升级,有力推动了苏州旅游大发展。

一、苏州市 A 级景区发展现状

1. 从等级结构看,高等级景区占了较大比重

截至 2017 年度,苏州共拥有 63 家(68 个点) A 级旅游景区,其中 5A 级景区 6 家(11 个点),占总量的 9.52%；4A 级景区 36 家,占总量的 57.14%；3A 级景区 17 家,占总量的 26.98%；2A 级景区 4 家,占总量的 6.35%。4A 级及以上高等级旅游景区数量占全市等级旅游景区的 66.67%,高等级景区数量位居全国前列、全省第一。见图 1。

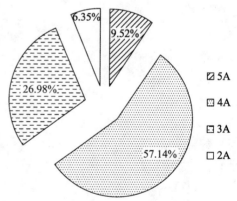

图 1　苏州 A 级景区等级结构

2. 从地域结构看,呈现较大的不均衡

地域分布的不均衡主要体现在两个方面。一是数量分布的不均衡。全市 A 级景区主要集中在苏州市区的中南部和西部,其中以吴江区最多,共 9 家;其次为姑苏区、吴中区和张家港,均为 8 家;工业园区及相城区数量较少,分别为 2 家和 4 家。二是高等级景区分布的不均衡。从 4A 级及以上高等级景区分布看,姑苏区、吴中区和高新区数量较多,分别为 8 家、8 家和 5 家,而相城区没有 4A 级及以上高等级景区,仅有 4 家 3A 级景区。见图 2。

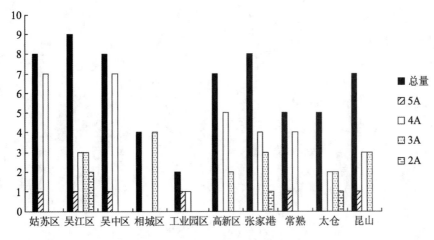

图 2　苏州 A 级景区地域结构

3. 从类型结构看,以人文类景区为主

按照景区资源的属性,苏州 A 级景区大致可分为三大类:自然类、人文类和现代类。自然类景区主要指以自然形成的山水、地貌等为主要吸引物的旅游景区,包括山地、湖荡及山水相兼之地等。人文类景区主要是指以历史发展中形成的建筑、人物等为主要吸引物的景区,主要包括古镇、历史街区、古典园林、历史古迹、寺观、名人故居等。现代类景区主要是指在现代社会中形成的新兴旅游吸引物,主要包括购物村、科技馆、游乐园、现代乡村、城市公园等。

按此划分,自然类景区共 19 个,占全部 A 级景区总量的 30.16%,其中山地型景区 9 个,湖荡型景区 7 个,山水相兼型景区 3 个。从景区等级方面看,自然类景区中,5A 级 2 个,均是山水相兼型景区;4A 级 12 个,以山地型景区为主;3A 级 5 个,湖荡型景区占多数。

人文类景区共 30 个,占全部 A 级景区总量的 47.62%,接近一半,其中古镇 8 个,园林 6 家 8 个点,寺观 6 个,名人故居 3 处,历史街区 2 处,历史古迹 4 个,非遗文化景区 1 处。从景区等级方面看,人文类景区中,5A 级 3 个,为古镇和园林景区;4A 级 19 个,以古镇、园林、寺观为主;3A 级 6 个,2A 级 3 个。

现代类景区共 14 个,占 22.22%,其中城市公园型 3 个,购物型 2 个,科技科普型 2 个,农业园型 3 个,现代乡村 2 个,游乐型 1 个,城市景观型 1 个。从景区等级方面看,现代类景区中,5A 级 1 个,4A 级 6 个,3A 级 6 个,2A 级 1 个。

从整体的类型结构看,苏州 A 级景区以人文类景区为主,从细分类型看,多以山地、湖荡、古镇、园林、寺观、历史古迹等六类为主,占全市 A 级景区总量的 63.49%。

4. 从经营结构看,仍以门票收入为主

2016 年,全市 A 级景区共接待游客 10 690.83 万人次,同比增长 8.7%。其中,5A 级景区接待游客达 4 592.9 万人次,占全市 A 级景区接待量的 42.96%;4A 级景区接待游客达 5 230.49 万人次,占全市 A 级景区接待量的 48.93%;3A 级景区接待游客达

787.36 万人次,占全市 A 级景区接待量的 7.36%;2A 级景区接待游客达 80.08 万人次,占全市 A 级景区接待量的 0.75%。

从收益结构看,2016 年全市 A 级景区收入中,门票收入占比较高,高达 69.78%,商品收入占 5.59%,餐饮收入占 9.22%,交通收入占 1.09%,住宿收入占 3.11%,演艺收入占 0.79%,其他收入占 10.42%。见图 3。

此外,全市 A 级景区中无门票收入的达到 16 家,其中 4A 级景区 4 家,3A 级景区 8 家,2A 级景区 4 家。

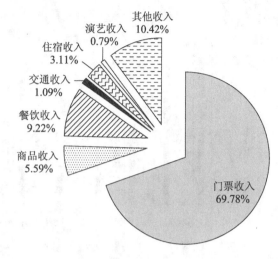

图 3　苏州市 A 级景区收益结构

二、苏州 A 级景区发展中存在的问题

1. 景区产品:以观光产品为主,产品创新不足

总体而言,当前苏州 A 级景区的旅游产品仍以观光产品为主,结构较为单一,主要表现为以下几方面。一是对景区旅游资源的深度挖掘仍显不足。苏州历史悠久,文化积淀深厚,旅游资源多以历史文化类为主,旅游产品的开发需要深化对历史文化的认识。二是旅游产品设计创新不足。在产品设计方面较为简单,缺乏科技含量高,参与性、娱乐性强的旅游产品,缺乏游客的情景体验和互动参与。参与性、休闲性的产品不足,特别是随着客源市场结构的变化,以自驾游、家庭游为主的市场结构凸显,而产品没有相应的转变,还是停留在观光层面,与市场结构和现状不相符合。三是旅游产品之间的整合串联不足。苏州不论是 A 级景区还是相关的旅游产品,都存在点小分散的状况,景区产品体量不大,如珍珠般散落在市域范围内,亟须通过有效的方式进行资源和产品的串联。虽然目前苏州好行旅游直通车正通过线路串联,有效带动了资源和产品的整合,但就发展现状而言,旅游资源的整合串联并不充分。

2. 景区营收:盈利模式单一,门票占比偏高

不可否认的是,门票经济对于中国旅游的发展起到了重要的助推和带动作用。当前,随着旅游业的转型发展,门票经济已逐渐成为旅游业的一个问题。从苏州 A 级景区经营情况看,虽然目前苏州 68 个景区点中已有 16 家无门票,其中 5A 级景区 1 家,4A 级景区 4 家,3A 级景区 7 家,2A 级景区 4 家,但剩下的 52 家景区均收取门票,收门票的景区占比仍达到 76.47%。从本文前述数据看,2016 年苏州 A 级景区的门票收入占比高达 69.78%,门票收入依旧是 A 级景区收入的主要来源,而在旅游产业链中的住宿、餐饮、娱乐等收入占比只有 30.22%。门票收入占比偏高,给苏州 A 级景区的发展带来两方面问题。一方面,由于门票支出偏高,必然会遏制游客在吃、住、行、娱、购等其他方面

的支出消费,这对 A 级景区其他产品和产业的健康发展产生较大的限制。另一方面,景区建设运营的资金投入需要不断增加,而门票的上涨空间有限,特别是近年来国家严格控制景区门票上涨,导致景区整体收入上升空间受限,景区在新产品开发、基础设施建设方面的投入减少,进一步影响到景区未来的发展。

3. 景区管理:管理机制有待理顺和改进

在景区的管理方面,当前苏州景区的管理体制机制也存在一定问题,主要包括以下几方面。一是景区所属关系较为复杂。苏州 68 个景区点基本都属于国有性质,且其所属关系较为复杂,不同的景区分属于政府部门、国有企业、集体单位等,而在部分打包的等级景区中,其景点之间的所属关系也是纷繁复杂,大景区中的小景点分属于不同部门、单位管辖,造成创建成功后景区管理和发展难度加大。二是多头管理,标准不一。由于众多景区依托的资源载体在资源性质上具有文化价值、景观价值等,涉及不同部门的管辖内容。以园林景区为例,园林日常管理由园林局负责,但还涉及诸如文物部门的文物管理、文化遗产管理部门的遗产管理、旅游部门的等级景区管理等。同时,各管理单位对所管辖对象的管理依据和标准不一,管理的具体要求和内容也不尽相同,造成景区在日常管理中容易引发管理冲突和体制机制问题。三是新兴力量的快速介入。当前,资本市场、专业管理公司等新兴力量快速发展并介入景区发展和管理,导致景区所有权与经营权分离,新兴力量与景区原有的管理单位之间、新兴管理模式与传统管理模式之间的冲突也时有发生。

4. 景区营销:两极分化,冷热不均

当前,苏州等级景区的营销呈现出两极分化的现象。从等级景区的营销宣传看,4A 级以上高等级景区对营销宣传较为注重,无论是多渠道组织营销宣传还是参加营销推介会等,都十分积极;相对而言,低等级景区因景区等级低、吸引力不足、资金投入也较少等原因,对景区营销宣传心有余而力不足。从营销宣传的重点看,目前景区对品牌形象宣传较为注重,而对产品宣传较为忽视。这是因为,由于管理体制等方面的原因,如景区的所有权与经营权分离导致利益难以权衡;景区隶属不同的行政区域管辖,无法进行整体营销而导致各景区间缺乏合作,在营销经营中实行单打独斗的策略,结果单个景区或企业由于自身财力、物力的限制,难以形成大规模营销,无法达到规模营销的效果,在很大程度上造成游客的流失。另外,旅游营销活动手段单一,缺乏新技术的运用,方式只是印发宣传单页,进行景区资料介绍。

5. 景区人才:专业队伍建设滞后

当前,苏州的 A 级景区人才队伍建设较为滞后,呈现出"三不足",即高端管理人才不足,中高层管理人员不足,基层一线服务人员不足。大多数景区缺乏专业的景区管理团队或景区管理公司,机构设置不科学,人员素质不整齐,难以对景区实现科学有效的管理。从业人员,特别是一线服务人员,大多是半路出家,来自各行各业,很多是当地或附近的居民。现有的员工大部分专业素质不高,导致对游客和景区的服务质量较低,经营管理水平低下。专业的人不多,职业经理人、专业人才紧缺。同时,人才流动大,稳定难，尤其是一些专业化的管理人才在不断流失。

三、苏州市 A 级景区改进和提升建议

1. 理顺和调整景区管理结构

要加快 A 级景区管理体制的改革，采取多种措施解决景区管理体制机制中存在的问题。一是对景区现有管理体制机制进行梳理。由于 A 级景区管理的关系较为复杂，因此梳理景区现有的各种管理关系是提升和改进景区管理的前提。建议由政府牵头，将各相关单位和部门对景区管理的权限进一步梳理清楚，做到权责分明，职能清晰，特别是对于权限交叉或存在矛盾冲突的地方，要进一步梳理划分。二是加快景区管理体制改革。在法律许可的前提下，积极稳妥地推进景区所有权、管理权和经营权分类改革，可选择条件优越、管理体制较为完善的部分景区作为管理体制改革的试点，推动景区企业化经营、市场化运作。目前，苏州的 A 级景区中，有部分景区已经着手调整，采取措施解决景区管理存在的问题，如盛泽湖月季园景区、大阳山国家森林公园等。

2. 加大旅游产品创新的力度

要以新的市场需求为导向，促进旅游新业态的发展。一是加大对 A 级景区各类资源的挖掘整理。旅游产品由低级向高级过渡是发展的必然，随着人们生活水平和文化教育程度的提高，内涵丰富、高层次的旅游产品将受到旅游者青睐。因此，深入挖掘景区资源的内涵，增加旅游产品的内涵，提高资源的价值，是景区旅游产品发展的重要方向。二是注重旅游产品的多元化发展。在观光旅游产品发展逐步成熟的基础上，大力发展"旅游+"的多元化融合产品，如体育旅游产品、生态旅游产品、文化旅游产品、商务会议旅游产品等，促进旅游产品的升级换代，同时要注重旅游产品的参与性与体验性。三是培养专业化的设计和开发力量。旅游产品的创新既需要景区自己的提升，也需要专业设计和开发智力的引入，因此，有必要多渠道引进规划设计单位、产品开发公司等多种力量，根据景区实际，设计创新产品，并注重产品多样性。

3. 加强景区营销宣传的力度

一是精心策划活动，着力提升景区吸引力。要不断丰富景区文化和娱乐项目，精心策划文化活动和设计营销方案，强化景区文化展示，着力打造景区文化品牌。以节假日和传统民族节庆为契机，大力开展景区内营销宣传活动，让游客参与到文化深度体验中来。二是加大营销宣传力度，拓宽客源市场。加大景区对外营销和宣传力度，根据各目标区域市场的差异有针对性地开展营销宣传，确保精准营销。三是加强景区间的合作，积极寻求发展共赢。不断加强与苏州市内外景区景点的合作交流：一方面，不断加强与周边主要景区的互通交流，强化景区合作；另一方面，强化景区联合营销。四是创新营销方式，开展多种形式的营销宣传。例如，加强与电视媒体的合作宣传，加强与旅行社的合作宣传，等等。

4. 注重景区人才队伍的建设

要积极推进 A 级景区的产学研合作，促进行政、企业、行业和科研院校联合培育人才,探索企业与高校合作、行政机构与高校合作等方式,加快培养高素质旅游管理人才。一方面,充分利用苏州本地及周边上海、南京等高等教育的整体优势,加强企业与高校合作、政府与高校合作,采取订单式培养,有计划地培养景区管理人才。另一方面,要对现有人才重视、尊重和爱护,充分发挥他们的聪明才智,加强对景区从业人员的培训和管理,对其进行职业道德及业务培训,提高他们的综合素质,全面实施景区服务资格制。要加快中高级导游和外语导游员队伍的培养和选拔,努力形成一批叫得响的金牌导游,采取有力措施,积极引进紧缺旅游人才,加大苏州旅游人才培养和支持力度。建立全市旅游专家库,定期或不定期对全市旅游景区发展中的问题进行研讨、咨询,提供智力服务,积极引进先进的管理品牌和管理队伍,推广旅游企业和景区的职业经理人管理制度,提高旅游企业的管理水平。

(周　恺、徐　征)

苏州A级景区品牌建设概述

一、A级景区品牌概述

品牌,是指消费者对各类产品的认可程度。从经济层面看,品牌是一种无形资产,能够给持有者带来相应的经济增值。从心理层面看,品牌则灌注了消费者的情绪、认知、态度及行为。一个好的品牌,承载了消费者对产品的认可和信赖。

根据国家旅游局制定的《旅游景区质量等级的划分与评定》国家标准,我国的A级景区分为五个等级:5A、4A、3A、2A、1A。随着A级景区评定工作的深入推进,A级景区已经成为衡量中国旅游景区质量的重要标志,也是中国旅游景区的重要品牌。

A级景区品牌是指游客对A级景区所提供的产品、服务等的认可程度,它建立在A级景区这个特定的旅游景区品牌基础之上,是拓展旅游景区市场影响力、提升市场竞争力、取得经济效益和社会效益的重要保证。

二、苏州旅游景区品牌建设发展历程及特点

作为中国著名的风景旅游城市,苏州因其悠久的历史、秀丽的风光而积淀了独具特色的旅游资源,为苏州的旅游景区发展创造了有利条件。市域范围内有拙政园、虎丘等一批具有世界级影响力的景区景点,这些景区景点成为苏州旅游景区品牌建设和发展的重要基础。

从苏州旅游发展历程和旅游景区品牌塑造的性质来说,苏州旅游景区的品牌建设发展历程大致可以分为三个阶段。

(一) 萌芽阶段(1983年以前)

1983年以前,历经从"文革"破坏到改革开放的变迁,苏州旅游业发展开始起步,景区景点自发发展,园林等传统景点成为当时苏州主要的旅游景区,苏州旅游景区的品牌建设处于萌芽阶段,典雅的苏州园林成为游人对苏州形象最深刻和最直接的品牌意象。

这一时期,苏州旅游景区的品牌建设主要体现出三个特点:从品牌内涵上看,苏州旅游景区品牌尚不具备现代意义上的品牌要素内涵,主要是人们通过自身的认识和经验对某一景点形成相应的品牌意象;从品牌宣传上看,苏州景区的品牌宣传手段主要是介绍苏州园林名胜和历史文化以及民风民俗的指南、图册、画册、丛书、影视片等,游客通过这些途径获得信息,形成感知意象;从品牌建设上看,这一时期苏州旅游景区的宣传没有进行有意识的品牌策划和个性化品牌特征的引导,主要依赖得天独厚的自然和人文旅游资源以及较为单一的旅游宣传获得美誉度和知名度,游客通过实际游览感知苏州旅游景区形象。

(二)形成阶段(1983—2001年)

1983—2001年,是苏州旅游景区品牌建设的形成阶段。1983年,为适应旅游业发展的新形势,苏州市委、市政府决定成立苏州市旅游公司,作为专职管理旅游工作的机构。专门管理机构的出现,标志着苏州旅游发展步入了新阶段。此后,在市旅游公司的领导和组织下,苏州旅游景区的品牌建设也逐步开展。

这一时期,苏州旅游景区的品牌建设体现出以下特点:一是景区品牌内涵不断丰富。随着各种类型旅游资源的不断开发与其知名度的提升,苏州旅游景区的发展已不止于苏州园林。金鸡湖、太湖、苏州乐园等新兴旅游景区的开发,使得这些新兴景区的品牌内涵不断丰富,知名度、美誉度进一步提升。二是景区品牌研究得到加强。市政府、市旅游公司及各景区开始注重对景区品牌进行研究,主动塑造景区的品牌形象,通过有针对性的规划赋予景区品牌美好的理念、丰富的文化内涵和鲜明的特征,以适应旅游者需求的多样化和个性化,从而让旅游者更加理解品牌的价值,使旅游者对苏州有更加深刻而清晰的认识。诸如虎丘景区提出的"春看花会,秋逛庙会,苏州人一部春秋,尽在虎丘"品牌,苏州乐园打出的"迪斯尼太远,去苏州乐园"品牌,周庄古镇打出的"中国第一水乡"品牌,都对景区的宣传推广起到了较大作用。三是景区品牌宣传途径进一步丰富。旅游景区主要通过派发旅游宣传品、参加旅游展销会、开展专项旅游促销等活动,展示了苏州旅游景区的品牌形象和丰富内涵,例如始于1979年的寒山寺听钟声活动,在这一时期得到较大发展,寒山寺景区的旅游品牌得到进一步提升和丰富。

不过就总体而言,这一阶段,苏州的旅游景区品牌建设还在发展中,清晰的品牌理念尚未形成,各项塑造景区品牌形象的举措还缺乏核心理念的指导。

(三)发展阶段(2002年以后)

1999年,经过国家旅游局长时间的酝酿和征求意见,《旅游景区质量等级的划分与评定》(GB/T 17775—1999)国家标准于1999年6月诞生。2001年,首批国家4A级景区名单公布,标志着我国A级景区的出现和发展。此后,随着A级景区的创建工作在全国逐步推开,苏州旅游景区的品牌建设进入了培育塑造的新阶段。

这一时期,苏州旅游景区的品牌建设呈现出一些新的特点:一是A级景区品牌更为明确和清晰。随着品牌理念的深化和国家A级景区品牌价值提升,苏州众多景区开展了A级景区的创建工作。截至2017年度,苏州的A级景区共有63家68个点,其中5A级景区6家11个点,4A级景区36家,3A级景区17家,2A级景区4家。A级景区的成功创建,成为苏州旅游景区品牌建设的里程碑。二是政府对景区品牌和形象的塑造力度加大。一大批古镇、古村落等景区得到大力开发,古镇旅游、古村落旅游、农家乐旅游、农业生态休闲游等一批现代旅游项目不断涌现。各级政府和旅游主管部门越来越具有针对性地组织和开展了很多以旅游形象为主的形象推广与宣传活动,众多的 A 级景区参与其中,有效宣传了景区的旅游品牌。

三、苏州 A 级景区品牌建设存在的问题

随着苏州 A 级景区不断发展壮大,景区的品牌建设日益得到关注,但就当前情况看,仍然存在一定的问题。

1. 品牌意识不强,重要性认识不足

长期以来,苏州的景区对品牌建设认识不足,从早期的自发性、无意识状态,到当前为了品牌而打造品牌的建设工作,对品牌建设的认识和理解还不够深入,这表现在以下几个方面:一是认识不强。部分景区还是从促销的层面去认识景区的"信息传播"和"形象塑造",较多注重在短期内就取得直接明显的营销效果,并未或很少从"景区品牌经营"的高度认识景区品牌的战略意义,使得景区品牌建设处于"重视—忽视—重视"的不稳定状态,缺乏长期、持续性的推进。断断续续的品牌建设也使得很多景区始终难以打造清晰、明确、特色的品牌形象,在游客中也无法形成稳定的品牌意象。二是忽视品牌建设和宣传。在苏州 A 级景区发展中,产品创新一直以来都是建设和关注的重点,加上长久以来自然形成的以园林为特色的旅游意象,使得苏州很多景区对品牌的打造和营销宣传较为忽视。

2. 景区品牌建设缺乏整体规划,品牌定位不清晰

目前,苏州很多的 A 级景区没有制定系统的品牌建设规划,使得景区品牌的核心定位不清晰,这主要表现在:一是缺乏整体规划,导致对景区品牌的理解存在片面性,使得很多景区在品牌建设上围绕的只是品牌的某些方面和局部,并着重于自认为重要的环节,很少从全方面建设景区品牌,难以支撑品牌内涵。例如提出了景区的品牌口号,但是没有相应的系列旅游产品支撑品牌,使得品牌难以得到有效提升。二是景区品牌形象不够鲜明。由于苏州的 A 级景区存在一定的同质化现象,园林、古镇等同类型景区数量较多,因此综观苏州 A 级景区品牌形象,存在着形象口号不鲜明的问题,同类型的景区品牌难以体现其特质。没有清晰的品牌形象定位,景区的差异化就难以凸显,景区打造的品牌也难以体现特色。

3. A 级景区品牌塑造的途径和方式有待完善

品牌塑造的着眼点不在品牌本身,也不是为打造品牌而打造品牌。品牌塑造的实质,应立足于长远,通过有效的途径和方式,在一个时期或一个时间段内,最终形成品牌资产而实现品牌的价值。当前苏州 A 级景区品牌建设也存在这样的问题,往往倾向于注重"景区品牌塑造"的结果,比如,提出景区的品牌口号、品牌形象等,却忽视"景区品牌塑造"的过程,使得品牌塑造的途径和方式亟须完善。这表现为两个方面:一是景区品牌塑造手段单一,难以形成持久的品牌优势。从当前苏州 A 级景区的品牌塑造方式看,大部分景区的重点都是采用投放广告、参加促销等方式,缺少有新意的品牌策划,无法在消费者心目中留下深刻印象,也难以收到持久的效果。二是景区品牌塑造关注点

过于狭小。很多景区在景区品牌建设过程中习惯于围绕自身最具特色和市场竞争力的特点来进行，虽然能够帮助景区在短时间内形成自己的品牌优势，但是在后期景区建设中片面重视对景区已有品牌特色的建设和挖掘，忽视景区全面性建设，就容易使得景区品牌关注点过于狭小，影响到景区品牌自身的价值。

四、苏州A级景区品牌建设的对策

1. 强化品牌意识，注重A级景区品牌建设

品牌意识是品牌建设塑造的前提，是未来旅游景区发展的战略选择。苏州市各A级景区首先要强化和树立品牌意识，认识到品牌的塑造和建设是提升景区市场竞争力、扩大景区市场影响力的重要支撑。从具体对策方面看，主要可以从两个方面强化品牌意识。一是建立完善的景区文化，用文化熏陶提升员工品牌意识。苏州的A级景区，自然资源丰富，历史文化厚重，吴文化儒雅的特质有助于对员工的文化熏陶，因此应加强员工培训，大力宣传景区品牌建设的意义和内涵，使景区工作人员对景区的品牌文化有较为深入的了解和认知。二是深入了解景区品牌所处的市场环境。充分认识景区自身及所处市场情况，诸如景区的旅游资源状况、资源等级、地理位置、现有项目、管理水平和服务质量等，旅游发展的新趋势和新方面、游客客源市场的特点等，从而发现自身的独特个性与文化内涵，为景区品牌塑造提供认识和分析基础。

2. 明确品牌定位，做好A级景区品牌规划

A级景区品牌建设的开展，必须以明确景区品牌定位为基础。各景区应重视品牌的全面建设，明确品牌定位。一是要做好品牌建设规划。根据自身情况，分析自身品牌优劣势，把握自身品牌特点和不足，制定品牌建设规划，为景区品牌内涵和品牌打造制订详细、切实有效的工作计划，为景区品牌建设提供指导。二是准确定位景区品牌。抓住景区发展的时机，基于景区自身的条件，分析确定与实际发展相符的景区品牌定位，为景区的品牌建设明确方向。

3. 加强品牌管理，塑造A级景区品牌形象

品牌是A级景区的无形资源。品牌成功塑造后，对景区品牌开展有效的管理将决定景区品牌的生命力和持久力。苏州的A级景区品牌管理应着眼于几方面。一是完善景区服务管理机构。以景区管理公司为平台，对景区品牌进行统一管理，按照品牌建设的相关环节，统筹协调诸如管理咨询、项目设计、专业培训、营销策划等业务。二是关注景区外部及其他景区的市场情况。加强对景区的品牌知名度、美誉度和游客满意度变化的信息监控，对同类或相似景区品牌的数据和信息展开分析研究，及时跟踪竞争景区的品牌变化情况，明晰景区自身品牌在当前市场竞争中的优劣势，及时调整和改进景区的服务管理。

4. 扩大品牌宣传，提升A级景区品牌影响力

苏州各A级景区应该加大品牌宣传。一是借助各类媒体的力量。通过现有的各类媒体，诸如电视、网络等，开展全方位立体宣传，形成持续不断的影响力。二是借助各类

节庆活动。借助于景区自身的文化和资源特色,举办多种类型的旅游节庆活动,通过事件营销,扩大景区品牌的宣传,提升景区自身的影响力和美誉度。三是广泛利用时下流行的自媒体力量。当前微信、微博等自媒体宣传力量强劲,借助各类"网络红人"的力量,能有效提升景区的品牌影响力。

5. 培养品牌人才,完善A级景区品牌队伍

人才队伍建设是A级景区品牌建设的重要内容。人才队伍建设主要围绕以下方面。一是做好景区中高层管理人员的引进。可结合目前正在实施的姑苏旅游人才计划,加强中高层人才建设,为景区品牌建设创造人力条件。二是制订和实施从业人员的系统培训计划,加强景区员工职业道德、服务技能、管理技能、景区文化等内容的培训。可通过与大中专院校建立紧密合作,举办培训班、专题讲座等多种途径进行培训。

(徐　征、周　恺)

商标篇

苏州市工业制造业品牌调查分析报告

一、苏州市工业制造业发展总体情况

制造业,是指扣除工业大类中的采掘业与公用业后的所有30多个行业。目前,制造业作为我国国民经济的支柱产业,既是我国经济增长的主导部门和经济转型的基础,又是我国社会经济发展、城镇就业增长的重要依托和主要渠道,是我国国际竞争力的集中体现。2011年,我国规模以上工业企业工业总产值达844 268.79亿元,其中,制造业总产值达733 984.03亿元,占工业总产值的86.94%;苏州市2011年实现工业总产值33 347.37亿元,规模以上工业企业工业总产值27 778.75亿元,其中,制造业总产值为27 298.16亿元,占工业总产值的98.27%。

2011年年底,全国城镇单位制造业从业人员数达到4 088.3万人,居全国各行业之首;从业人员平均工资为36 665元,较2010年增长了约18.6%;江苏省全省制造业在岗人数达到349.35万人,在岗职工平均工资为37 097元,高于全国平均水平;苏州全市制造业从业人数为302.5万人,同比增长1.52%;制造业在岗职工平均工资为42 032元,同比增长16.4%,在全省各县市中处于领先水平。

由于制造业中的一般制造业(家具制造、造纸业、木材加工等)、纺织服装业、医药制造业以及电子制造业在本书的其他章节中单独分类研究,本章节涉及的仅为偏重于工业制造的21个制造业细分行业,选取的苏州市工业制造业驰名品牌仅包含上述细分行业(下文详述)。2011年,苏州市规模以上工业制造业实现总产值14 566.09亿元,占工业总产值的52.44%,比2010年增长约15.61%。① 苏州市工业制造业发展势头强劲,业已成为苏州市经济发展的支柱性产业。

二、苏州市工业制造业驰名商标发展历程

截至2012年度,苏州市共有工业制造业驰名商标29个,分别为27家企业所有,其中,课题组以发放问卷等形式,得以统计到的企业及其驰名商标数为21家企业的23个驰名品牌。汇总整理问卷信息后发现:自1998年江苏金龙科技股份有限公司取得苏州

---

① 本文调研时间为2012年6月至9月。

市第一个工业制造业驰名商标"龙星"之后,2009年,苏州市提出了"品牌强市"战略,苏州市工业制造业驰名商标数开始加速增长,具体情况如图1所示。

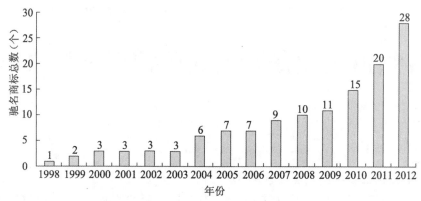

(注:"丁家宜"因信息不全未纳入统计。)

图1　1998—2012年苏州市工业制造业驰名商标总数情况

近三年来,苏州市工业制造业品牌发展势头迅猛,尤其是"十二五"的开局之年,苏州市积极响应"加快经济发展方式转变,实现经济转型升级"的号召,促进"苏州制造"向"苏州创造"升级,在全市制造业驰名品牌的建设上率先实现了巨大突破。2011年,8家工业制造业企业的8个品牌被纳入驰名商标之列,实现了历年来苏州市工业制造业驰名商标的最大增幅。截至2012年年底,苏州市工业制造业驰名商标数达到29个,位于其他行业之首,如图2所示。

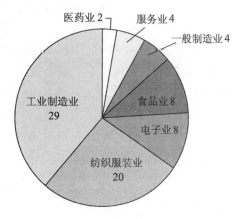

图2　苏州市各行业驰名商标数

三、苏州市工业制造业品牌现状及问题分析

(一)驰名商标企业概况与行业分布

课题组统计的苏州市拥有驰名商标的21家企业中,按照"企业性质"(民营企业与外资企业)和"是否上市"两大维度,得出统计数据如表1所示。

表1　苏州市工业制造业驰名商标企业概况

单位:家

	民营企业	外资企业	合计
上市企业	4	2	6
非上市企业	11	4	15
合计	15	6	21

苏州市作为江苏省内率先采用FDI(外商直接投资)模式发展外向型经济的城市,其外资引进力度较大,引入的外资以FDI方式投入制造业为主,且引入的制造业FDI绝大多数是劳动密集型和资金密集型产业。这就注定了外资企业将以OEM(原始设备制造)为主,企业的品牌创新与建设投入力度有限,苏州市的品牌建设之路将无法单独依靠外资企业,"品牌强市"的重担将大部分落在本土民营企业的肩上。表1数据也显示,苏州市民营企业在企业品牌建设上的成绩已经赶超了外资企业,并且取得了显著业绩。

与此同时,课题组依据统计上大中小微型企业的划分办法,结合苏州市21家拥有驰名商标的工业制造业企业的统计数据发现:上述21家企业中,属于大型与中型企业的各有10家,即苏州市绝大部分拥有驰名商标的工业制造业企业属于大中型企业,小微型工业制造业企业的驰名商标保有量亟待提高;进一步分析苏州市全部27家拥有驰名商标的工业制造业企业所处的细分行业情况,汇总结果如图3所示。

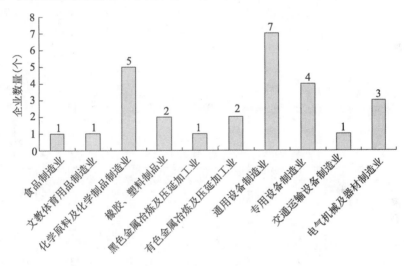

图3 苏州市工业制造业驰名商标企业行业细分情况

在工业制造业下属的21个细分行业中,苏州市拥有驰名商标的工业制造业企业仅仅涵盖了其中的10个细分行业,且主要集中在设备制造业与化学类制造业上,由此可见,鼓励与开发其他细分行业企业的品牌创新与建设能力,将成为苏州市工业制造业驰名品牌下一轮增长的主要突破口之一。

(二)驰名品牌市场竞争力分析

针对驰名品牌市场竞争力的分析,主要通过三个市场(省内、国内、国际)的两大数据(市场占有率与排名情况)客观反映。根据笔者的统计资料,剔除相关统计信息不全的企业,2011年,苏州市拥有驰名商标的工业制造业企业中,共有18家有相应的统计数据,详见表2。

表2 2011年度驰名商标主要商品或服务在该行业中的市场占有率和排名情况

企业名称	省内市场		国内市场		国际市场	
	占有率(%)	排名情况	占有率(%)	排名情况	占有率(%)	排名情况
好孩子			68	第一位	美国:55；欧洲:24.3	第一位
阪神、白雪	100	第一位	9	第五位	1	
Enox	50	第一位	50	第一位	50	第一位
沙钢及图	31	第一位	4	第四位		
DW图形	30	第一位	5	前三位		
AAA	25	第五位	5	第二十六位		
通润	20	第一位	30	第一位	40	第一位
科林kelin	11	第一位	9	第一位	1	第一位
南宝	40		55		5	
环球	14		4			
浩波	50	第一位	38	第一位	35	第一位
港星	45	前二位	30	前三位	15	前五位
龙星	30~40		5~7			
联冠	55	第一位	37			
康力	3	第一位	3	第一位		
捷星	70	第一位	30	第三位	15	第三位
密友	85	第一位	62	第一位	11	
玛吉斯(MAXXIS)	20	第一位	12	第三位	3	第九位

观察表2数据发现，上述18家企业各自的驰名商标产品或服务在江苏省内具有绝对的竞争优势，即具有较高的省内市场占有率以及较为突出的综合排名；就国内市场而言，上述企业的品牌产品与服务仍具有相当的竞争实力，国内大众对于上述企业的驰名品牌辨识度较高，驰名品牌产品与服务的消费保有量较大，上述企业的品牌优势能够得以充分体现，进而为企业带来较高的品牌收益。

但是，就国际市场而言，上述驰名品牌的国际竞争力似乎不容乐观，除了少数企业，如"好孩子""Enox""浩波"等的国际市场占有率相对较高外，多数企业在国际市场上的品牌知名度与占有率相对偏低，许多企业甚至没有相应的数据统计，即对国际市场的品牌情况缺乏足够的重视，没有很好地让这些国内驰名品牌"走出去"，缺乏国际视野。

(三) 驰名商标企业的品牌管理情况分析

1. 企业商标被侵权假冒情况

在课题组调研的全部21家企业中,有11家企业的商标自2008年以来有过被侵权假冒的明确记录。这其中许多都是业内知名的大中型企业,绝大多数企业的驰名品牌产品是自主生产的。这些驰名品牌既是企业的标签,也是企业产品无形的内在竞争力,对于企业的生存与发展具有很重要的意义。尽管如此,上述企业在品牌管理与维护上仍存在不小漏洞,表3为上述11家企业的商标被侵权假冒情况汇总。以下进一步分析驰名品牌企业在品牌管理上的具体情况及问题。

表3 2008—2011年商标被侵权假冒情况汇总

企业名称	2008年 案件数量(件)	2008年 涉案金额(万元)	2009年 案件数量(件)	2009年 涉案金额(万元)	2010年 案件数量(件)	2010年 涉案金额(万元)	2011年 案件数量(件)	2011年 涉案金额(万元)
好孩子	2	80	1	50	3	300	3	200
阪神、白雪	1	3 000	1	5 000	1	10 000	1	20 000
Enox					1			
捷安特							15	200
罗普斯金 LPSK			5	17	4		6	
沙钢及图	1		7		9		5	
DW 图形			1	1				
浩波	1	2			1	5		
联冠					1	8		
康力							1	0.6
玛吉斯(MAXXIS)					1		1	

2. 企业投入商标管理的费用情况

2008年至2011年间,具有商标管理费用详细记录的苏州市工业制造业驰名商标企业有18家,经过统计分析及简单的平均值计算,绘制出了4年间18家企业的平均商标管理投入费用折线图(如图4)。

从图4不难看出,2008年至2010年间,18家企业的商标管理投入费用均值呈上升趋势,且随着苏州市2009年"品牌强市"口号的提出,企业对于商标的管理重视程度明显提高,投入费用显著提升;2011年的商标管理投入费用均值有所回落,但波动不大,仍然处于相对较高水平。进一步比对企业的其他投入后发现,企业品牌管理的投入仍然具有可提升空间,随着我国工业制造业向国际制造业价值链上游的不断切入,我国制造业正在进行着高端化、品牌化、国际化的转变,在风云变幻的国际品牌战中,我国企业对于品牌管理的重视应当与时俱进,强化品牌维护与投入意识。

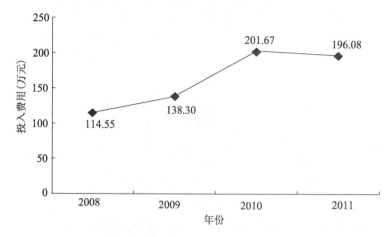

图4 2008—2011年18家驰名商标企业商标管理平均投入费用

3. 企业专门从事品牌管理的人员情况

通过对苏州市工业制造业21家拥有驰名商标的企业调研,得出企业中专门从事品牌管理的人员数量情况如图5所示。

图5显示,苏州市工业制造业上述21家驰名商标企业中,过半数(12家)企业仅拥有3~5人的品牌管理团队,品牌管理人员数在2人以下的企业也有6家。这些数据相比较上述大中型企业千人左右的总员工队伍而言,企业在品牌管理人员的整体投入上略显不足,这也是企业商标被侵权假冒案件发生的重要原因之一。

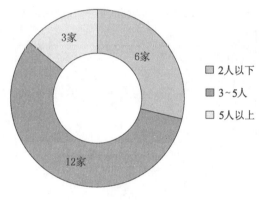

图5 驰名商标企业专门从事品牌管理的人员数

四、苏州市工业制造业品牌发展建议

(一)营造企业品牌创新环境,鼓励和引导中小微型企业自主品牌建设,拓展苏州市工业制造业品牌的行业覆盖范围

近年来,苏州市政府高度重视企业品牌建设,相继出台了一系列鼓励、支持本地区企业创建自主品牌的政策措施,继2009年提出"品牌强市"口号之后,"十二五"期间,苏州市针对工业企业发展与转型升级的要求,特别编制了《苏州市"十二五"工业发展暨转型升级规划》,要求"十二五"期间继续加强自主品牌建设,计划培育行政认定的中国驰名商标50个,不断提高品牌附加值,继续加快自主创新体系的培育和建设,不断强化和完善企业的自主创新体系建设,形成以知名度高、市场占有率高的自主品牌为核心,具有鲜明特色及高产出率的产业基地。

工业制造业具有其独特的行业特性,苏州市的外资企业多数已经拥有成熟的品牌及管理模式,在苏州地区的外资制造业企业很多是以OEM为主,具备成熟的作业流水线,为其母公司或已有品牌做"贴牌生产",自主建设品牌的动力与欲望不足。为此,苏州市的本土民营企业应当更多地利用当地资源,尤其应当鼓励和引导中小微型企业发挥企业的地区型优势,大力投入与培育自主品牌,真正实现企业的转型升级与可持续长远发展。

同时,已有数据显示,苏州市工业制造业的全部驰名品牌仅仅涵盖了所有21个工业制造业细分行业的半数左右,驰名品牌的行业覆盖面提升空间较大。随着新一轮企业品牌建设的持续推进,许多目前被"冷落"的工业制造业细分行业将成为苏州市工业制造业驰名商标新的增长点,本土中小微型民营企业有望从中找寻到本企业的品牌优势之路。

(二)提升企业品牌价值,强化驰名品牌国际竞争实力,加快工业制造业品牌的战略升级步伐,寻求嵌入全球价值链治理的OBM之路

新时期的企业竞争,是基于GVC(全球价值链)的国际化竞争,其中的OBM(自有品牌制造)模式是保有较高经济附加值的生产制造模式。多数工业制造企业都在经历着由OEM(原始设备制造)向ODM(原始设计制造)最终转向OBM的尝试。由此可见,树立品牌意识,提升品牌价值,不仅是企业增强自身产品与服务市场竞争的重要手段,更是企业成功嵌入GVC治理,谋求上游价值链OBM模式的必经之路。

此前的分析指出,苏州市工业制造业企业的国际竞争力尚待强化,一些国内知名的企业及其驰名品牌,一旦"走出去",放到国际市场比拼,其拥有的大多数是国内制造业环境的要素成本优势,真正依托品牌支撑起来的国际市场竞争实力有限,为此《苏州市"十二五"工业发展暨转型升级规划》中明确提出了"万企升级"行动计划与"品牌之都"创建计划,致力于促进企业质量品牌升级,集中力量培育、扶持、发展和保护一批具有自主知识产权和具有一定国际影响力的自主知名品牌企业集群;积极实施商标、质量战略,加强企业基础管理工作,坚持品牌创新,促进品牌延伸。

(三)树立品牌维权与管理意识,引进品牌管理专业人才,加强驰名品牌的维护与管理

由上述统计结果不难看出,苏州市工业制造业驰名商标企业的品牌管理存在一定的强化空间,尤其是企业中从事品牌管理的专业人员数量普遍偏低,相应的品牌管理投入费用仍需进一步加强。苏州市已经出台了相应的引才政策,尤其重视高端人才的引进与开发,专业人才的引进与培育对于企业的自主创新能力影响较大。除此之外,树立品牌意识,强化品牌管理,对于企业驰名品牌侵权假冒案件的发生也有一定的抑制作用。而且,若要长效持久地发挥企业驰名品牌的优势,品牌管理与维护的持续跟进必不可少,这样才能真正做到依托自主品牌的创新实现苏州市"品牌强市"的宏伟目标。

参考文献:

[1] 国家统计局. 国民经济行业分类[R]. 2002.

[2] 苏州市人民政府. 苏州市人民政府印发关于实施商标战略、建设品牌强市的实施意见的通知(苏府〔2009〕177号)[R]. 2009.

[3] 苏州市人民政府. 苏州市国民经济和社会发展第十二个五年规划纲要(苏府〔2011〕66号)[R]. 2011.

[4] 苏州市人民政府. 苏州市"十二五"工业发展暨转型升级规划[R]. 2011.

[5] 徐彪,张骁,杨忠. 产业升级中的代工企业品牌经营模式研究——宏观经济视角向微观管理视角的理论延伸[J]. 软科学,2012(2):98-104.

(洪 海、钟 军、王群伟)

苏州市纺织服装业品牌发展报告

一、苏州市纺织服装业发展概况

我国纺织服装业分布呈明显的产业集聚地状态，主要分布在长三角、珠三角、东南沿海以及环渤海湾地区中的39个地区。到2011年年底，我国纺织服装业已经形成了一个庞大的集团，全部从业人员平均人数382.41万人，工业总产值13 538.12亿，同比增长29.61%；纺织布和纱的产量分别为2 870.17万吨和814.14亿米，分别同比增长5.6%和1.8%；出口交货值达到1 432.38亿元，同比增长18.3%。虽然自2008年金融危机以来，我国纺织服装业的发展尤其是出口受到了很大的影响，但是纺织服装业仍然是我国的支柱性产业，其发展前景无论对自身，还是对整个国民经济都将起到极为重要的作用。

苏州市作为全国经济的排头兵，其纺织服装业在总体上也有相当不错的表现。截至2011年年底[1]，苏州市纺织服装业从业人员为103 302人；在规模以上工业企业中，纺织服装业的总资产贡献率[2]达到12.90%，要明显高于总体平均水平的10.21%；出口交货值为574.74亿，与上年相比增长了近3.6倍。虽然受金融危机的影响以及国外贸易壁垒的限制，苏州市纺织服装业的工业总产值、工业销售产值都较2010年有所下降，但仍然在所有行业中均排名第二。

二、苏州市纺织服装业驰名商标发展历程

江苏洲艳服饰有限公司在1996年申请到苏州市纺织服装行业第一个驰名商标"洲艳"。此后每年，苏州市纺织服装业驰名商标数保持稳定增长。在苏州市政府于2009年颁布《关于实施商标战略、建设品牌强市的实施意见》（苏府〔2009〕177号）文件，并提出"品牌强市"的口号之后，苏州市纺织服装业的驰名商标数出现了大幅的增长，到2013年，纺织服装业的驰名商标总数增加到20个，占到所有行业驰名商标总数的26.7%。具体数据如图1和图2所示。

---

① 本文调研时间为2012年6月至9月。
② 总资产贡献率：反映企业全部资产的获利能力，是企业经营业绩和管理水平的集中体现，是评价和考核企业盈利能力的核心指标。计算公式为：总资产贡献率(%) = (利润总额 + 税金总额 + 利息支出)/平均资产总额 × 100%。

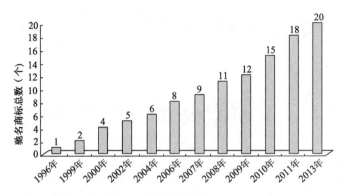

（注："港洋"因信息不全未纳入具体年份统计。）

图 1　苏州市纺织服装业历年来驰名商标总数

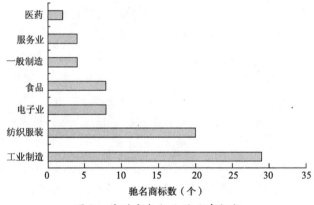

图 2　苏州市各行业驰名商标数

自苏州市政府提出"品牌强市"的口号以来，苏州市纺织服装业的驰名商标数量大幅增加，而这些企业在取得驰名商标之后出现了实质性的大跨越发展，主要体现在销售收入、出口额、总资产以及利润四个方面。以波司登为例，波司登在1997年和2007年分别取得"波司登"和"雪中飞"两个驰名商标之后，其发展都到达了高峰。截止到2012年6月，波司登的销售收入增长了14.9倍，出口额翻了1.8倍，总资产为刚开始的3.1倍，利润更是增加了8倍。

三、苏州市纺织服装业品牌存在的问题

（一）品牌国际竞争力不够强大

这里主要从国际市场占有率（MS）[1]和显示性比较优势指数（RCA）[2]两个维度来分

---

[1] 国际市场占有率：指一国产品或服务的出口总额占世界该类产品或服务的出口总额的比重。可以用公式 $MS = X_i / X_j$ ，其中 X_i 表示 i 国的某一产品或服务的出口总额，X_j 表示世界该产品或服务的出口总额。

[2] 显示性比较优势指数（RCA）是指一个国家某种产品或服务出口额占其出口总值的份额与世界出口总额中该类产品或服务所占份额的比率。RCA 的值大于 1，则表明该国此产品在国际市场上具有一定的国际竞争力；若 RCA 的值小于 1，则该产品国际竞争力较弱；如果 RCA 的值接近 1，则表明无所谓优、劣势。

析苏州市纺织服装业的品牌国际竞争力。

国际市场占有率(MS)又称为出口市场占有率,MS值越高表明其国际竞争力越强。通过对苏州市纺织服装出口数据的收集和计算得出如表1所示结果。

表1 苏州及周边城市、江苏省和全国纺织服装的国际市场占有率情况

年份	苏州	常州	宁波	江苏省	中国
2011年	2.21%	0.91%	1.89%	9.91%	37.28%
2010年	0.56%	0.87%	0.61%	8.49%	36.94%

(数据来源:苏州及周边城市统计年鉴、江苏省统计年鉴及全国统计年鉴和WTO官网数据。)

通过表1的数据发现,苏州市纺织服装的国际市场占有率与周边一些城市相比处于领先的地位,并且占到了江苏省的22.3%、全国的5.93%。总的来讲,苏州市纺织服装的国际市场占有率形势良好,但是优势并不特别明显。

显示性比较优势指数(RCA)是目前为止衡量一国产品或服务的国际市场竞争力最具说服力的指标。通过对苏州市纺织服装进出口数据的收集和计算得出如表2所示结果。

表2 苏州、常州和宁波服装业的显示性比较优势指数比较

年份	苏州	常州	宁波	中国
2011年	0.92	8.551	4.973	3.57
2010年	0.507	8.405	2.08	3.53

(数据来源:苏州及周边城市统计年鉴和中国统计年鉴。)

通过表2的数据发现,苏州市的RCA值严重小于常州及宁波,甚至连中国的平均RCA值都未达到,这在一定程度上反映了苏州市纺织服装业的出口其实是"大而不强",国际竞争力还迫切有待加强。苏州市纺织服装业共有19家驰名商标企业[①],这些企业中95%以上都使用自主品牌进行生产,并且在江苏省内甚至国内都是领先者,但是在国际市场上只有恒力、梦兰、盛虹和桑罗占据着不错的地位,其他几乎是一片空白。这些都表明,苏州市纺织服装业品牌的国际竞争力还有待加强。

(二)品牌自主创新能力不足

2011年,苏州市规模以上纺织服装企业共413家,国家驰名商标共19家,但更多的是那些规模小、资金少的中小企业。从国际价值链分工的格局来看,苏州市的这些服装企业大多处于整个价值链分工的底层,由于缺乏核心技术和知名品牌,其往往处于"微笑曲线"的最低点,它们对上、下游的讨价还价能力很弱。在苏州市的19家驰名商标企业中有近35%的企业是以纤维、呢绒等为核心产品,这些产品附加值比较低,利润空间

---

① 19家驰名商标企业:因为波司登拥有"波司登"和"雪中飞"两个驰名商标,所以19家企业拥有20个驰名商标。

比较小,而且产品的同质性很严重,所以很难走出一条自己的道路。

(三) 品牌保护意识不强

苏州市纺织服装企业大多是以贴牌生产为主的中小企业,它们一般处在整个产业链的最底层,其赚取的利润在全部的8%以内,由于缺乏完整的品牌管理模式,加之品牌建设本身周期长且投资大,也使得很多中小服装企业无心进行品牌的建设和保护。苏州市的19个驰名商标企业,虽然在省内甚至国内都占据着很大的市场,但是它们在品牌商标保护上也同样存在着不小的漏洞。通过对这些企业调查问卷结果的收集和整理,得出如表3所示结果。

表3 2008年以来商标被侵权假冒的案件数量和涉案金额

	2008年		2009年		2010年		2011年	
	数量(个)	金额(万元)	数量(个)	金额(万元)	数量(个)	金额(万元)	数量(个)	金额(万元)
波司登	10	14	9	11	11	100	19	136
AB	7	5	5	6	8	7	8	6
哈森 HARS-ONE 及图	—	—	—	—	3	13	2	8
龙达飞	1	50	—	—	—	—	1	50
多威 DO-WIN 及图	2	10	1	2.3	5	17.5	5	167.6
盛虹	1	10	—	—	—	—	—	—
桑罗	—	—	—	—	1	2 000	—	—
扬帆	—	—	—	—	1		1	
金丝狐	—	—	—	—	1	20	—	—

通过表3的数据看到,有9家驰名商标企业的商标受到过侵权(另5家企业因问卷信息不全未纳入统计),如波司登、AB以及多威,每年都受到侵权,涉及的金额也是逐年增加。可见,苏州市的纺织服装企业无论是中小企业还是驰名商标企业,其品牌保护意识都存在着不小的漏洞。

四、苏州市纺织服装业品牌存在问题的原因分析

(一) 比较优势逐渐弱化

纺织服装业是典型的劳动密集型和资源密集型产业,廉价的劳动力成本和充足的原料供给是纺织服装业生存和发展的重要保障。近年来,江苏省纺织服装业的劳动力成本不断攀升,2011年服装业工人的平均工资为27 655.5元,比2010年同比增长14.1%,而纺织服装业的就业人员数下降了18.17%,"用工荒""涨薪潮"正是其很好的体现。而苏州市作为江苏省经济的排头兵,其纺织服装业劳动力成本面临着同样的问题。2011年苏州市纺织服装业工人的薪酬系数为0.84,处于行业的领先位置,劳动力成本优势在慢慢缩小。此外,2011年苏州市纱的产量为632 629吨,同比下降13.4%;布的产量为57 434万米,同比下降25.5%。原料产量的大幅下滑使得纺织服装业从源头上失去了优势,所以苏州市的纺织服装业面临着不小的挑战。

(二)品牌核心竞争力缺失

苏州市纺织服装企业大多数处在价值链的底层,它们所获取的利润和投入呈严重的反比。无论是处在生存边缘的中小服装企业还是日益发展壮大的规模企业,都在根本上存在着一个共同的缺陷:核心竞争力的缺失。而研发的投入对于纺织服装企业的核心竞争力起到了至关重要的作用。通过对苏州市纺织服装业研发投入数据的收集和整理,得出如表4所示结果。

表4 2009年苏州市纺织业及相关产业的研发投入

纺织业	经费投入(亿元)	20.41
	投入强度(%)	0.42
纺织服装	经费投入(亿元)	5.21
	投入强度(%)	0.23
皮革、毛皮、羽毛(绒)及其制品业	经费投入(亿元)	0.58
	投入强度(%)	0.15
行业合计	经费投入(亿元)	570.71
	投入强度(%)	0.79
苏州市	R&D经费(亿元)	148.29
	R&D经费与GDP之比(%)	2.20

(数据来源:2010年江苏省统计公报及苏州市统计年鉴。)

表4数据显示,苏州市纺织服装业的研发经费投入为5.21亿元,仅仅占到了行业合计的0.91%;投入强度仅为0.23,低于纺织业的0.42,甚至没有达到所有行业的平均水平0.79,可见纺织服装业的研发投入对核心竞争力的贡献存在不小的短板。

(三)技术与品牌专业人才匮乏

苏州市的纺织服装企业大多是从手工作坊起家的,从整体水平来看,大多数服装企业仍然处于劳动密集型的低层次发展阶段。苏州市庞大的纺织服装产业至今没有一位世界级的设计大师,还没有形成高水平的服装设计师群体,技术专业人才的缺失成了一大问题。另外,品牌方面的专业人才也是一大空缺,通过对苏州市19家驰名商标企业的调查问卷整理,得出如图3所示结果。

通过图3发现,品牌管理员工人数为3~5人的驰名商标企业所占的比重超过了一半,达到了52.6%,而5人以上和2人以下的比重同为21.1%。这些年销售额上亿的企业内部只有几个人在经营管理整个公司的品牌,可见品牌管理并未受到应有的重视,这也是这些企业商标每年都受到侵权的重要原因。

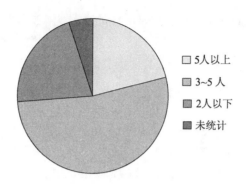

图3　苏州市驰名商标企业专门从事品牌管理的员工人数

五、苏州市纺织服装业品牌发展的对策建议

(一) 进一步加强培育和引进专业人才

针对苏州市纺织服装业中技术和品牌专业人才匮乏的问题,纺织服装企业应该重视专业人才的作用。其实在《苏州市支柱产业提升计划》中就提出:"认真落实市政府《关于实施姑苏创新创业领军人才计划的意见》和《苏州市引进紧缺高层次人才资助办法(试行)》,将引资和引智相结合,引进纺织服装产业急需的技术技能型人才及复合型技能型人才,为引进的高层次创业创新人才和团队创造良好的工作和生活条件,对有特殊贡献的高科技人才实行重奖。"培育和引进专业人才不仅是为了解决企业短板,促进自身发展,更是顺应了世界的潮流。中小服装企业只有紧跟世界脚步才能生存下去,规模企业只有跟随甚至引领世界潮流才能在国际上站稳脚跟。

(二) 鼓励和引导企业加强自主创新能力

苏州市《"十二五"规划》中明确提出"坚持创新发展,把科技进步和创新作为转变经济发展方式的重要支撑"。目前,苏州市纺织服装企业研发投入不足,自主创新能力差,导致纺织服装企业经历了过去廉价劳动力和原料的"眷顾"后发展越来越困难。所以,一方面政府要鼓励纺织服装企业进行自主创新,掌握自主创新的主动权;另一方面政府应该帮助企业进行自主创新,加大研发投入经费或许是对它们最好的帮助。此外,纺织服装企业应该抓住战略性新兴产业加快发展的机遇,立足已有产业基础,大力发展高新技术纤维及其复合材料、高端纺织装备制造、高性能的纺织服装品,形成工艺、技术及装备等产业化配套技术和规模化生产能力,提高纺织服装业在战略性新兴产业中的比重。同时,通过产业链协同创新,加强纺织服装产品在战略性新兴产业领域的应用性开发,扩大纺织服装产品在新材料、新能源、节能环保等战略性新兴产业领域的应用,促进纺织服装业与战略性新兴产业的紧密结合、互动发展。

(三) 加快纺织服装业品牌战略转型步伐

苏州市纺织服装企业基本上都是以手工作坊起家,初期的廉价劳动力和原料成本使这些企业感受到了其中的"甜蜜"。久而久之,这些企业就习惯了低附加值、低利润的贴牌生产。这在迎接国际竞争的初期是一种较好的生存之道,也是进行国际化初期的过渡性战略。作为一种"生存之道"的"过渡性战略","贴牌生产"有其迫不得已的必要性,但从中国服装走向世界的内在逻辑来看,这不是长久之计。在纺织服装行业劳动力成本不断攀升的现实面前,纺织服装企业一定要进行品牌战略的转型,即从 OEM(贴牌生产)向 ODM(自主设计)、OBM(自主品牌)过渡。只有进行自主设计甚至是创建自主品牌时,产品的附加值才会提高,产品的利润才会提升。纺织服装行业依靠廉价劳动力和原料的时代终将会一去不复返。

(四)设立专门的商标管理部门,加强纺织服装品牌管理和保护

商标是企业参与竞争的重要工具,它不仅是企业商品的标志,而且是企业的象征,直接关系到企业的生存和发展。目前,大多数国际性服装品牌(如 Adidas)及少数国内知名品牌(如波司登)都设有专门的商标管理部门,然而大部分商标管理部门的主要职权仅在于商标维权打假。此外,不少服装企业实施多品牌战略,门下集聚多个商标,尤其需要进行商标管理保护。因此建议服装企业设立专门的商标管理部门,企业可根据自身需要协调配置商标档案管理专员、商标使用管理专员、商标经营管理专员、商标市场监督和维权打假专员。

参考文献:

[1] 苏州市人民政府.苏州市人民政府印发关于实施商标战略、建设品牌强市的实施意见的通知(苏府[2009]177号)[R].2009.

[2] 苏州市人民政府.苏州市国民经济和社会发展第十二个五年规划纲要(苏府[2011]66号)[R].2011.

[3] 肖飞.江苏服装品牌发展策略研究[J].中国市场,2011(23):141-143.

[4] 本书编委会.中国服装家纺自主品牌发展报告(2012年)[M].北京:中国纺织出版社,2012.

[5] 中国服装协会.2012—2013中国服装行业发展报告[M].北京:中国纺织出版社,2013.

[6] 苏州市统计局.苏州统计年鉴2011—2012[M].中国统计出版社,2012.

(汤 华、魏文斌)

苏州市电子业品牌调查分析报告

一、苏州市电子业发展概况

本报告所述的电子业主要包括电气机械和器材制造业,计算机、通信和其他电子设备制造业,仪器仪表制造业这三个制造业细分行业,基本都属于高新科技型产业。这类行业与我国近年来提出的战略性新兴产业既有交叉又存在区别,即苏州市的部分电子业驰名商标企业及其驰名商标产品或服务,一方面可纳入新一代信息技术产业与高端装备制造产业范畴,另一方面,本研究报告的电子业企业及其品牌产品将更多偏重于成品制造。就全国而言,电子业规模以上企业2011年实现工业总产值122 855.08亿元,比上年增长约17.33%,全部从业人员年平均人数达1 543.58万人,同比增长2.78%。随着国家对于高新科技产业以及战略性新兴产业的逐步重视,电子业也将实现更加迅猛的发展。

江苏省全省电子业三大细分行业规模以上企业2011年实现工业总产值28 970.20亿元,同比去年增长近23.78%,电子业在岗职工人数由2010年的95.04万人增长至109.02万人,增幅达14.71%,在岗职工年平均工资也较2010年增长了15.31%,达到38 420.67元。苏州市全市规模以上电子业企业2011年实现工业总产值12 173.51亿元,同比增长14.63%,电子业企业单位个数略有下降,但也达到了2 063家。苏州统计月报显示,截至2012年12月[①],苏州市电子业三大细分行业工业总产值较上年都实现了正向增长,具体统计数据如表1所示。

表1 2012年苏州市电子业各行业工业总产值情况

电子业各细分行业	2012年工业总产值(亿元)	比上年增幅(%)
电气机械和器材制造业	2 336.78	9.4
计算机、通信和其他电子设备制造业	9 978.27	7.3
仪器仪表制造业	313.61	1.4

---

① 本文调研数据收集截止时间为2012年12月。

二、苏州市电子业驰名商标发展历程

截至2012年年底,苏州市共有8家电子业企业的8个品牌获得中国驰名商标注册。笔者分别对上述企业及其驰名商标进行了问卷调研及深入访谈,汇总整理了相关资料,梳理出了苏州市电子业驰名商标的发展历程。图1展示了苏州市自2004年首个电子业驰名商标取得后,历年来苏州市电子业驰名商标总数的增长情况。

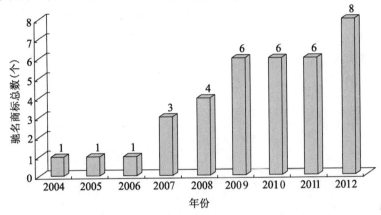

图1 苏州市电子业驰名商标总数增长情况

电子业作为一个"年纪"较轻的新生代行业,其成长过程一直受到各方重视,尤其在国家经济转型、产业升级以及大力发展高新科技型企业之际,电子业的持续、健康、高速发展则尤显重要。苏州市的许多电子业企业起步于90年代末。亨通集团的"亨通光电"于2004年成为苏州市首个电子业驰名商标,此后电子业驰名商标数量一度停滞不前,直到2007年苏州市电子业驰名商标数才又开始增长。2012年,苏州市新增两个电子业驰名商标:"东菱振动"与"吴通",这两个驰名商标的诞生也实现了苏州市电子业驰名商标在区域分布上的突破,具体如图2所示。

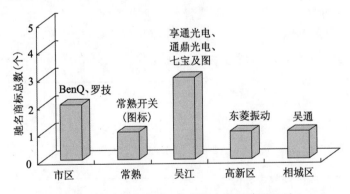

图2 苏州市各地区、县市驰名商标情况统计

三、苏州市电子业品牌发展现状及问题分析

苏州市上述8家拥有电子业驰名商标的企业也同时都是江苏省著名商标企业,其中也不乏在国外有商标注册的企业,如常熟开关与东菱振动;并且进一步研究发现,上述企业都基本实现了全部产品使用自主商标,进行自主生产,贴牌生产、使用他人商标的产品数量基本为零。由此可见,苏州市电子业驰名商标企业对于自主品牌的建设与企业驰名商标产品的自主化经营已经十分重视,但就企业的品牌管理、市场竞争力以及驰名商标产品的业绩等方面而言,上述行业企业仍然存在很大的可提升空间。

(一)驰名商标企业的基本状况与行业覆盖

截至2012年年底,苏州市共有驰名商标75个,分布于7大行业之中,具体分布状况如图3所示。

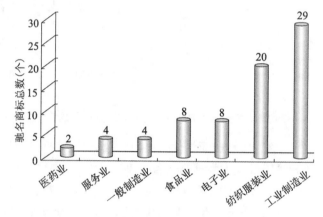

图3 苏州市各行业驰名商标数量与分布情况

图3数据显示,在全部7大行业的驰名商标保有量分布情况中,电子业驰名商标总数居中,略高于医药业、服务业及一般制造业,但相比纺织服装业及工业制造业而言,则总量略显不足。同时,苏州市电子业驰名商标企业数量(8家)与之庞大的企业基数(2063家)相比,总量仍显较少。进一步观察上述8家企业,基本情况汇总如表2所示。

表2 苏州市电子业驰名商标企业基本情况

	民营企业	外资企业	合计
大型企业	3	2	5
中小型企业	3	0	3
合计	6	2	8

由此可见,苏州市电子制造业驰名商标企业以民营企业为主,大型与中小型民营企业各占半数,外资驰名商标企业则以大型企业为主,总体上缺乏小微型企业。

就驰名商标产品或服务所覆盖的行业范围来看,主要集中在电气机械和器材制造业以及计算机、通信和其他电子设备制造业当中,仪器仪表制造业中仅有1家企业,具

体统计情况如图 4 所示。

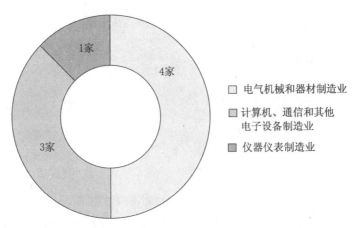

图 4　电子业驰名商标产品或服务行业分布情况

（二）驰名商标企业品牌管理力度有待加强，品牌维护意识须进一步强化

品牌管理与维护，作为企业品牌战略的重点模块，从一定程度上体现了企业品牌意识与企业品牌的持续竞争能力。图 5 反映了上述企业品牌管理的资金投入情况。笔者选取了 8 家电子业驰名商标企业中统计信息较为全面的 4 家（明基电通、七宝光电、东菱仪器以及吴通通讯）进行汇总处理，计算出了这 4 家企业自 2008 年至 2011 年间品牌管理的年平均投入费用。

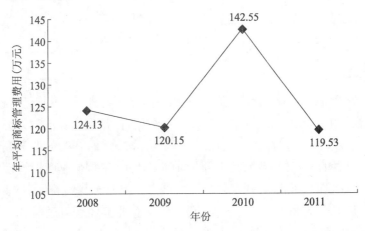

图 5　驰名商标企业各年投入品牌管理的年平均费用情况

不难发现，上述 4 家企业投入商标管理的年平均费用波动较大，2009 年苏州市提出"品牌强市"号召之后，各企业纷纷加强品牌建设与管理投入，近年来又有所回落，这反映了企业的品牌管理缺乏一定的持续性，没有科学合理的品牌管理预算，进而导致了企业品牌管理能力的薄弱。同时，笔者还汇总了电子业驰名商标企业内专门从事品牌管理的人员数量信息，如图 6 所示。

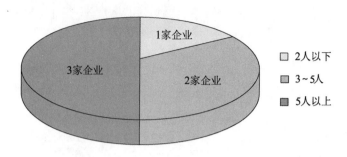

（注：因有2家企业缺乏相应的统计资料，故未纳入统计。）

图6　电子业驰名商标企业内专门从事品牌管理的人员数量情况

相比而言，苏州市电子制造业驰名商标企业品牌管理的人员配置要略好于其他行业，但是总体情况仍然不容乐观，管理人员总数5人以下的企业仍有半数左右。根据笔者的统计资料，上述8家企业中有2家企业的驰名商标侵权假冒情况记录较为详细，现摘录如表3所示。

表3　部分驰名商标企业商标侵权情况

年份	BenQ		常熟开关（图标）	
	案件数量（个）	涉案金额（万元）	案件数量（个）	涉案金额（万元）
2008	5	60	177	105
2009	7	69	130	98
2010	7	82	1 268	155
2011	8	85	121	93

除上述2家企业的驰名商标存在被侵权假冒等情况之外，2011年，罗技有2件被侵权案件，涉案金额15万元，东菱振动有一件被侵权案件，涉案金额0.34万元。从表3中也能发现，BenQ被侵权案件数量与金额都在逐年递增，常熟开关的涉案数量与金额都比较庞大。在笔者的调查中，多数驰名商标企业都反映在其企业商标管理与保护的过程中，品牌被侵权假冒的问题是其管理的一大难点。但同时我们看到，企业自身对于品牌的管理与维护似乎做得还不够完善，不到半数的企业曾经获得过驰名商标的跨类保护，仅有一家企业将驰名商标进行了海关备案，因此，在政府、社会努力加强品牌监管的同时，驰名企业自身仍应当继续强化品牌的维护意识，加大企业品牌的管理投入力度。

（三）驰名商标企业市场业绩的稳定性有待提高，市场竞争力尤其是国际竞争力亟须提升

课题组调查问卷统计显示，具有明确市场竞争力指标记录的电子业驰名商标企业偏少。其中，东菱仪器的驰名商标"东菱振动"2011年度的市场竞争力情况分别为：省内市场占有率为43%，排名第一位；国内市场的占有率为40%，同样排名第一；国际市

场上,东菱振动的市场占有率仅为10%。为此,进一步比较分析了东菱振动的销售收入与出口额情况,如图7所示。

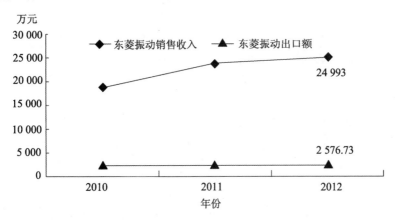

图7 东菱振动销售收入与出口额比较情况

图7说明了东菱振动的销售业绩主要由内销拉动,出口国外的产品总收入仅占全部销售收入的10%左右;并且,2012年东菱振动获得中国驰名商标之后,其品牌效应还没有得到完全发挥,当年的销售业绩尤其是出口额并没有特别明显增长,品牌的国际竞争力不够突出。

为反映苏州市电子业驰名商标企业的业绩情况,本报告选取了企业业绩统计资料较为全面的两家驰名商标企业BenQ与常熟开关进行数据汇总,整理出图8,其中的销售收入与利润均为驰名商标对应产品或服务的收入与利润,图中有数据标注的年份为上述两家企业的驰名商标被认定的年份。

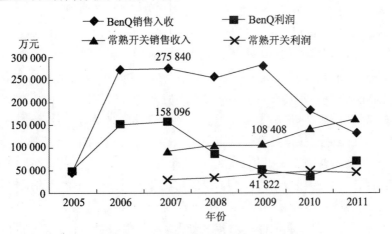

图8 部分驰名商标企业业绩汇总

如图8所示,无论是BenQ还是常熟开关,企业的销售收入及利润在该商标被认定当年都有明显增幅。其中,BenQ的销售收入及利润总体波动较大,企业业绩不够稳定。常熟开关尽管销售收入逐年增长,但其利润空间却受到挤压。同时,受国际国内大环境的影响,上述两大驰名商标企业的产品业绩也呈现出相应的波动趋势,可见其业绩的稳定性相对欠佳,尤其是驰名商标 BenQ,自 2007 年被认定之初,产品业绩一路高歌猛进,2008 年受国际金融危机影响,产品业绩又大幅下滑,直到 2009 年,国际金融危机淡去,国家及地区相继出台利好政策,企业驰名商标产品业绩又再度回升。近年来,BenQ 对应产品的经营状况不容乐观,新一轮的业绩波动难以避免。

四、苏州市电子业品牌发展的对策建议

(一)紧抓国家经济转型发展契机,形成地区电子业品牌发展集群效应

"十二五"期间,是国家加快转变经济发展方式、努力实现产业转型的攻坚阶段,江苏省也同时出台了一系列发展战略性新兴产业的政策、措施,并且确定了十大战略性新兴产业,电子业部分行业在其中多有涉及,这就为电子业的整体发展奠定了良好的政策环境基础;同时,苏州市也十分重视高新科技产业、战略新兴产业的发展,明确提出"集聚拉动原则",全市产业集群态势进一步发展壮大,一大批具有较大规模和特色的产业园区成长迅速,"园区经济"已成为苏州工业最具优势和特点的产业载体。因此,提倡电子业企业的集聚与电子业品牌的集群发展,既有利于地区经济优势的充分发挥,有效推动自主品牌的创新活动,同时也契合了国家经济发展的大势所趋。

苏州市的电子业企业尽管企业总数庞大,但是驰名、著名企业数量并不突出,合理鼓励与支持苏州地区中小微型企业、民营企业等各类性质的企业参与品牌自主创新与建设,将大大改善苏州市电子业驰名商标企业总数偏少、行业覆盖面不足等问题,同时也将反向促进企业间交流,有利于地区品牌集群效应的形成。

(二)进一步强化品牌管理与维护意识,提升驰名商标的产品附加值

一方面,对于电子业驰名商标企业而言,企业品牌的管理与维护更显重要,国际知名企业的以往经历已经能够说明,电子业企业及其产品的核心竞争力大多源自其品牌及其背后的高新技术,消费者则大多通过品牌辨识电子业产品,因此,品牌对于电子业企业产品及其价值的体现尤为重要。透过上面的分析,苏州市电子业驰名商标企业的品牌管理力度仍显薄弱,尤其在资金投入上,波动较大,并且与企业庞大的销售收入与利润相比,品牌管理投入略显不足,这也是企业品牌屡遭侵权假冒的重要原因之一。

另一方面,在已经建成驰名商标的企业之中,品牌的持续维护与品牌附加值的不断提升明显没有得到足够的重视,尽管全部企业都已实现了 OBM(自有品牌生产)模式,但是真正具有国际竞争力的自有品牌与品牌价值仍然应该得到持续的维护与强化,唯此才能使本企业的驰名品牌在国际竞争之中立于不败之地。

(三)选择适合企业发展的品牌战略,重视品牌价值升级,着力实现企业驰名商标产品或服务经营业绩的稳定增长

电子业企业的品牌发展战略有其独特之处,一般而言,品牌的价值升级随着品牌战略的转变而持续进行,目前常被研究的有:关键零部件品牌模式、专业代工品牌模式、制造与消费兼具的共用品牌模式、OBM 品牌模式、OB 品牌模式。例如,苏州市电子业驰名商标企业中的明基电通旗下驰名品牌 BenQ,就是典型的共用品牌模式,既生产直接面向消费者的终端产品,也生产制造面向厂家的零部件产品。因此,电子业企业在品牌发展战略的选择上要适合本企业的各项条件与现状,如企业文化、员工构成以及企业拥有的核心技术等。

与此同时,保持驰名商标产品或服务的经营业绩稳定,也是企业品牌发展过程中必须注重的问题。上面的分析已经指出,较大的业绩波动会给企业的品牌形象与品牌价值等带来一定的负面影响,应当极力避免,唯有稳定的产品经营业绩才能更好地支撑企业的品牌建设,更加有利于企业品牌战略的实施与实现。

参考文献:

[1] 国家统计局. 国民经济行业分类[R]. 2002.

[2] 中华人民共和国国务院. 国务院关于加快培育和发展战略性新兴产业的决定[R]. 2010.

[3] 国家统计局. 中国统计年鉴2011—2012[M]. 北京:中国统计出版社,2012.

[4] 江苏省统计局. 江苏省统计年鉴2011—2012[M]. 北京:中国统计出版社,2012.

[5] 苏州市统计局. 苏州统计年鉴2011—2012[M]. 北京:中国统计出版社,2012.

[6] 苏州统计调查公众网. 苏州2012年12月份统计月报[R]. 2012.

[7] 苏州市人民政府. 苏州市人民政府印发关于实施商标战略、建设品牌强市的实施意见的通知(苏府[2009]177号)[R]. 2009.

[8] 苏州市人民政府. 苏州市国民经济和社会发展第十二个五年规划纲要(苏府[2011]66号)[R]. 2011.

[9] 苏州市人民政府. 苏州市"十二五"工业发展暨转型升级规划[R]. 2011.

[10] 徐彪,张骁,杨忠. 产业升级中的代工企业品牌经营模式研究——宏观经济视角向微观管理视角的理论延伸[J]. 软科学,2012(2):98-104.

(王群伟、李晓欣、潘琳士、王黎明、董 骏)

苏州自主品牌发展的现状、问题与建议

一、苏州自主品牌发展现状和特点

随着苏州经济总量不断迈上新台阶,品牌意识明显增强,品牌战略深入人心,政府、企业都越来越重视品牌建设。市委市政府先后制定了《苏州市关于实施名牌带动战略的若干意见》《关于增强自主创新能力建设创新型城市的决定》《关于推进名牌带动战略的政策措施》等,品牌经济提升加速,品牌建设取得显著成效,2011年度"中国十大品牌城市"中,苏州名列第三位。

自主品牌目前主要界定为由行政部门认定的省级以上驰名商标和著名商标。2011年年末苏州市拥有省级以上驰名商标和著名商标475个,涉及工业、建筑业、农业、贸易业、房地产业等诸多行业,包含了私营、外资、国有、股份有限公司等多种经济类型。在品牌企业中,有24家企业拥有2件以上(含2件)自主品牌,占品牌企业总数的5.3%。2011年全市自主品牌企业的销售收入接近6 000亿元,自主品牌增加值占地区生产总值的比重达到14.3%。①

(一)工业品牌独占鳌头

工业经济在全市经济中有举足轻重的作用,工业品牌的发展也因此明显优于其他行业。截至2011年年末,全市共有工业品牌402个,占自主品牌总量的84.6%;服务业品牌有63个,占自主品牌总量的13.3%;建筑业品牌有9个,占自主品牌总量的1.9%;农业品牌有1个,占自主品牌总量的0.2%。

在品牌企业中,工业企业378家,占比达84%。工业品牌企业中有23家在2011年工业销售收入百强企业中榜上有名,其中拥有驰名商标的企业有13家,2011年合计销售收入达到2 580亿元,占百强企业销售收入的21.6%;拥有著名商标的企业有17家,2011年销售收入2 756亿元,占百强企业销售收入的23.1%。

---

① 本文调研时间为2012年6月至9月。

表1 2011年苏州市自主品牌行业分类表

行 业	品牌数(个)	占比(%)
总 计	475	100
工 业	402	84.6
建筑业	9	1.9
农 业	1	0.2
服务业	63	13.3
交通运输、仓储和邮政业	3	0.6
房地产业	5	1.1
批发和零售业	27	5.7
住宿和餐饮业	8	1.7
信息传输、计算机服务和软件业	2	0.4
其他服务业	18	3.8

（二）品牌企业以私营为主

进入21世纪以来,在开放型经济、民营经济和自主知识产权规模经济"三足鼎立"的共同发展格局下,苏州市私营经济迅速崛起,迎来了发展的黄金时期。一大批自主品牌如雨后春笋般涌现。截至2011年年末,在全市品牌企业中,私营企业共有256家,占品牌企业总数的56.9%;外资企业76家,占品牌企业总数的16.9%;有限责任公司和股份有限公司的品牌企业分别有52家和46家,分别占品牌企业总数的11.6%和10.2%。

表2 各市、区品牌企业登记注册类型分布

单位:家

	合计	国有企业	集体企业	股份合作	其他有限责任公司	股份有限公司	其他内资企业	私营企业	外资企业
全 市	450	6	6	5	52	46	3	256	76
市 区	136	2	4		20	20	1	61	28
古城区	27				3	4		19	1
吴中区	28	1	1		2	3	1	17	3
相城区	21		2		2	1		10	6
高新区	23	1	1		5	5		3	8
工业园区	37				8	7		12	10
常熟市	96	1		1	7	8		76	3
张家港市	99		1	1	18	9		52	18
昆山市	37	1	1	1		2		15	17
吴江市	46			1	6	4	1	31	3
太仓市	36	2		1	1	3	1	21	7

(三) 品牌地区分布特色鲜明

从自主品牌的地区分布来看,各地发展充分依托自身优势,形成了"产业 + 资源 + 特色"三位一体的品牌培育发展之路。

古城区——虽然仅拥有 27 个品牌,但品牌突出服务业为主导。全区服务业自主品牌 18 个,占全区自主品牌总数的 66.7%。服务业品牌行业分布,批零业、住餐业和其他服务业三足鼎立。

吴中区——全区 31 个品牌中,服务业品牌有 10 个。28 家品牌企业中,私营企业有 17 家。茶品牌成为吴中区的品牌代表,全区共有 6 家企业注册茶叶品牌,占品牌总数的 19.4%,并且茶品牌基本涵盖了生产、销售、行业管理等产业链的各个环节。

相城区——拥有 22 个品牌,以工业品牌为主,品牌产品主要包括涤纶纤维、药品、金属制品等。

高新区——拥有 26 个品牌,品牌企业以外资为主,外资企业占全区品牌企业的 34.8%,品牌产品主要包括电子器件和通用设备。

工业园区——是 7 个区中拥有自主品牌最多的地区,拥有的 40 个品牌中工业品牌占 67.5%,服务业品牌占 22.5%。

常熟市——拥有 97 个品牌,其中工业品牌占 95.9%,服装品牌成为地区代表,共有 28 个,占品牌总数的 28.9%。私营品牌企业居苏州全市之首,共有 76 家,占常熟市品牌企业的 79.2%。

张家港市——是苏州市拥有品牌最多的地区,拥有 111 个品牌,占全市品牌总数的 23.4%。其中工业品牌占 96.4%,涉及行业主要有专业设备制造业和黑色金属冶炼及压延加工业。张家港市 99 家品牌企业中,有 12 家企业拥有 2 个以上品牌。张家港也是拥有外资品牌企业最多的地区,共有 18 家,占苏州市外资品牌企业的 23.7%。

昆山市——拥有 37 个品牌。其中工业品牌有 29 个,占昆山品牌总数的 78.4%,产品包括电子线路板、童车、饮料等;服务业品牌有 8 个,占昆山品牌总数的 21.6%,涉及物流、旅游、餐饮等行业。

吴江市——拥有 47 个品牌,其中工业品牌占 91.5%,品牌产品主要包括纺织原料、电缆等。

太仓市——拥有 37 个品牌,其中工业品牌占 91.9%,品牌产品主要包括服装、纺织原料等。

二、苏州自主品牌发展中存在的问题

(一) 品牌能级不高

近年来苏州市自主品牌发展较快,自主品牌总量在全省名列第一,但自主品牌能级不高。主要表现在:一是品牌数量仍然偏少。与北京、上海等经济发达城市相比,苏州市自主品牌数量还存在不小的差距。截至 2011 年年末,全市自主品牌数量仅为上海的 46%。二是自主品牌比重偏低。截至 2011 年年末,全市注册商标总数达到 84 742 件,其中驰名商标和著名商标数量仅为475件,占注册商标总数的比重仅0.56%,低于无锡0.21个百分点,低于南京0.05个百分点。三是国内一流的品牌少。2011年中国500最具价值品牌榜单中,苏州品牌仅8个上榜,仅"沙钢"跻身百强。苏州、北京、上海、南京、无锡的自主品牌数量如表3所示。

表3　2011年五市自主品牌数量对比

单位:件

地区	注册商标数	驰名商标数	著名商标数	自主品牌数量	驰名、著名商标占注册商标比重(%)
苏州	84 742	54	421	475	0.56
北京	350 883	127	517	644	0.18
上海	261 800	115	917	1 032	0.39
南京	52 290	32	285	317	0.61
无锡	57 008	43	396	439	0.77

(二)行业分布不均

苏州工业经济的快速发展造就了工业品牌的主导地位。苏州市自主品牌中工业品牌占比高达84.6%,非工业品牌占比仅为15.4%,行业分布不均衡,尤其是服务业企业普遍规模小,品牌数量少,具体见表4。

表4　苏州市自主品牌地区和行业分布情况表

单位:件

	合计	工业	建筑业	农业	服务业	交通运输、仓储和邮政业	房地产业	批发和零售业	住宿和餐饮业	信息传输、计算机服务和软件业	其他服务业
全市	475	402	9	1	63	3	5	27	8	2	18
市区	146	96	8		42	1	5	15	6	2	13
古城区	27	6	3		18	1		7	5		5
吴中区	31	21			10			5			5
相城区	22	17	1		4		1	2			1
高新区	26	25			1						
工业园区	40	27	4		9		3	1	1	2	2
常熟市	97	93			4			3	1		
张家港市	111	107			4			3			1
昆山市	37	29			8	2		3			2
吴江市	47	43	1		3			1			2
太仓市	37	34		1	2			2			

（三）新兴行业品牌较少

从苏州市自主品牌的具体行业分布来看，通用、专用设备制造业，电器制造业，电子设备制造业以及仪器仪表制造业等新兴行业的品牌占全市自主品牌总量的比重较小，仅为29.3%。

（四）品牌企业规模较小

从品牌企业规模来看，苏州七成以上品牌企业年销售收入在5亿元以下。2011年销售收入在100亿元以上的企业有11家，占品牌企业总数的2.4%；销售收入在50亿~100亿元的企业有13家，占品牌企业总数的2.9%；销售收入在10亿~50亿元的企业有57家，占品牌企业总数的12.7%；销售收入在5亿~10亿元的企业有49家，占品牌企业总数的10.9%；销售收入在5亿元以下的企业有320家，占品牌企业总数的71.1%，具体见表5。总体而言，品牌企业规模偏小，综合竞争力不强。

表5 2011年品牌企业按规模分类表

销售收入	企业数（家）	占 比（%）
总 计	450	100
100亿元以上	11	2.4
50亿~100亿元	13	2.9
10亿~50亿元	57	12.7
5亿~10亿元	49	10.9
1亿~5亿元	179	39.8
1亿元以下	141	31.3

（五）地区发展不平衡

虽然各地拥有彰显地方特色的品牌，但由于苏州地区间经济结构的差异和工作力度的不一等原因，自主品牌发展不平衡性明显，从五个县级市看，品牌最多的超100个，最少的不到40个，自主知识产权与自主品牌建设的协调性地区差异也较大。

自主知识产权与自主品牌有着密切的交互关系。自主知识产权是自主品牌建立的重要基础，以自主知识产权为基础建立的品牌，才具核心竞争力和核心价值；自主品牌是自主知识产权的重要载体，是自主知识产权实现价值和效益的最佳途径。

通过聚类方法可以对苏州市各地自主知识产权与自主品牌发展的协调性进行分析。所谓聚类分析，是指直接比较各事物之间的性质，将性质相近的归为一类，将性质差别较大的归入不同类的分析技术。

聚类分析的主要过程如下：

1. 变量选取

在聚类分析之前，先要为自主知识产权和自主品牌寻找合适的代表变量。本次分析以自主知识产权与自主品牌的实际存量为基础，其中自主知识产权选择发明专利拥有量来代表。

表6　2011年各地区自主品牌数量和发明专利拥有量

序　号	地　区	自主品牌量(个)	发明专利拥有量(件)
1	古城区	27	273
2	吴中区	31	281
3	相城区	22	109
4	高新区	26	641
5	工业园区	40	1 489
6	常熟市	97	776
7	张家港市	111	375
8	昆山市	37	1 219
9	吴江市	47	504
10	太仓市	37	310

2. 聚类分析

(1) 数据预处理。对两个变量数据进行标准化。标准化的目的是要消除不同变量之间量纲的影响。为保证样本的相对稳定性,采用 Z Scores(Z 分数)法对样本数据进行标准化。标准化后每个变量的样本数据均值为0,标准差为1。

(2) 构造关系矩阵。构造关系矩阵就是选择描述变量或样本的亲疏程度的数量指标,即测度。常用测度有欧式距离、平方欧式距离、波洛克距离等。本次聚类采用运用最广泛的欧式距离(Euclidean distance)测度,公式为

$$d(x,y) = \sqrt{\sum_i (x_i - y_i)^2}$$

由于欧式距离也存在一定的局限性,对此,在选取变量后我们对变量数据进行标准化处理,避免欧式距离测度的缺陷。

(3) 聚类分析。聚类方法有很多种,其中系统聚类法是应用最多的。系统聚类法的基本思想是,令 n 个样本各自成一类,计算出相似性测度,把测度最小的两个类合并。然后按照某种聚类方法计算类间的距离,再按最小距离准则并类。这样每次减少一类,持续下去直到所有样本都归为一类为止。

系统聚类法有多种方法,我们选择分类效果最好的离差平方和法(Ward's method)来做聚类。离差平方和法要求测度距离必须是欧式距离。用马克威分析系统进行计算,得到聚类分析步骤表和谱系图(Hierarchical diagram),分别如表7和图1所示。

表7 聚类分析步骤表

步骤	类A	类B	距离系数
1	1	2	0.008 6
2	1	10	0.048 5
3	5	8	0.187 0
4	1	3	0.193 8
5	4	9	0.278 6
6	6	7	0.505 0
7	1	4	0.796 4
8	5	6	7.539 1
9	1	5	8.443 0

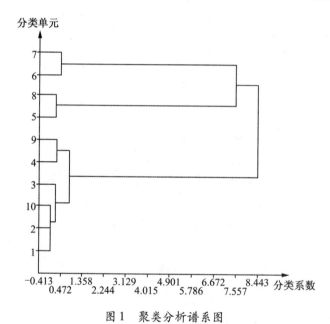

图1 聚类分析谱系图

3. 分类结果分析

根据谱系图,我们将各地区分为四类。第一类为常熟市和张家港市,两地自主品牌和自主知识产权发展协调性最好,两项指标均位列全市前列;第二类为古城区、吴中区、相城区和太仓市,四个地区自主品牌和自主知识产权发展协调性较好;第三类为高新区和吴江区,两地自主品牌和自主知识产权发展协调性一般;第四类为工业园区和昆山市,虽然两地的发明专利拥有量列全市前位,分别达1 489件和1 219件,但自主品牌数量处在中下等水平,因此自主品牌和自主知识产权发展协调性相对较低。

总体来说,苏州市各地自主品牌和自主知识产权发展协调性还不够,自主品牌与发明专利拥有量之比一般在1∶10左右,最大的地区甚至达到1∶30以上。这也说明苏州市自主品牌与自主知识产权之间的转化程度不高,存在着自主品牌缺乏知识产权保护,知识产权未能通过品牌实现效益等问题。

三、苏州加强自主品牌发展的建议

苏州目前正在转型升级的关键期,苏州自主品牌经历了多年的建设、积累和发展,已经具备了迈向更高发展阶段的基础。《"十二五"规划纲要》要求继续加强自主品牌建设,不断提高品牌附加值,并提出了创建"品牌之都"的计划和目标。苏州自主品牌建设应当工业和服务业并举,内资和外资企业同步发展,突出支柱行业、优势行业,彰显产业特色、地区特色,实现产业品牌化、品牌产业化。

(一)以品牌意识为导向完善发展环境

一是树立品牌意识。目前许多企业自主品牌意识不够强,存在"重生产经营、轻品牌建设"的问题,对于需要花较长时间、持续追加投入的品牌建设热情不高;不少拥有品牌的企业没有真正认识到品牌的价值,仅仅把品牌作为自己产品的标识,没有做好品牌的维护管理和宣传推介,品牌的核心价值不能充分发挥,甚至导致品牌消亡。自主品牌一旦打响,能够给企业带来源源不断的、持久的效益。自主品牌是企业竞争力、生命力的源泉,也是地区经济发展的重要依托。要通过政策、舆论导向,让社会各界特别是企业家加深对自主品牌重要性的认识,增强品牌意识,把自主品牌建设作为自主创新工作的落脚点,作为"苏州制造"向"苏州创造"的根本跨越的重要抓手,作为苏州经济持续又好又快发展的重要战略措施。

二是完善市场环境。要有效发挥市场竞争机制,开放市场,充分竞争,更要进一步完善政策法规,规范和净化市场,严厉打击对品牌的侵权行为,杜绝恶意竞争,营造良好的市场环境,保障自主品牌健康发展。

三是注重导向指引。要完善相关扶持优惠政策,并将政策落实到位,鼓励企业积极开展自主创新,帮助企业培育自主品牌,提升自主品牌商品的市场占有率。从消费观念、消费水平和消费文化入手,引导培养自主品牌和民族文化特色的消费观念,提高对自主品牌的消费认可度。

(二)以自主创新为基础培育自主品牌

一是加快建设创新体系。要继续加快建设以企业为主体、市场为导向、产学研相结合的技术创新体系。加大对自主创新的金融支持力度,鼓励企业设立研发中心,结合原创技术的开发和外来技术的消化吸收,使企业真正成为研究开发投入的主体、技术创新活动的主体和创新成果应用的主体,全面提升企业的自主创新能力。实施创新人才战略,重视创新人才的培养、开发、引进和使用。

二是积极实施品牌战略。把实施品牌战略作为推进苏州市自主创新和转型升级的重点战略。实施品牌战略的突破口就是产业品牌化与品牌产业化,将品牌建设由单个产品延伸至上下游产业链,形成品牌产业化,促进品牌价值快速增长。实施品牌战略要坚持多元化的产业导向,逐步从支柱行业、优势行业、传统行业延伸到一般行业;从龙头企业、大型企业、拥有自主知识产权的企业扩展到其他企业;从内资企业发展到外资企业及其他类型企业。传统优势产业要充分发挥比较优势,加快技术创新,尽快形成规模效益,争创名牌;高新技术产业和新兴产业要加大研发力度,抢占产业制高点,争创高层次品牌;加工贸易产业要致力于提高产业层次和加工深度,实现由贴牌生产到创建自主品牌的转型升级。实施品牌战略要有序推进,同时必须加强对自主品牌的保护。增强品牌保护意识,注重自主品牌向自主知识产权的转化,严厉打击假冒伪劣产品,保护自主品牌不受侵害。

三是坚持企业主体地位。地区经济发展的好坏取决于支柱产业发展的好坏,地区的自主创新能力取决于企业的自主创新能力。企业是自主品牌的创造者,也是自主品牌的受益者。国外品牌企业的发展经验表明,只有具有品牌的企业才有能力抵御各种风险做大做强,实现可持续发展。因此必须调动和激发企业的主观能动性,形成注重品牌、培育品牌、维护品牌和提升品牌的企业文化和发展理念,充分发挥企业在自主品牌建设中的主体作用,以自主创新为基础,加强自主品牌的培育,提高品牌的附加值。品牌与企业形象是有机联系在一起的,要提升品牌的知名度、丰富品牌的核心价值必须树立良好的企业形象。

(三)以推广与管理为抓手提升品牌价值

品牌培育是一个长期而艰难的过程,推广品牌和管理品牌是关键环节,只有做好推广和管理工作,才能保持品牌的可持续发展,不断提升品牌的影响力和价值。

品牌推广是指企业塑造产品品牌形象,使广大消费者广泛认同的系列活动过程。

企业形象要以企业自身独特的文化和理念为基础。品牌企业的理念表达了企业的品牌价值观,企业生产的产品承载着企业的品牌价值观,品牌产品展现给人们的本质上是企业的形象。要提高品牌知名度,品牌企业必须树立良好的形象,包括对产品质量的高要求,对产品特色的不断追求,及时根据市场需求推陈出新,承担社会责任,对社会做出贡献;等等。

品牌产品通过多种形式的广泛宣传推介,可以突出品牌的特性,巩固品牌的声誉,深化消费者对品牌产品的印象,使品牌被越来越多的消费者所认知,提高品牌知名度、美誉度和影响度,不断扩大影响力,进而巩固和扩大市场份额。

此外品牌延伸也是品牌推广的重要环节。当品牌延伸到新的产品或服务时,消费者对品牌的认知空间将会快速扩大,因此将品牌从单一产品向相关产品或产业延伸,向产业链的上下游延伸,能够通过消费者认同的扩张来提高品牌的市场占有率。

品牌管理贯穿于培育、维护、巩固品牌的全过程,通过以消费者为中心的规划、传播、提升和评估等一系列品牌管理活动,使品牌保持竞争力。企业应当建立品牌管理制度,吸纳具备专业能力的品牌管理人才;要将品牌作为重要资产管理,致力于品牌资产的保值增值,通过技术更新、形象优化、品牌延伸来提高品牌知名度、品牌忠诚度和品牌资产的价值,保持品牌的个性特色,提升品牌的竞争力。政府要发挥导向性作用,要把自主创新、培育自主品牌作为经济发展战略的重中之重,营造有利于品牌培育和发展的社会环境,帮助企业推广品牌,扩大影响力,打造建设"品牌之都"。

(张　鸣)

苏州战略性新兴产业品牌发展的特点、问题及对策

战略性新兴产业是以重大技术突破和重大发展需求为基础,对经济社会全局和长远发展具有重大引领带动作用,知识技术密集、物质资源消耗少、成长潜力大、综合效益好的产业。战略性新兴产业是我国转变经济发展方式、调整产业结构的重要力量,引导着未来经济社会发展,体现了新兴科技与新兴产业的深度融合。战略性新兴产业创新要素密集,投资风险大,发展国际化,国际竞争激烈,对知识产权创造和运用依赖强,对商标知识产权管理和保护要求也高。做好战略性新兴产业品牌发展工作,关系到培育战略性新兴产业的成效和战略性新兴产业未来发展。

一、苏州新兴产业品牌发展现状和特点

苏州新兴产业发展规划起步较早,2008 年苏州就制定了一系列新兴产业发展提升计划,新兴产业发展由此起步。为与国家和江苏省新兴产业发展目标全面衔接,2010 年苏州市政府出台《苏州市新兴产业倍增发展计划》,因地制宜确定了新型平板显示、新材料、新能源、节能环保、智能电网和物联网、生物技术和新医药、高端装备制造、软件和集成电路等八大新兴产业重点领域。至 2012 年年底[1],全市拥有新兴产业企业 2 048 家,其中新材料、高端装备制造行业企业数最多,分别为 563 家、523 家,占比分别为 27.5%、25.5%;集成电路行业企业数最少,只有 33 家,占比约为 0.02%。2012 年,苏州市制造业领域新兴产业实现产值 1.33 万亿元,地标型企业和超百亿元企业累计分别达到 34 家和 30 家。全市已培育和形成 127 个以中小企业产业集群为依托的特色产业基地,命名了 29 家战略性新兴产业基地。近年来,苏州工商部门大力支持新兴产业企业创建自主品牌,培育了一大批高知名度的驰名商标和著名商标,并积极鼓励新兴产业企业进行国际注册,参与国际竞争,维护自身合法权益。

---

[1] 本文调研数据收集截止时间为 2012 年 12 月。

1. 新兴产业商标注册行业分布特点鲜明

2012年,苏州市八大战略性新兴产业总规模达到13 376亿元(含软件产业产值1 009亿元),与2011年同期总量相比增长15.6%。如表1所示,其中产值最大的前三甲分别是新材料、新型平板显示和高端装备制造,三个产业的产值占到新兴产业总产值的64.1%。我们抽取了2 048家新兴产业企业中销售额前200名,对这200家企业的商标注册情况进行了调查,200家企业共拥有国内注册商标2 789件。经过比对发现,新材料和高端装备制造行业商标注册量较大,占比分别为36%和27%,两者占比之和达到63%。企业的商标注册情况基本上与自身产值规模成正比。2012年全市新兴产业中增速较快的是软件和集成电路、生物技术和新医药两大产业,同比增速都超过20%,远高于全市新兴产业的平均增速;但这两个行业国内商标注册占比分别为2%和3%,是八大产业中最低的两个产业,说明这两个产业品牌发展的步伐没有跟上产值规模的提升,品牌发展基础工作有待进一步加强。八大产业中,新型平板显示产业产值规模占比达到20.8%,商标注册量占比却只有7%,是两者发展唯一不平衡的产业。通过分析发现,在选取的销售额前200名企业中,新型平板显示企业达到43家,企业数占到21.5%,这也从侧面说明了该产业规模较大的原因。但是这43家企业中,外资企业有40家,这些外资企业商标大部分为境外母公司持有,几乎都是贴牌生产,所以造成产值规模与商标发展不一致的现象。

表1 新兴产业各行业商标注册情况(选取销售额前200名)

行业	2012年产值(亿元)	占比(%)	国内商标注册数	占比(%)
新能源产业	875.5	6.5	148	5
新材料产业	3 425.5	25.6	991	36
生物技术和新医药产业	465.8	3.5	96	3
节能环保产业	923.2	6.9	294	11
软件和集成电路产业	1 247.7	9.3	54	2
智能电网和物联网产业	1 287.3	9.6	257	9
新型平板显示产业	2 779.6	20.8	205	7
高端装备制造产业	2 371.1	17.7	744	27
合计	13 375.7	100.00	2 789	100.00

2. 新兴产业自主品牌发展程度远高于平均水平

截至2012年年底,苏州市共有驰名商标75件、著名商标565件,通过与全市255 683家法人企业数量进行比对,可以发现每百家企业平均拥有驰名商标0.03件、著名商标0.22件。从表2可以看出,全市2 048家新兴产业企业拥有驰名商标17件、著名商标152件,每百家企业分别拥有驰名商标0.83件、著名商标7.42件,比例分别为全市企业平均数的27倍和34倍。由此可以看出,新兴产业企业自主品牌发展程度远高于平均水平,新兴产业企业品牌化程度相对较高,企业品牌意识走在了全市企业前列。

表2 苏州市新兴产业企业与全市法人企业品牌发展对比表

企业性质	总数(家)	驰名商标		著名商标	
		数量(件)	占比(%)	数量(件)	占比(%)
全市法人企业	255 683	75	0.03	565	0.22
全市新兴产业企业	2 048	17	0.83	152	7.42

3. 新兴产业品牌带动效应明显

以高端装备制造业的电梯制造行业为例。苏州是电梯制造和使用的大户,苏州电梯产业从20世纪70年代开始起步,经过30多年的品牌发展,苏州电梯业在全国已经形成较强的规模效应、品牌效应、集群效应。数据显示,苏州电梯制造企业已近200家,其中整梯企业近50家,零部件企业150家左右,苏州电梯年产量是国内电梯年产量的1/4左右。可以说,苏州已经成为中国最集中的电梯生产制造基地之一。目前,全市电梯行业形成了以康力、江南嘉捷等驰名商标,东南、易升等著名商标,通力、苏铃等知名商标为代表的完整的产业链和产业品牌集群,品牌带动效应明显。

中国电梯行业协会的统计数据显示,全国23%的国内电梯品牌企业集中在苏州吴江区,而目前吴江区80%的电梯企业、90%的电梯经济总量、6家年销售收入超亿元的电梯规模企业集聚于吴江汾湖经济开发区。由此,苏州电梯产业的分布图清晰展现:以汾湖为集聚地,辐射吴江乃至整个苏州,成就了中国电梯民族品牌的高地。吴江作为苏州市的一个区,能够拥有这么多的规模电梯整机企业,在全国是绝无仅有的。苏州电梯产业能够发展得如此之快,离不开电梯企业对自身品牌发展的高度重视。目前,吴江已成为以康力、申龙、科达为代表的电梯民族品牌的集聚地,这三家企业分别名列国内品牌电梯销售量的第一、第三和第五位。康力电梯2010年至2012年销售额分别为7.5亿元、11.5亿元、15亿元,年平均增幅达到40%,2013年销售收入超过30亿元。在康力电梯的品牌效应强力带动下,苏州帝奥电梯有限公司2006年来吴江建厂。5年时间里,帝奥每年几乎以翻一番的速度在增长,2011年起,有效订单已超过10亿元,生产的各类电梯达11个系列。

吴江电梯产业2010年、2011年、2012年销售收入分别达到59亿元、98亿元、112亿元,增长速度强劲。吴江高端装备制造业也被认定为苏州市战略性新兴产业基地。

二、苏州新兴产业品牌发展存在的问题

1. 新兴产业地区品牌发展不均衡

从表3可以看出,在选取的200家新兴产业企业中,常熟、张家港、昆山、太仓、吴江区五地数量较多,其国内注册商标占比之和也达到了85%,驰名商标、著名商标拥有量也较为均衡。其中张家港最为突出,26家企业商标注册量达到796件,平均每家企业注册30件商标。另外,2011年江苏省统计局测算张家港市自主品牌增加值占GDP比重高达28.3%,名列全省县级市前茅。这些数据都说明张家港市重视商标战略实施工作,企业实施商标战略意识较强;张家港新兴产业企业更加重视商标工作,自主品牌发展走在全市前列。

与张家港等地的突出数据相比,吴中区、相城区、姑苏区的新兴产业企业数量较少,规模也较小。吴中区以节能环保、生物技术和新医药产业为主,2012年完成新兴产业产值463.1亿元。与其他区相比,相城区制造业新兴产业总量不大,以新材料、智能电网和物联网两大产业为主,2012年完成产值400.2亿元。姑苏区由于属于老城区,以服务业为主,基本上没有新兴产业企业。根据表3统计,上述三个区新兴产业企业商标注册之和为58件,占比2.2%,仅有一件著名商标,区域发展非常不均衡。

表3 苏州各地区新兴产业企业国内商标注册情况

地区	新兴产业企业数(家)(销售额前200名)	国内商标注册数(件)	占比(%)	驰名商标数(件)(销售额前200名)	著名商标数(件)(销售额前200名)
常熟	24	376	13.5	2	8
张家港	26	796	28.5	2	12
昆山	46	311	11.2	1	9
太仓	15	440	15.8	0	3
吴江区	21	435	15.6	5	6
吴中区	6	52	1.8	0	1
相城区	4	3	0.1	0	0
高新区	21	242	8.7	0	5
姑苏区	1	3	0.1	0	0
工业园区	36	131	4.7	2	4
合计	200	2789	100	12	48

2. 新兴产业外资企业占据半壁江山

从表4可以看出,在新兴产业销售额前200家企业中,外资企业有138家,比例达到69%,可以说,新兴产业行业一半以上的企业被外资占据。200家企业一共拥有驰名商标12件、著名商标48件,分别占据了所有新兴产业驰名商标和著名商标数的70%和31.6%。所以,新兴产业行业品牌发展也体现出不均衡状态,规模较大的企业更加重视品牌发展工作,成效也更加显著。

在选定的200家企业中,外资企业除驰名商标只占据2件,份额较少外,在著名商标、国内商标注册数上都占据了半壁江山,表现出强烈的品牌发展意识和强劲的发展劲头。在国际商标注册上,外资企业以75%的高比例占绝对优势,所以在品牌国际化中,国内企业还有很长的路要走。

表4 新兴产业内、外资品牌发展对比表

地区	新兴产业企业数（家）（销售额前200名）		驰名商标数（件）		著名商标数（件）		国际商标注册数（件）		国内商标注册数（件）	
	总数	其中外资企业数	总数	其中外资企业拥有数	总数	其中外资企业拥有数	总数	其中外资企业拥有数	总数	其中外资企业拥有数
常熟	24	13	2	0	8	4	0	0	376	42
张家港	26	10	2	0	12	2	65	55	796	48
昆山	46	42	1	1	9	8	18	6	311	283
太仓	15	7	0	0	3	1	79	79	440	405
吴江区	21	14	5	1	6	2	67	38	435	192
吴中区	6	4	0	0	1	1	1	1	52	5
相城区	4	2	0	0	0	0	0	0	3	0
高新区	21	18	0	0	5	3	50	50	242	239
姑苏区	1	1	0	0	0	0	0	0	3	0
工业园区	36	27	2	0	4	1	26	0	131	65
合计	200	138	12	2	48	22	306	229	2 789	1 279

3. 新兴产业品牌发展意识有待增强

战略性新兴产业作为苏州市重要支柱性产业，是经济转型、结构调整的重要力量，而企业实施商标战略，是促进提升企业形象和品牌价值的重要手段。新兴产业企业应该更加重视商标战略，积极做好企业品牌创立、发展工作。但是通过对200家新兴产业企业的抽样调查发现，有90家企业没有注册商标，占比45%；90家未注册商标企业中国内企业为16家，占比18%。受时间和工作量的限制，不可能对所有2 000余家新兴产业企业都进行商标注册摸底调查，但是这200家企业是新兴产业中规模较大的企业，由此可以推断，在所有新兴产业企业中，未注册商标的企业比例将超过50%。从中可以看出，新兴产业企业整体品牌意识薄弱，生产还处于一个较为低端的阶段，代加工多，自主品牌少，优秀的自主品牌更是寥寥无几。

三、苏州新兴产业品牌发展对策

苏州目前正处于转型升级的关键期，苏州自主品牌经历了多年的建设和发展，已经具备了迈向更高发展阶段的基础。苏州《"十二五"规划纲要》要求继续加强自主品牌建设，不断提高品牌附加值，并提出了创建"品牌之都"的计划和目标。八大战略性新兴产业作为领军产业，更应该以战略的眼光来强化自主品牌建设，不断提升品牌价值和企业核心竞争力。

1. 进一步建设新兴产业品牌发展公共平台

一是会同市经信委、市统计局、市商务局等部门建立战略性新兴产业品牌信息库，了解全市所有新兴产业规模企业品牌发展状况及需求，建立重点帮扶指导企业名录，有针对性开展帮扶指导和跟踪服务。二是强化对新兴产业的品牌宣传工作。新兴产业企业虽然品牌建设工作成绩高于普通行业，但是整体来讲品牌意识还不够，基础性工作做得较差。要通过宣传强化新兴产业企业对品牌建设的认知度，企业从老总到员工，各个生产环节都要树立品牌意识，加大品牌建设实施力度，提升品牌影响力和核心竞争力。三是加强新兴产业企业商标战略知识培训。对企业的调查问卷显示，70%的企业希望相关政府部门能为企业提供更多的品牌建设培训机会，提供更多的平台供企业间或政府与企业间进行沟通交流。苏州工商部门将以学习宣传新《商标法》为契机，会同市经信委，并发挥行业协会作用，进一步加大培训、指导力度，充分利用行政资源，在全社会营造良好的创牌氛围，组织品牌建设专家到企业开展品牌建设的调研、指导、讲座工作，切实解决企业在品牌建设中遇到的瓶颈问题。

2. 进一步加大新兴产业政策支持力度

通过调研得知，有82%的企业希望政府出台更多的品牌扶持、奖励政策。实施商标战略、建设"品牌强市"是苏州市政府提出的目标，但是企业品牌发展工作只能以企业为主体，政府制定出台的政策、扶持措施只是起到一个引导的作用。建议相关政府部门从以下三个方面加大新兴产业政策支持力度：一是进一步发挥政策导向作用。从政策层面看，要鼓励新兴产业企业加大品牌建设力度，鼓励新兴产业企业做大做强自主品牌，对企业创牌工作开展上门辅导。二是完善激励政策。建议政府集中各级财政资金，出台创牌扶持方法，在推动新兴产业企业品牌建设过程中，引导政策资源要素向新兴产业倾斜，市级工业产业转型升级专项资金中应设立专项品牌建设扶持资金。三是鼓励新兴产业企业积极实施"走出去"战略，参与国际竞争。利用苏州市被江苏省政府和世界知识产权组织选择作为国际商标注册和保护试点城市的契机，加大对新兴产业商标国际注册和保护的支持力度，并协助企业开展域外维权。

3. 进一步提升新兴产业商标运用能力

一是加强新兴产业集聚品牌培育基地建设。通过调研得知，只有不到5%的新兴产业企业对自身商标价值进行了评估，只有18%的企业商标进行了许可使用。通过加强新兴产业集聚品牌培育基地建设，形成行业龙头企业，以品牌影响力带动整个新兴产业行业品牌抱团发展，提升行业整体品牌影响力。二是指导新兴产业以品牌为纽带拓展产业链。以品牌优势向相关产业延伸发展，通过实施商标许可、加盟等手段快速实现规模扩张，提升商标运用水平，不断将品牌做大做强。三是通过商标权质押贷款，进一步拓宽融资渠道，解决发展中的资金瓶颈问题。目前苏州工商局正在与苏州银行合作开展本市知名企业商标质押贷款协商工作，我们将借此机会进一步完善银企合作机制，建立经常性的银企信息交流和合作制度，在政策允许范围内，建议银行机构针对高知名度新兴产业企业制定商标质押贷款信贷政策，拓宽新兴产业企业融资渠道。

4. 进一步加大新兴产业商标保护力度

通过调研得知,有30%的新兴产业企业曾遭遇商标侵权,80%被侵权的新兴产业企业希望工商部门支持企业域外维权打假。新兴产业企业被侵犯商标权主要体现在:一是商标名称被登记为企业字号;二是对驰名商标的侵权行为比较普遍;三是出口商标在国外被侵权时得不到有力救济。针对新兴产业企业反映的常见的三种侵权情形,工商部门将进一步加大"双打"力度,对商标侵权行为保持持续高压态势,并选择一批影响重大的案件通过媒体进行曝光;依托苏州商标网,开展高知名度商标保护平台建设,建立商标权保护长效机制;加强与世界知识产权组织合作,为国内企业境外维权提供协助,为新兴产业企业"走出去"保驾护航。

(苏州工商局战略性新兴产业品牌发展调研组)

促进苏州品牌发展的财政政策研究

一、苏州品牌概述

抽象地说,品牌是一种名称、术语、标记、符号或图案,或是它们的相互组合,用以识别企业提供给某个或某群消费者的产品或服务,并使之与竞争对手的产品或服务相区别。

2004年10月24日,苏州市政府发布的关于《实施名牌带动战略的若干意见》(苏府〔2003〕172号)中指出,名牌是指具有较高知名度和市场竞争力的产品和商标,是企业科技水平、管理水平和核心竞争能力的综合体现。

苏州市品牌发展情况如下:

1. 整体商标申请和注册情况

2009—2012年,苏州市累计新增注册商标65 608件,占有效注册量的66.42%。截至2013年2月底,苏州市拥有注册商标已突破10万件,达10.05万件,成为全省首家、全国第5个商标注册商标总量超10万件的地级市。2013年4月10日,苏州荣获国家工商总局授予的"国家商标战略实施示范城市"荣誉称号。从2009年到2012年,苏州市商标申请与注册呈现不断发展趋势,年均增长率超过20%。

2. 大力推进产业品牌建设

2010—2012年,苏州市各类名牌产品数量均不断增长,其中中国驰名商标在2009年至2012年间不断增长,平均增长率超过25%。

3. 加紧培育特色经济品牌

在地理标志知名品牌方面,苏州市培育了洞庭山碧螺春茶叶、凤凰水蜜桃、巴城阳澄湖大闸蟹、镇湖苏绣、常阴沙大米五个地理标志品牌。对于产业集群品牌,苏州市合力做强、培育形成了吴江震泽蚕丝被、吴江光电缆和常熟海虞休闲服装三个省级品牌产业集群。

4. 积极打造国际知名品牌

加快推进实施"自主品牌国际化工程",引导苏州企业打造国际品牌。截至2012年年底,全市马德里国际注册商标总量达到308件,居全省首位,苏州市被省政府和世界知识产权组织选择作为全省商标国际注册和保护试点城市。

二、苏州实施商标战略的财政政策概况

(一) 财政支出政策

1. 设立政府专项资金促进商标战略

首先,对于各项获奖的商标和名牌予以奖励。从 2003 年开始,苏州市对获得"中国名牌产品"、"中国驰名商标"和"名牌出口商品"等商标和名牌的企业予以奖励,并在之后数次加大奖励力度,具体如表 1 所示。

表 1　苏州市 2003—2012 年商标战略奖励措施

时　间	发　文	奖励细则
2003 年 10 月	《关于实施名牌带动战略的若干意见》(苏府〔2003〕172 号)	1. 新获得"中国名牌产品"或"中国驰名商标"的企业,一次性奖励 100 万元,二者不重复奖励。 2. 新获得"国家质量免检产品"或"国家重点支持和发展的名牌出口产品"的企业,一次性奖励 20 万元。 3. 新获得"江苏省名牌产品"或"江苏省著名商标"的企业奖励 20 万元,二者不重复奖励。 4. 对外贸企业(外贸公司、自营进出口生产企业、商业物资流通企业)到境外注册商标实行奖励:凡逐国(地区)注册的每件商标奖励 3 000 元;按马德里协定注册手续办理多国注册,一次性在 5 个以上国家(地区)注册的,奖励 5 000 元。
2005 年 7 月	名牌带动战略政府奖励制细则修订(苏府办〔2005〕109 号)	1. 对外贸易企业(外贸公司、自营进出口生产企业、商业物资流通企业)到境外注册商标实行奖励:凡逐国(地区)注册的每件商标奖励 0.5 万元;按马德里协定注册手续办理注册,一次性在 5 个以上国家(地区)注册的,奖励 1 万元。 2. 对新获国际名牌的企业将进行重奖,标准另定。
2006 年	《关于推进名牌带动战略的政策措施》(苏府办〔2006〕115 号),于 2011 年 3 月废止	1. 新获世界名牌企业:一次性奖励 200 万元。 2. 新获省级品牌、市级品牌企业由各县级市、区政府负责奖励。 3. 品牌企业通过技术创新和技术改造实现扩张、做强做大,销售收入首次超 100 亿元、50 亿元且年税收总额超 2 亿元、1 亿元的企业,由政府一次性分别奖励 100 万元、50 万元;销售收入当年净增超过 10 亿元且税收总额当年净增超 2 千万元的企业,由政府一次性奖励 20 万元。 4. 品牌企业兼并、收购、控股苏州市以外的优质企业,并在苏州总部纳税所新增的地方财力由当地政府给予相应奖励。
2009 年 11 月	《关于实施商标战略、建设品牌强市的实施意见》(苏府〔2009〕177 号)	1. 对新获得"江苏省著名商标"的企业一次性奖励 10 万元。 2. 对实施商标战略有突出贡献的个人给予表彰和奖励。

续表

时间	发文	奖励细则
2012年11月	《关于贯彻落实〈苏州共识〉深入推进商标战略的实施意见》（苏府〔2012〕235号）	1. 在苏府〔2009〕177号文件奖励政策的基础上，完善苏州市品牌（商标战略）资金奖励政策，对获得驰名商标、江苏省著名商标和集体商标或证明商标（地理标志）的单位进行奖励。 2. 在政府采购、土地供给、税收优惠、质押融资等方面，对驰、著、知名商标和品牌培育基地给予政策扶持。

（资料来源：苏州市政府网站、苏州市财政局政府信息公开专页。）

从2003年10月《关于实施名牌带动战略的若干意见》发文至2013年2月，苏州市财政（不含区级和各县财政数据）用于商标方面的金额（含以做大做强形式资助项目）累计已达2 998万元；中国驰名商标、中国名牌产品、江苏省名牌产品、江苏省著名商标累计奖励资金（不含区级和各县财政数据）达2 526万。

其次，对各类商标战略的推广提供各类经费补助。在表1中，2003年、2005年和2006年的苏州市政府发文中都提到对推广和宣传名牌和商标提供专项资金补助。2006年，苏州市财政局发文《江苏省品牌发展专项资金管理暂行办法》（苏财企〔2006〕114号）对专项资金的使用范围做了具体规定，见表2。

表2 江苏省品牌发展专项资金管理办法

（一）企业项目 支持企业开展自主品牌建设	1. 企业自主品牌的建设和推广。 支持内容：境外商标、专利注册，自主品牌产品设计、研发，收购境内外知名品牌的转让费、公证费 2. 名牌企业参加省级以上单位主办的境内外品牌展、参加国际知名展会。 支持内容：展位费、公共布展费 3. 开拓市场进行的广告宣传、市场推广。 支持内容：宣传材料制作费、广告发布费 4. 建立营销机构和售后服务体系。 支持内容：设立境外营销机构的初期开办费、安装维修服务网点开办费 5. 为保护自主知识产权进行的法律诉讼、仲裁等活动。 支持内容：律师费 6. 开展国际市场（国家或地区）准入要求的产品认证。 支持内容：产品认证检验检测费
（二）公共项目 政府有关部门开展的品牌建设活动	1. 组织品牌企业在国内外市场集中展示、宣传自主品牌。 支持内容：场租费、公共布展费、境内外广告发布费用等公共费用 2. 在境内外统一宣传和推广江苏品牌整体形象。 支持内容：宣传材料制作费用、策划费用、境内外媒体发布费用、广告费用 3. 为推进自主品牌建设、借鉴国内外品牌发展经验而开展的交流、培训、考察、研讨活动。 支持内容：课题费、会务费、差旅费、专家费

（资料来源：《江苏省品牌发展专项资金管理暂行办法》（苏财企〔2006〕114号）。）

再次，在其他专项资金中向商标建设倾斜：2003年《关于实施名牌带动战略的若干意见》中提出,各级政府和部门掌握的科技开发专项资金和农业专项资金等资源的分配,要向名牌产品和商标倾斜。

2. 明确政府采购向商标和名牌产品倾斜

2006年在《关于推进名牌带动战略的政策措施》中提出,将名牌和商标产品优先列入政府采购计划,并规定每年发布一次品牌企业和产品清单,向各级政府采购办推荐。

2009年《关于实施商标战略、建设品牌强市的实施意见》中再一次强调,对获得中国驰名商标、江苏省著名商标、苏州市知名商标认定企业的商品和服务,符合政府采购规定的,予以优先采购。

(二) 财政收入(税收)政策

2012年《关于贯彻落实〈苏州共识〉深入推进商标战略的实施意见》中提出,在税收优惠方面,对驰、著、知名商标和品牌培育基地给予政策扶持。

(三) 配套政策

1. 减免行政规费

2006年《关于推进名牌带动战略的政策措施》中提到,在品牌企业兼并、收购、控股本市范围内其他企业时,减免兼并过程中发生的市及县级市、区政府权限范围内的各种行政规费。

2. 融资担保、商标质押贷款

2006年《关于推进名牌带动战略的政策措施》中提到,为名牌、商标企业提供银企合作、融资担保服务。2009年《关于实施商标战略、建设品牌强市的实施意见》中提到,要更进一步支持金融机构开展商标权质押贷款业务,鼓励和引导各类金融机构、风险投资、创业投资基金及社会资金加大对商标信息开发利用及商标服务的投入力度。2009年4月,《苏州市商标专用权质押贷款管理暂行办法》出台。

3. 优化生产要素资源配置

2009年《关于实施商标战略、建设品牌强市的实施意见》中提到,为品牌企业优先配置生产要素,保障煤、电、油、气等资源供应。

4. 提供网络服务平台

苏州商标网(http://www.szshangbiao.net)是苏州市知识产权公共服务平台建设的重点项目之一,于2011年12月开通运行,成为苏州品牌企业的门户网站,发挥了品牌和商标的宣传平台作用,加强了商标管理机构与品牌企业的联系。

三、苏州实施商标战略的财政政策评价

(一) 财政支出政策评价

截止到2013年2月,全市各级财政累计组织发放商标奖励专项资金1.65亿元,有力推动了苏州市品牌和商标的发展。

首先,近三年来,全市累计新增注册商标6.2万件,新增中国驰名商标39件、省著名商标166件、市知名商标118件,分别占到总量的63%、52%、30%和20%,全市年新增注册商标数和驰、著、知名商标数以20%的速度递增。截至2012年,苏州市拥有中国驰名商标75件、江苏省著名商标565件,均居全省首位。苏州市2013年4月10日被国家工商总局授予"国家商标战略优秀示范城市"荣誉称号。

其次,2012年年初,江苏省委发布了《江苏基本实现现代化指标体系》,其中,"自主品牌企业增加值占GDP比重"是30项指标中重要的一项,是指拥有省级以上自主品牌(驰名商标和著名商标)的企业所创造的增加值与GDP之比。2011年苏州市自主品牌企业增加值占GDP比重为10.8%。2012年年底,全市自主品牌增加值达13.5%,居全省地级市第一,其中张家港自主品牌增加值达28.3%。

然而,需要指出的是,在政府采购和税收优惠支持商标战略方面,在现行文件中均只有提及,还缺乏具体的政府采购支持项目和税收优惠条例。

(二) 配套政策评价

1. 商标权质押贷款谨慎前行

2009年6月9日,七宝光电以"七宝"商标为质押物,获得1 000万元贷款,成为苏州首笔、同时也是江苏省首笔商标权质押贷款,企业坐拥"金字招牌"贷不到款的难题被打破。2009年6月24日,全市首笔超亿元商标权质押贷款花落梦兰集团。但目前,由于无形资产评估困难等问题,商标权质押贷款融资还是仅限于少数企业的"盛宴",并未全面普及。

2. 网络服务平台发挥作用

苏州商标网通过政策法规宣传、品牌形象展示、企业交流互动、商标运用管理四大板块的内容,充分展示了苏州市享有高知名度、高信誉度、高竞争力的优势品牌群体。

三、促进苏州实施商标战略的财政政策建议

(一) 加大财政支出

1. 完善专项资金,构建多层次的基金体系

一方面,苏州市政府要继续完善资金奖励政策,在每年的财政预算中预留一部分用于商标发展战略,加大对获得驰名商标、江苏省著名商标企业的奖励力度,加入对集体商标或证明商标(地理标志)的奖励;另一方面,对各类商标推广和宣传的经费补助须进一步细化经费补助的条例,可以分内容立项,真正将经费补助落到实处,发挥专项资金的政策引导作用。

2. 明细政府采购的倾斜措施

要改变现阶段政府采购支持商标发展缺少具体措施的现状,政府应当设立专门的服务机构,安排专门的服务人员负责商标战略。可以设立专门的政府采购咨询处,加强与商标、品牌企业的联系,定期向采购办提交商标、品牌商标名册。在完善政府采购信息发布制度的基础上,建立政府采购支持商标发展的事后评价、质量审查及责任追究制度。

（二）完善税收政策

税收政策支持商标发展还缺乏具体的相关政策，应加快税收优惠政策的制定和实施，在增值税、企业所得税、营业税三个大税种上规定商标、品牌的抵扣范围和优惠税率，并对一些推广和宣传商标、品牌发展产生的税收实行减征、免征。

（三）加强配套措施

首先，在全市范围内已陆续开展融资担保、商标质押贷款，但由于无形资产评估难题，商标质押贷款并没有取得大规模的发展，政府应运用多种形式，畅通各种融资渠道，加强担保支持，逐步构建由政府引导、金融机构和社会各方参与的金融支持体系，为商标战略的发展提供政策性便利。具体可以建立贷款担保体系，设立商标、品牌企业直接融资机构并引导和规范社会资金参与。

其次，在行政规费减免、优化生产要素资源配置、提供网络服务平台等方面，仍需进一步加强和完善，如给出具体的行政规费减免项目，协调各部门，配合生产要素配置，并继续加大网络平台的投入，支持苏州商标网等网站的发展，扩大其宣传和引领作用。

参考文献：

[1] 祝合良,王平.中国品牌发展的现状、问题与对策[J].经济与管理研究,2007(8):23-28.

[2] 贺寿天.走有江苏特色的商标战略实施之路[J].中华商标,2010(4):10-13.

[3] 郑美玲.茶叶地理标志品牌成长中的政府作用研究[D].福建农林大学硕士学位论文,2012.

[4] 蒋瑜.地方政府实施商标品牌战略研究——以吉安市为例[D].南昌大学硕士学位论文,2012.

（周凤英）

商标权的境外保护

商标权的境外保护是指一个商标依据某一国或某一地区法律取得商标权后,根据外国或外域有关法律的规定,在外国或外域也享有商标权,得到保护;或者说依据国际条约的规定,商标权受两个以上国家或地区的保护。本文中,特别指我国的企业,在获得中华人民共和国大陆地区商标注册后,在我国的香港、澳门和台湾以及其他国家或地区寻求获得商标注册和商标权保护。我国企业特别是驰名商标企业,寻求商标在境外的保护的不在少数。因此,本文也专门论及驰名商标的跨境保护。

由于各地区法律规定的不一以及知识产权所具有的属地主义特征,我国企业的商标权在境外的保护受到影响。于是,如何寻求商标权的跨境保护成为我国涉及跨境业务企业特别是驰名商标企业的重要课题。

一、商标权的境外申请与注册

(一) 境外商标注册的意义

商标获得注册是商标保护的前提,是商标权欲取得保护的第一步工作。没有进行商标注册,实现保护商标权将非常艰难,因为目前世界上大多数国家都实行"申请在先"原则,即保护在先申请注册的商标。即便是以"商业使用在先"为原则的英美法国家,在近年的立法中,也逐步确认了商标申请注册的效力,虽然仍然坚持认为,商标的商业使用或打算使用是获得注册的前提,商标的连续商业使用是维持注册有效的要件。

商标权利是有地域性的。商标权的地域性是指一个国家或地区依照其本国或本地区的商标法或加入的国际商标条约所授予的商标权,仅在该国或该地区有效,对他国或该地区以外的国家没有约束力。国内企业在中国商标局进行商标注册,它只是在中国大陆享有专有权,一旦产品出口到国外,甚至销售到我国的港澳台地区,就不受当地法律的保护。如果中国企业将产品推向国际市场,就应该及时在产品出口国或出口地进行商标申请注册。经常可以看到报道,国内企业长期使用的商标,甚至国内的驰名商标,在境外被他人包括竞争对手、经销商或其他利害关系人抢先注册,给这些企业在当地的业务带来极大障碍,使得境外业务"寄人篱下",受制于人,或巨额赔付,甚至痛失苦心经营、开拓的市场。

由于大部分国家注册周期较长,一份新申请从受理到核准注册一般都要两年左右时间,有的国家甚至长达六七年。为了更有利于企业出口计划的实施,应当首先在出口国及时获得商标使用权,先行到这些出口地进行商标申请注册是很有必要的,以避免业务入境后遭遇不必要的纠纷。中国企业要顺利地扩张国际市场和有效地占领国际市场,应当提前考虑在国际市场上获得商标注册。对于企业来说,保护好了商标就等于保护好了市场、利润来源和持续发展的可能。我们看到,一些国际品牌早在20世纪七八十年代甚至更早就在我国申请注册,可见国外大公司对商标境外注册的重视程度。

商标获得注册后,应当在该注册地进行实际的商业使用,并保留好商业使用的证据。世界各国对于连续不使用的商标,都规定了可以撤销的程序和年限,或三年,或五年。所以,商标的境外申请注册,应当首先考虑并选择有业务、需要商标保护的国家,或者至少三年五年内有打算有业务的国家或地区去申请注册,否则即便获得了注册,意义也不大。

(二)境外商标申请注册的途径

1. 逐一国/地区申请

由于商标权作为知识产权具有"属地原则"的特性。传统的方法,是到该国或该地,向主管当局提交商标注册申请,我们称之为"逐一国/地区申请"(以下简称"逐一申请")。这种"逐一申请"的途径,一般要求企业在当地有常驻办事机构,并至少有收信件的当地的地址。除此,只能委托给当地的律师或专业机构去代为办理申请商标注册事宜。当企业的海外市场只涉及为数不多的国家时,或者海外市场只涉及非国际条约的成员时,这是一个首选的、最直接的方法。比如,企业要在我国的香港、澳门和台湾地区或者到加拿大、阿联酋等国家或地区申请商标注册,由于这些地区或国家没有参加相应的国际商标注册条约,企业就只能通过向这些地区和国家的商标注册主管机构直接提交申请的方法去获得商标注册。

"逐一申请",从申请程序的开始到结束,都根据并适用申请地法律;使用该申请地的官方语言,以当地的流通货币缴纳申请费和代理费。

企业在委托当地代理机构的时候,首先需要填写商标申请的代理委托书,以委托这些代理机构在该国代为处理商标申请注册事宜。实践中,境外代理机构制作的委托书包括了涉及商标的绝大多数相关事宜,而不是单纯的"委托申请"事项。

有的国家或地区当局需要委托书的签署经过公证和认证程序。也就是说,申请人在签署这份委托书时,首先要在我国的公证机关完成"签字或印章属实"的公证手续。然后再通过该国在我国设立的使馆或领馆完成"商务加签"的认证手续。使领馆的认证手续,可以在完成公证手续后,直接至该使馆或领馆办理,也可以通过当地的中国国际贸易促进委员会分支机构的"签证处"代为办理。在苏州,该机构位于西环路1638号国际经贸大厦一楼。中东地区和中美、南美的很多西语系国家大多需要办理委托书的公证和认证手续。

东南亚的一些国家,如泰国、越南等,当局只需要委托书的签署经过中国公证机关的公证手续即可。

"逐一申请"的优势在于注册灵活,原则上和是否在国内在先注册无关,与国内注册相互独立,互不影响;缺点在于各个国家对申请文件的要求不一,缺乏国际注册的打包优势,费用在各个国家间存在较大的差距。

2. 国际条约申请

国际条约的商标申请包括了马德里商标国际注册体系、欧共体商标注册体系、非洲知识产权组织和非洲地区知识产权保护组织四大体系。欧共体商标注册体系同时加入了马德里商标体系;非洲知识产权组织和非洲地区知识产权保护组织,由于我国的企业在非洲的注册,大致以 OAPI 及南非、尼日利亚、加纳及北非地中海沿岸国家的"逐一注册"为主,其他国家相对较少涉及。故对于后三个体系的介绍,放到稍后。这里重点介绍马德里商标国际注册体系。

马德里商标国际注册体系源于《马德里议定书》及《马德里协定》两个国际条约和这两个国际条约共用的《共同实施细则》。实际上,《马德里协定》的单独成员现仅剩下阿尔及利亚一国。中国是这两个国际条约的签约国。2008 年 9 月 1 日起,马德里议定书第九条之六"维护条款"废除,同属协定和议定书国家之间从此优先适用议定书。这标志着马德里体系已经大体上由《马德里协定》顺利过渡到了《马德里议定书》。

随着日本于 2000 年,韩国、美国分别于 2003 年,欧盟相继于 2004 年加入《马德里议定书》后,我国企业大部分最主要的出口国和地区都可以通过马德里体系进行商标国际注册。

马德里商标国际注册体系的实质是提供一种简便的申请途径,不涉及商标权的落地审查与授权。在国际局登记以后,自动进入指定的成员,由该成员根据本国的法律进行审查,从而决定是否授权或注册。所以,在从"国际阶段"进入"国家阶段"后,其是否能够"落地",即能否在该地获准注册,以及在该地注册的效力如何,仍然由不同的当地法律所决定。

马德里商标国际注册至少有如下好处:

一是马德里体系成员国众多,并正有不断扩大的趋势。自 2004 年 4 月 1 日起,国际商标注册体系的工作语言在原英文和法文的基础上,又新增了西班牙文,从而为更多的西班牙语国家加入马德里体系扫清了语言障碍。

二是费用较低。商标马德里国际注册的费用包括三部分,一是基础注册费(黑白商标 653 瑞郎;彩色商标 903 瑞郎),二是指定国家的费用,三是本国商标主管机关的费用。国际注册申请人可以在一份申请中指定一个或多个成员国要求对其申请商标进行保护,无论指定一个成员国还是指定全部成员国,商标国际注册申请人均只需缴纳一份基础注册费,指定的国家越多,平均分摊在每个国家的费用就越低。

马德里议定书国的费用尽管各国不尽相同,但基本上都仅仅是这些国家的实际商标规费,没有其他费用发生,就如同是直接向该国提出了申请所需要的费用。如果申请人不通过马德里国际注册体系而直接去这些协定国或者议定书国进行"逐一申请"商标注册的话,各国一般都要求外国人或企业委托本国代理机构代为办理,申请人除了支付给商标主管当局规费外,还需支付国外代理机构的费用。

当然,即便是通过马德里协定或议定书进行商标国际注册,在进入国家阶段,如果发生商标驳回、审查意见、异议、商标复审以及其他问题,仍然要通过这些国家的商标代理机构进行处理,发生的费用与到这些国家"逐一申请"时没有什么不同。马德里国际注册申请的费用只解决国际阶段的申请,并不包括进入国家阶段后可能发生的费用。当然,一个合格的国内代理律师,会适当预见一些可能的进入国家阶段后的风险,在不实质影响申请商标保护范围的情况下,在提交国际申请时对申请的范围或翻译尽可能进行适应性调整或限定,以期减少进入国家阶段时发生审查意见或驳回的可能。

三是节省时间。按之前的规定,从国际注册日起,如果被指定国在规定的期限内(依照协定书为12个月,依照议定书为18个月)没有向国际局发出驳回通知,该商标将在该指定国自动获得注册,即视为注册。一直以来,马德里体系遵循着这个"默许原则",不要求该主管局发出授予保护声明。当只有14个缔约方的主管局在驳回期限之内经过审查没有发现驳回的理由时,会发出授予保护声明。这一情况使得很多申请人不能确定自己的商标在指定缔约方的状态,还需要支付费用委托当地代理律师,向一些指定缔约方主管局申请开具注册证明。为此,马德里联盟本着方便申请人的原则,对共同实施细则进行了修改。自2011年1月1日起,"默许原则"不再适用。自此,从国际注册日起算,协定成员于12个月内或者协定书成员18个月内,所有缔约方主管局都必须向国际局发出授予保护声明通知或拒绝商标保护的驳回通知书。对于那些实际审查期限非常长的国家,这个规定大大缩短了申请人为得到该国的商标注册保护而需等待的时间。比如意大利,如果到该国直接提出国家商标注册申请,通常情况下获得商标注册的时间要三年左右,而通过马德里国际注册体系,从申请到取得国际注册证书,再到意大利按规定能够花费的审查期限,不超过十八个月,比单独申请注册缩短了很多时间。

四是马德里国际申请的手续简便。商标国际注册申请人直接或者通过本国代理组织向本国商标局递交一份申请,使用一种语言,即可指定多个成员进行申请注册,手续十分简便。

马德里国际商标体系的手续简便还体现在国际注册商标的后期变更,如后期指定、转让、变更名称、地址和续展等手续,均可以通过简单的单一程序得以实现,商标国际注册申请人仅凭一个国际注册证提交一份申请即可办理前述各种变更事项,减少了维护成本。

当然,马德里体系也有局限性。比如,虽然现在马德里联盟发展到了八十多个成员,但仍然有许多重要国家和地区不在其中。我国企业不能够通过马德里国际注册途径在这些国家取得商标注册。2004年4月1日国际商标注册体系的工作语言在增加西班牙文后,我们曾寄希望于在未来的几年,会有越来越多的南美国家加入该组织。然而将近十年过去了,仍然没有国家表示出积极加入的决心。

此外,马德里的申请必须以基础注册或基础申请为前提,马德里注册必须以国内商标注册或者国内商标注册申请为基础,在《马德里协定》项下,申请必须基于相同商标的国内注册或初步申请公告;在《马德里议定书》项下,申请必须基于相同商标的国家注册申请。

马德里国际申请还有"中心打击"的风险。通过马德里国际注册程序注册的商标,如果在注册之日起五年之内,基础注册或申请全部或部分被驳回、撤回、注销、撤销、放弃或宣布无效,那么,其效力及于所有指定国,即该商标不得再要求国际注册给予保护,而不管该商标的国际注册是否已经被转让,这项规定被称为"中心打击"。

本来商标注册人通过马德里体系申请的目的是节省时间和费用,如果发生"中心打击"的问题,商标注册人的损失将是不可估量的。即使是通过议定书进行的国际注册,虽然注册人在已经注册的国家的国际商标注册可以自该商标被撤销之日起三个月内,向所指定的议定书成员国商标主管机关提交一份申请,缴纳费用,将该商标的国际注册转换为在该国家的国家注册,但是,所花费的费用和时间,可能与当初的期望背道而驰,花费更多,时间更长。

尽管商标国际注册马德里协定有利有弊,但是作为这样一个逐渐被世界广泛认同和参加的国际商标注册的国际条约,其优势是相当明显的。同时,我们又要重视其可能存在的风险和问题。作为商标申请人,或者作为提供商标注册建议的知识产权律师或者商标代理机构,一定要有客观的认识,根据具体情况建议或决定是否采用马德里商标国际注册体系。

(三)其他几个商标注册的国际体系

1. 欧盟商标注册申请

欧盟现有28个成员国,除比利时、荷兰、卢森堡三国在1971年生效的《比荷卢经济联盟统一商标法》外,每个国家都有其关于商标权保护的法律,相互独立。然而,随着欧盟一体化的不断深入,欧盟国家之间的合作不断扩大,在商标权保护领域正在形成相对统一的商标权保护制度。

共同体注册是双重保护原则,共同体商标不取代国家商标注册,国家商标注册与国际商标注册一同继续存在。

共同体商标注册分两次收费,即申请费和注册费。申请人先交申请费,如果注册成功才收注册费;如果申请被驳回,注册费则免收。类似于马德里系统下的日本、加纳的二次收费。

2004年7月1日,欧盟正式宣布加入《马德里议定书》,成为马德里体系的第77个缔约方,也是政府间组织作为一个集团首次加入世界知识产权组织条约。

欧盟商标国际注册的体系是:商标申请人注册一个欧盟商标后,该商标则在27个国家中均受保护。与马德里国际注册体系不同,欧盟商标申请无须基础注册或基础申请,条件相对宽松。欧盟商标注册的时间优势是明显的,如果申请顺利,商标可能在一年内就获得注册。

同样,欧盟商标申请也存在缺点:首先是欧盟对商标的显著性要求很高,并且适用"零或全部原则"。如果欧洲共同体 27 个成员国中有一个成员国有人提出异议,且异议成立,将导致整个欧盟商标申请被驳回。即,对于欧盟商标申请,或者"全部保护",或者"全部驳回"。虽然该驳回商标的申请可以逐国转换为国家申请,且保留原共同体商标申请日,但申请人还须向每个国家支付转换费用。因此,如果待申请商标的显著性不是很强,并不适合申请共同体商标注册,可以考虑通过马德里分开指定各成员。否则,虽然欧盟商标申请具有时间优势,但是,只要有一个国家提出异议,该商标就不能及时得到注册,而解决异议需花费很长的时间,其他国家也都要被迫停下来。因此,在实践中,欧共体商标申请往往也有在很长时间内不能获准注册的情况。

好在欧洲共同体商标加入了马德里体系,因而可以利用马德里的优势在一些方面弥补欧共体商标申请体系的不足,申请人至少有了选择的机会。

2. 非洲知识产权组织(OAPI)

非洲知识产权组织(OAPI)的申请统一向非洲知识产权组织提起,一经注册在非洲知识产权组织国家统一获得保护,即只要在一个国家获得注册,就自动在组织的其他国家获得注册。虽然 OAPI 组织实行先申请原则,但通常申请人需要在任何一个成员国使用该商标后才能够得到有效保护。商标如果要提出续展,则必须提交在任何一个成员国使用的证明文件。

非洲地区知识产权保护组织(ARIPO),也提供类似的非洲国际间商标申请保护,目前可通过 ARIPO 申请商标的国家有博茨瓦纳、莱索托、马拉维、纳米比亚、斯威士兰、坦桑尼亚、乌干达、津巴布韦、利比里亚等 9 个国家。如果商标申请在某一个指定国家被驳回,商标仍然可以在其他未被驳回的国家注册。

二、商标权的境外保护

《TRIPS 协议》是世界贸易组织《与贸易有关的知识产权(包括假冒商品贸易)协议》(Agreement on Trade-Related Aspects of Intellectual Property Rights)的简称。

在《TRIPS 协议》中,协议第二部分第二节对商标权的保护做了专门的规定,从体例上来看,其位于著作权之后,置于地理标志、工业产品外观设计和专利权之前。与《保护工业产权巴黎公约》相比,《TRIPS 协议》的规定把商标权置前,反映了该权利在所有知识产权保护中重要性的提高,并且从此确认了"商标权"是"私权"。

从内容方面来看,《TRIPS 协议》对商标权的保护是对《巴黎公约》中关于商标权保护内容的补充性规定,在通常情况下,不重复《巴黎公约》,更不会与之相悖。所以,在原则适用方面,在《TRIPS 协议》中,商标权保护不仅适用"国民待遇原则""优先权原则",而且还适用协议的"最惠国待遇原则",这是《巴黎公约》等有关商标权保护公约中所不具有的原则。"国民待遇原则"可以让成员国的国民或在成员国有居所、营业地的国民互享各国对于本国国民在商标保护方面的待遇;"最惠国待遇原则"又使得某个成员国对另一个成员国的最惠待遇迅速普及其他成员国。

在涉及具体的商标保护制度、规定方面,《TRIPS协议》的重要内容主要在于对侵权责任的追究方面,《TRIPS协议》的制度设计较《巴黎公约》更为完备,包括了民事、行政、司法救济程序,也包括刑事程序的严格保护,如:"全体成员均应提供刑事程序及刑事惩罚,至少对于有意以商业规模假冒商标或对版权盗版的情况是如此。可以采用的救济应包括处以足够起威慑作用的监禁,或处以罚金,或二者并处,以符合适用于相应严重罪行的惩罚标准为限。"据此,依据《TRIPS协议》,各世贸成员都应有相应的民事、行政和司法程序可以适用。

这些国家应当根据《TRIPS协议》对商标有最基本的保护要求。下面讨论具体的保护实践。

对于一个企业来说,在不同的境外寻求商标的保护包括两个层面的意思:一是有效地维持权利;二是针对侵权提出主张,制止和索赔。

企业通常需要在如下的环节中解决商标保护的问题:一是有效维持商标权;二是可以自由生产或提供服务;三是可以禁止他人未经许可在相同或类似产品或服务上使用相同或近似商标以及限制他人进出口带有近似商标的商品。

有效地维持权利,从各国的立法来看,通常是在取得商标注册后,按法律规定提交商业使用证明、及时续展以及对抗异议、撤销申请;非常重要的一点是,在一些国家,比如美国,要保留商标连续使用的证据,并按时、正确向当局证明。这些证据包括了产品的标签、包装,带有商标的产品照片,产品的陈列(产品目录)和展览图片。提单、订货单、宣传册、名片、公开出版物、传单之类,虽然也是为创造交易机会而进行的商标使用,但在有的国家并不能作为商标商业使用的证据。

商标的维权涉及对权利请求地法律的了解。具体来说,应当请有经验的律师,先行查询、研究该地的法律规定。有必要的话直接延请当地的专业律师,以深入理解当地法律和习惯。这样做的目的首先是了解自己的商标在该国处于何种保护状态。比如,在德国,商标注册是登记制的,没有经过实质性审查,那么效力相对就较低;再如,据与笔者合作的非洲地区的律师称,非洲有些国家的政府虽然签约加入成为马德里成员,但马德里国际条约尚未通过国会的批准,在该国仍未生效。虽然看起来政府代表该国签署文件加入了马德里体系,但当商标申请人真正要求保护其国际延伸过来的商标时,就会遇到问题。了解当地法律和习惯的第二个目的是对侵权行为进行准确判断。在A国被认为侵权的事实,在B国未必也同样会被认为构成侵权。了解当地法律和习惯的第三个目的是对于证据的组织以及证据的证明力判断和证明要求,如果证据的实质或形式不符合当地的司法要求,同样不能达到制止"侵权行为"目的。我们不能用国内的法律去照搬和套用不同的国外的法律和司法实践。

总体来看,国外商标维权的具体途径也包括了海关、行政以及司法途径。简述如下:

《TRIPS协议》第51条要求所有的成员国在权利人的申请下至少应当采取保护措施限制假冒商标或者盗版产品入境,且成员国可以自由选择保护其他知识产权权利。

在中国,受海关备案登记的知识产权可以特别地享有海关的快速保护程序;海关总署的知识产权备案系统接受包括商标权、著作权及其相关权利和专利权在内的知识产权海关备案申请。

在美国,海关知识产权保护措施的主管机关是美国国土安全部(Department of Homeland Security)下属的美国海关和边境保护局(U. S. Customs and Border Protection,以下简称"CBP"),拥有检查、暂扣和扣留侵权产品的权力。赋予 CBP 对商标和著作权侵权拥有实体判断权利的法律包括《1930 年关税法》(the Tariff Act of 1930)、《1946 年兰哈姆法》(the Lanham Act of 1946)。此外,值得特别一提的是,CBP 在处理专利以及其他权利时主要依据的是美国国际贸易委员会根据《美国 1930 年关税法》第 337 条颁发的排除令。CBP 有权就商标和专利侵权的实体问题出具书面决定,也有权对美国国际贸易委员会出具的 337 调查排除令的执行和排除令范围做出决定。因此,如果获得了美国的商标注册,可以有效利用 337 条款在美国对商标进行保护。

除海关保护程序之外,世界各国对商标保护普遍采用的是"单轨制"的司法保护,即由法院通过对商标侵权案件的审理,判令侵权人承担停止侵权、赔偿损失等法律责任的一种保护模式。我国商标法对商标的保护实行行政保护与司法保护并行的"双轨制"保护模式,即行政保护和司法保护相互协调。这一具有中国特色的制度为我国打击假冒注册商标、制止商标侵权行为、切实保护注册商标专用权发挥了巨大的作用。外国企业家和法律界从前不理解我国的"行政保护",但在近年来的实践交流中,也逐步意识到我国商标"行政保护"的优点。

关于商标权的保护,采用司法处理与行政处理并行的方法在实践中虽是我国首创,但是在国际知识产权理论研究中,包括在知识产权国际公约中,其实并不乏相关的规定和原则。《保护工业产权巴黎公约》的第十条之三"……本联盟各国承诺,对本联盟其他国家的国民保证采取有效地制止第九条、第十条和第十条之二所述的一切行为的适当的法律上的救济手段"。第(2)款还规定,"本联盟各国承诺采取措施……为了制止第九条、第十条和第十条之二所述的行为,向法院或行政机关提出控诉"。如前所述,TRIPS 协议第三部分知识产权执法中的第 2 节行政与民事程序及救济对此有更为详细的规定。

所以,中国企业在海外维权时,一方面可以通过正常的"民事诉讼"程序,另一方面也可以考虑向海关或向当地专业律师咨询"行政请求"保护的可能性。

由于各国法律和司法实践的不同,商标的境外保护具体运用到实践中是一个比较繁杂的课题。商标保护是一系列知识产权协调保护中的一个方面,企业应当运用好各种知识产权的保护手段,进行"立体式"的保护,才能取得良好的效果。

三、驰名商标的境外保护

1883 年签订的《巴黎公约》最初文本并没有提及驰名商标问题。直到 1925 年,即《巴黎公约》第三次修订时,海牙文本中首次出现了有关驰名商标保护的规定,即我们普知的"6条之二"。此后,《巴黎公约》又于1934年(伦敦)和1958年(里斯本)的两次修订过程中对第6条之二进行了修改和完善。自1958年里斯本文本至今,有关驰名商标保护的条款未再改动过。所以,对于什么是驰名商标,驰名商标的认定标准是什么,都是由成员国确定,国际上并未给出统一的标准。

《TRIPS协议》涉及驰名商标保护时,第16条第(2)款和第(3)款在援引《巴黎公约》第6条之二的同时,又用不同于《巴黎公约》的表述规定了具备一定可操作性的新规则。这两款的具体内容如下:

第16条(1)(从略)。

(2)《巴黎公约(1967年文本)》原则上适用于服务。在认定一商标是否驰名时,各成员应考虑到有关商标在相关公众领域内的知晓程度,包括在有关成员领域内因商标宣传之结果而被知晓之程度。

(3)巴黎公约(1967年文本)》第6条之二原则上适用于与使用注册商标之商品或服务不相类似的商品或服务,前提条件是,将有关商标使用于此类商品或者服务将暗示这些商品或服务与注册商标所有人之间存在某种联系,而且注册商标所有人之利益将有可能因此种使用而受损。①

从这两款的规定上可以看出,《TRIPS协议》在驰名商标保护问题上明确了这样几个问题:

第一,承认《巴黎公约》第6条之二在商品商标上的适用,以及《巴黎公约》为驰名商标权利人规定的三项权利,而且不附加任何条件。

第二,《巴黎公约》第6条之二规定的各项原则与规则无须做任何实质性变动,即可直接适用于服务商标。

第三,当有关的注册商标已被认定为驰名商标时,即使非权利人将该商标使用于不同的商品或服务上,只要此种使用具备了本协议规定的两项条件,即(1)暗示使用有关商标的商品或服务与注册商标所有人之间存在某种联系;(2)有可能使注册商标所有人的利益受到损害,注册商标所有人亦可行使《巴黎公约》第6条之二规定的三项权利。

第四,在认定一商标是否为驰名商标时,被请求给予驰名商标保护的世界贸易组织成员应考虑的是有关商标在"相关公众领域(the relevant sector of the public)"的知晓程度,而且此种知晓无须通过商标的实际使用而达到;仅仅依赖商标的宣传所产生的知名

---

① TRIPS协议第16条第2、3款原文如下:

2. Article 6bis of the Paris Convention (1967) shall apply, mutatis mutandis, to services. In determining whether a trademark is well-known, Members shall take account of the knowledge of the trademark in the relevant sector of the public, including knowledge in the Member concerned which has been obtained as a result of the promotion of the trademark.

3. Article 6bis of the Paris Convention (1967) shall apply, mutatis mutandis, to goods or services which are not similar to those in respect of which a trademark is registered, provided that use of that trademark in relation to those goods or services would indicate a connection between those goods or services and the owner of the registered trademark and provided that the interests of the owner of the registered trademark are likely to be damaged by such use.

度亦可作为认定驰名商标的充分条件。

《巴黎公约》对驰名商标的认定只是笼统地规定了由注册国或使用国主管机关认定,《TRIPS协议》虽然也未能给出统一的标准,但认为认定驰名商标"应当顾及有关公众对其知晓程度,包括在该成员地域内因宣传该商标而使公众知晓的程度",这一标准是成员国必须遵守的标准,大大减少了认定驰名商标中的不确定因素。在商标确权方面,至少《TRIPS协议》增加了提供司法机构或准司法机构复审机会的规定,尽管未必能从根本上解决问题,毕竟为当事人多提供了一条救济途径。在权利保护的程度上,《TRIPS协议》给出了假冒商标的定义,只要使用了与有效注册的商标相同的商标,或者使用了其实质部分与有效注册的商标不可区分的商标,即构成假冒商标,应承担相应的民事、行政甚至刑事责任。对驰名商标的保护力度则更进一步加大。据此,驰名商标不经过注册也能受到保护,而且是按照比普通商标更高的标准进行的保护。另外,对驰名商标实行"跨类"保护,不仅包括了在相同或类似的商品或服务上的保护,而且还扩大到不相类似的商品或服务上,这比以往任何公约的保护力度都更为强大。究其原因,乃当今世界,企业经营多元化成为潮流,资本流动异常活跃,即使是在与原商标所标示商品或服务不相同的商品或服务上,仍足以让消费者产生误解,造成对原驰名商标淡化的危害。因此,《TRIPS协议》的这种加强保护的规定是完全必要的。

从驰名商标在境外寻求保护来说,对于执行驰名商标保护职能的机构而言,了解国际上和国外"驰名商标"的法律含义、确定驰名商标认定的基础是至关重要的。

笔者认为,驰名商标并不是商标法上的一种特殊商标,而是法律为所有商标提供的一种可能的特别保护。

驰名商标认定的意义应仅限于可用来对抗被指控的对象,并在日后类似的案件中作为支持驰名商标认定的参考依据。除此之外,驰名商标在法律上不再有任何意义,在国际上也并不能投入"商业宣传"。从其与消费者的关系上说,消费者的认知应当是使一商标成为驰名商标的基础;但不能使驰名商标认定反过来成为诱导消费者的手段。

根据我国司法的实践,以驰名商标为据而对抗其他商标、营业标记及域名时有一个时间"起点"问题,即其仅能对抗商标"驰名"后与其发生冲突的商标、营业标记及域名。在其自身"驰名"前与其发生冲突的商标、营业标记及域名,即使其日后被认定为驰名商标,也不能据以相对抗。由此可知,在进行驰名商标认定时,不仅仅要对有关商标目前的状况做出评价,而且还必须对其"何时"成为驰名商标做出判断,在此基础上方能确定其是否可被用来对抗被指控的商标、营业标记或域名。同样,我们在进行驰名商标的国际保护中,这一点也是必须了然于心的。

驰名商标保护的直接目的就在于对抗与之发生冲突的商标、企业名称和域名。那么究竟发生何种情况才能认定这些要素与驰名商标发生了冲突呢?这一问题的解决实际上是驰名商标保护过程中的关键。鉴于商标、企业名称及域名在市场活动中所发挥的作用与特点各不相同,与驰名商标的冲突必须根据不同的情况分别加以判断。概言之,笔者认为,只有当他人使用的商标,或者其基本组成部分构成了对驰名商标的复制、模仿、意译或音译,并且将该商标或其基本组成部分使用于、申请注册于或已经注册于与驰名商标使用于其上的商品或服务相同或相似之商品或服务上时,足以导致误认的;或者此种商标的使用将暗示使用该商标的商品或服务与驰名商标所有人之间具有某种联系,且有可能损害驰名商标所有人之利益的;另外,此种商标的使用将有可能损害或者不合理地淡化驰名商标的独特性的,都可以通过"驰名商标"保护规定来主张权利。笔者认为,主观上的恶意是作为判断商标、企业名称或域名与驰名商标冲突的条件。

驰名商标保护的历史虽然已经不算短,但却远没有形成国际统一的制度与规则;即使同为发达国家的欧洲、美国与日本,相关制度及规范之间的差异也是非常明显的。由于不同的国际条约、各国商标主管部门对驰名商标的认定标准不统一,不同的国际组织、不同的国家对驰名商标的定义也五花八门,有的甚至迥然各异,并未形成共识,影响了对驰名商标的国际保护。又由于驰名商标的保护往往涉及各国民族产业的利益,故各国往往对其采取有利于本国商标的做法,尤其是在对驰名商标的认定和保护问题上,这一点是中国企业在进行全球贸易扩张中必须了解的事实。

对于国际上近年来驰名商标国际保护的理论和实践的发展与趋势,简单总结如下:

(1) 对驰名商标予以特别保护已成为一种国际惯例,并且日益加强。

(2) 对驰名商标的保护对象从商品商标延及服务商标。

(3) 对驰名商标的保护不以注册为先决条件,但对驰名商标的行政确权仍应接受行政或司法机关的"司法审查"。

(4) 对驰名商标的保护范围正在不断扩大,延及不相类似的商品或服务。

(5) 对驰名商标的认定标准逐步得以完善,但始终未统一,驰名商标的定义在国际上仍未形成共识。

然而,尽管《巴黎公约》提出对驰名商标特殊保护扩大到《TRIPS协议》,驰名商标在国际上的保护也得到了较大的发展,我们仍必须清楚地意识到,驰名商标在国际上保护还存在着诸多的问题。我们的企业家在国际技术贸易往来中,应重视在参加驰名商标的国际保护活动时多收集信息,多了解当地司法和习惯,以趋利避害。

四、商标权的国际协调保护及其立法期待

较早的商标权的国际协调保护是比利时、荷兰、卢森堡的《比荷卢经济联盟统一商标法》。该法产生于1971年,后经过修订,于1987年1月1日生效。1992年12月2日,比荷卢再次修改《比荷卢经济联盟统一商标法》,并于1996年1月1日生效。这是一部适用于比利时、荷兰和卢森堡三国的商标法。

欧盟关于商标权国际保护的法律体系主要通过欧盟的二级立法完成,其主要成果为1988年欧洲共同体理事会《协调成员国商标立法的第一号指令》,以及1994年欧洲共同体理事会《共同体商标条例》。根据该制度,商标申请人只要通过一次申请即可得到在整个共同体内有效的商标权。《共同体商标条例》并不取消各成员国已有的商标制度,但给那些希望在欧盟全境内取得商标权的申请者带来极大便利。

《共同体商标条例》中涉及三种类型的法院,分别为欧洲法院(European Court of Justice,简称 ECJ)、共同体商标法院(Community Trade Mark Courts)以及共同体商标法院以外的成员国国家法院(National Courts other than Community Trade Mark Courts)。欧洲法院作为欧盟最高法院,主要管辖共同体商标权利相关当事人与欧洲内部市场协调局之间关于注册商标的行政争议。共同体商标法院是由每个成员国向欧盟委员会指定的国内法院,处理私人之间因共同体商标有效性与侵权纠纷发生的诉讼。共同体商标法院以外的成员国国家法院则对于涉及该商标权的转让、设定质押权、许可他人使用或作为执行标的物被强制执行所产生的纠纷享有管辖权。

欧盟为全世界树立了商标跨境协调保护的榜样。

1992 年 8 月,美国、加拿大、墨西哥就《北美自由贸易协定》达成协议,其第 6 部分第 17 章对成员国保护知识产权的义务做了具体规定,其中就包括对于商标权的国际保护。之后,各国按照自己的国内立法程序使该协议转化为国内法。到 1994 年 1 月 1 日,《北美自由贸易协定》开始实施。协议第 1708 条,就商标的定义、注册保护的前提、驰名商标的特殊保护、注册有效期、使用要求、商标的转让、对注册商标权的限制、禁止作为商标进行注册的标记等做了规定。《北美自由贸易协定》的达成加强了美国对于商标权的国际保护,同时促进了北美地区三国的商标法的统一。

我国的商标权国际保护目前还没有跨出实质性的边境,甚至还没有统一港澳台地区对商标的协调保护。笔者认为,要解决这个问题,应从两个层面来对我国的商标国际保护进行思考。一方面,进一步发展和完善我国的国家《商标法》立法;另一方面,参照国际公约的规定,借鉴上述比荷卢、欧盟和北美自由贸易区的经验,依据我国企业在我国港澳台地区以及世界各相关国家与地区进行商标权国际保护的经验与教训,采取一些有效举措。

中国加入世界贸易组织以来,针对中国的知识产权纠纷屡见不鲜,但很少出现中国企业向其他国家提出的知识产权争议。尤其是商标权的保护方面,尽管存在着我国商标权在其他世界贸易组织成员方被侵犯的情况,但是我国企业没有通过有效手段解决商标权纠纷。究其原因,一方面是由于我国的商标权国际注册较少,另一方面则是由于我国的出口产品大量集中于低知识水平的产品。随着我国产业结构的调整,以及我国企业的国际化发展,相信这种情况将会发生改变。在新的历史条件下,我国政府应当一如既往地加强在商标权境外保护领域对于我国企业的支持,并利用世界贸易组织的有关规则,切实帮助保护我国企业的商标权利。

随着经济全球化趋势的日益增强,资本和商品、服务市场亦将日益全球化,越来越多的商标冲破地域性的限制,走向了国际市场。国际之间的商标权利冲突也日益纷繁复杂。对于商标的保护,尤其是对驰名商标的保护要求亦将随之不断变化、得到加强。可以预测,未来的商标权的国际保护、驰名商标国际保护制度以及国际间协作必将随着经济的发展而不断完善。然而,无论商标权的国际保护呈现怎样加强的趋势,商标的所有人都只有在将自己的标记或商标纳入当地法律划定的保护范围内、满足权利请求地法律规定的要件时,方能使自己的权利得到真正有力的维护。因此,对于我国的大多数企业,尤其是欲走向或正走向国际市场的企业而言,树立商标的国际保护意识,重视商标的国际保护更是不容忽视。

(孙小青)

老字号篇

苏州老字号的前世今生

一提到苏州，人们总是想起它的古老。历史学家顾颉刚先生经过考证，认为苏州城为中国现存最古老的城市之一。的确，具有2 500多年历史、作为中国首批历史文化名城之一的苏州，是吴文化的发祥地和集大成者，历史上长期是江南地区的政治、经济、文化中心。苏州是天下闻名的江南鱼米之乡，农业和手工业生产发展迅速，经济富庶，社会文明。因此，苏州自古以来就是东南一大都会，明清时期更成为全国最重要的商业中心之一。商业的发达，促进了生产和消费，促进了物资交流和贸易，也推动了苏州老字号的形成和发展。

老字号不仅是苏州经济社会发展的历史见证，也是一种文化情结和城市名片。苏州老字号品牌形成于明清时期，但经过沧桑变迁和数百年洗礼，能够依然生存到今天的已不到百家。根据对苏州72家老字号的始创时间及创办年间的统计，截止到2014年，苏州老字号的平均寿命至少有170年，其中，61家为百年老店，"年纪"最小的是"环绣山庄"刺绣、"红艺"牌红木雕刻和"虎丘"牌民族乐器（均创办于1954年），距今有60年历史，"年纪"最长的为陆慕御窑金砖（始建于明永乐年间），距今有600余年的历史，有记载明确的创办时间的是中国最早琢玉品牌——子冈玉坊，始创于1539年，至今已有475年。由商务部认定的苏州30家"中华老字号"企业平均寿命约为185年。

根据本课题对苏州老字号的调研和梳理，按时序大体可把苏州老字号品牌的历史分为五个阶段：明清时期为形成期；从清末至新中国成立之前为分化期；新中国成立至改革开放前为断层期；改革开放至2003年改制前为阵痛期；2003年改制至今为复兴期。

一、苏州老字号品牌形成期

明代苏州，随着人口的增多、农业产量的提高和手工业的发达，市镇开始兴起，著名的洞庭商帮即形成于这个时期。明成化年间，苏州已是"列巷通衢，华区锦肆，坊市棋列，桥梁栉比"，阊门石路及山塘街是苏州最繁盛的商业区。当时的苏州城镇商贾云集，市肆繁荣，贸易发达，已显繁华景象。

从明代开始，苏州相城区陆慕御窑村烧制的御窑金砖就受到历朝历代帝王的青睐，成为皇宫建筑的专用产品。明永乐年间，明成祖朱棣迁都北京（故宫始建于1406年，落成于1420年,1421年的新年朝贺大典就在新落成的奉天殿即现在的太和殿举行,标志正式迁都北京),大兴土木建造紫禁城。经苏州香山帮工匠推荐,陆慕砖窑被工部看中,由于所产金砖质量优良,博得了永乐皇帝的称赞,赐名窑场为"御窑"。此后至晚清,陆慕御窑一直是官府定点烧制皇家砖瓦的主要基地。

史料记载,中国琢玉技艺在明代发展至巅峰。以陆子冈为代表的"苏帮"琢玉巨匠技艺高超,名震京师,故明代《天工开物》有"良工虽集京师,工巧则推苏帮"之说。琢玉工艺家、雕刻家陆子冈(一作子刚)是明代嘉靖、万历年间苏州太仓人。明嘉靖十八年(1539年),陆子冈学艺出师后在苏州开设了自己的琢玉作坊。他的琢玉作坊,人称"子冈玉坊",其技艺尊享"吴中绝技"。他为明帝定制大婚吉祥物玉合卺杯,上书铭文"镌子冈款"。自此以后,中国的手艺人开始有了在自己制作的玉器上留名字的权利。后来这些艺人的名字就慢慢演变成"字号""商标"和现代人所称的"品牌",如"泥人张""张小泉""王致和""王麻子"等中华老字号都由此而来。由此可见,陆子冈为中国民间手工艺品品牌的产生做出了重大贡献。因陆子冈是中国琢玉艺人中第一个将名字刻在作品上的人,所以"陆子冈"被称为"中国最早的琢玉品牌"。

苏式菜肴名闻遐迩,著名老字号"得月楼"创建于明代嘉靖年间,当时店址位于苏州虎丘半塘野芳浜口,为盛苹州太守所筑,距今已有400多年历史。明代戏曲作家张凤翼赠诗"得月楼"云:"七里长堤列画屏,楼台隐约柳条青。山公入座参差见,水调行歌断续听。隔岸飞花游骑拥,到门沽酒客船停。我来常作山公醉,一卧垆头未肯醒。"野芳浜俗称冶坊浜,位于半塘桥和普济桥之间,同虎丘隔河相望,山水交融,景色优美,从张凤翼的诗中,可以想象当年得月楼的盛极一时。直至清代乾隆年间,仍有不少文人墨客题诗赞美"得月楼"。沧海桑田,得月楼随着历史的变迁和改朝换代,或经移址和湮灭,只成为历史上的一笔记载。

苏州传统医药历史悠久,到了明清时期更是繁盛,逐渐形成了具有地域特色的吴门医派。苏州城内的中药铺,几乎遍布大街小巷,大部分老店经历了百年风雨,至今仍置身街市,其中,尤以宁远堂药铺历史最长。明崇祯十七年(1644年),宁远堂由宁波药商成氏创办于苏州西部重镇木渎,至今已有370年历史。同治三年(1864年),宁远堂迁址阊门外山塘街星桥堍,是苏州创设年份最久、至今仍在营业的著名药店之一。吴门医派的重要一员——苏州名医雷大升创办于雍正十二年(1734年)的雷允上"诵芬堂"药铺,至今有280年历史,因药效特别灵验而声誉鹊起。民国十一年(1922年),雷允上已发展成拥有十几个门类、几百个品种的庞大的经营中成药的王国,与北京同仁堂齐名于海内外,时有"南有雷允上,北有同仁堂"之说,其商标"九芝图"是我国最早的注册商标之一。

入清以后,苏州经济很快得到恢复和持续发展,与北京、汉口、佛山并称全国"四聚",至乾隆年间,苏州人口达百万之多。顾公燮《消夏闲记摘抄》卷上记道:"以吾苏而论,洋货、皮货、绸缎、衣饰、金玉、珠宝、参药诸铺,戏园、游船、酒肆、茶店,如山如林,不知几千万人,有千万人之奢华,即有千万人之生理。"徐扬作于乾隆二十四年(1759年)

的《盛世滋生图》，绘有230余家有市招的店铺，涉及五十多种行业。又据《桐桥倚棹录》等记载，清中期在山塘街等处出售的特色产品有花露、陈皮、藤痱药、首乌粉等中成药，葵扇、琉璃灯、竹夫人等日用品，糕团、皮蛋等食品，自走洋人、绢人、生绒花等玩具与饰品，洋琴、牙筹、促织盆等娱乐品。当时苏州阊门内外，"居货山积，行人水流，列肆招牌，灿若云锦，语其繁华，都门不逮"（孙嘉淦《南游记》卷1）。

目前存活的苏州老字号大部分始创于清代，尤以康熙、乾隆、光绪时期为多。由于太平天国（1851—1864年）战事席卷江南，繁华的山塘街和阊门一带付之一炬，苏州商业受到很大打击。同治二年（1863年），清军收复苏州，商业在废墟上重建，苏州商业中心由山塘街移到观前街。

苏州老字号的商铺招牌即市招，除好用吉祥含义的字词外，以店主姓名命名的较多，这与独家经营和家族传承有关，其中不少就是著名的店招。如陆稿荐熟肉店，沐泰山、潘资一、王鸿翥药铺，汪瑞裕茶庄，黄天源糕团店，叶受和糖果店，朱鸿兴面店，石家饭店、王四酒家，等等，都是以人名作为店招的。另外，苏州市招还具有风雅的特点，如稻香村、采芝斋、松鹤楼、得月楼、月中桂等，都具有相当浓郁的文化气息。

在本课题调研的苏州72家老字号企业中，创设于清代的有54家，其中著名的老字号有陆稿荐、稻香村、乾生元、黄天源、采芝斋、太仓牌肉松、松鹤楼、石家饭店、奥灶馆、恒孚银楼、雷允上、汪瑞裕、三万昌、沙洲优黄等，在此不一一介绍。

苏州老字号品牌是苏州地域文化、经济发达、商业繁盛的产物，大多数老字号与苏城百姓日常生活密切相关，同时，与明清时期帝王将相也有着千丝万缕的联系，如陆慕御窑、子冈玉坊品牌的影响即得益于朝廷采购。而江南经济发达，国家财赋又大半来源于此，所以康熙、乾隆都利用下江南加强与江南地主士绅的联系，以巩固统治。康熙、乾隆皇帝六下江南，除处理政务外，不可缺少的是品尝当地美味佳肴，一定程度上带动了苏州老字号的发展，并肯定了其地位。

二、苏州老字号品牌分化期

清末至新中国成立之前这一时期的苏州老字号，由于遭受战乱，国家权利严重丧失，在经营环境恶化、后代经营能力弱化等因素的影响下，山塘街和阊门一带的大部分老字号都陷入了经营困境，发展停滞。

太平天国运动后苏州的商业中心转移到观前街，辛亥革命后百货业在观前迅速发展，至1927年共有40多个行业，120余户商铺。1930年观前街开始拓宽后，两侧店铺纷纷缩进并改建门面或新建楼房，故观前街都为民国建筑，式样上是西洋和上海风格，颇为独特，例如叶受和、乾泰祥、良利堂等。与此同时，北局（原明清织染局旧址）、太监弄一带饮食店增多。1934年，国货商场（今人民商场）建成开业，北局顿时兴起市面。1939年太监弄拓宽，先后来此择址开业的有三和菜馆、味雅菜馆、上海老正兴、北平老正兴、苏州老正兴、新新菜饭店、功德林素菜馆、大春楼面馆、大东粥店、老宝和酒店及清真馆等。百米多长的太监弄顿时被饮食店占领，夜宵尤其热闹，松鹤楼、丹凤楼（大成坊口)、月宫菜社(北局)、青年会大菜馆等宾客满堂,一时"吃煞太监弄"成为俗谚。

令人惋惜的是恒孚银楼的衰落。1914年,恒孚银楼联合六家大金铺银楼(老万年、宝成、天丰行、同丰永恒记、晋福、天益丰)从安怀公所独立出来,另建毓伦社,为大银楼议事公所。翌年,重新整修原飞金(金箔)业废弃的丽泽公局,将毓伦社迁入,更名为丽泽公所,恒孚成为当时苏州银楼业的首领。1916年,恒孚进一步向外发展,先后在上海南市小东门(南恒孚)、南京路(中华人民共和国成立前称英大马路北恒孚)、无锡北门内打铁桥、常熟南街、盐城西门大街等处设立分号,这时的程氏恒孚已是拥有七家独资银楼、一家合资金铺的金银业首富,在业内已举足轻重,成为沪宁线上著名大银楼之一。1932年"一·二八"事变后,世事动荡,人心不安,恒孚采取紧缩对策,将上海、盐城、无锡、常熟四处分号以及苏州同丰永恒记先后关闭,只保留苏州东、西恒孚两家及上海北恒孚一家。1948年,民国政府规定统一收购黄金、白银、美钞,逾期不兑,一律没收,此时银楼业已处于开门而无营业的状态。1948年年底,上海北恒孚首告歇业,翌年年初,苏州东、西恒孚亦只能宣告歇业,荣耀了一百多年的旧恒孚银楼在社会的动荡变革中退出了历史舞台。

这一时期,虽然时局动荡,山塘街和闾门一带的老字号发展停滞,有的甚至就此衰落,但苏州商业中心观前街和太监弄的拓宽反而推动了百货、食品、餐饮、珠宝、银行、医药、茶叶、丝绸等一批老字号的发展。

三、苏州老字号品牌断层期

新中国成立后,百废待兴,中国开始向社会主义时期过渡,政府开始重视老字号企业的发展,通过公私合营等形式挽救和扶持了一批濒临倒闭的老字号,一些规模较大的老字号在政府的扶持下得到了恢复,使老字号的传统和技艺得到传承。有的苏州老字号甚至名扬海外,如1954年周恩来总理出席日内瓦会议,带去采芝斋的脆松糖、软松糖、轻松糖招待各国客人,引起国际友人的极大兴趣,"三松糖"被誉为"中国糖"。

新中国成立前夕,大房陆稿荐经营艰难,一度衰落。1956年,陆稿荐公私合营,1958年,其后方工场并归为平江区食品厂,1963年又恢复陆稿荐工场。"文革"时期,陆稿荐改为苏州熟食店。

新中国成立初期的乾泰祥,以经营高档丝绸和呢绒为主,不能适应大众需求,导致商品积压滞销而经营困难,1954年率先成为国营苏州花纱布公司的代销点才走出困境。"文革"伊始,乾泰祥更名为"苏州第二绸布店",1967年又改称"解放绸布店",1975年再改为"春光绸布店",直到1979年才恢复为"乾泰祥绸布店"。

1958年"大跃进"时期,以稻香村后坊为主体建立了平江区第一个糖果糕点厂(后改名苏州糕点厂)。1960年3月改为稻香村糖果糕点厂。1962年恢复稻香村前店后坊。

1956年,经过公私合营,汪瑞裕茶号继续在观前街发展,但隶属于平江区日用杂品店,1964年后,隶属苏州市杂品公司。"文革"开始后,改名春蕾茶庄。

乾生元 1956 年公私合营时和老乾元、康乐、采芝村等合并,仍取名乾生元,隶属国营商业吴县木渎办事处。"文革"中,乾生元招牌被砸,老店被迫改名,枣泥麻饼也停止了生产。

1958 年 6 月,雷允上所属的苏州市公私合营中西药总店提出筹建"联合制药厂"规划,厂名定为"苏州市公私合营联合制药厂"。雷允上制药厂划归苏州市卫生局领导后,中共苏州市委于 1962 年 8 月 1 日批复同意建立中共苏州雷允上制药厂支部委员会。在"文革"期间,原雷允上药厂全部正直、有责任心的职工仍坚持生产、坚持技术改革、坚持新产品开发,雷允上药厂在逆境中发展。

1958 年 8 月,经太仓县人民委员会研究决定,公私合营倪鸿顺肉松店并入国营太仓食品加工厂,成立肉松车间。这期间太仓肉松生产质量得到充分提高,一度是太仓肉松传人们的骄傲。

但是,"文革"期间,中国经济严重倒退,生产停滞,老字号企业正常的恢复和发展也被打断。"文革"后,国有化的老字号企业经营模式已发生根本性转变,打断了家族传承关系,老字号的整体发展停滞不前。如公私合营采芝斋糖果商店的"私"字被涂抹,"商"字上打"×",金字招牌被砸个稀巴烂,店名被改为"红旗商店",上海采芝斋的店名也改为"向阳商店",前店后坊的传统特色被取消,采芝斋名不存,实也亡,陷入了创业以来最濒危的境地。"稻香村"三个字的真金字招牌被砸烂,改号"红太阳茶食糖果商店"。

1972 年,在周恩来总理关于工艺美术实行"保护、提高、发展"方针指导下,苏州工艺美术在经受"文革"冲击后开始复苏,并成立苏州工艺美术厂,金银首饰作为一个品种在该厂内重新恢复生产。1976 年 8 月,苏州工艺美术厂中生产金银饰品的部门被划出,单独建立了苏州金属工艺厂,这才使金银饰品加工生产得以维持。

这一时期,根据国家政策,老字号企业通过公私合营变成国有企业或国有控股企业,从而得到一定程度的保护,但"文革"等历史原因使得老字号的保护和传承受到了严重的冲击,很多老字号名存实亡,其商业"血脉"也一度中断。

四、苏州老字号品牌阵痛期

改革开放后,苏州老字号纷纷开始进行企业改革,面向市场,独立经营。有的老字号得到了恢复经营,如得月楼;有的老字号得到了进一步发展,如雷允上、稻香村、太仓肉松、沙洲优黄等;但也有些老字号不太适应新的市场机制,发展停滞,生存空间受到挤压,如东来仪、国际照相馆、徐昌钟表店等;有的老字号甚至已经难觅踪迹,如观前街上的生春阳腌腊店、月中桂化妆品店、戎镒昌皮鞋店等。

1986 年,生产苏式糕点的苏州糕点三厂严重亏损,经当时的行政主管苏州食品工业公司决定,并入采芝斋苏式糖果厂。第二年,同样处于亏损中的苏州食品饮料厂又并入采芝斋。三厂合一后的采芝斋,表面上是"壮大"了,实际上是负担加重了,离退休职工的医药费负担沉重地压在企业身上。1993 年 4 月与日商合资开办"采芝斋夜总会"。

1995年5月,夜总会因违法组织淫秽表演而被有关部门取缔,一时苏城舆论大哗。夜总会取缔后,外资方继续租赁原址开办"苏州市泰戈商贸有限公司"。一年后,公司又倒闭,采芝斋为此在声誉上和经济上都遭到很大损失。到1996年年底,采芝斋已处在入不敷出的经营亏损状态。

从1986年起,由于体制和管理问题,乾生元麻饼经营出现了亏损,且逐年减产。到1992年,乾生元终于承受不住残酷的竞争,被迫停产。直到1996年才得以重新恢复生产。

20世纪90年代中期开始,随着服装业的迅速兴起,人们改变了请裁缝做衣服的传统,转向以选购成衣为主。苏州众多绸布店由此风光不再,30多家国营绸布店纷纷关停并转。至20世纪末仅存乾泰祥一家老字号,乾泰祥面临了前所未有的考验,1999年观前街改造后才有所好转。

1997年3月,经苏州市工商行政管理局登记,雷允上药业集团公司(苏州)将沐泰山、王鸿翥、童葆春等15家药店合并组成"苏州雷允上国药连锁总店",属雷允上药业集团公司(苏州)的全资子公司。1997年,由中国远大集团公司出资70%,苏州医药集团有限公司以所属雷允上药业集团公司(苏州)和苏州雷允上国药连锁总店的净资产,经评估出资30%,组建雷允上(苏州)药业有限公司,2001年更名为雷允上药业有限公司。雷允上虽被远大集团控股,但总体经营得以发展。

这一时期,苏州老字号和全国大多数老字号一样,处于计划经济与市场经济新旧体制转变的阵痛期,一些老字号试图利用市场机遇寻求新的发展途径,也有些老字号被动适应市场转变,还有些老字号无法适应市场竞争,生存艰难,甚至就此消失。

五、苏州老字号品牌复兴期

2003年,苏州大部分老字号企业先后完成了改制,除部分老字号的招牌和商标等无形资产外,国有资本已全部退出,职工身份已全部置换,老字号企业基本上成了独立的市场竞争主体。苏州老字号在市场竞争中彰显了老字号的活力和魅力,大部分老字号走上了复兴之路,部分老字号摆脱了体制的束缚,创新经营思路,企业进入了快速发展阶段。

(一)新建生产基地

2003年,采芝斋为了进一步适应市场经济发展,对企业进行了第二次改制,国有股全部退出,职工身份也彻底改变,企业按《公司法》和《公司章程》的要求实行经营和管理。进行市场化操作后的采芝斋,更加注重产品质量和营销服务。2005年5月,采芝斋在苏州工业园区购地新建生产基地,百年老店终于告别了前店后坊模式,迈入真正现代化的生产经营模式。

陆稿荐于2003年进一步深化改制,更名为苏州陆稿荐食品有限公司,生产基地也转移至相城区经济开发区,是苏州传统卤菜中规模最大的现代化生产基地。目前,陆稿荐是保留得最为完整的前店后坊式传统食品加工企业之一,主要产品有肉、禽、水产、蔬菜四大类熟食系列五十余品种,在苏州激烈的卤菜市场竞争中绽放着老字号的魅力,深受广大消费者欢迎。

2004年3月,随着国家和社会的改革,稻香村为了继承并光大百年基业,在苏州稻香村食品厂的基础上整合北京、保定等地的人才、资本、技术资源而成立了股份制企业——苏州稻香村食品工业有限公司,新企业斥资数千万元在苏州工业园区新建一座管理先进、设施一流的现代化、开放式的模范食品工厂,并将"稻香村"注册商标同时转让到新公司,使"稻香村"成为发源地、历史文化和商号商标完整知识产权融为一体的老字号企业。新的企业遵循"厚道做人,地道做事,成人达己,追求卓越"的企业管理理念,使得苏州稻香村进入了一个新的发展壮大时期。

陆稿荐、稻香村、黄天源、采芝斋等原来都是前店后坊的生产模式,现在分别到苏州相城区、苏州工业园区建造了现代化的工厂,老字号发展有了新的空间。

(二)积极开展连锁经营

松鹤楼开设连锁店已达15家,开到了北京、上海、南京等地。朱鸿兴的小吃餐饮也有了自己的中心厨房,对连锁店做到了统一配送、统一装潢、统一管理的"三统一"规范连锁。万福兴以灵活、便民的方法在社区、街道、菜场开设具有传统特色的糕团连锁经营店10多家,店前天天排队,受到了消费者的欢迎。其他一些餐饮食品老字号,如得月楼、石家饭店也在苏州工业园区的李公堤开了新店,义昌福、朱鸿兴、绿杨馄饨、近水台、聚新春、观振兴、乾生元等采取加盟连锁形式不断扩大(其中前3家的连锁店均超过50家),三万昌茶叶连锁店已达20家。

雷允上除恢复了老字号药店的坐堂医外,连锁药店遍布苏州的大街小巷,达到50家,老字号的金字招牌,人所皆知,方便群众,童叟无欺。特别值得一提的是苏州子冈玉坊,从2006年开始走出苏州,以灵活机动的业务模式和稳健的市场推广策略,发展到现在的600家连锁店、柜台,在华东、华南、华北设立了连锁总部,使全国各地都有苏州子冈玉坊玉器销售。

(三)注重品牌宣传,借力网络平台

太仓牌肉松备受国内新闻媒体青睐,尤其是当品牌遭遇侵权时,媒体予以正名扬名。2003年11月11日《解放日报》以题为《太仓肉松遭遇"地震"》、2003年11月19日《扬子晚报》题为《金华火腿、太仓肉松为何遭遇"灭顶灾"——地方特产早就该分灶吃饭》、2004年4月26日《人民日报》以题为《跳出肉松看危机:太仓肉松误读多少年》、2005年8月11日《中国食品报》以题为《用现代科技助老字号腾飞》予以正面报道,提升了太仓牌肉松的品牌形象。

子冈玉坊经过多年连锁经营的积淀,2013年品牌升级,新组建子冈玉坊产品研发中心、子冈玉坊市场管理运营中心和苏工大师精品艺术馆、中华网络玉文化馆,用现代诠释传统,努力打造国内翡翠玉器文化第一品牌。

2007年8月,采芝斋突破传统销售模式,通过现代化网络中的淘宝、天猫等交易平台,建立了苏州老字号第一家网上商店。2014年以来,"老字号"采芝斋网店不仅各种

月饼销量攀高,散装芝麻薄皮、四味酥糖、贝母贡糖等特色产品也被美食爱好者们争着下单。统计显示,2014年上半年采芝斋网上销售超过300万元。网上商店不仅创造了良好的经济效益,而且为全国各地的消费者做好了服务工作,宣传了企业,提高了知名度。

总之,从时间上看,苏州老字号寿命最长的有600余年历史,最短的也有60年历史,85%的老字号是百年老店;就发展阶段而言,苏州老字号从形成到分化、断层、阵痛后走上了复兴之路,在传承的同时以创新求发展,正所谓:历经沧桑老字号,传承创新焕新貌。

(魏文斌、姜　艳)

苏州"中华老字号"企业调查分析报告

一、苏州市"中华老字号"发展概况

中华老字号(China Time-honored Brand)是指历史悠久,拥有世代传承的产品、技艺或服务,具有鲜明的中华民族传统文化背景和深厚的文化底蕴,取得社会广泛认同,形成良好信誉的品牌。在近代历史上,老字号曾经经历过辉煌阶段,新中国成立初期,中华老字号企业约有 16 000 家,在市场经济环境下,随着国内新品牌的诞生和越来越多国外品牌的涌入,中华老字号日渐式微,原国内贸易部在 1991 年进行的评定中,全国有 1 600 余家老字号企业被授牌,目前仅存 1 000 多家,发展面临诸多新的挑战。为了更好地传承和发展中华老字号,商务部于 2006 年重新启动了"振兴老字号工程",制定了中华老字号的认定规范。商务部对中华老字号进行了清晰的界定,在认定条件中提出:企业拥有商标所有权或使用权;品牌创建年龄须超过 50 年;传承独特的产品、技艺或服务;有传承中华民族优秀传统的企业文化;具有中华民族特色和鲜明的地域文化特征,具有历史价值和文化价值;具有良好信誉,得到广泛的社会认同和赞誉;国内资本及港澳台地区资本相对控股,经营状况良好,且具有较强的可持续发展能力。商务部先后于 2006 年和 2010 年认定了两批中华老字号。

苏州这座千年古城孕育了一批闻名遐迩的"老字号"企业,她们是苏州 2 500 多年历史长河中一颗璀璨耀眼的明珠,每一块"老字号"的招牌都承载着古城的一段人文历史,饱含了民族文化丰厚的内涵。目前苏州市共有 30 家企业被商务部认定为中华老字号企业,位列江苏省第一。其中,在商务部认定的第一批中华老字号企业中,苏州市有 10 家企业入围,占江苏省总数的 29%;在商务部认定的第二批中华老字号企业中,苏州市共有 20 家企业入选,占江苏省总数的 1/3。这些中华老字号是苏州的"金字招牌",更是苏州的城市名片。但由于一些中华老字号企业经营模式老化、专业化人才匮乏以及存在一些历史遗留问题,老字号的发展遇到了很大的困难和挑战,因此,对这些中华老字号企业进行调查分析,不仅对这些企业的发展有着重要的指导意义,而且能引起政府及社会对中华老字号的关注和保护。

二、受访的中华老字号地区分布情况

在受访的苏州市 30 家中华老字号企业中,常熟有 2 家,占总数的 6.7%;张家港、太仓、昆山、吴江区、相城区、高新区及工业园区各有 1 家,各占总数的 3.3%;此外,吴中区有 4 家中华老字号企业,占总数的 13.3%;而姑苏区分布着 17 家中华老字号,占总数的 56.7%。见图 1。

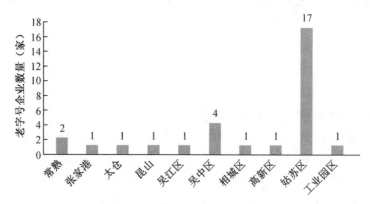

图 1　苏州市中华老字号的地区分布情况

通过图 1,我们可以初步了解苏州市的中华老字号地域分布情况,其中姑苏区占据了"半壁江山",除了常熟和吴中区外,其他所有区域都有且仅有 1 家中华老字号,中华老字号的地区分布呈现出明显的不均衡状态。

三、受访的中华老字号行业分布情况

在受访的苏州市 30 家中华老字号企业中,有 8 家属于食品类,占总数的 26.7%;有 10 家来自餐饮行业,占总数的 33.3%;有 3 家属于茶叶类,占总数的 10%;有 4 家来自医药行业,占总数的 13.3%;还有 2 家是酱园类企业;除此之外,珠宝行业、丝绸行业及酿酒行业都各有 1 家中华老字号。见图 2。

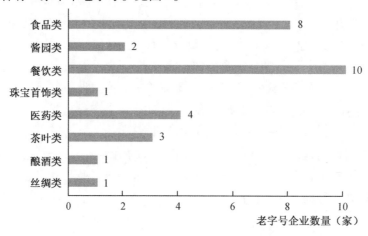

图 2　苏州市中华老字号的行业分布情况

通过图2,我们发现中华老字号的行业分布跟地区分布存在一个共同的问题,就是分布不均衡。食品类和餐饮类占到了总数的60%,而珠宝类、酿酒类及丝绸类均只有1家中华老字号,行业分布的两极情况较为明显。

四、受访人对中华老字号企业自身经营的看法

在受访的苏州市30家中华老字号企业中,有29家企业认为"品牌"是本企业主要的竞争优势;有28家企业选择"产品质量"作为本企业主要的竞争优势;还有26家老字号企业认为"传统工艺技术"是其主要竞争优势;此外,分别有22家及18家老字号企业选择了"服务态度"和"产品种类"作为其竞争优势。见图3。

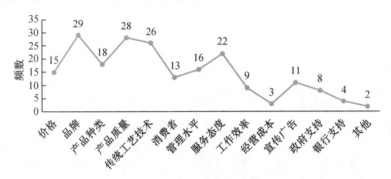

图3 本企业具有的竞争优势

在受访的中华老字号企业中,有24家企业将"经营成本"视为其现存最大的竞争劣势;有12家企业认为"政府支持"是目前最大的劣势;另外还有11家选择"价格"作为其当前的主要竞争劣势。见图4。

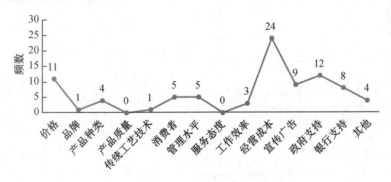

图4 本企业存在的竞争劣势

对比图3和图4,可以更清晰地凸显出苏州市中华老字号企业目前主要的竞争优势和劣势。

关于近五年(2009—2014年)企业在经营发展方面的举措,受访的中华老字号企业管理人员表示,"提高服务水平"是本企业最常采用的措施,占到了总频数的15.6%;有20家老字号企业选择"改善经营环境"作为自身经营发展的主要举措;此外,还有19位老字号企业管理人员倾向于"增加新产品"和"增加宣传广告"。见表1。

表1 近五年本企业在经营发展方面的举措

举措	频数	占比(%)	举措	频数	占比(%)
增加新产品	19	11	降低成本	17	9.8
增加新的生产线	7	4	增大投资	9	5.2
增加销售网点	19	11	扩大到其他行业	9	5.2
提高服务水平	27	15.6	优化业务流程	2	1.2
增加宣传广告	19	11	增加员工人数	5	2.9
增加新的工艺技术	14	8.1	其他	0	0
增加新的分公司	6	3.5	总计	173	100
改善经营环境	20	11.6			

关于近五年(2009—2014年)企业在营销策划和品牌认知方面的举措,有17.1%的受访中华老字号企业管理人员认为"关注消费者的新需求"是本企业最重要的措施;另外,分别有14.3%、12.1%及11.4%的受访企业管理人员分别选择了"结合传统节庆开展营销活动""增加广告投入""改善销售环境"及"增加销售网点"。见表2。

表2 近五年本企业在营销策划和品牌认知方面的举措

举措	频数	占比(%)	举措	频数	占比(%)
设立营销部门	13	9.3	改善销售环境	16	11.4
增加营销人员的数量	12	8.6	关注消费者的新需求	24	17.1
高薪引进营销人才	5	3.6	结合传统节庆开展营销活动	20	14.3
提高营销人员的工资	3	2.1	增加经销商	7	5
增加销售网点	16	11.4	其他	1	0.7
增加广告投入	17	12.1	总计	140	100
增加代理商	6	4.3			

关于近五年(2009—2014年)企业在品牌建设方面的举措,有19家受访的中华老字号企业管理人员表示,会将"广告投入增加"作为品牌建设最常用的措施;有18家受访的中华老字号企业管理人员选择"公司有形象代言人"作为主要措施;除此之外,"在传统节庆时进行品牌推广""更新公司内部装修风格"也是这些中华老字号企业经常会采用的举措。见图5。

老字号篇　▶▶▶　133

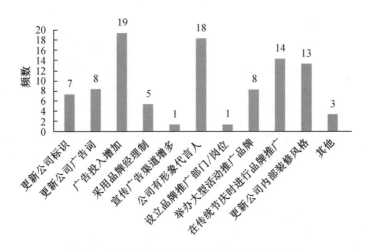

图5　近五年本企业在品牌建设方面的举措

关于近五年（2009—2014年）企业在品牌传承方面所做的努力,受访的老字号企业管理人员的回答相对比较集中,有29位受访管理人员选择"保留传统工艺、技术"作为企业进行品牌传承的主要举措;有28位受访管理人员认为"保留传统的产品(服务)"是品牌传承必不可缺的措施;有27位受访管理人员表示"传承品牌文化"将是进行品牌传承的核心;另外还有26位受访管理人员选择了"延续品牌形象"。见表3。

表3　近五年本企业在品牌传承方面所做的努力

举措	频数	占比(%)	举措	频数	占比(%)
保留传统的产品(服务)	28	21.5	建立品牌发展历史档案	19	14.6
保留传统工艺、技术	29	22.3	其他	1	0.8
延续品牌形象	26	20	总计	130	100
传承品牌文化	27	20.8			

关于近五年（2009—2014年）企业在新产品开发和品牌创新方面的举措,受访的中华老字号企业管理人员认为,首先,"迎合新的消费需求"是本企业在营销策划和品牌认知方面最常用的措施,占总频数的17.1%;其次,"改善生产环境"和"迎合传统消费"也是这些中华老字号企业经常会采取的措施,均占总频数的13.6%。见表4。

表4　近五年本企业在新产品开发和品牌创新方面的举措

举措	频数	占比(%)	举措	频数	占比(%)
设立研发部门	9	6.4	改善生产环境	19	13.6
增加研发人员数量	9	6.4	迎合新的消费需求	24	17.1
高薪引进研发人才	5	3.6	迎合传统消费	19	13.6
提高研发人员的工资	3	2.1	降低生产成本	11	7.9
开发新的生产工艺	17	12.1	其他	2	1.4
增加新的生产线	9	6.4	总计	140	100
增建新厂房	13	9.3			

关于近五年(2009—2014年)企业在信息化管理方面的举措,有21位受访的中华老字号企业管理人员选择"建立公司网站"作为本企业在信息化管理方面最主要的措施,占总频数的16.7%;有18位受访的企业管理人员认为"办公自动化系统"及"财务自动化系统"也是公司进行信息化管理的主要举措,占总频数的14.3%。见表5。

表5 近五年本企业在信息化管理方面的举措

举措	频数	占比(%)	举措	频数	占比(%)
办公自动化系统	18	14.3	人力资源信息化系统	7	5.6
销售信息化系统	16	12.7	建立公司网站	21	16.7
采购信息化系统	14	11.1	采用网上销售	13	10.3
财务信息化系统	18	14.3	上述整套信息化管理系统	8	6.3
研发/设计信息化系统	4	3.2	其他	1	0.8
生产制造信息化系统	6	4.8	总计	126	100

关于近五年(2009—2014年)企业在履行社会责任方面的举措,"关注消费者权益"是受访的中华老字号企业管理人员一致认同的措施;有26位受访的企业管理人员认为"关注员工权益"对于本企业履行社会责任也是非常重要的;还有22位受访的企业管理人员选择了"注意企业对政府、社区等的责任",说明老字号企业也非常注重对政府、社区等的社会责任问题。见图6。

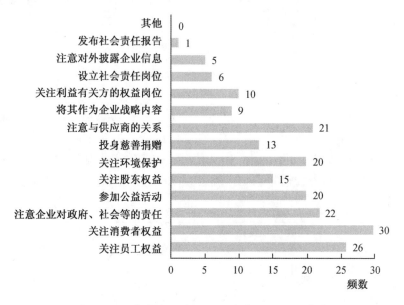

图6 近五年本企业在履行社会责任方面的举措

关于近五年(2009—2014年)企业在品牌价值提升方面的努力,有21%的受访的中华老字号企业管理人员表示,"关注消费者需求""重视品牌文化建设"及"加强客户关系管理"这三项措施是本企业在进行品牌价值提升方面最常用的。见图7。

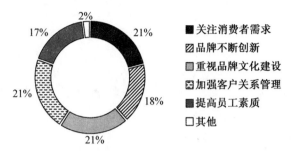

图7 近五年本企业在品牌价值提升方面的努力

五、总结

由于历史原因和体制转换等因素的影响,苏州的中华老字号企业在发展中遇到了许多新情况和新挑战,但这些中华老字号企业依靠"品牌""产品质量""传统工艺技术""服务态度"和"信誉"等优势,近五年来,在经营发展、营销策划和品牌认知、品牌建设、品牌传承、新产品开发和品牌创新、信息化管理、社会责任以及品牌价值提升等方面采取了多项举措,仍然取得了长足的发展,重振了老字号的活力,总体上具有较强的竞争力。同时,也应看到,"经营成本""价格"等成为这些中华老字号企业存在的竞争劣势,因此,苏州市政府应出台相关实质性的政策,给予其更多的政策支持。

(洪　海、魏文斌、童　宇、于广天、汤　华)

苏州老字号品牌的文化内涵

老字号是苏州历史文化的宝贵遗产,有着浓郁的地域特色,已经成为苏州这座历史文化名城的重要标志。在新的时代条件下传承和弘扬苏州老字号品牌文化,不仅是苏州老字号继续发展壮大、实现基业长青的重要保证,而且对于企业文化建设具有重要意义。

一、诚信经营,童叟无欺

诚实守信,是中国传统文化的精髓。众所周知,"仁"是儒家文化的核心,而诚实守信则是仁学的核心内容。人无信不立,事无信不成。诚信原则所体现的文化内涵就是:"货真价实,童叟无欺。"

苏州老字号之所以经久不衰,就是因为坚守着诚信经营、童叟无欺的原则。这不仅体现在质量意识上,也体现在管理上。如苏州的老字号食品餐饮店,无论是经营糕点、酒菜,还是小吃,历史上都把"诚信"二字作为经营根本,获得了街坊邻居的赞誉。

以苏州糕点的制作工艺为例。糕点的制作工艺一般分为选料和制作两个阶段,在现代科学技术条件下,许多原料的先天不足可以用现代制作技术弥补,这也是现代餐饮业的"潜规则"。但是,苏州老字号食品企业都坚守"祖业",继承老字号的传统工艺制作方法。首先是严把原料筛选关,然后严格按照传统工艺程序进行制作,对工人除了要有现代从业人员需具备的各项行业要求以外,还有专门的技术要求和操作规范。如乾生元松子枣泥麻饼的制作,其原料乌枣、松子仁、核桃仁、玫瑰花、面粉、芝麻、白砂糖、鸡蛋、油脂等,有专门的质量标准,有特定的供应来源,必须经过富有经验的老师傅挑选合格才能使用。有些材料则是自己配制,而后按照传统工艺加工,所有环节,都有相应的技术要求。唯其如此,才使乾生元松子枣泥麻饼成为江南尤其是苏州传统糕点的代表,享誉海内外,历久而弥新。

著名的医药老字号雷允上从创始至今一直以选料讲究、管理严格著称,民间有"北有同仁堂,南有雷允上"之美誉。雷允上的经营理念是"以人为本,诚信为尚",其产品大多是抢救病人的急救药品,因而十分注重进货渠道和药材质量。如蟾酥须在春夏季节从渔民处购入活蟾蜍,刮下的酥浆由太阳晒干或文火烘干。杜煎驴皮胶(阿胶)片型薄而纯净透明,放在光亮处可清楚看到无丝毫杂质。近三百年来,雷允上传人秉承"允执其信,上品为宗"的企业信条,谨记"聚百草,泽万民"的社会责任,选地道药材,制济世良药,精益求精,创造了一大批组方精当、功效显著的名方名药,为祖国的中医药发展做出了重要贡献。

恒孚银楼的产品信誉卓著,这是因为它一直坚持古法提炼黄金,严把质量关。各地金号只要看到烙有恒孚牌号的"足赤"金饰,照例不再测试成分,照兑不误。这是恒孚银楼在沪宁线银楼业中信誉之高的体现,其之所以称誉江南,主要是因为黄金质地纯净,首饰成色有保证。在当时科技不发达的情况下,采取的措施是:(1)在收进条锭时严把采购关,进的材料要上乘;(2)熔炼加工时严把药金关,这是恒孚独特的保值工艺,药金后,还有一道烚赤工序,不惜工本将黄金提到十足赤金。(烚:火貌。《集韵·洽韵》:"烚,火儿。")烚赤,就是将足金打成薄片,拌上药料,用炭火烘闷三天三夜,经此"烚"后金的色泽就偏"赤",金质更纯,黄澄中略泛红光,外观更美,只是分量上得损耗百分之一,因此售价要比其他店高出百分之一。当然,恒孚收进本店产品,价格也比收进其他店的金饰高出百分之一。恒孚金饰的背面,都打有"恒孚·上足赤·某某(工匠号)"的印记,以表示负责。地方政府上交中央饷银,无论金条或银锭,只要烙有"恒孚"印记,即予免检。苏州城乡居民更是偏爱恒孚金饰,传有"家有恒孚金,睡觉也安稳"之说。

二、以和为贵,和气生财

中国历史上的商人极其推崇的信条就是"和气生财"。和气,就是要为客人提供优质的服务,以一种和善、谦恭的态度进行人际互动。许多知名的老字号商家规定有自己的一套礼节规矩,有自己的待客之道。

苏州老字号叶受和的店名来历,颇让人感慨。该店店主姓叶,是浙江慈溪人,有一天到苏州游玩,在观前街玉楼春茶室喝茶,去隔壁稻香村买几个糕饼充饥。店伙计嫌他东西买得少而冷落他,他等得不耐烦发牢骚,反遭抢白:"君如要紧,除非自己开店,方可称心。"叶悻悻而出,为斗气而开了一家茶食糖果店,心想自己是受了别人的气才开店的,店开出来后,一定要让光临的顾客受到和气,遂取名"叶受和"。叶受和不但在工艺上精工细作,而且服务周到,深刻谨记开店之宗旨,待客热情,不敢有丝毫怠慢。

苏州四大名药店之一的沐泰山,自创办之日起就以道地药材、精制丸散膏丹享名。数百年来,沐泰山始终不渝地遵循"修合虽无人见,诚心自有天知"的信条,以诚信赢得了顾客的厚爱。在20世纪50年代制定的"沐泰山堂国药号职工规则"中,明确要求店员"和气对待"顾客,"不得怠慢,戏谑态度亦当戒除"。"对于配制药剂,宜细心从事,以防错误",强调"药品对于病者影响极大",选购药材时务必尽心尽职,"不得贪婪苟且致腐烂损坏",并把它提高到"个人道德"的高度。

元大昌老板章氏兄弟为人一团和气,深谙经营之道。元大昌酒店的服务周到是远近闻名的。一有顾客来到,店倌便笑脸相迎,热情招呼,引客入座,并很快送上顾客所点的酒菜。如果顾客想添酒,不等出声招呼,店倌早已留心桌上剩酒情况,殷勤询问要否添酒,保证不会让顾客等酒下肚。如果顾客要添些热炒、面条之类,只要关照店倌,炉灶上几下翻炒,很快便送上称心的热炒肴点,保证客人酒足饭饱,尽兴而归。

三、以文兴商，以商扬文

老字号品牌的背后是文化，文化是百年老店持续发展的必要条件。苏州许多老字号的工艺被列入"非物质文化遗产保护"名录，从而进一步挖掘和传承老字号品牌文化。

御窑金砖专门设立了历史文化研究室。传承物质文化遗产，除了延续工艺文化、推动经济发展外，更为终极的目标是了解并体验"非遗"中蕴含的追求生命和谐幸福的本质。设立金砖文化研究室，就是为了专门研究御窑金砖的工艺渊源、制作特点、历史脉络、文化内涵和生命精神。

中华老字号之所以能传承几百年，始终站在经济社会发展的前列，主要是因为其蕴含着民族商业文化的精髓，具有世代传承的独特技艺、可靠产品、优秀理念和深厚文化积淀。作为中国最早的琢玉品牌，子冈玉坊多年来坚持"玉色勿欺行外，工价必衡良心"的经营理念，公司通过多年对子冈琢玉技艺的发掘、弘扬，以及有关陆子冈的典籍、史料的梳理、展现，为品牌赋予了传统与精工相结合的深厚文化内涵，为每一块"子冈玉"融注了百年历史的生命力，更为商品增加了真实的文化价值。经过多年的发展，子冈玉坊公司取得了显著成绩，成为消费者心目中的知名品牌，逐步走出苏州，迈向全国市场。

苏州老字号拥有丰厚的文化内涵，悠久的历史，美丽的传说，动人的故事，这些都是企业的宝贵财富，是竞争对手无法获取的核心竞争力。当今时代，企业间的竞争已提升到品牌及其文化竞争阶段，"品牌最持久的吸引力来自品牌所包含的文化"。要想在激烈的市场竞争中立于不败之地，企业经营者们就要高度重视品牌文化建设。值得欣慰的是，苏州老字号管理者们都已树立起了品牌意识，在打造老字号品牌的过程中，能充分挖掘和植入文化元素。例如，采芝斋从店堂布置、环境装潢、食品内容、包装设计直至营业员服饰、语言等方面，都紧紧围绕着苏州传统历史文化，在打造以"秀慧、细腻、柔和、智巧、素雅"为特征的苏州传统文化的品牌形象方面取得了显著成就。其他老字号企业的管理者们也在努力探索，在传承老字号自身丰厚文化遗产的同时，又大胆创新，使苏州老字号不断发展壮大。

参考文献：

［1］孙中浩.苏州老字号［M］.苏州：古吴轩出版社，2006.

［2］〔美〕菲利普·科特勒，凯文·莱恩·凯勒.营销管理［M］.上海：上海人民出版社，2006.

［3］顾燕新.苏州老字号品牌文化建设途径探析［J］.学理论，2010（23）：89－90.

［4］尤士洁.苏州食品餐饮老字号的历史文化传承分析［J］.中国商贸，2012（3）：225－226.

［5］潘月杰，田耕耘，张筝.中华老字号品牌文化继承与创新发展研究［J］.生产力研究，2013（10）：160－161.

（任孝峰、王智亮、朱　君、李　珂）

消费者怀旧倾向对老字号品牌忠诚度的影响研究
——基于顾客感知价值的中介作用[①]

一、文献回顾与研究假设

怀旧(Nostalgia)既是一个经常被热议的社会话题,又是一个被心理学、社会学等多学科学者所长期关注的研究主题。人们普遍接受 Holbrook 和 Schindler 的观点。Holbrook(1993)认为消费者怀旧表达的是一种对人(地或物)的喜爱,而且这些人(地或物)更多出现在人们比较年轻的时候。Butz(1996)指出顾客感知价值的来源产生于顾客购买并使用产品后发现产品具有额外的价值,从而与商品提供者之间建立起感情纽带。而 Zeithaml(1996)等对于顾客感知价值所提出的定义在目前使用较为广泛,其认为顾客感知价值就是顾客所能感知到的利得与其在获取产品或服务中所付出的成本进行维权后对产品或服务效用的整体评价。国内对怀旧倾向的系统研究较少,本研究主要采用 Oliver(1999)的观点:顾客忠诚就是对偏爱的产品或服务的深度承诺,并且还会在将来表现出同样的重复购买行为。

(一)消费者怀旧倾向与老字号品牌忠诚度的关系

消费者怀旧倾向包含着一种渴望回到过去的心理情愫,而老字号品牌由于伴随着人们的成长、生活,成了人们过去生活的重要回忆,所以老字号品牌总能引起人们内心深处的怀旧情绪。Schindler, Holbrook 和 Brown(2003)指出具有较高怀旧倾向的消费者对于老字号品牌往往具有更多正面的评价,并且愿意重复购买该产品,继而对老字号品牌表现出较高的品牌忠诚度。在市场营销领域,消费者怀旧倾向代表的是个人情感、认知,行为即购买行为,重复的购买行为在一定程度上就代表了消费者的品牌忠诚度。据此,本研究提出如下假设:

[①] 本文根据苏州大学企业管理专业 2015 届硕士汤华的硕士学位论文改写。文献来源:汤华. 消费者怀旧倾向对老字号品牌忠诚度的影响研究——基于顾客感知价值的中介作用[D]. 2015.

H1：消费者怀旧倾向对老字号品牌忠诚度有正向影响。

（二）消费者怀旧倾向与顾客感知价值的关系

怀旧倾向表达着消费者对过去的回忆，而老字号品牌伴随着人们的生活、成长，所以当提及老字号品牌时，总能够唤起人们心中的怀旧情绪。Brown，Kozinets 和 Sherry（2003）认为购买这样的怀旧产品也能够增加消费者被社会认同的感知（即群体归属感），消费者正是试图通过对老字号品牌的怀旧以寻求内心的慰藉。品牌共鸣（brand resonance）指的是顾客感受到与品牌同步的程度（Kevin Lane Keller，2003）。品牌共鸣是通过客户与品牌的心理联系的深度和强度来衡量的，品牌共鸣的两个维度共分为四个方面：行为忠诚度、态度依附、社区归属感和主动介入，其中社区归属感是指消费者基于品牌而相互之间形成关联及相互认可。所以，我们认为消费者的怀旧情感与社区归属感即顾客感知价值之间必然存在着联系。据此，本研究提出如下假设：

H2：消费者怀旧倾向对顾客感知价值有正向影响。

（三）顾客感知价值的中介作用

质量被认为是消费者购买产品的动机起点，有学者认为顾客感知质量是决定消费者行为倾向最主要的直接因素（Zeithaml 等,1996）；国内学者白琳（2009）通过顾客感知价值的大量研究指出顾客感知价值对行为倾向产生显著的影响，而重复购买倾向是行为倾向最为重要的维度之一，所以顾客感知价值对于消费者的重复购买倾向有着重要的影响作用。据此，本研究提出如下假设：

H3：顾客感知价值对消费者怀旧倾向与老字号品牌忠诚度起中介作用。

H3a：质量价值对消费者怀旧倾向与老字号品牌忠诚度起中介作用。

H3b：情感价值对消费者怀旧倾向与老字号品牌忠诚度起中介作用。

H3c：价格价值对消费者怀旧倾向与老字号品牌忠诚度起中介作用。

H3d：社会价值对消费者怀旧倾向与老字号品牌忠诚度起中介作用。

在对国内外相关文献进行研究、梳理的基础上，本研究以消费者怀旧倾向为自变量，以老字号品牌忠诚度为因变量，以顾客感知价值为中介变量，构建如图 1 所示的模型。

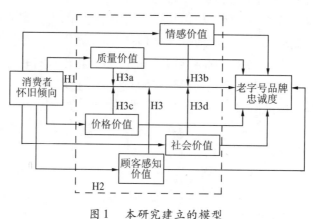

图 1　本研究建立的模型

二、研究设计

(一) 指标体系的建立

目前在研究消费者怀旧时被使用较多的是国外学者 Holbrook(1993) 所开发的量表。人们怀旧中所涉及的内容和社会是紧密相连的,且大多和自己成长过程中经历的人、事、物相关,但由于中西方文化的差异及社会发展的不平衡,这导致人们在思维模式及处事方式上会有很大的不同,人们的怀旧情感也会因此迥然不同,因而本研究决定采用更加适合中国文化背景的量表即消费者怀旧量表 CHINOS。关于品牌忠诚度量表,国外学者的研究相对更加成熟、完善,本研究采用 Zeithaml,Berry,Parasuraman(1996) 开发的量表。关于顾客感知价值,本研究采用 Jillian C. Sweeney 和 Geoffrey N. Soutar (2001) 开发的量表,其将顾客感知价值分为质量价值、情感价值、价格价值和社会价值四个维度。

(二) 数据收集

本研究采用问卷调查的方式来进行研究数据的收集。本次问卷主要在苏州地区进行发放,问卷发放人群为苏州老字号企业管理人员及普通消费者。问卷调查时间从 2014 年 6 月开始至 2014 年 12 月结束,共发放 320 份,回收 290 份,回收率 90.6%,剔除存在多项连填、连续相同等问题的无效问卷,总共获得有效问卷 272 份。

(三) 样本的信度与效度分析

1. 信度检验

消费者怀旧倾向的 3 个维度中人际怀旧、个人怀旧及家庭怀旧的 Cronbach's α 系数分别是 0.77、0.862 和 0.796,均大于 0.7,可靠性系数结果可以接受;品牌忠诚度的 Cronbach's α 系数为 0.895,大于 0.8,结果良好;而顾客感知价值的 Cronbach's α 系数达到了 0.916,大于 0.9,结果甚佳。

2. 效度检验

消费者怀旧倾向、老字号品牌忠诚度以及顾客感知价值的 KMO 量数分别为 0.862、0.817 及 0.919,且巴特利球形检验的卡方统计值的显著性概率为 $0.000 < 0.001$,说明数据间具有较强的相关性,故 3 组数据均适合进行因子分析。本研究采取主成分分析法抽取因子,对有效样本进行因子分析,按特征值大于 1 的标准萃取因子,然后用最大方差旋转法进行因子旋转。消费者怀旧倾向萃取出 3 个公共因子,这 3 个因子的累计方差贡献率为 61.78%;老字号品牌忠诚度萃取出 1 个公共因子;顾客感知价值共萃取出 4 个公共因子,这 4 个因子的累计方差贡献率达到 70.17%。

三、实证分析

(一) 顾客感知价值的中介作用分析

本研究根据 Baron 和 Kenny(1986) 提出的中介效应检验方法对顾客感知价值及其四个维度分别对消费者怀旧倾向与老字号品牌忠诚度的中介效应进行检验。表 1 是顾客感知价值对消费者怀旧倾向与品牌忠诚度的中介效应。

表1　顾客感知价值对消费者怀旧倾向与品牌忠诚度的中介效应

	因变量(品牌忠诚度)			中介变量(顾客感知价值)	
	模型1	模型2	模型3	模型4	模型5
控制变量					
性别	0.041	0.038	0.042	0.000	-0.004
年龄	0.101	0.088	0.006	0.109	0.090
受教育程度	0.043	0.049	0.015	0.028	0.037
自变量					
怀旧倾向		0.565***	-0.229*		0.872***
中介变量					
顾客感知价值			0.911***		
R^2	0.014	0.333***	0.521***	0.013	0.773C
ΔR^2	0.014	0.319***	0.188***	0.013	0.76***
F	1.248	33.192***	57.708***	1.205	226.716***

在模型2中,消费者怀旧倾向与品牌忠诚度的回归系数($\beta=0.565,p<0.001$)显著,即消费者怀旧倾向越高,品牌忠诚度也会呈同向上升,假设H1得到验证;模型5中怀旧倾向与顾客感知价值的回归系数($\beta=0.872,p<0.001$)也显著,说明怀旧倾向对顾客感知价值有着正向的影响,假设H2得到验证。

通过表1发现,已经验证自变量能够显著影响因变量($\beta=0.565,p<0.001$),自变量能够显著影响中介变量($\beta=0.872,p<0.001$),但在控制中介变量之后,通过模型3发现,自变量对于因变量的影响力明显减弱(加入中介变量前,$\beta=0.565,p<0.001$;加入中介变量后,$\beta=-0.229,p=0.1$),所以顾客感知价值对消费者怀旧倾向与品牌忠诚度的中介作用存在且为部分中介,假设H3得到验证。

(二) 质量价值的中介效应检验

前文已经验证了自变量能够显著影响因变量($\beta=0.565,p<0.001$),自变量也能够显著影响中介变量($\beta=0.89,p<0.001$),但在控制中介变量后,通过模型3发现中介变量对因变量的影响显著减弱(加入中介变量前,$\beta=0.565,p<0.001$;加入中介变量后,$\beta=0.28,p=0.01<0.05$),说明质量价值的中介作用成立且为部分中介,假设H3a成立。

(三) 情感价值的中介效应检验

在控制中介变量情感价值后,通过模型3发现,中介变量对因变量的影响显著减弱(加入中介变量前,$\beta=0.565,p<0.001$;加入中介变量后,$\beta=0.261,p=0.018<0.05$),说明情感价值的中介作用成立且为部分中介,假设H3b成立。

(四) 价格价值的中介效应检验

通过模型3发现,自变量对因变量的影响并未减弱(加入中介变量前,$\beta=0.565,p=0.000$;加入中介变量后,$\beta=0.834,p=0.000$),所以价格价值的中介作用并不存在,即价格价值对消费者怀旧与品牌忠诚度并不存在中介作用,假设不成立,拒绝假设 H3c。

（五）社会价值的中介效应检验

在控制中介变量社会价值后,通过模型 3 发现,中介变量对因变量的影响并未减弱（加入中介变量前,$\beta = 0.565, p = 0.000$;加入中介变量后,$\beta = 0.632, p = 0.000$）,而且中介变量社会价值与品牌忠诚度的回归系数（$\beta = -0.086, p = 0.287$）并不显著,所以社会价值的中介作用并不存在,即社会价值对消费者怀旧与品牌忠诚度并不存在中介作用,假设不成立,拒绝假设 H3d。

四、研究结论

本研究以消费者怀旧倾向为自变量,以老字号品牌忠诚度为因变量,以顾客感知价值为中介变量,构建模型,并提出相应的研究假设。通过描述性统计分析、信度和效度分析、相关性分析、回归分析等方法进行检验和分析,最后得出了以下结论:

（1）消费者怀旧倾向能够正向影响老字号品牌忠诚度。

（2）消费者怀旧倾向对顾客感知价值有正向影响。

（3）顾客感知价值能够正向影响老字号品牌忠诚度。

（4）顾客感知价值对消费者怀旧倾向与老字号品牌忠诚度起中介作用。

（5）品牌信任能调节消费者怀旧倾向与老字号品牌忠诚度之间的关系。

本研究旨在探讨消费者怀旧倾向对于老字号品牌忠诚度的影响,基于前文的研究结果,提出以下几点建议:

第一,激活老字号品牌,传承怀旧文化。一方面,老字号作为中华文化的优秀瑰宝,伴随着时间的长河洗尽铅华,但随着年华的流逝,品牌老化问题也成了老字号一个不容忽视的问题,所以激活老字号品牌对于老字号的持续发展有着重要的意义。老字号企业可以通过更新、延伸或者扩充现有的产品（服务）,以更丰富、更优质的产品（服务）来获取消费者的认同。另一方面,随着时间的推移,怀旧不仅仅是消费者的一种心理情感,更代表了一种文化。由前面的研究得知,越浓厚的怀旧情感能够带来越高的品牌忠诚度,所以老字号企业可以通过对怀旧文化进行相应的宣传和推广,以怀旧刺激消费者来达到提升老字号品牌忠诚度的目的。

第二,提升老字号品牌的内在质量和外在形象。首先,品牌信任的主要成分是品牌的可依赖性。所以,老字号企业要提高消费者对其品牌的信任度,必须要使其品牌具备可靠的个性化的质量水准,以满足消费者的需求,而品牌信任度对品牌忠诚度有着显著的正向影响,越高的品牌信任度可以产生越高的品牌忠诚度。其次,品牌形象是品牌信任的决定因素之一,所以老字号企业的品牌形象如何将直接决定消费者的品牌信任甚至影响消费者的品牌忠诚度。而要提升品牌形象,老字号企业应在设计、生产、销售及服务每个环节上努力,从点滴做起,用心打造品牌在消费者心目中的良好形象。

第三,理性对待老字号品牌。消费者是老字号品牌存在的根本所在,消费者的选择将决定着老字号品牌的发展,而老字号又是我国传统文化的杰出代表,消费者"于公于私"都应该多支持老字号品牌。但同时,我们也应该理性地看待老字号品牌发展,由于国内的老字号企业多以传统行业为主,其产品设计、营销及售后等环节很难和高科技企业相提并论,在面对不同的产品时,消费者应当提升自身的感知能力,在利得和利失中找到最佳平衡点,但这也有利于老字号品牌在竞争的环境中更加健康地发展。

第四,重视老字号发展,重铸老字号品牌辉煌。在 2006 年,商务部为贯彻落实党的十六大和十六届五中全会精神,引导具有自主知识产权、优秀民族文化和独特技艺的老字号加快创新发展,发挥老字号在经济和社会发展中的重要作用,在全国实施了"振兴老字号工程",并在当年开展了第一批"中华老字号"的申报和评审工作。2008 年 3 月,商务部、发展改革委员会等 14 个部门共同印发《关于保护和促进老字号发展的若干意见》,旨在加强对民族文化的挖掘和保护工作,进一步发挥老字号企业在经济和社会发展中不可或缺的重要作用。商务部在 2010 年开展了第二批"中华老字号"的申报和评审工作。这一系列的行动都还只是个开头,政府部门还应该持续地重视老字号的发展。老字号的复兴之路将是条漫长的道路,但相信我们可以重铸老字号品牌的辉煌。

参考文献:

[1] Holbrook, Morris B. Nostalgia and consumption preferences: some emerging patterns of consumer tastes [J]. Journal of Consumer Research, 1993,20:245 – 256.

[2] Gale, Bradley. Managing Customer Value: Creating Quality and Service That Customers Can See[M]. New York: The Free Press,1994.

[3] Butz, H. E. Jr. and L. D. Goodstein. Measuring of Customer Value: Gaining the Strategic Advantage[J]. Organizational Dynamics,1996,24(3):63 – 77.

[4] Zeithaml, V. A. ,Berry, L. L. and A. Parasuraman. The behavioral consequences of service quality[J]. The Journal of Marketing, 1996, 60(2):31 – 46.

[5] Oliver, R. L. Whence Consumer Loyalty [J]. Journal Of Marketing, 1999,63(4):33 – 44.

[6] Brown, S. , Kozinets, R. V. and J. F. Sherry. Teaching old brands new tricks: retrobranding and the revival of brand meaning[J]. Journal of Marketing,2003, 67(7):19 – 33.

[7] Jillian C. Sweeney, Geoffrey N. Soutar. Consumer peceived value: The development of a multiple item scale[J]. Journal of Retailing, 2001,77(2): 203 – 220.

[8] 凯文·莱恩·凯勒.战略品牌管理(第 4 版)[M].吴水龙,何云,译.北京:中国人民大学出版社,2014.

[9] 白琳.顾客感知价值、顾客满意和行为倾向的关系研究评述[J].管理评论,2009(1):87 – 93.

(汤 华)

基于扎根理论的老字号持续发展
内在因素研究
——以苏州"中华老字号"企业为例

一、文献综述

1. 扎根理论概述

扎根理论是一种质化研究方法,其核心是在经验资料的根本上设立理论。与量化实证研究之前要提出结论假设相反,扎根理论研究者在研究前不用提出理论假设,而是从资料中归纳出经验,提炼概念并且进一步发展范畴,发现其中联系,最后上升到系统的理论。

2. "中华老字号"的发展因素研究

杨桂菊(2013)从战略创业视角对"中华老字号"企业恒源祥进行研究,企业"争做第一"、治理结构变革、构建外部网络关系等行为推动了老字号企业的品牌创新和文化创新,进而推动了老字号企业的持续发展。安贺新、李喆(2013)认为由于时代发展、"中华老字号"企业参与竞争及产品内在特质的需要,"中华老字号"的发展需要注重实施顾客体验管理。张永、张浩(2012)通过对全聚德的案例研究认为连锁能够使老字号快速规模化成长,人才培育和科技运用也是老字号企业发展不可或缺的条件。张继焦、李宇军(2012)认为,老字号企业要想延续寿命,不但需要不断适应外部的全球化和本土化双重市场变化趋势,而且需要对核心竞争力进行优化。王方明、廖雪华(2012)则从文化传承和创新的角度对老字号企业的兴衰进行解读,他们认为文化中蕴藏的创新、品质、责任和诚信是老字号企业发展的重要因素。

二、研究设计

1. 研究方法确定

扎根理论方法不同于以往的定量实证研究,是"自下而上"进行的归纳研究方法,经过数据的收集、梳理和比照,通过提炼和总结得到新理论。现有研究方法缺乏量化收集"中华老字号"商业数据的能力,通过对"中华老字号"的真实数据及白描性记录的收集,我们选择运用扎根理论。多案例的设计使我们从中归纳出共同规律,提升可靠性和适用性。

2. 研究样本选择与数据收集

本研究从商业现象出发,遵循理论抽样原则,所选取的苏州"中华老字号"源自典型行业的代表性企业,这提升了该方法构建的理论适用性。本研究从苏州选取了典型的医药业、餐饮业、批发与零售业企业,所选的4个企业都是行业中极具竞争力的"中华老字号"企业,分别为陆稿荐、采芝斋、松鹤楼、雷允上。

本研究通过调研以上老字号企业的官方网站以及苏州老字号企业发展报告收集数据,文献资料多来源于《苏州本土品牌企业发展报告·老字号卷》(苏州大学出版社,2014年版)。

3. 数据编码以及思路

本研究运用归纳法,通过多案例数据分析,遵循"概念化""范畴化""命题和概念构型"逻辑展示收集数据和分析过程。数据、一阶概念、二阶范畴编码举例如表1所示。

表1 概念、范畴及其代表性数据编码举例

关键词	数据(条目)	一阶概念	二阶范畴
用料讲究、因材施艺、规范管理、工艺精细	陆稿荐产品种类丰富,包括肉、禽、水产、蔬菜等。陆稿荐选用上乘原料,精益加工,运用精湛火功烹饪美味。	产品丰富质量优质	核心业务
	采芝斋坚持前店后坊模式,确保食品新鲜,保证安全。采芝斋果辅料经过精心挑选,规范生产,精细的工艺保证了其口味鲜美。		
	松鹤楼菜品用料上乘、因材施艺、精烹细作、鲜甜可口。松鹤楼名菜佳肴在20世纪80年代已达300余种,现在松鹤楼已拥有19家连锁店。		
	雷允上主要药品品种涵盖了片剂、散剂等80多个国药准字号产品。雷允上人与时俱进,运用现代制药设备建立符合国家规范的现代化中药基地。		
历史渊源、文化传承、诚信、企业使命	苏州陆稿荐熟肉店是苏州历史上最为悠久的老字号之一。陆稿荐食品有限公司通过对苏式卤菜历史的挖掘不断推出新品种。	文化继承	文化建设
	采芝斋店内营业员统一头戴方巾,身着江南水乡服装,对待顾客笑脸相迎。		
	松鹤楼进货方面严格规定"三不进"。松鹤楼秉承以人为本、安全卫生、统一采购和标准品质的文化。		
	雷允上药业集团坚持秉承"300年雷允上,传承健康智慧"的品牌主张,传承发扬温病学说学术精髓。		

续表

关键词	数据(条目)	一阶概念	二阶范畴
品牌知名度、市场适应性、渠道拓展	陆稿荐老字号加大对自身的宣传力度,不断提高自身知名度。	品牌传播	与时俱进
	2007年8月底,采芝斋突破传统销售模式,通过现代化网络平台建立网上商店。		
	松鹤楼秉承取信于顾客的店风,不断开拓市场,组建松鹤楼姑苏茶餐厅公司。松鹤楼与苏州广电传媒集团合作,发展婚宴与婚庆服务市场。		
	雷允上公司在各传媒上加大宣传力度,提升形象和影响力。雷允上向各级政府申请商标荣誉,加强对商标及字号品牌保护,扩大品牌知名度。		
人才培养、新品开发、理念新颖	陆稿荐公司建立培养传承人的机制,引进人才。陆稿荐公司加大资金投入,不断开发新品,奖励创新人员。	不断创新	发展动力
	采芝斋善于结合产品和苏州历史文化,在保证产品质量口味的同时推出新产品。为了满足当今社会顾客营养、美容、食疗等的要求,采芝斋利用生物工程技术开发新产品。		
	松鹤楼积极开发具有苏州特色的糕团、汤包等精美食品礼盒。		
	雷允上人开放创新,将传统中医药文化和不断发展的经营理念有机结合。		

三、扎根研究过程

1. 开放性编码与主轴编码

根据一定原则将大量数据逐级压缩,通过概念和范畴反映出来,再将抽象出来的概念打破、揉碎并重新综合。在开放性编码的基础上,对各个独立的数据进行整合,抽象出共同特点,归纳出11个一阶概念。编程过程和结果如图1。

2. 选择性编码与故事线分析

对上两步的结果深入探究,共得到4个二阶范畴,经过不断分析研究发现其中隐藏的逻辑线,综合成一个较为完整的理论框架。本研究经过分析对照识别出核心范畴,即企业内质和运营模式,并且从图1可以看出4个案例中发生的现象在趋于一致。

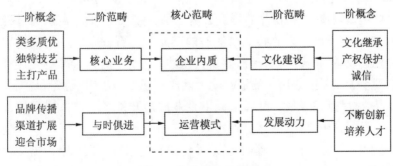

图1 编码过程与结果

四、研究发现

1. 研究命题

"中华老字号"拥有雄厚的实力,通过多年积累的良好信誉获得社会大众的认可和支持,在顾客心中具有一定的影响力。"中华老字号"与其他企业明显的区别就是老字号企业有着悠久的历史和文化,在历史沉淀中大多形成了自己独特的技艺,诸如配方之类的独特技艺是老字号企业竞争的一大优势。例如在中华人民共和国成立前,雷氏传人掌握着六神丸的总秘方,制药工在制药过程中不允许相互打听,最后由传人在封闭空间里按秘方完成最后合成。"中华老字号"提供的商品种类丰富、品质优良,采芝斋店铺内摆放的各类精美糕点满足了广大消费者的需求。有一类产品深受消费者追捧,成为老字号企业的招牌产品,为企业培养忠实客户做了很大贡献。"六神丸"是雷允上独特制作工艺的产物,不仅获得了"国家非物质文化遗产""国家绝密配方"等荣誉,更是广受消费者好评。充分利用老字号企业拥有的悠久历史来提升自身核心业务的能力,这样老字号企业才能在竞争中处于有利地位。由此,本研究得到以下命题:

命题1:做好核心业务是"中华老字号"持续发展的立身之本。

诚信是"中华老字号"多年发展中至关重要的因素之一,只有物有所值、童叟无欺才能够让企业获得大众的认可。雷允上恪守"精选道地药材允执其信,虔修丸散膏丹上品为宗"的祖训,还有松鹤楼的"三不进",这些都有利于市场品牌的宣传与商业价值的创造。"中华老字号"最重要的就是自己这块金字招牌,只有保护好自己的知识产权,才可以维护字号的核心利益,也才能够使中华老字号在传承历史的基础上进一步创新。"中华老字号"企业大多历史悠久,在其发展过程中也拥有自己独特的优势,将文化传承并且加以创新对老字号企业的永续经营至关重要。本研究的案例中这些优秀的"中华老字号"都注重企业文化的传承和创新,这是它们脱颖于其他老字号企业的秘诀之一。企业想要获得成功就一定要适应环境,与时俱进,引入现代经营理念,拥有当前时代所需要的竞争能力,才能不被时代所抛弃。优秀的老字号为了让消费者认同其企业文化,吸引更多的受众群体,都在不断尝试着宣传自己的品牌,提高影响力。在网络化时代,企业再也不能仅仅满足于实体的门店销售,老字号企业也应顺应时代的趋势拓宽渠道。由此,本研究得到以下命题:

命题2:与时俱进和文化建设是"中华老字号"持续发展的双翼。

传统企业是以制造、销售产品的形式去满足顾客需求,在满足需求的过程中不断实现自身价值,进一步发展壮大势必要以优质的产品为基石。而制造出质优物美的产品则不单需要先进设备、精湛工艺,还需要现代化的管理,其中,新技术的引用和创新人才的培育将起到至关重要的作用。陆稿荐就为此成立了专门小组,研究和发展苏式卤菜,不断开发新品,奖励创新人员。又如雷允上企业成功开发了六神系列产品、消症丸、健延龄等一大批优秀的中成药,以其显著疗效获得国内外业界一致好评。人是企业最宝贵的资源,对于"中华老字号"更是如此,培养传统技艺的接班人和吸引更多优秀的管理人才都是老字号企业得以发展的必要动力。陆稿荐公司培养苏式卤菜制作技艺传承人,改变因行业关系,年轻人嫌收入低、工作重而不愿意来学艺的状况。松鹤楼名厨刘学家、谢长明等不仅在国内外各烹饪比赛中获得过殊荣,为松鹤楼带来诸多荣誉,而且在工作的数年里一直为松鹤楼未来的发展培养新一代的人才。正是一批批优秀的人才支撑起了每一个持续发展的老字号企业。由此,本研究得到以下命题:

命题3:培养人才和不断创新是"中华老字号"持续发展的内在动力。

2. 概念构型

本研究运用扎根理论方法分析了苏州4家"中华老字号"企业的运营模式,为了更清楚地展现理论框架,本研究建立了综合概念模型,如图2所示。

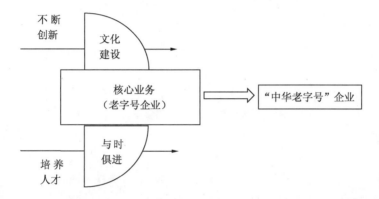

图2 基于扎根理论的"中华老字号"企业持续发展内在因素的综合概念模型

图2形象显示出"中华老字号"企业以其核心业务为主要竞争手段,依托于悠久历史的文化建设和与时俱进的能力,最后通过培养人才和不断创新的双驱动形成独特的竞争模式,持续创造社会价值和经济价值。

五、结论及不足

本研究以苏州4家"中华老字号"代表性企业为研究样本,而非局限于某一类企业或是某时段运营模式的研究,因此本研究更加具有一般性和适用性。本研究不同于以往定量实证的研究方法而是采用扎根理论方法,从商业现象中提炼概念,经过分析和对照归纳出老字号企业创造社会价值和经济价值的一般逻辑。综合的概念模型清晰展示出"中华老字号"企业持续发展的内在因素,对"中华老字号企业"持续发展具有一定指导意义。

本研究存在一定局限性,研究样本偏少,企业范围还不够广阔。对此,以后的研究可以针对这些局限多收集资料,广泛选择样本,进一步开展定量分析研究来综合、全面分析老字号发展内在因素问题。

参考文献：

[1] Strauss A, Corbin J. 质性研究概论[M]. 徐宗国,译. 台北:巨流图书公司,1997.

[2] 杨桂菊. 战略创业视角的老字号企业持续成长路径——基于恒源祥的探索性案例分析[J]. 经济管理,2013(5):52-62.

[3] 安贺新,李喆. 中华老字号顾客体验管理问题研究[J]. 管理世界,2013(2):182-183.

[4] 张永,张浩. 中国老字号企业连锁经营模式研究——以全聚德为例[J]. 管理学报,2012(12):1752-1825.

[5] 张继焦,李宇军. 中国企业都"富不过三代"吗?——对"老字号"企业长寿秘诀和发展前景的社会学分析[J]. 思想战线,2012(4):48-53.

[6] 王方明,廖雪华. 论中华老字号的文化传承与创新[J]. 湖北社会科学,2012(8):85-88.

[7] 魏文斌,洪海. 苏州本土品牌企业发展报告·老字号卷[M]. 苏州:苏州大学出版社,2014.

(祝　雷、魏文斌)

上市公司篇

苏州上市公司社会责任披露与分析研究报告

一、引言

企业社会责任报告(CRS 报告)是企业根据其履行社会责任的理念、制度、方法和绩效所进行的系统信息披露报告,是企业非财务信息披露的主要方式,也是企业与其利益相关者,如员工、消费者、社会公众等,进行沟通交流的重要载体和依托。深圳证券交易所于 2006 年发布了《深圳证券交易所上市公司社会责任指引》,鼓励上市公司承担社会责任,披露社会责任信息;上海证券交易所于 2008 年发布了《上海证券交易所上市公司社会责任指引》,对上市公司环境信息披露提出明确要求;同年,国务院资产监督管理委员会也发布了 1 号文件《关于中央企业履行社会责任的指导意见》,要求央企能够定期发布社会责任报告或可持续发展报告,及时了解和回应利益相关者的意见建议,主动接受利益相关者和社会的监督;2009 年至 2014 年,中国社会科学院经济学部企业社会责任研究中心连续 6 年发布了《社会责任蓝皮书》;2014 年,国内首份《企业社会责任报告关键定量指标指引》发布。

二、苏州市上市公司社会责任披露的描述统计

苏州作为全国经济强市,截至 2015 年 3 月底,境内上市公司有 74 家,境外上市公司有 21 家。在中国主板上市的公司有 18 家,在中国中小板上市的公司有 35 家,在创业板上市的公司有 21 家。本文以 2014 年发布社会责任报告的苏州上市公司为研究对象,经统计发现境内 74 家企业在 2014 年共有 10 家企业发布了社会责任报告,其中 9 家发布的是社会责任报告,1 家企业发布的是环境报告,见图 1。

在苏州 2014 年 10 家发布社会责任报告的企业当中,有 3 家中小板上市公司发布了社会责任报告;1 家中小板上市公司发布了环境报告;6 家主板上市公司发布了社会责任报告,其中上海证券交易所 5 家,深圳证券交易所 1 家;在创业板上市的公司当中,没有企业对外发布企业社会责任报告,见表 1。另外,在这 10 家企业中,有 5 家民营企业,3 家国有企业,见图 2。

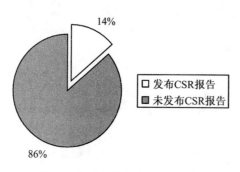
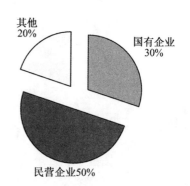

图 1　苏州市上市公司 2014 年发布社会责任报告情况

图 2　苏州 2014 年发布企业社会责任报告的上市公司性质

表 1　苏州 2014 年发布企业社会责任报告的上市公司分布情况

类　别	数　量
沪市主板	5
深市主板	1
深市中小板	4
深市创业板	0

另外,我们对苏州 2014 年发布了企业社会责任报告的 10 家企业往年发布社会责任报告的情况做了一下回顾,这些企业历年来总共发布了 34 份企业社会责任报告,见表 2。其中东方市场从 2008 年就开始发布社会责任报告,截至 2014 年,已连续 7 年发布了企业社会责任报告。进一步,我们对这 10 家企业所属行业也

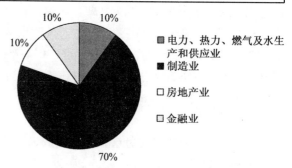

图 3　苏州 2014 年发布企业社会责任报告的上市公司所属行业

进行了简单的描述统计,制造业企业有 7 家发布了社会责任报告,另外 3 家分别属于房地产业,金融业,电力、热力、燃气及水生产和供应业,见图 3。

表 2　苏州 10 家上市公司历年发布企业社会责任报告情况

证券代码	公司简称	首发上市日期	报告总数	报告年份
000301	东方市场	2000 年 5 月 29 日	7	2008—2014
002079	苏州固锝	2006 年 11 月 16 日	3	2012—2014
002172	澳洋科技	2007 年 9 月 21 日	5	2010—2014
002450	康得新	2010 年 7 月 16 日	1	2014

续表

证券代码	公司简称	首发上市日期	报告总数	报告年份
002635	安洁科技	2011年11月25日	3	2012—2014
600736	苏州高新	1996年8月15日	5	2010—2014
601313	江南嘉捷	2012年1月16日	4	2011—2014
601555	东吴证券	2011年12月12日	4	2011—2014
603005	晶方科技	2014年2月10日	1	2014
603699	纽威股份	2014年1月17日	1	2014

（数据来源：各公司社会责任报告来自巨潮网资讯和同花顺 iFinD。）

三、苏州市上市公司社会责任披露情况分析

（一）管理责任

1. 建立 CRS 管理机构

从苏州上市企业 2014 年已披露的社会责任报告和公司内部控制报告来看，这 10 家企业社会责任报告主要由董事会及全体董事保证披露，其中江苏澳洋科技股份有限公司设有环境管理机构，其环境报告是由专门的环境报告书编制领导小组完成。其中，有 50% 的企业以"本公司董事会及全体董事保证本报告内容不存在任何虚假记载、误导性陈述或重大遗漏，并对其内容的真实性、准确性和完整性承担个别及连带责任"为社会责任报告的开头，做出声明。在这 10 家企业中，有 5 家企业公布了董事会结构，董事会内部设有董事会秘书处、战略委员会、提名委员会、审计委员会、薪酬与考核委员会等，没有明确指出社会责任报告的撰写由哪个部门负责。此外，苏州上市公司 2014 年披露的社会责任报告可以归纳为 3 类，分别是：以企业文化为主要载体形成的社会责任报告、以利益相关者为主线形成的社会责任报告和以环境报告为形式的社会责任报告。

2. 明确利益相关方

根据苏州 10 家企业发布的企业社会责任报告，经统计分析，本文把企业利益相关者分为政府、证券监管机构、投资者、员工、客户、供应商、社区和公众 8 类。政府主要关注企业是否促进地方经济发展、是否依法经营、依法纳税，苏州企业对政府责任的具体行为是定期汇报、参加会议、接受监督检查；证券监管机构关注企业是否及时准确披露企业财务状况及重大变更事项等，企业则需按照法律法规及时披露合法的相关信息；投资者主要关注企业的成长和风险，企业通过股东大会、信息披露、受理电话、访问、面对面沟通和媒体宣传等方式履行责任；员工这一利益相关方关心自己的合法权益是否得到保障、工作有没有福利保障等，企业履行职责的途径有职代会、职工之家、合理化建议征集和信访等；客户看中的是企业的产品和服务是否达到预期的满意度，企业对客户会采取定期走访、用户座谈会培训、客服热线和增值服务等方式使客户满意；针对供应商

一方需要得到企业的产品需求信息,企业则采取了现场考察、战略合作、定期走访和征求意见等措施实现社会责任;社区则希望企业能够为居民创造更好的生活环境,因此,走进社区、组织参观和走访慰问等方式被企业采纳使用;对于公众这一重要的社会责任利益相关者,企业通过公益宣传、慈善捐助、济困助学和志愿者服务的方式来执行社会责任。

3. 苏州市上市公司历年发布 CRS 情况

苏州 2014 年发布企业社会责任报告的 10 家上市企业自 2008 年至 2014 年,共发布了 34 份企业社会责任报告。其中,东方市场从 2008 年就开始发布社会责任报告,已连续 7 年发布企业社会责任报告,并且,其社会责任报告的具体内容也是相当详细完善的。苏州固锝和安洁科技各发布过 3 份社会责任报告,江南嘉捷和东吴证券各发布了 4 份社会责任报告,苏州高新发布了 5 份社会责任报告,澳洋科技发布了 5 份环境报告,康得新、晶方科技和纽威股份均在 2014 年发布了 1 份社会责任报告(见图 4)。总体说来,这 10 家公司的社会责任报告都是持续发布的,并没有间断期。从发布的社会责任报告内容来看,发布年限较长的企业,其社会责任报告更为规范,更为详尽。

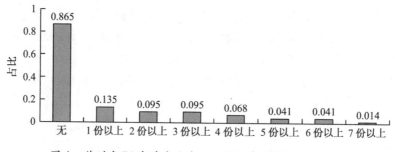

图 4 苏州市 74 家境内上市企业社会责任报告发布情况

4. 披露负面信息情况

从苏州市上市企业 2014 年发布的 34 篇社会责任报告来看,没有 1 家企业在其社会责任报告当中披露企业的负面信息,可见我国企业的社会责任报告并未按照完整的指标体系进行逐项披露,更多的是将企业的正面信息公之于众。在社会责任报告中还涉及了企业品牌战略和公司发展情况,从这点看来,已发布的社会责任报告更侧重于对公司经营业绩成果的宣传和企业文化形象的传播,形式重于实质,不利于企业社会责任报告披露的良性发展。

5. 投资者关系

股东和债权人权益的保护是本文研究样本企业十分关注的重点,这 10 家企业中多数企业把股东和债权人权益的保护放在首要位置,并认为企业健康可持续发展是股东和债权人权益获得保障的基础,公司只有不断地完善法人治理结构,提升规范运作水平,提高企业经营业绩,才能为股东带来更多的价值,保障债权人的合法权益。对于股东,企业主要通过定期和不定期的股东大会、董事会和监事会会议的召开及议案的讨论,进一步加强与股东的交流沟通。3家企业专门设立部门负责维护投资者关系的日常管理,通过电话交流、业绩说明会、投资者互动平台及投资者调研接待等方式与投资者建立公开透明的沟通机制,确保股东及时准确了解公司管理信息。对于债权人,企业按照签订的合同履行债务,并建立健全的资产监管、资金使用管理制度,及时向债权人通报与期债券权益相关的重大信息。近年来,上述10家企业中已有5家企业对公司的治理机制做出了修订和调整,这也从侧面反映出企业对投资者关系的重视程度。

(二) 环境责任

1. 环境投资

为了实现可持续发展,强化企业环保意识是十分重要的。2014年发布社会责任报告的10家苏州上市企业当中,东方市场以节能降耗的理念促进企业发展,加大设施设备投入,与2013年相比,2014年热电厂热效率同比提高0.62%,供电标煤消耗同比下降12g/kWh。康得新企业在2亿平方米光学膜项目建设中利用地热系统设备建立循环用水进行系统降温节能,对公司设备和操作空间进行环保处理。江南嘉捷打造30 000平方米的绿色建筑,绿化覆盖率达33%,采用地源热泵提供冷热源和生活热水,设置屋顶绿化和围墙垂直绿化,设置路面、屋顶和景观河雨水收集积蓄设施,用于绿化喷灌,并采用玻璃天棚和天井设计,最大限度使用自然采光。另外,江南嘉捷还投入9万元将空压机房高温加以利用,每年可节省12 000立方米天然气;并投资13.7万元,更新焊接车间二氧化碳焊机,节约不少电量。

2. 环保活动

在环保公益活动中,推行圣贤文化的苏州固锝设置了环保教育站,并开展了垃圾分类体验学习、光盘宣讲、环保知识竞答、社区废旧电池回收、走进社区宣传环保、登山环保行、环保酵素制作等一系列活动,不仅号召公司员工要注重环保,还带动社会力量一起进行环保公益活动。安洁科技组织实施了办公区域空调设定温度以及门厅、走廊、楼梯等公共场所照明感应开关的措施;引进六西格玛管理理念,实行精益生产,降低物料消耗和能源消耗;并开展了回收及分类管理实现废弃物品再利用,对雨水进行回收利用,节省植物灌溉用水等环保活动。另外,东吴证券、东方市场和安洁科技3家企业都建立了OA办公自动化系统,推行无纸化办公,利用现代信息技术手段,实行绿色办公,节约成本,坚持倡导节能降耗的方式以实现可持续性发展。

3. 环境管理制度

澳洋科技编制了一系列的环境管理文件,具体制定了《环保管理制度》《污染物管理程序》《监视和测量装置控制程序》等环境管理程序和制度,从而使公司环境管理有依据,工作有程序,监督有保障。安洁科技制定了环境管理制度,包含3个层次:确保本公司所有经营活动符合法律法规和其他要求;在所有生产活动中,致力于节能减排和环境管理物质的控制,并做好污染预防和持续改进;公开对外承诺公司环境保护的决心,并告知全体员工。

还有一些企业仅对环境保护进行概念性的描述,并没有涉及具体项目和内容。例如,只披露过 1 次社会责任报告的晶方科技和纽威股份,均只在环境保护这方面声明公司始终坚持"节约各种资源、降低环境影响、推进持续改善、遵守法律公约、建设绿色地球、人人都要责任"的环境方针,在追求经济发展的同时,积极履行环境保护责任。

4. 减排降污

在上述分析中,我们已经提到过已发布 2014 年企业社会责任报告的苏州上市企业分别属于房地产业、金融业、制造业和电力热力燃气及水生产供应业 4 类,因此,其减排降污的处理方式各有不同。属于电力、热力、燃气及水生产和供应业的东方市场集中于对煤、烟尘及有害气体的有效控制;属于制造业的澳洋科技、江南嘉捷和安洁科技主要通过提高工艺水平,优化废弃物、危化品的处理;属于金融业的东吴证券则集中于对公司内部办公减排降污;较为特殊的房地产业苏州高新通过控股污水处理公司,增强了其对污泥、污水的处理能力。具体见表 3。

表 3 苏州部分上市公司减排降污措施及其效果

公司简称	减排降污项目、措施	效 果
东方市场	"替代小锅炉""增加复合相变""布袋除尘"和"脱硝系统改造"等项目	每年节约标煤约 2.6 万吨,减少烟尘排放约 3.3 万吨,减少二氧化硫排放约 2.5 万吨,减少二氧化碳排放约 1 500 万吨
澳洋科技	处理一般工业固废和危险废物	处置率 100%
	大容量生产线和"二次浸渍工艺"	酸碱等原材料消耗得到有效降低
	开发新工艺	水、电、汽消耗达到国内先进水平
苏州高新	控股污水处理公司	污水处理量 5 940 万吨
	污泥处理工程	同比增加污泥处理能力 130 吨/日
东吴证券	网络平台、视频系统	节能减排
江南嘉捷	废弃危化品统一收集,交由具备资质的第三方集中处理	产品绿色环保占比始终在 90% 以上
安洁科技	提高制造工艺水平和产品质量	降低了辐射和粉尘的影响,减少了废气和废水排放

(三) 员工责任

1. 男女员工比例

随着文明的进步和社会的发展,工作岗位性别平等受到越来越多企业和机构的关注,然而,在苏州上市公司 2014 年已披露的 10 份社会责任报告当中,只有 2 家企业提及了员工性别构成。东方市场男性员工 482 人,女性员工 131 人,男女比例 3.68∶1,女性员工占员工总数的 21.37%;在高层管理者当中,7 名董事中有 1 名女性,5 名监事中有 2 名女性。东吴证券的社会责任报告显示,截至 2014 年 12 月 31 日,公司共有员工 1 713 人,其中男性员工 978 人,女性员工 735 人,男女比例为 1.3∶1;另外,公司中层及以上女性管理者占管理者比例为 21.9%。

2. 员工培训与发展

经统计分析,80%的企业十分重视员工的培训与发展,基本方法是:采用外部与内部相结合的方式,根据工作岗位要求,分层级对员工进行岗位培训。另外,还有些较有特色的培训方式:苏州固锝成立了固锝电信学院;苏州高新开展了专题讲座培训;江南嘉捷设立了实训基地;东吴证券采用了轮岗、转岗及公开选聘的培训方式。其中,东方市场具体指出 2014 年企业有 830 人参与培训;而江南嘉捷 2014 年度共发生培训费用 714 861 元,其中内训费用 14 005 元,外训费用 374 098 元,其他教育费用 326 758 元。

3. 职场环境安全

为了保证员工的健康和安全,降低员工的职业安全风险,70%的企业在社会责任报告中披露了企业采取的职场环境安全措施。采取的主要措施有:健全各项安全生产管理制度以及职业健康安全管理体系;定期进行安全教育培训,举办安全生产、加强消防意识等宣传和演习活动,并制定相关应急疏散预案;对公司的消防、劳动防护等保护设施做好日常维护与更换;设立安全生产管理小组,定期开展安全生产的全面检查。此外,安洁科技推行了"7S"现场管理,确保长效安全机制,为职工提供健康、安全的工作环境。

4. 员工体检和社会保障

在已发布的社会责任报告中,有 8 家企业提及每年都会为员工安排年度体检。另外,江南嘉捷还设立了公司医务室和女工休息室;康得新建立了员工健康档案,定期为员工进行健康检查,并针对员工身体状况给予调整合适的工作岗位。

同时,在已披露的社会责任报告当中,有 80%的企业提及企业按国家和当地政府有关规定,足额为职工缴纳基本养老保险、基本医疗保险、工伤保险、失业保险、生育保险和住房公积金等相关社会保险,在执行国家用工制度、劳动保护制度、社会保障制度和医疗保障制度等方面不存在违法、违规情况。除去基本保障以外,部分企业还为员工提供了其他社会保障,见表 4。

表 4 苏州部分上市公司的社会保障情况

公司简称	除"五险一金"外的其他保障项目
东方市场	设立专项走访慰问关爱基金,建立在职职工住院医疗互助保障
苏州固锝	为员工提供医疗保健绿色通道服务,员工发生紧急状况时,可直接享受一站式免押金诊疗服务;给予怀孕女员工两年的育婴假期,并每月发放育婴费
江南嘉捷	为工地一线人员购买意外伤害险;工会对员工生育、患病住院及困难家庭进行慰问
安洁科技	为回族员工设立了专门的就餐环境,增设电动车充电站,为聋哑人提供岗位
东吴证券	对女员工、患病员工、困难员工和老员工给予特殊关爱;为女员工在孕产期、哺乳期提供带薪休假及相关福利
晶方科技	在各类重要公共假日发放福利
纽威股份	生产岗位员工返乡差旅报销,班车服务,为各中心定期举办聚餐

5. 员工生活

除了发布环境报告的澳洋科技,所有企业均在社会责任报告中披露了企业为员工提供的业余活动项目。业余活动项目既保障员工福利又确保员工身心健康,增强了员工归属感及集体荣誉感,激发了员工的工作热情,提高了公司的凝聚力、向心力,各企业开展的项目具体情况见表5。

表5 苏州部分上市公司员工业余活动开展项目情况

公司简称	员工业余活动开展项目
东方市场	建立体育健身兴趣小组,开展生产竞赛和各类友谊赛;规划系列的女德教育课程和孕期母亲的系列课程;开展员工座谈会、老乡会、幸福早餐、晚餐沟通会
苏州固锝	篮球比赛、乒乓球赛、摄影比赛、健康低碳餐厨艺大赛
江南嘉捷	年度旅游项目;亲子活动;家庭水上趣味活动
安洁科技	设立"职工之家",设有阅读室、健身房等设施;举办千人大型活动,如家庭活动日、净山环保长跑活动
康得新	每年举办文体活动,设立员工活动中心
苏州高新	低碳骑行、舞蹈大赛、趣味运动会、健康生活讲座
晶方科技	参与苏州工业园区运动会,参与篮球、羽毛球、乒乓球等各项文体活动;开展拓展训练、家庭烧烤日、观影等活动
东吴证券	女职工"三八"庆祝活动、乒乓球比赛、环金鸡湖半程马拉松赛、国资系统乒羽比赛、篮球友谊赛等
纽威股份	组织篮球、羽毛球、台球等各项体育活动

6. 员工满意度和流动率

根据已发布的社会责任报告,只有江南嘉捷从薪酬福利、职业发展、团队氛围、工作本身、公司管理和公司环境6个角度进行分项测评,汇总得出员工的满意度和流动率,详见表6。

表6 江南嘉捷的员工满意度和流失率情况

年份	2013年	2014年
员工满意度	70.71%	71.01%
员工自然流动率	12.96%	11.3%

(四) 市场责任

1. 客户关系管理

根据已发布的社会责任报告,苏州部分上市公司客户关系管理方案见表7。

表7 苏州部分上市公司客户关系管理方案

公司简称	具体方案与做法
东方市场	重视客户的权益保护,力求与客户共同成长
	持续提供超越客户预期的服务和产品
康得新	建立了退、换货与客户服务投诉制度
	在全国大部分地区和世界80多个国家和地区建立了销售网点
安洁科技	技术交流、互访考察、共同研发
	配合客户的需要,公司在国内外设置了多处办事处
	对客户信息及相关技术、商务信息保密,重视客户满意度调查
苏州高新	建立多样化的文化、娱乐活动,提高客户满意度和忠诚度
	加强员工培训,为客户提供更专业、更贴心的服务
江南嘉捷	以总部为中心,强调国内外并重,直销、代销、安装相结合,分支机构直接营销服务与代理商服务交叉互补
东吴证券	搭建了统一客户服务平台,设立了全国统一的咨询、投诉电话
	开通互联网服务平台,高效开展客户服务与客户交流沟通

2. 服务质量管理

在服务质量管理上,只有2家企业披露了企业2014年服务质量情况。江南嘉捷进行了多重质量控制与分支机构管控,对于工程项目,工程经理每月至少抽查1次工地,做好施工过程记录、自检报告;对于公司安装、委托项目100%专检,每个项目都有专检工作报告并反馈给公司质量部;连续三年来,顾客满意率和设备维修保障服务满意率高达85%以上。苏州高新安排安全生产委员会定期或不定期对游乐项目开展排查工作,严格执行日检、周检、月检、年检的安全工作体系;强化安全责任教育、应急演练等有效工作措施,确保服务质量稳定。

3. 供应商关系管理

在苏州上市公司中,有5家企业披露了供应商关系管理相关信息,主要采取签订协议、防止商业贿赂、加强廉政建设的方式履行对供应商的社会责任,见表8。与此同时,江南嘉捷建立了一套完整的供应商管理体系,该企业除了签订维护采购协议,对供应商履行的责任还有:每年对主要供应商组织相关培训;组织供应商大会以及与供方的专题会议,安排与供应商相互走访;由合同执行部、采购部、装备部、研发中心和质量中心等部门组成巡视小组,对供应商的生产进行巡视;从体系运行、产品质量、职业健康安全、环境及社会责任履行多个方面评估供应商,考核供应商的绩效;对年度优秀合作质量供应商进行表彰奖励,表彰他们在质量控制、安全生产、环境保护以及社会责任履行方面做出的成绩。

表8　苏州部分上市公司供应商关系管理措施

公司简称	供应商关系管理
东方市场	严格执行《采购预付款管理办法》,规范采购程序,大宗物资采购公开招标;加强廉政建设,杜绝商业贿赂
苏州固锝	与供应商签订廉洁合作协议,制定《公司管理人员廉洁从业若干规定》,签署《职务廉洁承诺书》
江南嘉捷	与供应商签署年度采购协议、质量验收协议、质量框架协议,实施供应商质量巡查检验
康得新	保持良好的上下游体系,在供应商中无占有权益的情况
安洁科技	强化采购过程的监督和测量,严把质量关;签订长期采购的《买卖合约》;要求供应商签署《廉洁承诺函》

4. 信用评级

在信用评级上,只有3家企业披露了相关信息,东方市场2014年信用评级为AA级,苏州固锝连续四年被评定为A级信息披露企业,苏州高新自2009年起始终保持AA级。

(五) 社区公众关系与社会公益事业

1. 社区公众关系

苏州部分上市公司社会公众关系情况见表9。

表9　苏州部分上市公司社会公众关系情况

公司简称	社区公众关系
东方市场	在社区居住环境建设中,为居民提供广场舞场所,为垃圾分类活动提供场地,并举行爱心义卖活动;走访社区慰问老人,开展爱心助学活动
江南嘉捷	在传统佳节前夕带上慰问金及慰问品走访社会福利院、敬老院、附近社区困难家庭等;与贵州贫困地区小学结对帮困,传递爱心
东吴证券	组织东吴爱心拍卖;开展党员关爱基金活动;设立"东吴证券慈善爱心基金",帮扶生活困难的社会群体;开展"共植东吴林"志愿者主题环保活动;组织志愿者无偿献血;捐资助学促进教育发展
安洁科技	安排代表前往当地敬老院看望老人
苏州高新	举办"环云龙湖环保公益活动",对垃圾进行分类处理
纽威股份	向苏州高新区五所小学捐款25万元人民币;捐助吴县中学贫困生0.8万元人民币

2. 社会公益事业

公司创造经济效益的同时应努力回报社会,积极承担社会责任,经统计,上述10家上市企业中有7家企业披露了2014年所参加的社会公益事业,见表10。这类公益事业为实现企业与社会和谐发展起到了很好的模范作用。

表10 苏州部分上市公司社会公益事业情况

公司简称	社会公益事业
东方市场	在大型看板、灯杆灯箱、公交候车投放公益广告;对地方慈善基金、见义勇为基金给予资金和物质上的支持
苏州固锝	开展净街净山活动;回收废旧电池与灯管;举行天使阳光、关爱敬老院、爱心募捐、放生等活动
康得新	参与国际关怀艾滋病活动,并向中华红丝带基金捐赠款项;参加第三届"生态文明·阿拉善对话"植树活动并捐款
安洁科技	设立安洁爱心基金,资助困难员工及社会相关人士;在各大高校设立助学金,资助大学贫困学生
苏州高新	各级员工参与义务交通站岗、社会捐助及义工活动
江南嘉捷	百名员工参加无偿献血活动;近七年累计捐赠达1 364万元人民币;连续6年赞助中国乒乓球公开赛
纽威股份	参加了香格里拉大酒店组织的慈善活动,为聋哑儿童植人工耳蜗募集资金1万元人民币

四、结论与建议

1. 增强社会责任披露,完善公司治理结构

通过对苏州2014年已披露的社会责任报告分析,披露社会责任报告企业的数量占比是非常少的,仅有14%,其中披露3份以上的企业不足10%;同时,创业板上市公司中没有企业披露社会责任报告,属于披露缺失的一角;并且在这10家企业当中,披露社会责任报告较为翔实的企业不足5家,有些企业披露的社会责任报告内容较少,没有全面具体地反映企业的社会责任履行情况。总的来说,苏州上市公司在披露社会责任方面还有所欠缺。

面对这一现状,苏州上市公司首先应当加强对社会责任报告的披露,自觉履行企业应当承担的社会责任,并健全完善企业社会责任报告体系,再根据具体细化的内容,进一步加强行为建设,优化公司运营模式;还应当把企业社会责任报告相关内容纳入公司治理中去,规范化、常态化企业社会责任报告内容,完善公司治理结构,加强企业运作规范。其次,苏州上市企业利益相关方应根据相关法律法规、道德准则要求企业履行其应承担的社会责任,并对其社会责任履行程度进行监督。最后,行业协会、监管部门以及研究机构应当通过非行政手段促进上市企业社会责任的披露,例如,通过大众传媒及时通报发布在企业社会责任报告上有所为的企业和无所为的企业。同时,苏州上市企业在披露社会责任报告时,应遵循诚信易懂原则,保证社会责任报告的真实性和可理解性,并及时在证券交易所网站、《中国证券报》《证券时报》等媒体上披露,使社会公众能够及时、准确、完整地了解公司社会责任信息。

2. 完善利益相关者主体,健全社会责任体系

在上述分析中,我们发现,虽然从整体上来说,这10家企业涉及的利益相关者从不同的角度看共有 8 类,但从个体来看,很少有企业能够做到涉及所有的利益相关者,基本上涉及 5 类利益相关者,稍微多点的企业涉及 7 类利益相关者。在利益相关方中,缺失较多的就是对客户与供应商的社会责任管理,企业一般把社会责任聚焦于股东和员工两个基本面。

从利益相关者角度来看,社会责任要求企业必须重视多方利益相关者的合法利益,所以,苏州上市企业在坚持实施已尽到的利益相关者社会责任维护的基础上,应当继续加强对履行社会责任还不到位的利益相关者的联系沟通,形成互动,履行好相应的社会责任,打造多赢的局面。例如,前文所提到的江南嘉捷对供应商所履行的社会责任,不仅尽到社会责任义务,还为企业的供应链管理创造了优势,促进了企业发展。健全社会责任体系的主要方式方法有:企业可以通过网络平台或者直接交流互动的方式,倾听利益相关者的声音,与各个利益相关者保持良好的关系,利益相关者也可以及时向企业反映自己的利益诉求,加强合作交流;此外,企业可以从利益相关者的角度构建公司社会责任指标体系,完善企业社会责任管理制度,主要是通过设计针对利益相关者的问卷调查来确定公司履行社会责任的维度、指标和权重,使各个利益相关者找到与自己关系最密切的评价指标,对企业社会责任履行情况进行考察。

3. 建设合适的企业文化,履行企业社会责任

前文中有提及,在 2014 年已披露的社会责任报告当中,社会责任报告主要包括以企业文化为主要载体形成的社会责任报告、以利息相关者为主线形成的社会责任报告和以环境报告为形式的社会责任报告。环境报告虽然是社会责任的一种体现形式,但很明显其局限性太大,企业只对环境方面的社会责任做了报告,而其他利益相关者并没有提及;以利益相关者为主线的社会责任报告,大同小异,没有特色,基本围绕着投资者、员工、监管机构和社会公众等做出社会责任报告。

本报告认为,企业不仅应该按照已有的标准建立社会责任报告,设立标准的社会责任报告体系,还应当依据企业所在行业的特点,做出具有企业特色、符合企业生产经营体系和文化理念的社会责任报告。社会责任报告是企业对外的窗口,诚实守信是基本准则,但特色创新的社会责任报告也是形同于企业名字、商标一样重要的独特符号。特色创新的社会责任报告离不开企业精神、企业使命和企业远景,因此,企业文化指引着社会责任的实现,社会责任又是企业文化的具体体现。例如,苏州固锝在 2014 年继续推进"家"文化的中国式管理,不仅在企业内部实现了经营管理的目标,而且形成了一定的国际影响力,该企业正在向世界不断推广"用心将圣贤文化带给全世界,造福全人类"的企业文化理念。在其社会责任报告中,我们看到的就不仅仅是企业所履行的社会责任,而是整个企业的理念价值、人文关怀。苏州上市企业应该建立合作交流平台,对如何履行企业社会责任进行探讨,促进企业社会责任的共同发展。

4. 加强节能减耗,促进企业可持续发展

在苏州 74 家上市公司中,制造业有 58 家,所占比重高达 78.38%,从行业本身的性质来看,就涉足社会环保、公众服务等普遍的社会责任问题,这就要求苏州上市企业在

发展过程中,不得不承担起节能减耗的社会责任。前文提到的企业环境责任涉及制造业的7家企业,其中只有3家对节能减耗的投入力度和成效成果进行了详尽的阐述,还有一些企业对于环境责任这方面采取的措施、投入的资金还不足。因此,需要更多的企业开展长远的战略发展规划,把实现可持续发展作为社会责任报告披露的重点,推进社会责任建设。

另外,有学者指出履行社会责任可能在短期内造成公司利润的减少,因此,政府和相关部门需要制定和完善相关的法律法规,引导企业正确处理好所承担的各种社会责任之间的关系。所以,在加强企业环境责任实施时,首先,有关部门需要制定严格的法律法规控制企业排污量,严格检测企业排污能力,并调动社会公众、舆论媒体共同监督企业排污情况;其次,企业也需要充分利用新的技术设备、材料工艺等改良产品生产环境,促进工艺装备结构优化,提高设备使用效率,提高能源、资源利用率,减少废气废水的排放,加强废弃危化品的处理;再者,企业应当坚持绿色发展的原则,推行"绿色办公"的理念,减少办公用品、水、电、气等各方面的损耗,推进环保工作转型升级;最后,企业可以利用内部刊物、内外网站、相关培训等大力开展节能减排宣传,使公司员工自觉地提高节俭意识,使杜绝浪费的观念融入企业文化中。这样,才能推进企业发展绿色工业,建立环境友好型企业,走可持续发展之路。

参考文献:

[1] 蔡刚.上市公司"社会责任制度"实证研究[J].统计与决策,2010(24):129-131.

[2] 王太林.长三角地区上市公司社会责任与公司绩效关系研究[J].特区经济,2011(3):60-61.

[3] 王青云,王建玲.上市公司企业社会责任信息披露质量研究——基于沪市2008—2009年年报的分析[J].财会通讯,2012(3):74-80,127.

[4] 曹建新,李智荣.上市公司社会责任履行与企业价值相关性研究[J].财会通讯,2013(21):104-107.

[5] 刘秀莉.创业板上市公司社会责任与盈余管理[J].企业经济,2014(7):172-175.

[6] 陈哲亮,曾琼芳.上市公司社会责任信息披露现状与协同治理对策[J].财会月刊,2014(24):26-28.

[7] 李金淼,宋海风.企业社会责任报告质量影响因素研究——基于沪深主板上市公司2011年度企业社会责任报告[J].财会通讯,2014(9):60-62.

[8] 何丽梅,杜帅君.我国上市公司社会责任信息可靠性实证研究[J].会计之友,2015(5):47-51.

(何 聪、袁 鑫、朱才军、周 倖、雷星星)

企业文化与上市公司成长的关系研究
——以苏州 A 股上市公司为例

一、引言

随着企业的发展,上市融资成为其进一步扩大规模的主要方式,然而为了实现可持续性发展,引导企业持续发展的经营理念、企业精神、行为制度等成为上市企业需要关注的重点,这些经营哲学、企业理念、行为模式、规章制度等共同构成了企业文化。所以,企业文化对企业实现可持续性发展起到至关重要的作用。据统计,截至 2015 年 3 月底,苏州境内上市公司有 74 家,境外上市公司有 21 家。在中国主板上市的公司有 18 家,其中上海主板 15 家,深圳主板 3 家;中国中小板上市公司有 35 家;创业板上市公司有 21 家。苏州良好的经济环境带动了地方经济的发展,促进了苏州企业的发展壮大,但就苏州市上市公司的发展质量来说,还需要对企业成长与企业文化的相互作用进行考量。为此,本文通过对苏州市上市公司的企业文化现状进行研究分析,探讨其企业文化与企业成长的关系,发现企业存在的问题,并提出相应的结论。

二、企业文化的内涵概述

企业文化是在长期的历史条件下,企业在生产经营过程中形成的具有本企业特征的文化观念、文化形式和行为模式,是企业信念、企业制度、企业形象等的整合,体现了企业价值观和企业使命。企业文化包括企业精神、企业制度、企业行为和企业物质四个层面。企业的精神文化是企业文化的核心层,它包含企业的价值观、企业愿景、企业社会责任、使命、经营哲学;企业的制度文化是中层文化,包括企业管理制度、组织结构、各项规章制度、道德规范以及行为准则等;企业的制度文化直接影响了企业的行为文化,企业的行为文化是企业精神文化以及制度文化的具体表现,从企业人员构成角度可以划分为企业家行为文化和员工行为文化;企业物质文化是指企业从事生产经营过程中创造出来的产品、服务等各种物质设施构成的文化,由物质形式具体表现出来。

三、苏州上市公司企业文化发展现状

本文在 74 家苏州上市企业中,剔除了 7 家数据不全的企业,对剩余的 67 个样本进

行了研究分析,其中有 37 家企业在官方网站设立了企业文化专栏,但内容并不详尽,因此,本文将从多个层面和角度,对苏州上市公司企业文化展开统计分析。此外,本文的数据主要来源于国泰君安数据库、同花顺 iFinD、上市企业年报、企业招股说明书和企业官方网站。

1. 苏州上市公司的企业精神文化现状分析

企业文化的核心层是精神文化,它包含企业价值观、企业使命和企业愿景等无形文化部分。其中,企业价值观和企业社会责任是企业精神文化的重要体现,二者涵盖了企业精神文化大部分内容,本文将从这两个角度对苏州上市企业精神文化进行分析。在研究分析中,我们发现不少企业把企业价值观定位为企业使命和企业目标,它们阐述了企业的宗旨、哲学、信念和原则等,为企业战略目标和战略方案提供依据。苏州上市企业的企业价值观分布情况具体统计结果见表1。

表1 苏州上市公司企业价值观整体分布表

特征值	企业数量(家)	百分比(%)	平均净利润(亿元)	平均营业收入(亿元)	平均托宾Q值
1	36	53.73	1.63	24.53	1.96
0	31	46.27	1.34	22.48	2.06

如表1所示,特征值为1的表示企业官网上文化板块对企业价值观进行了清晰的相关描述,特征值为0的表示没有找到企业价值观的相关描述。经统计分析,有清晰的企业价值观描述的企业占53.73%,没有相关描述的企业占46.27%。进一步来看,有清晰价值观描述的企业平均净利润为1.63亿元,无价值观描述的企业平均净利润为1.34亿元,前者比后者高出21.64个百分点;有清晰价值观描述的企业平均营业收入为24.53亿元,无价值观描述的企业平均营业收入为22.48亿元,前者比后者也高出9个百分点。因此,根据分析对比,我们发现,有清晰价值观描述的苏州上市公司盈利能力更强。另外,作为衡量公司业绩表现或公司成长性的重要指标托宾Q值,虽然前者略小于后者,但两者均大于1,并没有较大差别。

企业社会责任作为企业精神文化的重要部分,主要通过企业有无质量认证、环保认证、劳动保护认证及其他相关认证等来体现,并结合其对社会履行的具体社会责任行为,如捐助、慈善活动等行为来判断。本文设定履行社会责任的企业特征值为1,在相关数据来源上没有明确显示履行社会责任情况的企业特征值为0。由表2可知,有74.63%的企业承担了社会责任,25.37%的企业在相关数据来源上没有明确显示履行社会责任的情况。从平均净利润和平均托宾Q值来看,承担社会责任义务的企业要明显高于未承担社会责任的企业,虽然平均营业收入前者略低于后者,但总体说来,前者的盈利能力和企业的成长性要略高于后者。此外,在74家苏州上市企业中,2014年,共有9家企业发布了企业社会责任报告,1家企业发布了环境报告,也就是有13.51%的企业对企业文化给予了足够的重视,但这个数量仍然是不够的。

表 2 苏州上市企业社会责任整体分布表

特征值	企业数量(家)	百分比(%)	平均净利润(亿元)	平均营业收入(亿元)	平均托宾 Q 值
1	50	74.63	1.58	22.85	2.06
0	17	25.37	1.25	25.75	1.82

2. 苏州上市公司的制度文化与行为文化现状分析

企业制度文化包括企业的领导体制、组织结构、管理制度及各项具有企业特色的规章制度、道德规范、行为准则等,合理的企业制度文化关系到企业的长远及持久发展。在苏州上市企业当中,不少企业是民营企业和家族企业,这些企业的决策权高度集中于公司的实际控制人手中,大股东持有的股权对企业制度文化的形成有着极大的影响。另外,有学者表明,股权集中度能反映上市公司的公司治理效应,如果大股东具有足够的能力控制上市公司,那么公司治理的实质演变为大股东与小股东的利益冲突。因此,本文选取股权集中度作为衡量企业制度文化的指标,见表3。从描述性统计分析看,主板和创业板的峰度值均为负,分布较为分散,中小板的峰度值为正,其分布较为集中;三者的偏度均不大,基本可以认为平均分布在均值附近。另外,整体来看,从主板、中小板到创业板的股权集中度均值依次增加,创业板的股权集中度最高,高达40.71%。

表 3 苏州上市公司股权集中度描述性统计

	均值	偏度	峰度	标准差	最小值	最大值
主板	31.62	0.55	-0.939	13.22	15.77	53.56
中小板	37.36	1.055	1.286	12.83	18.05	75.00
创业板	40.71	0.022	-0.725	16.29	12.68	69.36

企业行为文化是企业经营管理中的具体行为活动文化,体现了企业作风、精神面貌和人际关系等。本文从企业活动的主体,即员工和企业家行为对企业行为文化进行描述,员工和企业家的行为特征很大程度上取决于其所受的教育和专业水平。所以,本文选取员工受教育程度、公司董事长的受教育程度及其专业技能进行描述分析。从表4可以看到,没有说明公司董事长教育水平的为4家,另外,结果显示,苏州上市公司中具有大专及其他和本科学历的董事长数量最多,高达31.3%,硕士研究生学历紧随其后,占29.9%,博士研究生最少,仅占1.5%。进一步对企业的盈利能力和成长性进行分析,可以看到,除去特征值为0和4的两类,其余三者的平均净利润、平均托宾Q值依次按教育水平由低到高呈现递增趋势,其中董事长学历为硕士研究生的企业平均净利润比董事长学历为大专及其他和本科的企业分别要高出2倍和0.6倍;但就平均营业收入而言,本科学历的企业家所在企业最高,平均值为28.44亿元。因此,可以推断,公司董事长受教育水平越高,企业的盈利状况和成长性越好。

表4 苏州上市公司董事长教育水平统计分布

学历	教育水平	频数	百分比(%)	平均净利润(亿元)	平均营业收入(亿元)	平均托宾Q值
0	无	4	6.0	0.92	10.43	1.73
1	大专及其他	21	31.3	0.79	21.14	1.73
2	本科	21	31.3	1.5	28.44	2.07
3	硕士研究生	20	29.9	2.4	24.71	2.28
4	博士研究生	1	1.5	0.49	2.77	1.7

图1 苏州上市公司董事长职称分布情况

本文根据2014年企业年报的说明,对苏州上市企业董事长职称分布做了简单的描述。如图1所示,71%的企业年报并没有注明公司董事长职称情况;19%的上市公司董事长是高级经济师;6%的上市公司董事长是高级工程师;还有4%的上市公司董事长是高级工程师或高级经济师。

此外,本文还从员工受教育水平的角度对企业行为文化进行了统计分析。本文将大专以上员工的占比作为考核行为文化的重要指标,按照低、较低、中、较高、高对应分为<0.2、0.2~0.4、0.4~0.6、0.6~0.8、>0.8五个区间,统计员工受教育情况。如表5所示,企业员工大专学历以上人数占比在0.2~0.4区间的企业最多,高达41.54%;其次是大专学历以上人数占比位于0.4~0.6的区间,达33.85%;最少的区间是0.6~0.8,仅有4.62%。这表明苏州上市企业员工教育水平处于中等偏低的水平,企业人力资源还具有很大的提升空间。从盈利和成长性来看,频数最少的区间,大专学历以上员工占比在较高水平的时候,企业平均净利润最高,高达6.63亿元,平均营业收入高达70.73亿元;另外,单从平均净利润来说,除去最高值,其余4个区间是随着员工的受教育程度的提高呈递增趋势;而从平均营业收入和平均托宾Q值的角度,难以分辨员工受教育程度与企业盈利能力和成长性的关系,有待进一步检验。

表5　苏州上市企业大专以上人员比重分布表

分值区间	类别	频数	百分比(%)	平均净利润(亿元)	平均营业收入(亿元)	平均托宾Q值
<0.2	低	8	12.31	0.41	33.91	2.11
0.2~0.4	较低	27	41.54	0.85	19.18	1.92
0.4~0.6	中	22	33.85	1.64	21.49	2.19
0.6~0.8	较高	3	4.62	6.63	70.73	1.44
>0.8	高	5	7.69	3.24	17.06	2

3. 苏州上市公司的物质文化现状分析

企业物质文化主要以物质形态表现出来,可以从技术和产品来考察物质文化情况,因此,本文选取研发费用占比、中国名牌指标、高新技术指标、省级名牌指标以及省级高新技术指标对企业的物质文化情况进行描述分析。经统计,苏州上市公司有11.94%的企业是中国名牌企业或拥有中国名牌产品;26.87%的企业是中国高新技术企业;28.36%的企业是江苏名牌企业;37.31%的企业是江苏高新技术企业。企业的知名度和美誉度依赖于企业的核心品牌,本文将从国家级和省级名牌企业2个角度对企业物质文化情况进行统计分析。表6表明,苏州上市公司"中国名牌企业"占比为11.94%,非"中国名牌企业"占比为88.06%,其中"中国名牌企业"的平均净利润要低于非"中国名牌企业",但平均营业收入高出34.35个百分点。

表6　苏州上市公司"中国名牌企业"分布表

特征值	企业数量(家)	百分比(%)	平均净利润(亿元)	平均营业收入(亿元)	平均托宾Q值
1	8	11.94	0.74	30.43	1.73
0	59	88.06	1.60	22.65	2.04

如表7所示,苏州上市企业中"江苏省名牌企业"占28.36%,非"江苏省名牌企业"占71.64%,省名牌企业的平均净利润和平均营业收入均小于非省级名牌企业。这些结果难以显示出品牌建设对上市企业成长能力的重要性,品牌建设对上市企业成长的影响需要进一步加强研究。

表7　苏州上市公司"江苏省名牌企业"分布表

特征值	企业数量(家)	百分比(%)	平均净利润(亿元)	平均营业收入(亿元)	平均托宾Q值
1	19	28.36	0.55	12.50	2.27
0	48	71.64	1.87	27.97	1.89

如表8所示,苏州上市企业研发费用占营业收入的比重并不高,没有明确说明研发费用情况的企业有7家;研发费用占比基本集中于1%~5%的区间,这部分企业占比高达59.7%;而研发费用占比超过10%的企业仅有5.97%,这些数据说明绝大多数苏州

上市企业技术资源投入相对不足。从盈利和成长性来看,研发费用占比较低的 2 个区间企业的平均净利润明显高于另外 2 个较高的;平均营业收入随着研发投入费用的递增而减少,最高为 33.57 亿元,最低为 3.5 亿元。

表8 苏州上市公司的研发费用分布表

分值区间	企业数量(家)	百分比(%)	平均净利润(亿元)	平均营业收入(亿元)	平均托宾Q值
<1%	7	10.45	0.75	33.57	1.72
1%~5%	40	59.70	1.69	25.2	1.95
5%~10%	9	13.43	0.55	8.01	2.2
10%以上	4	5.97	0.74	3.5	1.96
无	7	10.45	2.77	35.84	2.36

另外,本文从企业是不是"中国高新技术企业"这个角度分析企业的技术水平。由表9可见,苏州上市企业中,非"中国高新技术企业"是"中国高新技术企业"数量的2.7倍,"中国高新技术企业"平均净利润和平均营业收入均高于非"中国高新技术企业",其中平均净利润高出27个百分点。但从省级高新技术企业角度来看(表10),省级高新技术企业占比为37.31%,其平均净利润和平均营业收入均要低于非江苏省高新技术企业。

表9 苏州上市公司"中国高新技术企业"分布表

特征值	企业数量(家)	百分比(%)	平均净利润(亿元)	平均营业收入(亿元)	平均托宾Q值
1	18	26.87	1.77	24.31	1.72
0	49	73.13	1.39	23.32	2.10

表10 苏州上市公司"江苏省高新技术企业"分布表

特征值	企业数量(家)	百分比(%)	平均净利润(亿元)	平均营业收入(亿元)	平均托宾Q值
1	25	37.31	0.75	19.32	2.04
0	42	62.69	1.94	26.12	1.98

四、企业文化与企业成长的实证分析

本文采用 SPSS 20.0 统计软件,对上述没有说明各指标变量对苏州上市企业成长性影响如何的情况进行回归分析,进一步探索企业文化与企业成长性的关系。选取的自变量主要是企业制度文化、行为文化和物质文化,分设二级指标为:股权集中度、企业家教育程度、员工教育程度和研发费用。并且,本文假设这四个指标对企业成长性具有显著影响,用回归分析方法探讨自变量与企业成长性的相关关系,结果如下,并不求出线性回归方程及其系数。

(一) 企业制度文化与行为文化对企业成长性的关系研究

1. 苏州上市公司股权集中度与企业成长性关系的分析

表11　苏州上市公司股权集中度与企业成长性方差分析

模型		平方和	df	均方	F	Sig.
1	回归	2.271	1	2.271	3.036	0.086
	残差	48.624	65	0.748		
	总计	50.895	66			

表12　苏州上市公司股权集中度与企业成长性系数

模型		非标准化系数		标准系数	t	Sig.
		B	标准误差	试用版		
1	常量	2.487	0.298		8.341	0.000
	股权集中度	-0.013	0.008	-0.211	-1.743	0.086

从表11和表12中变量拟合结果来看，股权集中度与企业成长性的分回归分析中，P值为0.086，小于0.1，说明股权集中度与企业成长性具有显著正相关关系。

2. 苏州上市公司董事长受教育程度与企业成长性关系的分析

从表13和表14中的回归结果来看，将苏州上市公司董事长受教育程度按层级划分对企业成长性进行回归分析，得出P值为0.062，小于0.1，说明企业家教育程度与企业成长性具有显著正相关关系。

表13　苏州上市公司董事长受教育程度与企业成长性方差分析

模型		平方和	df	均方	F	Sig.
1	回归	2.679	1	2.679	3.612	0.062
	残差	48.216	65	0.742		
	总计	50.895	66			

表14　苏州上市公司董事长教育程度与企业成长性系数

模型		非标准化系数		标准系数	t	Sig.
		B	标准误差	试用版		
1	常量	1.602	0.235		6.812	0.000
	企业家教育程度	0.211	0.111	0.229	1.901	0.062

3. 苏州上市公司员工受教育程度与企业盈利能力关系的分析

从表15和表16中的回归分析结果得出，员工大专以上人员比例和企业盈利能力构成正相关关系，P值为0.006，远小于0.1，说明存在显著的正相关关系，表示员工受教育程度越高,企业盈利能力越好。

表 15 苏州上市公司员工受教育程度对企业盈利能力方差分析

模型		平方和	df	均方	F	Sig.
1	回归	626 130 776 364 858 620.000	1	626 130 776 364 858 620.000	8.055	0.006
	残差	5 052 858 039 312 035 800.000	65	77 736 277 527 877 472.000		
	总计	5 678 988 815 676 894 200.000	66			

表 16 苏州上市公司员工教育程度对企业盈利能力系数

模型		非标准化系数		标准系数	t	Sig.
		B	标准误差	试用版		
1	常量	−67 409 500.299	83 698 693.816		−0.805	0.424
	员工教育程度	88 107 373.865	31 044 995.503	0.332	2.838	0.006

(二)企业物质文化与企业成长性的关系研究

本文采用研发费用来探讨企业物质文化对企业成长性的影响,从表 17 和表 18 中研发费用对企业盈利性的回归结果看,P 值为 0.014,小于 0.05,说明企业的研发费用与企业盈利能力存在正相关关系,企业研发费用投入占营业收入的比重越高,企业的盈利能力越强。

表 17 苏州上市企业物质文化与企业成长性方差分析

模型		平方和	df	均方	F	Sig.
1	回归	63 822 436 340 415 450 000.000	1	63 822 436 340 415 450 000.000	6.442	0.014
	残差	643 962 559 460 789 000 000.000	65	9 907 116 299 396 755 000.000		
	总计	707 784 995 801 204 500 000.000	66			

表 18 苏州上市企业物质文化与企业成长性系数

模型		非标准化系数		标准系数	t	Sig.
		B	标准误差	试用版		
1	常量	3 498 433 427.307	591 365 082.710		5.916	0.000
	研发费用	−304 906 006.163	120 130 399.280	−0.300	−2.538	0.014

五、结论与建议

从上文所述的企业价值观和企业社会责任的简单统计分析可以看到,拥有企业精神文化的企业其盈利能力和成长性要优于没有企业精神文化的企业;对于企业的制度文化和行为文化,通过回归分析看到,股权集中度、公司董事长教育程度和员工受教育程度对企业的盈利性和成长性均能起到促进作用;通过研发费用对企业盈利性的回归分析,P 值小于 0.05,说明企业的物质文化与企业成长性有显著正相关关系。但是,企业董事长的专业技能、企业是否是高新技术企业以及企业是否是名牌企业与企业成长性是否有显著正相关关系,本文没有得出明确结论,还有待进一步检验。

然而,从上述分析中可以看到,苏州上市公司对企业精神文化的塑造仍然不够,这需要引起企业的重视;其制度文化和行为文化建设的水平还不高,还需要通过完善人力资源情况增强企业的成长性和盈利性;其物质文化投入不足,需要加强企业物质文化建设。因此,本文提出以下建议:

1. 重视企业精神文化建设,提升企业成长原动力

企业文化的精髓是共同习得的价值观。不同的企业有不同的价值观,企业价值观体系直接影响到企业员工和其他利益相关者。企业价值观和企业使命是引导员工行为具体化的行动指南,清晰的企业价值观不仅产生了明确的引导作用,还能够有效约束员工行为,提高工作效率。本文研究发现,苏州上市公司中重视企业精神文化建设的企业仍不够多,需要提倡更多的企业加入企业精神文化构建中来,具体可以从以下两个层次塑造企业精神文化:首先,企业要树立明确清晰的企业价值观,在内部推广宣传,使企业价值观成为全体员工共同遵守和拥护的思想及行为规范,同时,还要尊重员工,建设以人为本的企业文化,才能得到更多员工的赞同和认可;其次,企业应当承担相应的社会责任,维护员工利益和股东利益,积极响应政府的各项政策,对供应商、客户、媒体和社会公众尽到应履行的社会责任义务,提升企业形象和品牌影响力,获得利益相关者的认同,在企业内外部建立和谐关系。通过以上举措形成良好的企业精神文化,增强企业内部凝聚力和企业外部影响力,提升苏州上市公司经营效率,促进企业长期发展。

2. 全面提升高管和员工素质,构建企业制度和行为文化

从分析结果来看,员工素质是影响企业制度文化和行为文化的主要因素,这就需要企业从高管素质和员工素质两个角度塑造制度文化和行为文化。企业创办人是企业文化和价值观的主要奠定者和创始人,其价值观有效影响到全体员工的价值观和企业文化的培育;企业创办人的素质影响到企业道德伦理水平、法律意识形态和制度规章的制定,其行为是企业的表率和榜样,影响着整个企业的文化建设成果。因此,提升苏州上市公司企业家素质、加强企业高管队伍建设是促进企业文化成长的必经之路。而员工是企业制度文化的主要履行者、行为文化的主要载体,员工的言行代表着企业的形象,影响着企业生产运营,是企业发展前进的主要资源。所以对员工企业制度和行为文化的教育需要贯彻到整个人力资源计划中去,要体现在选人、用人、育人和留人各个环节,塑造出与企业文化相匹配、认同企业文化的员工。因此,苏州上市公司应强化员工在企业文化建设中的参与及推动作用,形成企业特有的制度文化和行为文化氛围,培养促进企业可持续性发展的动力和源泉。

3. 加大企业研发投入,增强企业物质文化建设

企业物质文化为企业的生存发展提供了物质保障,是企业发挥职能的主要动力支持。本文在实证研究中,并没有得出名牌企业和高新技术企业与苏州上市公司成长性

显著相关的结论,但名牌是企业的形象,高新技术是企业的实力,这两者都是企业综合能力的体现,代表了企业文化的各个层次,承载了企业的文化内涵,仍旧不容忽视。因此,苏州上市企业仍然需要加强品牌文化建设,打造企业品牌文化,增强企业实力,扩大企业影响力。另外,分析结果表明,研发费用与企业的盈利能力存在显著正相关关系,所以,苏州上市企业应当加大研发投入,高度重视产品研发工作,以此来增强企业的物质文化建设。主要方法有:首先,企业可以根据自身的发展战略,结合市场开拓和技术进步的要求,科学制订工艺研发和产品开发计划,强化研发的过程管理,提高研发新产品的水平;其次,还要注意巩固技术优势和服务优势,使研发和市场紧密配合,迅速响应个性化需求,提升解决高端客户重点需求的能力。这样,通过技术创新引导企业的发展变革,通过产品创新提高企业的发展能力,进一步提升企业的物质文化,保证企业的竞争力和可持续成长性。

参考文献:

[1]〔美〕埃德加·H.沙因.企业文化生存指南[M].郝继涛,译.北京:机械工业出版社,2004.

[2]陈春花,曹洲涛,曾昊,等.企业文化[M].北京:机械工业出版社,2010.

[3]陈德萍,陈永圣.股权集中度、股权制衡度与公司绩效关系研究——2007—2009年中小企业板块的实证检验[J].会计研究,2011(1):38-43.

[4]汤文华,刘小进.企业文化创新与公司绩效——基于中国上市公司的实证研究[J].理论观察,2013(4):82-84.

[5]张燚,刘进平,张锐,等.企业文化、价值承诺与企业绩效的相关性研究——来自沪市上市公司的经验证据[J].中国矿业大学学报(社会科学版),2014(4):94-103.

[6]李艳双,石玉莲,刘润润,等.上市家族企业文化与绩效关系实证研究[J].商业经济研究,2015(18):100-101.

[7]张玉明,陈前前.会计文化与中小上市公司成长的实证研究——基于创业板的经验数据[J].会计研究,2015(3):20-25.

(张欣欣、杜 莉、翟英才、叶建慧、雷星星)

上市公司治理结构对企业可持续发展的影响研究
——基于苏州 A 股上市公司的实证分析

一、引言

随着社会主义市场经济体制的不断完善,以及资本市场改革的不断深入,提高上市公司质量、完善治理结构、提高经营管理水平及上市公司竞争优势,从而实现企业可持续发展,已成为推动资本市场健康发展的首要任务。据《中国证券报》报道,截至 2014 年 12 月底,沪深两市上市公司达 2 613 家,总市值达 37.254 696 万亿元,实现营业总收入 63 115 亿元,同比增长 8.43%,其中主板、中小板和创业板增长率分别为 5.25%、12.09% 和 25.57%。

上市公司作为金融市场的重要组成部分,其整体质量以及可持续发展能力直接反映金融市场的可持续发展能力,也体现了资本市场的吸引力和竞争力。上市公司作为国民经济可持续发展的重要微观主体,只有实现其可持续发展,才会有国民经济及整个社会的可持续发展。本文以沪、深两市的苏州市上市公司为研究对象,对苏州市上市公司可持续发展现状进行客观、全面的分析,从公司内部治理结构系统地研究了苏州市上市公司可持续发展能力的主要影响因素,并在此基础上构建了能综合反映苏州市上市公司可持续发展能力的具有可操作性的指标体系。

二、国内外相关文献综述

1. 国外相关文献综述

目前董事会与公司治理的研究主要集中在董事会规模、两职合一以及独立董事对公司业绩影响的研究上。早期 Lipton 和 Lorsch 对董事会规模进行研究,他们认为最佳的董事会规模为 8~9 人,最大不超过 10 人;Jensen(1993) 与前两者有相似的观点,他认为,如果董事会人数太多,则各董事人浮于事,容易受到首席执行官的操纵。对于股权结构方面,Berle 和 Means(1932) 的《现代公司与私有财产》出版以后,股权结构与公司绩效之间的关系已引起了学术界的普遍关注。Demsets 和 Lehn(1985) 通过对 511 家美国大公司的研究,发现股权集中度与公司经营业绩会计指标(净资产收益率)并不相关;Loderer(1997)用最小二乘法(OLS)对股权结构和公司绩效之间的关系进行统计检验,发现股权结构对公司绩效有显著影响;然而 Martin(1997)用二阶段最小二乘法(2SLS)进行统计检验,却发现股权结构对公司绩效并无影响;Pedersen 和 Thomsen(1999)考察了欧洲 12 国 435 家大公司,认为公司股权集中度与公司净资产收益率呈显著正相关。激励机制是公司发展的动力机制。Berle 和 Means(1932)在对美国 200 多家大公司的股权结构进行分析的基础上,得出在股权分散、所有权与经营权分离的情况下,经理人很可能会利用公司资源来为自己谋取利益,而不是首先考虑到股东的利益。为解决高级管理者的激励问题,早在 20 世纪 30 年代,美国公司就开始向经理提供一定的股权,将管理人员收入和公司的长远发展挂钩,做出了股权激励制度最早的实践探索。

2. 国内相关文献综述

吴世农(2001)对于独立董事制度的观点为,从长期来看,独立董事可以有效帮助上市公司克服治理结构方面的缺陷;于东智(2003)认为在董事会成员中独立董事所占的比例,更多地反映了公司董事会的独立性特征,独立董事制度为公司的权益资本和劳动合同的管理提供了更多的保障;杨模荣、姚禄仕(2005)认为可以采用独立董事制度来改善和监控公司信息披露标准和质量,并有利于提升自身的效率及有效性。我国的上市公司股权结构特殊,研究的内容也比较复杂。在国有股比例对公司绩效的影响的研究中,国内研究的结论倾向于认为国有股的集中度对公司价值有负面影响,有利于提高公司治理和管理绩效。许小年和王燕(1997)认为国有股比例对公司绩效存在负效应,法人股比例对公司绩效产生正效应;李维安(2006)也认为股东行为治理在社会团体法人为第一大股东的上市公司中指数最高。我国对股权激励的研究也很多。张红军(2000)认为拥有一定股权的经理人员作为相对控股股东的代理人将有效降低对其的监督成本。作为一种长期激励制度的股权激励,其目的在于公司绩效的提升。刘国亮和王加胜(2000)认为公司绩效与管理人员的股权比例呈正相关关系。宋兆刚(2006)认为,这种状况最根本的原因在于非市场化的管理层激励,"内部人控制"则是直接原因,特别是在我国企业公司治理结构中存在的"外部人内部化"问题。

3. 国内外相关文献评价

从国内外可持续发展的研究成果可以发现,企业治理结构与企业可持续发展研究取得了很大进展,但尚未达成统一意见。虽然国内外学术界都有自己的理论框架,并对公司内部治理结构的各要素进行了深入的研究,但是各学派的研究结论差异较大,降低了对企业的实际指导意义,未能为企业提供现实性参考。我国因为体制、机制、环境等多种要素的作用,很多上市公司可持续发展不足,投资者收益率较低,投资者的信心受到了严重的打击,制约了资本市场的健康稳定发展。意识到公司治理是推动企业可持续发展重要的要素和保障后,国内外的学者在把重点转向分析企业治理结构对公司可持续发展的影响的同时,也在不断利用不同的研究方法和数据进行研究、总结,进而提出了有现实指导意义的理论。

三、研究假设

假设1：独立董事规模与上市公司可持续发展呈正相关关系

独立董事在经营决策中以局外人的身份给予建议，较少受到公司利益和权利的干扰，更加客观、公平、公正。所以独立董事规模的增加，有利于公司协调股东和董事会之间的利益，促进公司运行更加透明化，有利于公司长期发展。

假设2：董事会规模与上市公司可持续发展呈负相关关系

董事会人数增加会给公司带来更多的创意和意见，令决策更加有效，有助于协调各方面利益相关者的利益；但是董事会规模过大会使决策难度提高，降低决策效率，增加信息沟通成本，不利于企业的快速、稳定发展；而且董事会人数过多会使股东形成搭便车的心理，不利于发挥董事会作用。

假设3：董事长与总经理两职分离时有利于公司可持续发展

董事长是最高决策机构的最高决策者，而总经理是公司最高决策执行者；如果两者合一，将会极大地削弱董事会对总经理的约束力及任免权，所以董事长兼任总经理不利于公司可持续发展。

假设4：第一大股东持股比例与上市公司可持续发展呈非线性关系

第一大股东持股比例在一定程度上可以反映企业股权的集中度，根据文献综述，适度的股权集中有利于企业发展，但是股权过度集中于第一大股东，则可能出现大股东侵犯小股东的利益，使企业决策倾向于大股东利益最大化，所以本文提出上述假设。

假设5：第二位到第五位大股东持股比例与上市公司可持续发展呈正相关关系

第二位到第五位股东持股比例能够反映股权的制衡程度，合理的比例有利于实现股东间的相互监督，让企业经营决策更加民主，有助于对第一大股东形成制衡，也有利于企业可持续发展。

假设6：自由流通股比例与上市公司可持续发展呈负相关关系

由于我国资本市场不够成熟，投机现象严重，股份流动性过高，难以实现资本市场的监督作用，从而导致内部监督力度的降低，所以本文提出上述假设。

假设7：高管报酬与上市公司可持续发展呈正相关关系

较高的高管薪酬有助于增加对董事、监事以及高级经理人的约束力和激励作用，减少其损害公司利益的利己行为，使其更多地从公司可持续发展角度进行经营决策。

假设8：监事会规模与上市公司可持续发展呈正相关关系

监事会作为一个独立的监督机构，与决策、执行职能彻底分开。监事会负责对董事会和经理人进行监督，相对独立，不受董事和经理层的制约，有利于规范董事和经理的行为，从而促进公司的长期有效运行。

四、研究设计

（一）样本选取

本文以苏州市境内上市公司为研究对象，考虑到数据和研究结果的实用性，本文数

据以 2014 年苏州市上市公司披露的年度报告数据为准,并对选择的样本做如下处理:

由于样本数据分析在 2014 年期间,所以 2015 年上市的公司不在研究范围内,共剔除 4 家公司。

截止到 2015 年 6 月 30 日,苏州市共有 75 家境内上市公司,其中电子行业 11 家,房地产行业 1 家,纺织服装业 1 家,金属非金属业 3 家,化工业 11 家,机械设备业 23 家,家用电器业 3 家,建筑材料业 5 家,交通运输业 4 家,金融服务业 1 家,轻工制造业 1 家,商业贸易业 2 家,信息服务业 1 家,信息设备业 6 家,综合类行业 2 家,共计 15 个行业 75 家境内上市公司数据。

本文数据来自新浪财经网(http://finance.sina.com.cn/)、巨潮资讯网(http://www.cninfo.com.cn/)上的 2014 年度报告,以及同花顺 iFinD 数据库。数据分析使用 SPSS 20.0 和 Excel 2013。

(二)指标选择

1. 上市公司可持续发展指标设定

财务指标是企业管理最基本的一个层次,是企业可持续发展的最直观反映,也是企业持续发展的财务准备,任何管理策略最终都体现在财务指标上。财务指标是评价企业可持续发展能力的确定性指标,本文从盈利能力、运营能力、偿债能力、成长性等四个方面对可持续发展的评价指标进行分析,如表 1 所示。

表 1 苏州市上市公司可持续发展的评价指标

评价方面	指标名称	计算公式	符号
盈利能力	净资产收益率	净利润÷平均净资产×100%	y_1
	总资产净利率	净利润÷平均资产总额×100%	y_2
	主营业务比率	主营业务利润÷利润总额×100%	y_3
运营能力	总资产周转率	销售收入÷平均资产总额	y_4
	应收账款周转率	销售收入净额÷平均应收账款余额	y_5
	管理费用比率	管理费用÷主营业务收入×100%	y_6
偿债能力	流动比率	流动资产÷流动负债	y_7
	资产负债率	负债总额÷资产总额	y_8
成长能力	净利润(同比增长率)	(本年净利润总额-上年净利润总额)÷上年净利润总额	y_9
	总资产(同比增长率)	(本年总资产-上年总资产)÷上年总资产	y_{10}
	营业总收入(同比增长率)	(本年营业收入总额-上年营业收入总额)÷上年营业收入总额	y_{11}

2. 上市公司内部治理指标设定

公司治理结构分为三个方面:董事会结构、股权结构和对管理层的激励措施。本文即从这三个方面对上市公司内部治理指标进行分析,如表 2 所示。

表2 公司治理结构变量

变量类型	变量定义	符号	变量描述
董事会变量	独立董事规模	X_1	独立董事人数
	董事会规模	X_2	董事会人数
	董事长是否兼任总经理	X_3	兼任取1,不兼任取0
股权结构变量	第一大股东持股比例	X_4	第一大股东持股比例
	第二至第五位大股东持股比例	X_5	第二至第五位大股东持股比例之和
	自由流通股比例	X_6	自由流通股票数/总股数
高管激励和约束机制变量	高管报酬总额	X_7	前三位高级管理人员年薪之和
	监事会规模	X_8	监事会总人数

董事会作为公司的最高决策机构,其结构的有效性直接决定着公司的兴衰。能够反映董事会结构的评价指标包括董事会规模、独立董事规模、董事长是否兼任总经理、董事会会议召开次数等。

股权结构很大程度上反映了公司治理效率。股权结构的评价指标主要选择第一大股东持股比例、第二位到第五位大股东持股比例、自由流通股比例来体现股权集中度、股权制衡度及股权流动性等方面。

企业的高级管理层作为公司的最高执行机构,因为存在委托代理和信息不对称等问题,从而出现高级管理人员和股东利益不一致现象。所以,对高级管理者必须采取激励和约束机制来维护股东和公司利益。本文主要选择高管薪酬比例、监事会规模来衡量高级管理层的激励和约束机制。

(三) 模型建立

1. 上市公司可持续发展综合评价方法模型建立

针对初选的11个可持续发展评价指标,本文通过统计产品与服务解决方案软件(SPSS)采用主成分分析法建立综合评价指标体系,将原始数据样本做标准化处理,然后根据每个指标的方差贡献率,选出8个彼此独立的主变量,利用主成分分析将相关性指标转化成一些不相关的指标,以降低指标维数,避免信息的重叠带来的虚假性,提高评价方法的可操作性,最后以每个主成分的贡献率作为权数,对主成分进行加权平均后的综合得分进行评价。

表3 KMO和Bartlett的检验

取样足够度的Kaiser-Meyer-Olkin度量		0.585
Bartlett的球形度检验	近似卡方	319.756
	df	55
	Sig.	0.000

表4 解释的总方差

成分	初始特征值			提取平方和载入			旋转平方和载入		
	合计	方差百分比(%)	累计方差百分比(%)	合计	方差百分比(%)	累计方差百分比(%)	合计	方差百分比(%)	累计方差百分比(%)
1	2.791	25.370	25.370	2.791	25.370	25.370	2.440	22.184	22.184
2	2.054	18.677	44.047	2.054	18.677	44.047	1.914	17.404	39.589
3	1.505	13.678	57.724	1.505	13.678	57.724	1.715	15.589	55.178
4	1.246	11.327	69.051	1.246	11.327	69.051	1.526	13.873	69.051
5	1.048	9.527	78.578						
6	0.784	7.123	85.701						
7	0.546	4.966	90.666						
8	0.499	4.534	95.200						
9	0.291	2.644	97.844						
10	0.175	1.593	99.437						
11	0.062	0.563	100.000						

提取方法:主成分分析。

表5 旋转成分矩阵[a]

	成分			
	1	2	3	4
Zscore:净资产收益率	0.952			
Zscore:总资产净利率	0.937	0.102		
Zscore:净利润(同比增长率)	0.661	−0.284	0.325	
Zscore:资产负债率		−0.934	−0.126	
Zscore:主营业务比率		0.928	0.146	
Zscore:营业总收入(同比增长率)	0.177	0.191	0.816	
Zscore:总资产(同比增长率)	0.284	0.206	0.801	−0.122
Zscore:应收账款周转率	−0.306		0.440	0.312
Zscore:管理费用比率				0.842
Zscore:总资产周转率				0.800
Zscore:流动比率			0.231	−0.248

提取方法:主成分分析。
旋转法:具有 Kaiser 标准化的正交旋转法。
a:旋转在6次迭代后收敛。

根据 KMO 和 Bartlett 的检验可知,Bartlett 球体法圆形检验显著性水平为0.000,小于显著性水平 0.05，因此拒绝 Bartlett 球形度检验的零假设，可以进行主成分分析。根据表 4 解释的总方差，可以看出 4 个主成分的累计方差贡献率达到 69.051%，反映了大部分的信息。根据表 5 旋转成分矩阵，针对旋转后的 4 个因子，选取每个因子中解释度最高的变量，结合上文分类，因子 1 代表盈利能力，可用净资产收益率(0.952)、总资产净利率(0.937)来表示；因子 2 代表偿债能力，可用资产负债率(- 0.934)来表示；因子 3 代表成长能力，可用营业总收入(同比增长率)(0.816)、总资产(同比增长率)(0.801)来表示；因子 4 代表运营能力，可用管理费用比率(0.842)、总资产周转率(0.800)来表示。根据以上的主成分分析，最终确定的上市公司可持续发展综合指标体系如表 6 所示。

表 6　苏州市上市公司可持续发展的评价指标

评价方面	指标名称	计算公式	符号
盈利能力	净资产收益率	净利润/平均净资产×100%	Y_1
	总资产净利率	净利润/平均资产总额×100%	Y_2
运营能力	总资产周转率	销售收入/平均资产总额	Y_3
	管理费用比率	管理费用/主营业务收入×100%	Y_4
偿债能力	资产负债率	负债总额/资产总额	Y_5
成长能力	总资产(同比增长率)	(本年总资产 - 上年总资产)/上年总资产	Y_6
	营业总收入(同比增长率)	(本年营业收入总额 - 上年营业收入总额)/上年营业收入总额	Y_7

根据主成分的估计值和权重做加权平均后的综合得分进行评价，上市公司可持续发展能力所选样本的综合结果如表 7 所示。

表 7　上市公司可持续发展能力综合指标赋权

指标内容	指标名称	综合得分模型中的系数	指标权重
盈利能力	净资产收益率 Y_1	0.243 3	0.220 2
	总资产净利率 Y_2	0.222 5	0.201 3
运营能力	总资产周转率 Y_3	0.103 4	0.093 5
	管理费用比率 Y_4	0.091 5	0.082 8
偿债能力	资产负债率 Y_5	0.121 2	0.109 7
成长能力	总资产(同比增长率) Y_6	0.173 4	0.156 9
	营业总收入(同比增长率) Y_7	0.149 6	0.135 4

根据表 7，本研究得出苏州市上市公司可持续发展能力的综合模型：

$$Y = 0.2202Y_1 + 0.2013Y_2 + 0.0935Y_3 + 0.0828Y_4$$
$$+ 0.1097Y_5 + 0.1569Y_6 + 0.1354Y_7 \quad \text{(公式1)}$$

其中,Y 表示上市公司可持续发展综合评价值。

根据上市公司可持续发展能力的综合模型,可以计算出所选71家苏州上市公司综合可持续发展能力的得分和排名。

2. 上市公司治理结构与企业可持续发展之间的关系模型建立

上市公司内部治理结构中影响公司可持续发展的因素比较多,本文主要采用多元线性回归方法分析上市公司内部治理机构与其可持续发展的关系。根据上述分析,第一大股东持股比例与上市公司可持续发展有着非线性关系,其他公司内部治理结构指标与上市公司可持续发展存在着线性关系,从而构建出以下模型:

$$Y = \alpha_0 + \alpha_1 X_4^2 + \alpha_2 X_1 + \alpha_3 X_2 + \alpha_4 X_3 + \alpha_5 X_4 + \alpha_6 X_5 + \alpha_7 X_6 + \alpha_8 X_7 + \alpha_9 X_8 + \xi \quad \text{(公式2)}$$

其中,Y 表示上市公司可持续发展综合评价值,α_0 表示常数,ξ 表示随机误差,$\alpha_i (i=1,2,\cdots,8)$ 表示回归系数。

确定了公司内部治理的各项指标后,对选取的苏州市71家上市公司的原始数据进行无量纲化处理。采用Z标准化方法,将各变量的平均值与每个变量值的差值除以变量的标准差,无量纲化后的变量均值为0,标准差为1,从而消除了维数和量级的影响。

其次,对处理得到的数据运用SPSS19.0软件进行逐步回归筛选(Stepwise),得到模型的自变量,并且针对回归模型进行显著性检验、回归系数的显著性检验以及多重共线性检验。

(1) 回归模型显著性检验。

表8 回归模型显著性检验结果 Anova[b]

模型		平方和	df	均方	F	Sig.
1	回归	8.681	9	0.965	4.651	0.000[a]
	残差	12.652	61	0.207		
	总计	21.333	70			

a:预测变量,(常量),第一大股东持股比例平方,监事会规模,董事长是否兼任总经理,独立董事规模,前三名高管报酬总额(万元),第二到第五大股东持股比例,董事会规模,自由流动股比例,第一大股东持股比例。

b:因变量,可持续发展综合得分。

从表8的回归模型显著性检验结果可以看出,F检验的观测值为4.651,对应的概率近似值为0,在显著性水平 α 为0.01的水平下,概率 P 小于显著性水平 α,所以拒绝原假设,因为各回归系数不同时为0,被解释变量与解释变量全体的线性关系是显著的,可建立线性模型,即该回归模型是可行的。

(2) 回归系数及显著性检验。

表9 回归系数及其显著性检验结果系数[a]

模型		非标准化系数		标准系数	t	Sig.	共线性统计量	
		B	标准误差	试用版			容差	VIF
1	常量	4.068	1.084		3.753	0.000		
	独立董事规模	-0.034	0.173	-0.025	-0.197	0.845	0.591	1.692
	董事会规模	-0.043	0.053	-0.106	-0.809	0.421	0.571	1.752
	董事长是否兼任总经理	0.085	0.115	0.077	0.744	0.460	0.901	1.110
	第一大股东持股比例	-3.761	2.289	-0.882	-1.643	0.106	0.034	29.623
	第二到第五大股东持股比例	-3.143	1.097	-0.649	-2.865	0.006	0.190	5.268
	自由流动股比例	-3.607	0.857	-1.066	-4.209	0.000	0.152	6.592
	前三名高管报酬总额（万元）	0.002	0.001	0.382	3.446	0.001	0.791	1.264
	监事会规模	-0.132	0.080	-0.169	-1.651	0.104	0.929	1.077
	第一大股东持股比例平方	0.143	2.403	0.027	0.060	0.953	0.046	21.886

a：因变量，可持续发展综合得分。

从表9中回归系数及其显著性检验结果可以看出，在显著性水平为0.01的情况下，除了第二到第五大股东股权比例、自由流动股比例、前三名高管报酬总额这三个变量之外，其他变量的回归系数显著性检验的概率 P 值明显大于显著性水平，因此应接受原假设，认为它们与被解释变量 Y（可持续发展综合得分）的线性关系是不显著的，不应该保留在此模型方程中。

（3）解释变量间多重共线性检验。

表10 解释变量间多重共线性检验结果共线性诊断[a]

模型	维数	特征值	条件索引	方差比例									
				常量	独立董事规模	董事会规模	董事长是否兼任总经理	第一大股东持股比例	第二到第五大股东持股比例	自由流动股比例	前三名高管报酬总额（万元）	监事会规模	第一大股东持股比例平方
1	1	8.454	1.000	0.00	0.00	0.00	0.00	0.00	0.00	0.00	0.00	0.00	0.00
	2	0.546	3.936	0.00	0.00	0.00	0.03	0.00	0.01	0.00	0.05	0.00	0.01
	3	0.421	4.481	0.00	0.00	0.00	0.79	0.00	0.00	0.00	0.01	0.00	0.00
	4	0.274	5.550	0.00	0.00	0.00	0.02	0.00	0.11	0.01	0.14	0.00	0.00
	5	0.228	6.089	0.00	0.00	0.00	0.05	0.00	0.00	0.02	0.65	0.01	0.00
	6	0.038	14.889	0.00	0.01	0.02	0.01	0.00	0.00	0.02	0.00	0.91	0.00
	7	0.021	19.976	0.00	0.05	0.37	0.06	0.00	0.18	0.21	0.10	0.01	0.03
	8	0.009	30.822	0.03	0.77	0.21	0.00	0.05	0.00	0.00	0.03	0.01	0.07
	9	0.007	34.601	0.05	0.17	0.38	0.04	0.15	0.16	0.16	0.01	0.02	0.45
	10	0.002	74.124	0.91	0.00	0.01	0.00	0.80	0.53	0.57	0.01	0.04	0.43

a：因变量，可持续发展综合得分。

从表 10 中解释变量间多重共线性检验结果中的条件索引可以看出,第 6、7、8、9、10 个条件索引都大于 10,说明变量间存在多重共线性。

通过上述分析可知,原回归模型存在明显的线性关系不显著和变量的多重共线性问题,所以需要重新建立回归模型。本文采用向后筛选法建立新模型。

(4) 建立新的回归模型。

从表 11 模型汇总表可以看出,经过 5 步的向后筛选法,建立回归模型,最后的模型为第 4 模型。依次剔除的方程变量为第一大股东持股比例平方、独立董事规模、董事长是否兼任总经理、董事会规模。如果显著性水平为 0.01,则可发现被剔除的变量的 F 检验的概率 P 值均大于显著性水平,所以可以认为这些变量对被解释变量的线性解释没有显著贡献,不应保留在方程中。最终保留下来的是监事会规模、前三名高管报酬总额、第二至第五大股东持股比例、自由流动股比例、第一大股东持股比例,共有 5 个变量。接着进行模型的方差分析,检查新建的模型是否有效,如表 12 所示。

表 11 模型汇总[f]

模型	R	R^2	调整 R^2	标准估计的误差	更改统计量				Durbin-Watson
					R^2 更改	F 更改	df1	df2	Sig. F 更改	
1	0.638[a]	0.407	0.319	0.455 42	0.407	4.651	9	61	0.000	
2	0.638[b]	0.407	0.330	0.451 75	0.000	0.004	1	61	0.953	
3	0.638[c]	0.407	0.341	0.448 29	0.000	0.038	1	62	0.845	
4	0.634[d]	0.401	0.345	0.446 69	-0.005	0.544	1	63	0.463	
5	0.620[e]	0.384	0.337	0.449 55	-0.017	1.836	1	64	0.180	1.677

a:预测变量,(常量),X_4 平方,X_8,X_3,X_1,X_7,X_5,X_2,X_6,X_4。
b:预测变量,(常量),X_8,X_3,X_1,X_7,X_5,X_2,X_6,X_4。
c:预测变量,(常量),X_8,X_3,X_7,X_5,X_2,X_6,X_4。
d:预测变量,(常量),X_8,X_7,X_5,X_2,X_6,X_4。
e:预测变量,(常量),X_8,X_7,X_5,X_6,X_4。
f:因变量,可持续发展综合得分。

表 12 模型方差分析表 Anova[f]

模型		平方和	df	均方	F	Sig.
1	回归	8.681	9	0.965	4.651	0.000[a]
	残差	12.652	61	0.207		
	总计	21.333	70			
2	回归	8.681	8	1.085	5.317	0.000[b]
	残差	12.653	62	0.204		
	总计	21.333	70			

续表

模型		平方和	df	均方	F	Sig.
3	回归	8.673	7	1.239	6.165	0.000[c]
	残差	12.661	63	0.201		
	总计	21.333	70			
4	回归	8.563	6	1.427	7.153	0.000[d]
	残差	12.770	64	0.200		
	总计	21.333	70			
5	回归	8.197	5	1.639	8.112	0.000[e]
	残差	13.136	65	0.202		
	总计	21.333	70			

b：预测变量,(常量),X_8,X_3,X_1,X_7,X_5,X_2,X_6,X_4。
c：预测变量,(常量),X_8,X_3,X_7,X_5,X_2,X_6,X_4。
d：预测变量,(常量),X_8,X_7,X_5,X_2,X_6,X_4。
e：预测变量,(常量),X_8,X_7,X_5,X_6,X_4。
f：因变量,可持续发展综合得分。

从表 11 可以看出第 5 个模型是最终的方程,如果显著性水平为 0.01,由于回归方程显著性检验的概率 P 值小于 0.01,因此在显著性水平为 0.01 时模型的线性关系显著,所以建立的线性模型是合适的。

在第 5 个模型中,通过新模型中变量的回归系数及显著性检验(见表 13),可以得知,在显著性水平为 0.01 下,第一大股东持股比例、第二到第五大股东持股比例、自由流动股比例、前三名高管报酬总额的回归系数较显著;监事会规模在显著性水平为 0.05 时回归系数较显著,以上变量系数下的回归方程具有统计学意义,以第 5 模型为苏州市上市公司治理结构和可持续发展关系分析模型总体来看是合理的,模型中的解释变量能够很好地解释上市公司可持续发展状况。

表 13 新模型中变量的回归系数及显著性检验系数[a]

模型		非标准化系数		标准系数	t	Sig.	共线性统计量	
		B	标准误差	试用版			容差	VIF
5	常量	3.761	0.915		4.112	0.000		
	第一大股东持股比例	-3.667	0.960	-0.859	-3.818	0.000	0.187	5.350
	第二到第五大股东持股比例	-3.298	1.038	-0.681	-3.178	0.002	0.207	4.843
	自由流动股比例	-3.687	0.800	-1.089	-4.611	0.000	0.170	5.889
	前三名高管报酬总额（万元）	0.002	0.000	0.339	3.386	0.001	0.947	1.056
	监事会规模	-0.132	0.079	-0.169	-1.680	0.018	0.939	1.065

a：因变量,可持续发展综合得分。

在新建立的回归模型中根据标准化残差的标准 P-P 图(见图1),可以得知,通过向后筛选法重新建立的回归模型是可行的。

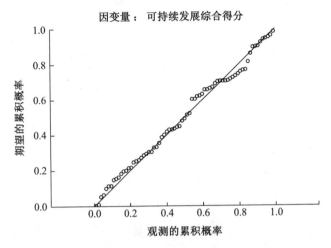

图1　回归模型标准化残差的标准 P-P 图

根据表13,采用原始数据回归得到回归系数,建立的回归模型如下:

$$Y = 3.761 - 3.667X_4 - 3.298X_5 - 3.687X_6 + 0.002X_7 - 0.132X_8 \quad (公式3)$$

五、研究结论

通过上述回归分析,得出以下研究结论:

(1)独立董事的规模与企业可持续发展能力不相关。从回归分析中得出的结论与假设1不一致。这表明独立董事在苏州上市公司中仍然没有真正发挥作用。可能的原因有:首先,独立董事制度在2001年才真正引入我国,其本身就存在缺陷,需要改善,而且有些独立董事对上市公司业务不熟悉,认为独立董事制度与自身利益无关,从而没有很好地实施监督管理权力。其次,目前很多独立董事仅是形式上的岗位,没有实权和职能,而我国上市公司的董事会严重地受内部人控制和影响,董事会的核心作用还没有确立,独立董事的引入并没有显著增加董事会的独立性。所以,公司董事会和独立董事制度的重构已成为完善我国公司治理的必然要求。

(2)董事会规模与上市公司可持续发展能力不存在显著的相关关系。在回归过程和回归模型的重新制定中,董事会规模这一变量在重新建模的第5步就被淘汰了。从表9来看,董事会规模与上市公司可持续发展综合体系的回归系数为 -0.043,相关系数 Sig 值为0.421,由此可见,董事会规模与上市可持续发展不存在相关性,所得结论与假设2不相符。这可能是由于上市公司对于环境变化的适应性和灵活性不够,当董事会人数增加时,决策速度降低,导致经营成本增加和经营效率降低。由于企业自身的特殊性,董事会规模变化给不同企业带来的影响亦不同,从而产生董事会规模与上市公司可持续发展能力不相关的结果。

（3）董事长与总经理是否两职合一与企业可持续发展能力相关性不明显。从表9中得知，"董事长是否兼任总经理"这一变量的回归系数为0.085，相关系数为0.460，所以董事长与总经理两职合一对企业可持续发展没有显著影响，说明该因素对上市公司可持续发展产生一定作用，但影响不明显，与假设3不相符。这表明，在上市公司内部，两职分离产生的积极影响和消极影响有可能被抵消。原因可能是董事长拥有公司的决策和任免权，总经理在公司仅仅作为被动的执行者。因此，公司董事长是否兼总经理与企业的可持续发展的相关性不明显。

（4）第一大股东持股比例与企业可持续发展能力呈负相关关系。在表13重新建立的回归分析中，第一大股东比例与上市公司可持续发展综合体系的回归系数为-3.667，并在99%的置信水平下显著。这表明，第一大股东持股比例与企业可持续发展能力呈负相关关系，这与假设4不相符。结合理论研究，目前在苏州上市公司中，第一大股东比例如果再进一步增加的话，则可能发生股东过度控制、独裁、侵害其他股民利益等现象。这恰好也反映了大多数国有企业中"一股独大"的利弊，国有股减持作用在本文中也得到了充分体现。

（5）第二至第五位股东持股比例与企业可持续发展能力呈显著负相关关系，与假设5相反。说明苏州市上市公司中不存在第二至第五大股东对第一大股东的相对持股比例越高，则可持续发展能力越强的规律。这是因为我国上市公司股权结构并未形成真正的制衡机制，未能充分发挥其作用，主要原因在于目前我国股权相对集中，从而影响了其他大股东参与公司治理的积极性。从长期来看，股权集中的优势将最终被股权不制衡的劣势抵消，缺乏充分的民主决策，经营者没有受到全面、有效监督，最终不利于企业可持续发展。

（6）自由流通股比例与企业可持续发展能力呈负相关关系。从回归结果来看，自由流通股与上市公司可持续发展能力指标体系的回归系数为-3.687，相关系数的Sig值为0，通过显著性检验。由此可知，自由流通股比例与企业可持续发展能力呈负相关关系，与研究假设6一致。这可能是由于我国资本市场股权分置和市场分割，以及我国资本市场的投机和跟风炒作较严重，使流通股买卖不利于上市公司可持续发展。

（7）报酬金额最高的前三名高级管理人员的报酬总额与企业可持续发展能力呈显著正相关关系，即高管人员的薪酬激励有利于企业的可持续发展，与假设7相符。所以，在一定程度上提高高管的报酬水平，可以产生有效激励作用，使管理者更加尽职尽责地为企业服务，从而增强企业的可持续发展能力。

（8）监事会规模与企业可持续发展能力呈负相关关系，与假设8不相符。从实证结果来看，虽然上市公司中设立了监事会，但由于受制于董事会，监事会很难实施有效的监督和约束；并且监事会在我国目前还没有对管理层的解聘权或者相关业务的批准权等实际权力，所以监事会规模的扩大，势必会不利于企业长期发展。

参考文献：

[1] Hermalin B E, Weisbach M S. Boards of Directors as an Endogenously Determined Institution: A Survey of the Economic Literature [J]. SSRN Working Papers, 2000, 34(1): 17 – 26.

[2] Hsu Hwa-Hsien, Wu Yu-Hsuan. Board composition, grey directors and corporate failure in the UK[J]. The British Accounting Review, 2013, 46(3): 215 – 217.

[3] Hsin-I Chou, Huimin Chung, Xiangkang Yin. Attendance of board meetings and company performance: Evidence from Taiwan[J]. Journal of Banking and Finance, 2013, 37(11): 4157 – 4171.

[4] Joseph J, Ocasio W, Mcdonnell M-H. The structural elaboration of board independence: Executive power, institutional logics, and the adoption of CEO—only board structures in US corporate governance [J]. The Academy of Management Journal, 2014, 57(6): 1535 – 1543.

[5] 姚禄仕. 上市公司可持续发展研究[D]. 合肥工业大学, 2009.

[6] 赵晨, 章仁俊, 陈永斌. 董事会结构特征与企业成长关系研究——以竞争性行业上市公司为例[J]. 经济问题, 2010(6): 59 – 62.

[7] 郝云宏, 周翼翔. 董事会结构、公司治理与绩效——基于动态内生性视角的经验证据[J]. 中国工业经济, 2010(5): 110 – 120.

[8] 骆晓亚, 李宁. 关于公司治理与绩效关系研究的文献综述[J]. 经营管理者, 2013(3): 104 – 105.

[9] 张荣艳, 蔡丽娜. 上市公司公司治理与业绩关系研究——来自房地产的数据[J]. 财会通讯, 2013(15): 66 – 69.

[10] 石大林, 路文静. 公司治理效率与公司综合绩效间的关系——基于面板数据模型和主成分分析方法[J]. 山东财政学院学报, 2014(3): 83 – 92.

[11] 张志坡, 王果. 我国上市公司监事会治理的实践[J]. 金陵法律评论, 2014(2): 112 – 125.

[12] 高明华, 苏然, 方芳. 中国上市公司董事会治理评价及有效性检验[J]. 经济学动态, 2014(2): 24 – 35.

[13] 郭泽光, 敖小波, 吴秋生. 内部治理、内部控制与债务契约治理——基于A股上市公司的经验证据[J]. 南开管理评论, 2015(1): 45 – 51.

[14] 曾新丽, 于兴波. 基于公司治理结构的我国上市公司内部控制[J]. 财会研究, 2015(5): 63 – 66.

[15] 于朝晖. 提升国有企业公司治理水平的路径探讨[J]. 中国市场, 2015(22): 134 – 139.

[16] 韩少真, 潘颖, 张晓明. 公司治理水平与经营业绩——来自中国A股上市公司的经验证据[J]. 中国经济问题, 2015(1): 50 – 62.

（胡　菊、周路路、杨　峰、王　健、周联华）

苏州市上市公司可持续发展的实证分析

一、引言

上市公司作为国民经济可持续发展的重要微观主体,对国民经济和社会的可持续发展都有重要的推动作用。根据苏州市统计局发布的消息,2014 年,全市在战略性新兴产业上市的公司数量达到了 54 家,其实现的利润达到 58.5 亿元,同比增长 8.9%;同时,其研发费用占营业收入的比率达到了 2.9%。这些数据都显示苏州市正在进行全市转型升级和创新发展,基于上市公司的可持续发展不断提升苏州市的综合实力。本文以沪、深两市的苏州市上市公司为研究对象,对苏州市上市公司可持续发展现状进行客观、全面的分析,通过对影响可持续发展能力的主要因素的研究,构建可行性指标体系来反映苏州市上市公司的可持续发展能力。

二、文献综述

D. L. Meadows 等一批西方科学家首次在 1972 年的《增长的极限》研究报告中提到"持续增长"的概念,同年,"可持续发展"的概念首次被公开提出。到 1987 年,挪威首相 G. H. Brundland 夫人首次明确定义了"可持续发展",即"既满足当代人的需要,又不对后代人满足其需要能力构成危害的发展"。Jeppe Glahn(2001)提出影响企业实现可持续发展的关键因素是利益相关者之间的沟通。

国内研究中,张蕊(2001)等人主要运用企业战略经营业绩评价指标体系对上市公司绩效评价进行分析。梁杰(2006)等人采用层次分析法和功效系数法对企业的可持续发展水平进行测算,并根据可持续发展能力的定量比较结果分析了企业可持续发展的优劣势。

通过对文献的查阅发现,目前国内外对可持续发展的研究主要还是集中在宏观因素上,利用微观指标来构建可持续发展评价体系的研究较少。

三、样本选择和指标选择

本研究以苏州市境内 A 股上市公司为研究对象,数据以 2014 年苏州市上市公司披露的年度报告数据为准,并剔除在这期间出现异样的公司。截止到 2015 年 6 月 30 日,苏州市共有 75 家上市公司,如果按照以上要求进行筛选,共有 71 家境内上市公司符合要求。

财务指标是企业管理最基本的一个层次,是企业可持续发展的最直观反映,也是企业持续发展的财务准备,任何管理策略最终都体现在财务上。财务指标是评价企业可持续发展能力的确定性指标,本文从盈利能力、运营能力、偿债能力、成长性四个方面对可持续发展的评价指标进行分析,以净资产收益率、总资产净利率、主营业务比率作为盈利能力衡量指标,以总资产周转率、应收账款周转率、管理费用比率作为运营能力的衡量指标,以流动比率、资产负债率作为偿债能力的衡量指标,以净利润(同比增长率)、总资产(同比增长率)及营业总收入(同比增长率)作为成长能力的衡量指标。

四、模型建立

针对初选的 11 个可持续发展评价指标,本研究采用主成分分析法通过统计产品与服务解决方案软件(SPSS)建立综合评价指标体系,将原始数据样本做标准化处理,选出 8 个彼此独立的主变量,利用主成分分析,对主成分再进行加权平均后的综合得分进行评价,见表 1 和表 2。

表 1 KMO 和 Bartlett 的检验

取样足够度的 Kaiser-Meyer-Olkin 度量		0.585
Bartlett 的球形度检验	近似卡方	319.756
	df	55
	Sig.	0.000

表 2 旋转成分矩阵[a]

	成分			
	1	2	3	4
Zscore:净资产收益率	0.952	0.000	0.000	0.000
Zscore:总资产净利率	0.937	0.102	0.000	0.000
Zscore:净利润(同比增长率)	0.661	−0.284	0.325	0.000
Zscore:资产负债率	0.000	−0.934	−0.126	0.000
Zscore:主营业务比率	0.000	0.928	0.146	0.000
Zscore:营业总收入(同比增长率)	0.177	0.191	0.816	0.000
Zscore:总资产(同比增长率)	0.284	0.206	0.801	−0.122
Zscore:应收账款周转率	−0.306	0.000	0.440	0.312
Zscore:管理费用比率	0.000	0.000	0.000	0.842
Zscore:总资产周转率	0.000	0.000	0.000	0.800
Zscore:流动比率	0.000	0.000	0.231	−0.248

提取方法:主成分分析。
旋转法:具有 Kaiser 标准化的正交旋转法。
a:旋转在 6 次迭代后收敛。

根据 KMO 和 Bartlett 的检验可知,Bartlett 球体法圆形检验显著性水平均为 0.000,小于显著性水平 0.05,因此可以进行主成分分析。根据表 2 旋转成分矩阵,针对旋转后的 4 个因子,选取每个因子中解释度最高的的变量,结合上文分类,因子 1 代表盈利能力,可用净资产收益率(0.952)、总资产净利率(0.937)来表示;因子 2 代表偿债能力,可用资产负债率(-0.934)来表示;因子 3 代表成长能力,可用营业总收入(同比增长率)(0.816)、总资产(同比增长率)(0.801)来表示;因子 4 代表运营能力,可用管理费用比率(0.842)、总资产周转率(0.800)来表示。根据以上的主成分分析,最终确定的上市公司可持续发展综合指标体系为:净资产收益率(Y_1)和总资产净利率(Y_2)作为盈利能力的衡量指标,总资产周转率(Y_3)和管理费用比率(Y_4)作为运营能力的衡量指标,资产负债率(Y_5)作为偿债能力的衡量指标,总资产(同比增长率)(Y_6)和营业总收入(同比增长率)(Y_7)作为成长能力的衡量指标。

根据主成分的估计值和权重做加权平均后综合得分进行评价,可以得出苏州市上市公司可持续发展能力的综合模型:

$Y = 0.2202Y_1 + 0.2013Y_2 + 0.0935Y_3 + 0.0828Y_4 - 0.1097Y_5 + 0.1569Y_6 + 0.1354Y_7$

其中,Y 表示上市公司可持续发展综合能力。

五、结论

本研究通过净资产收益率和总资产净利率两项指标对上市公司的盈利能力进行了衡量。实证发现,公司的盈利能力与公司的可持续发展呈正相关。盈利能力越强则发展能力越高。以总资产周转率及管理费用比率来衡量的运营能力与公司的发展呈正相关。以资产负债率衡量的偿债能力与公司成长呈负相关。以总资产同比增长率及营业总收入同比增长率来衡量的成长能力与公司发展呈正相关。

上市公司的发展需要进行适当的资本投入,在实业生产中,应将资本投入成长性较好的行业或者产品中,以促进公司可持续发展。企业的营运能力直接决定着企业的经营,企业应严格管理企业的流动资金,增加资产周转率,以不断增加资金的利用率。上市企业需要注意公司的负债能力,切勿由于上市融资而过多负债,应控制公司的资产负债率在适度范围内,以保持公司充足的偿债能力,从而保证企业的长足发展。

参考文献:

[1] Hermalinand Weisbach. Boards of Directors as an Endogenously Determined Institution: A Survey of the Economic Literature[J]. SSRN Working Papers, 2000, 34(1): 17 - 26.

[2] Hsu Hwa Hsien, Wu Yu Hsuan. Board composition, grey directors and corporate failure in the UK[J]. The British Accounting Review. 2013,46(3): 215 - 227.

[3] 张协奎,李惠惠.西江经济带小城镇可持续发展能力分析[J].广西社会科学,2015(11):70 - 75.

[4] 沙晨迪.影响环境艺术设计中"艺术性"发展因素综述[J].艺术品鉴,2016(7):22.

[5] 郭骁.基于创新与控制"差异度"的企业可持续发展问题研究[J].北京邮电大学学报(社会科学版),2016(2):72-77.

[6] Jeppe Glahn, Kristian Heydenreich. Steps Towards Sustainable Development at Brødrene Hartmann A/S[J]. Corporate environmental stastegy, 2011, 8(2): 186-192.

[7] 张蕊.企业经营业绩评价理论与方法的变革[J].会计研究,2001(12):46-50.

[8] 梁杰,韩慧,段家菊.东北企业可持续发展能力实证分析[J].经济论坛,2006(23):10-12.

(胡 菊)

上市公司的知识产权问题探讨

无论是拟上市企业还是上市挂牌企业,知识产权只是诸多公司经营管理业务中的一个方面。先前的失败案例告诉我们,仅仅这一个方面的问题,就有可能阻碍企业的上市进程或给企业带来其他严重的负面影响。这是由于知识产权业务特殊的专业性要求和时间性要求,对于一般企业的专职人员来说并不容易掌握,也不是所有的律师或专业人士都能时时注意其中的风险,帮助企业提前预防并及时采取措施。同样,无论在上市前还是在上市后,与一般公司相比,知识产权对于上市企业也有着更为特殊的要求。本文尝试从公司的知识产权风险控制出发,探讨上市企业的知识产权规划、上市企业的知识产权经营管理和风险控制,不涉及有关上市企业知识产权的评估、使用、出售、入股和吸收资金等知识产权的运用问题。

一、上市公司的知识产权及其重要性

根据《与贸易有关的知识产权协议》(TRIPS)等文件的规定,知识产权包括著作权与邻接权、商标权、地理标记权、工业品外观设计计权、专利权、集成电路布图设计计权、未披露过的信息专有权,此外,还包括商号权、植物新品种、非物质文化遗产、产品名称、包装、装潢等。《巴黎公约》、世界知识产权组织(WIPO)等对于知识产权有着略有差异的定义,但都是以不穷尽列举的方法尝试定义。本文暂取 TRIPS 协议对知识产权的定义,在论述时涉及常见的专利权、商标权以及著作权。对于不同的企业而言,不同的知识产权在实践中因企业的性质不同而有一定的差异,具有不同的战略或者战术价值。比如,对于生产型企业,专利、商业秘密通常更为重要;对于服务型企业而言,通常企业名称、字号、标识、商标则可能更为重要;对于互联网企业而言,可能著作权、域名相对重要。

当今世界是知识经济时代,经济全球化是必然趋势,真正意义上的知识产权的拥有量,尤其是知识产权的质量,影响的广度、深度和时间维度,是衡量一个国家科技水平、经济实力和综合竞争力的重要标准。我们国家势必应当从以往只重数量,向提升知识产权的含金量方面正确引导国内企业健康发展。尤其是吸纳公众资金、具备一定规模的上市公司,占有较大的市场份额,具备良好的发展前景,因而拥有相当质量的知识产权是极其重要的。

二、知识产权对上市公司的股票市值的影响

知识产权与上市公司的股票价格密切相关。股民购买股票实际是对将来的一种投资。如上所述,知识产权作为无形资产,不仅是现在,更是未来盈利能力的基本保障,是一种排他性资源。独占性的权利是利润、超额利润的来源和基本保障。所以,股民买股票就应当关注上市公司的知识产权情况,包括知识产权的法律状态,这一说法并非言过其实。

三、上市公司普遍存在的知识产权法律问题

(一)证监会《首次公开发行股票并在创业板上市管理暂行办法》规定

该《办法》第十四条第三款明确规定:"发行人应当具有持续盈利能力,不存在下列情形:……发行人在用的商标、专利、专有技术、特许经营权等重要资产或者技术的取得或者使用存在重大不利变化的风险。"设置这一规定的理由是显而易见的,企业的生存发展、主要业绩,如果是与某项或者某些知识产权有一定关联,那么此类知识产权应当被视为企业的核心资产之一,其核心资产的安全性与风险评估,显然是证监会和广大股民们关心的问题。

根据上述规定,拟上市公司只要是其知识产权存在不利的不稳定状态,就应当被终止上市审查,从而给拟上市企业带来风险。

(二)拟上市公司面临的知识产权法律风险

拟上市公司的上市辅导期,也是企业面临诉讼的高发期。此类诉讼往往与应收账款、产品销售等运营管理不一定有直接关系,但是这类诉讼风险通常可以预见并控制。而且,有关涉及知识产权的诉讼往往会突如其来,让人猝不及防。因此,知识产权诉讼就非常有可能成为竞争对手用以干扰上市计划的一种手段;也可能被知识产权所有者或持有人利用,借机进行高额索赔。原告如果有意阻挠被告上市,或以给被告施加压力为目的,可以简单地通过法律程序,合法地冻结拟上市公司的资金、产品、原料;也可以根据2013年新实施的《民事诉讼法》和相关知识产权法律规定申请"禁令"。这样在法院判决之前即可要求被告禁止从事某一行为。由于知识产权诉讼涉及的领域十分广泛,既有可能依据版权、商标、专利提起侵权诉讼或权属纠纷,也有可能依据反不正当竞争法等提起诉讼,如果没有对自身知识产权的足够了解,对风险不予以预见和防控,那么必然会处于被动局面,甚至带来灾难性后果。

拟上市公司的知识产权法律风险,通常出现在以下两个环节:

1. 自有知识产权的登记注册环节

知识产权作为一种合法的市场垄断权利,已成为衡量企业市场竞争力和发展前景的重要指标。对于拟上市公司而言,尤其是创业板上市公司,是否已经申请注册了商标、专利权和著作权(主要指软件),申请或登记了多少数量,申请的质量如何,法律状态如何,都是衡量该公司是否有发展前景的重要参考内容。

2. 对自有知识产权的日常管理环节

公司将商标注册申请、专利注册申请提交以后,并非已获得确定的权利。商标申请除了可能被商标局驳回外,还有可能被他人提出异议;即便核准注册了,也有被认定无效的可能(与其他在先权利冲突,与驰名商标相冲突,或《商标法》规定的其他情形)。实用新型和外观设计专利都不经过实质性审查,每年都需要缴纳年费,如果一时疏忽没有缴纳,意味着专利可能失效。以下是苏州市著名的知识产权反面案例:拟上市企业苏州恒久在招股书里公布了有机光导体、有机光导体管体等5项专利,但其后这5项专利在2009年并没有缴纳年费;而其在上市招股说明书中声称正在向国家知识产权局申请的"光导体用含高分子材料的新型阻挡层""改善有机光导体光疲劳性能的方法"两项发明型专利也在2008年4月已被视为撤回。苏州恒久的证券律师可能并不十分熟悉知识产权法律实践,并未发现上述知识产权披露不实的情况,最终导致苏州恒久的上市止步在首次公开募股阶段。

知识产权的权利状态是动态的,比如,商标领域中类似产品的判断随着技术和市场的发展而变化;又比如,专利每年的年费缴纳情况、到期失效的情况、被他人提出无效请求宣告的情况等也都是不断变化的。这些都需要专业人士对上市公司的知识产权进行即时的日常管理工作。

另外,拟上市公司在管理好自身知识产权的同时,同样需要尊重他人的知识产权或其他民事权利,防止由于侵犯他人知识产权引发法律纠纷。企业在发展的初期往往对知识产权未足够重视,或在之后又未能在经营活动中逐步纠正,有可能存在侵犯他人知识产权的隐患。因此,当企业积极谋求上市时必须排查企业在创立初期或运作过程中是否存在知识产权纠纷的隐患。

(三)上市公司知识产权信息披露问题

1. 知识产权信息披露不真实

上市公司信息披露的真实性原则要求对外披露的信息内容必须与客观事实一致,无虚假性陈述。

2. 知识产权信息披露不准确或不清晰

上市公司信息披露的准确性原则要求对外披露信息的内容必须与实际相符,无误导性陈述。一些上市公司担心利益受到不利影响,对不利信息的披露避重就轻,导致披露不准确。

3. 知识产权信息披露欠完整

上市公司信息披露的完整性原则要求对外披露的信息内容必须完整,无重大遗漏。但一些上市公司的知识产权信息披露与此项要求尚有距离。例如,有的上市公司对其核心业务的知识产权来源及关联交易信息有选择性披露或对有关事实不予披露。比如,一些母公司剥离部分资产发起成立上市公司,但并未充分披露上市公司业务经营必须使用的知识产权及其权属状况和真实客观的法律状态。结果掌握了知识产权所有权的母公司通过转让或许可商标等知识产权,从上市公司手中套取现金。

4. 知识产权信息披露不及时

上市公司信息披露的及时性原则要求在法定时间内及时完成对外信息披露。

5. 知识产权信息披露不规范

如果我们研究一下不同上市公司在每项知识产权上所披露的信息细节（比如专利类型、发明名称、专利申请日、商标使用范围等），就会发现他们的表述相互之间存在许多差异，缺乏统一的规范。

四、上市公司的知识产权规划管理工作

针对上述风险，作为有一定规模的上市公司，科学地进行企业知识产权的规划管理工作是有效进行风险控制的重要举措。

（一）上市企业对自身知识产权的规划

由于上市企业对知识产权的管理要求高于一般企业，作为一家运营业绩良好的上市企业，首先应当对自身的知识产权需要有所了解，建立基本的台账：自己有多少知识产权；有些什么样的知识产权；准备获得或如何获得什么样的新的知识产权；知识产权如何维护；知识产权的扩张、丰富以及知识产权的保护等。

（二）上市公司知识产权管理的基本结构

上市公司知识产权管理的基本结构包括但并不限于以下方面的建设：

（1）设立专门的机构或人员，赋予其对公司知识产权的信息收集、登记、管理、建立数据库等职责，同时明确相关的负责领导人员。

（2）建立一套对公司知识产权的申报、跟踪、使用、维护、维权等管理机制。

（3）投入相应的经费，包括研发经费、奖励经费、登记注册维护经费、维权经费等。

（4）根据知识产权的不同性质，建立不同的知识产权利用平台，比如，对于专利的实施许可与商业秘密的管理是不同的。前者的信息是公开的，如何充分利用管理是关键；后者则侧重于固定相应的载体，实施一套合理的保密措施。

（三）通过合同明确有关知识产权的归属

上市公司应当通过合同确定有关知识产权的归属，避免潜在的权属纠纷。例如，公司的技术合作或委托开发合同中对技术成果分享的约定；研发人员的技术成果是否属于职务发明，公司是否需要与之订立合同来明确；商标或著作权的设计合同对知识产权归属是否明确；作品设计的来源是什么，设计时有无借鉴或抄袭其他的作品；普通员工的知识产权和公司的关系有没有在劳动合同中进行特别约定；等等。

（四）知识产权的发展规划

关于知识产权的发展规划通常需要解决诸如以下的一系列问题：

（1）对于公司可能产生的新的知识产权要主动发现和关注。

（2）对该知识产权的获得是否需要履行相关的程序，有无必要启动相应的申请或登记程序进行论证。

（3）对有关知识产权需要获得的法域进行规划。

（4）对委托知识产权律师或代理人的工作质量进行信息反馈与评估。

（5）对有关知识产权的实质性权利进行确认；如外观设计和实用新型的新颖性和创造性；申请中的商标获得授权的可能性；已注册商标或专利被宣告无效的可能性；等等。

（6）对有关知识产权可能产生的冲突进行信息收集工作，如商标权与他人的企业名称权、商标权与他人的外观设计或著作权的冲突可能。

（7）对有关知识产权的维护进行论证。

（8）对有关知识产权实施、布局进行研究规划，特别指专利。

（9）对有关知识产权的利用，包括许可及其管理进行研究规划。

（10）对发布的宣传、广告、网页中的有关知识产权内容是否存在知识产权冲突或其他风险进行分析，等等。

（五）对知识产权保护范围的确认

（1）对商标，需要了解商标标识和指定的商品或服务是否包括了所有公司正在使用、将要使用的领域。

（2）对专利，与现有技术比对，了解其要求保护的客观的范围。

（3）对著作权，是否需要对各种形式都进行一些基本登记程序以保留证据。

（4）对商业秘密，是否做了一定的载体固定，信息是否做了相当的归纳和总结工作；对于技术秘密，是否可以抽取相应的秘密点，固定在相应的载体上。

总之，包括其他知识产权，如企业名称、动植物新品种等，由于各种知识产权的取得要求不同，其法律稳定性都不相同，并且存在着冲突可能，梳理出不同知识产权的保护范围和不同的稳定性是重要的工作。

（六）知识产权法律状态的确认

知识产权由于其具有无形性，其法律状态处于一个动态的过程，有时间性。对知识产权熟悉的专业人士才会十分关注这个问题。

（七）上市公司知识产权信息披露的制度建设

上市公司的知识产权信息披露可以从完善制度、有效监督、专业服务、信息反馈等各方面加以建设。

五、上市公司对知识产权的风险控制和应对

做好上述对知识产权的规划管理工作后，会对企业自身的知识产权有比较客观的了解。风险控制的工作，是在了解的基础上，对其权利的属性进一步加以确定。

针对上面出现问题的环节，作为上市公司，可通过以下环节来进行梳理、控制风险。

（一）对公司知识产权的稳定性的客观、动态了解

对公司知识产权的稳定性的了解包括：知识产权处分权是否完整，权利的实施是否依赖他人的知识产权或其他民事权利，即来源是否合法，等等。

在知识产权研发形成的过程中同样需要进行风险控制，比如立项时的检索、收集信息的工作,研发后对知识产权的及时申请工作等。

企业经营过程中有意或无意对他人知识产权构成侵害的风险,以及内部职工、交易对方及竞争对手因各种原因给本企业造成的知识产权侵权风险等也是需要了解的内容。

知识产权的作价入股、投资转让以及市场交易环节中,风险控制同样非常重要。

此外,在经营活动中,涉及商标、专利等知识产权的订单、合同都需要进行风险控制。

(二)对知识产权的法律风险的评估

对知识产权的法律风险的评估包括知识产权法律风险预警、知识产权法律风险分析和知识产权法律风险评估。

知识产权法律风险预警,首先是要查找企业工作中存在的知识产权法律风险,对查找出的法律风险进行客观描述并加以分类,针对不同的情况,对可能产生的后果和影响、处理的可能成本等进行分析归纳,最终生成企业的知识产权法律风险清单。

知识产权法律风险分析是指对识别出的知识产权法律风险进行定性、定量的分析,考虑法律风险源或导致法律风险事件的具体原因,法律风险事件发生的可能性及其后果,影响后果和可能性的因素,为法律风险评价和应对提供支持。

知识产权法律风险评估是指将知识产权法律风险分析的结果与企业的综合法律风险相比较,或在各种风险的分析结果之间进行比较,确定法律风险的等级,帮助企业决策。

(三)发生知识产权法律风险后的积极、合法和科学应对

知识产权法律风险应对是指企业针对知识产权法律风险或法律风险事件采取相应措施,将法律风险控制在企业可承受的范围内。只有措施得当,才能救企业于困境。由于知识产权涉及比较专业的法律和技术问题,且有极强的期限要求,建议委托有经验的专业机构处理。

总之,与一般企业相比,上市公司,包括拟上市公司,对知识产权的运用、管理和风险控制是一项极其重要的工作。知识产权因其具有专业性、无形性、随着时间推移状态的变化性以及一定程度的涉外性,对从事该项工作的律师和专业人士有着非常高的要求。本文仅指出了知识产权法律风险管理工作的大致方向,只有构建科学的知识产权法律风险管理体系,实施有效的知识产权法律风险管理,才能使上市企业在知识产权这一环节不致马失前蹄。

附表　企业发行股票并上市过程中专利、商标知识产权及权利的尽职调查一览表

资产/权利类型	核查目标	基本方法	获取资料范围	走访部门或单位	主要相关法律规定
专利权（境内）	所有者或使用者名称、证书号码、权利期限、取得方式、他项权利、许可使用情况、纠纷及潜在纠纷	1. 查阅并验证权属证明文件 2. 境内外网络检索 3. 咨询专利代理机构 4. 查询专利公报、登记簿副本 5. 必要时至国家知识产权局查询专利登记簿	项目合作委托开发合同、权利证书、缴费凭证、变更手续通知书、登记簿副本、他项权协议及登记备案文件、许可使用或转让协议及登记备案文件、发行人及有关当事人对于是否有纠纷等的情况说明	1. 国家及地方知识产权局、科技部门、行业协会或主管部门 2. 专利代理机构等专业机构或人员 3. 住所地人民法院（中级人民法院或被授权管辖的基层法院） 4. 情报研究所 5. 企业开发人员	1. 专利法及专利法实施细则 2. 最高人民法院关于审理专利纠纷案件适用法律问题的若干规定 3. 最高人民法院关于在专利侵权诉讼中当事人均拥有专利权应如何处理问题的批复 4. 关于对诉前停止侵犯专利权行为适用法律问题的若干规定 5. 专利实施强制许可办法 6. 专利权质押合同登记管理暂行办 7. 专利实施许可合同备案管理办法 8. 关于实施专利权海关保护若干问题的规定 9. 物权法及担保法
商标专用权（境内）	所有者或使用者名称、证书号码、权利期限、取得方式、他项权利、许可使用情况、纠纷及潜在纠纷	1. 查阅并验证权属证明文件 2. 网络检索 3. 咨询商标代理机构 4. 查询商标公告、商标注册簿 5. 交叉检索相关的类别（不一定是近似产品）有无其他近似在先权利 6. 查阅商品类似区分表的变动情况以及了解产品的实际技术发展情况	权利证书、缴费凭证、变更手续通知书、他项权协议及登记备案文件、许可使用或转让协议及登记备案文件、发行人及有关当事人对于是否有纠纷（包括商标创意设计情况）等的情况说明等	1. 国家商标局及其下属的通达商标服务中心、地方工商局 2. 商标代理机构等专业机构或人员 3. 住所地人民法院（中级人民法院或被授权管辖的基层法院）	1. 商标法及商标法实施条例 2. 最高人民法院关于人民法院对注册商标权进行财产保全的解释 3. 最高人民法院关于审理商标案件有关管辖和法律适用范围问题的解释 4. 最高人民法院关于诉前停止侵犯注册商标专用权行为和保全证据适用法律问题的解释 5. 最高人民法院关于审理商标民事纠纷案件适用法律若干问题的解释 6. 集体商标、证明商标注册和管理办法 7. 关于申请商标注册要求优先权的暂行规定 8. 国家工商行政管理局商标局关于进出口公司商标使用许可问题的意见 9. 驰名商标认定和保护规定 10. 商标使用许可合同备案办法 11. 物权法及担保法 12. 商标专用权质押登记程序

续表

资产/权利类型	核查目标	基本方法	获取资料范围	走访部门或单位	主要相关法律规定
包括计算机软件著作权（版权）在内的著作权	所有者名称、证书号码、登记时间及保护期限、许可使用情况、取得方式、他项权利等	1. 查阅并验证权属证明文件 2. 网络检索 3. 咨询国家版权局 4. 查询软件登记公告	权利证书、缴费凭证、他项权协议及登记备案文件、许可使用或转让协议及登记备案文件、发行人及有关当事人对于是否有纠纷（包括著作权创意设计情况）等的情况说明等	1. 国家版权局 2. 中国版权保护中心及地方办事机构 3. 住所地人民法院（中级人民法院或被授权管辖的基层法院）	1. 著作权法 2. 计算机软件保护条例 3. 计算机软件著作权登记办法 4. 最高人民法院关于审理涉及计算机网络著作权纠纷案件适用法律若干问题的解释 5. 著作权质押合同登记办法
集成电路布图设计专有权	所有者或使用者名称、证书号码、权利期限、取得方式、他项权利、许可使用情况、纠纷及潜在纠纷	1. 查阅并验证权属证明文件 2. 网络检索 3. 咨询专利代理机构 4. 查询布图设计公报及登记簿	权利证书、缴费凭证、变更手续通知书、登记簿副本、他项权协议及登记备案文件、许可使用或转让协议及登记备案文件、发行人及有关当事人对于是否有纠纷等的情况说明等	1. 国家及地方知识产权局、科技部门、行业协会或主管部门 2. 专利代理机构等专业机构或人员 3. 住所地人民法院（中级人民法院或被授权管辖的基层法院）	1. 集成电路布图设计保护条例 2. 集成电路布图设计保护条例实施细则 3. 物权法及担保法

注：本表系笔者根据王成住律师制作的表格稍加增改，删除与本文无关部分，调整后制作而成。

（孙小青）

「守重」企业篇

社会信用体系建设：内涵、模式与路径选择
——基于苏州市社会信用体系建设现状的研究

早在2003年，苏州就成立了市社会信用体系建设工作领导小组，社会信用体系建设工作正式启动，并一度走在全省前列。2004年在江苏省内率先制定了政府规章《苏州市企业信用信息管理办法》，2005年被江苏省政府确定为信用建设试点市，建成了企业信用信息平台一期工程，归集了工商、国税、地税、质监等26个部门170万条信用记录。2008年以后，由于运营主体经营困难等多种因素，苏州市社会信用体系建设一度陷入停滞状态。2010年，苏州市信用领导小组办公室职能划归经信委，经过调整，信用体系建设工作逐步恢复，进入新一轮发展时期，取得了新的成效。本文基于苏州市社会信用体系建设工作现状，有针对性地探讨适合苏州实际的社会信用体系建设路径和具体措施。

一、苏州市社会信用体系建设基本情况
（一）苏州市基本情况和信用建设基础

作为长三角重要的中心城市之一，苏州的经济社会发展各项指标均位居全省乃至全国前列。2014年，全市完成地区生产总值1.38万亿元，实现财政预算收入1 443.8亿元。

苏州市信息化发展水平较高。信息化发展指数及信息基础设施指数、企业两化融合指数在省内领先优势明显。在全省第一个建成了覆盖全市各级党政机关和社会团体的电子政务外网，多次在全国大中城市信息化50强评比中名列前十。苏州市委、市政府历来十分重视信用建设，市领导亲自组织推进信用工作，信用信息在各个领域得到广泛应用。市公共信用信息数据库和服务平台初步建成，以其为重要支撑的信息应用项目亮点纷呈。信用信息平台市、县两级同步建设项目获省信用办"工作创新奖"。

（二）苏州市社会信用体系建设取得的成效
1. 普遍建立了社会信用体系建设组织机构

苏州市社会信用体系建设形成了由市经信委（信用办）总牵头、市区联动、部门协作的组织架构和推进机制。组建由市长担任组长、政府各部门主要领导任成员的市社会信用体系建设领导小组。由市公共信用信息中心具体承担全市基础信用信息数据库和服务平台运维工作。各市（区）均成立了领导小组，明确了信用职能部门，人员和专项资

金基本到位。54个市级成员单位都明确了分管领导、责任处室和联络员。

2. 出台并不断完善社会信用体系建设的制度框架

2012年印发了《关于加快推进社会信用体系建设的实施意见》,2014年,在江苏省率先编制发布《社会信用体系建设规划(2014—2020年)》和《社会信用体系建设2014—2016年行动计划》,出台《公共信用信息归集和使用管理办法》《行政管理中使用信用产品实施办法》《自然人失信惩戒办法》《社会法人失信惩戒办法》等文件,兼具引领性和操作性的制度框架完成初步构建。一些地方和部门制定了配套实施细则,在日常管理工作中逐步应用信用承诺、信用报告、信用审查等制度。

3. 建立了公共信用信息的基础设施和服务平台

苏州市公共信用信息基础数据库和服务平台一、二期工程已通过项目验收,完成了"诚信苏州"网的开发以及企业法人信用数据库和自然人信用数据库的构建。截至2016年7月,"诚信苏州"网发布信息近万条,访问量累计达80万余次,接受网上企业信用查询万余次。微信公众号自2015年8月开通,推送信息600多篇。市、区两级11个平台全部联网,实现了与51个市级部门和省信用中心的数据对接。2 600万余条企业信用信息完成清洗入库,共覆盖101万多工商户、66万多纳税户。自然人信用信息库完成框架开发,共归集25个部门的35类2 986余万条数据,覆盖全市1 300万人口。苏州市公共信用信息基础数据库和服务平台结构如图1所示。

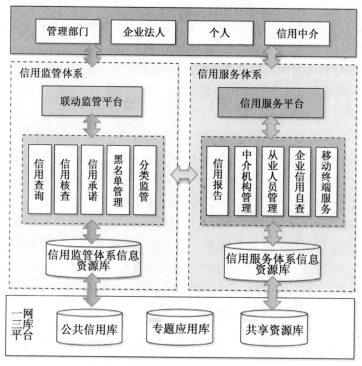

图1 苏州市公共信用信息基础数据库和服务平台结构示意图

4. 全面推动信用信息和产品应用

政府先行,全面推动信用信息和产品应用,主要包括以下两个方面:

一是广泛使用信用承诺、信用核查和信用报告。以 2015 年为例,在全市 20 多项行政管理事项中推行"信用承诺",30 多项工作中推行"信用审查",8 项工作中推行使用第三方"信用报告"。

二是积极推动专题应用。与阿里巴巴蚂蚁金服签署战略合作协议,推出融汇"数据+模型+场景"的市民信用评价产品"桂花分",受到社会广泛关注。推动住建、旅游、商务、安监等部门不断完善行业信用数据平台,配合检验检疫、地税、国税等 6 家单位承担省级部门在苏探索信用联动监管工作的试点任务。围绕环保、税务、安全监管等重点领域,深化应用服务,联合开展绿色信贷示范应用、"政税银"信用合作应用、企业安全生产差别化授信等跨部门联动项目。先行先试成立苏州市企业信用征信公司,依托市信用平台,为金融机构对中小微企业开展信贷工作提供保障。

5. 服务社会取得明显成效

企业信用管理贯标示范稳步推进。自 2011 年江苏省"万企贯标、百企示范"工程正式启动以来,苏州市已累计培育贯标企业 2 568 家,市级信用管理示范企业 247 家,省级示范企业 18 家。

人才培训和机构培育扎实有效。2013 年以来共组织助理信用管理师培训 5 期,累计近 500 人获得国家职业资格证书。共培育 39 家备案信用中介服务机构。通过财政专项扶持和政府购买服务等形式,鼓励信用服务机构参与到贯标和示范辅导、验收等各个环节,在培育信用服务市场的同时,也提升了中介机构的服务水平。

诚信宣传和教育深入开展。积极协调各部门共同开展诚信宣传,营造"守信光荣、失信可耻"的社会氛围。在姑苏晚报和"诚信苏州"网开设"寻访身边的感动"专栏,挖掘采访诚实守信道德模范人物,进行集中宣传。会同苏州市中级人民法院在苏州电视台播放"失信老赖"公益动画。

6. 设立社会信用体系建设专项资金

2014 年,苏州市专门设立了 400 万元的社会信用体系建设专项资金,重点扶持奖励具有创新性、示范性、带动性的信用建设项目。2015 年该专项资金增至 700 万元,扶持方向扩展到信用产品研发和应用、信用信息平台建设、企业信用管理示范创建、信用建设发展的专项研究、信用知识普及教育等五大类。各(县)市、区设立相应的信用专项经费,完善了市、(县)区两级经费保障体系。

二、苏州市社会信用体系建设存在的问题和原因分析

(一)苏州市社会信用体系建设存在的问题

苏州市社会信用体系建设经过几年的强力推进、全面展开,信用环境得到明显改善,全社会信用意识不断增强,取得了一定的成效,但与市场经济发展的需求,以及国家、省对社会信用体系建设的要求相比,还存在相当的差距,政府、企业、个人信用建设

和信用中介服务等领域都面临着一些问题。

1. 以政府为主导的信用信息系统建设缺乏完善的制度支撑

由政府主导的信用信息系统,即"一网三库一平台"的建设遇到了一定的困难,尤其是信用信息的归集遭遇体制性障碍,市级政府部门之间、部门与(区县)地方之间的信息未能有效整合,信息共享的技术标准不能统一,数据共享未能完全打破"信息孤岛"现象,造成了大量信息资源的浪费。信用信息归集的时效性、完整性和准确性都得不到保障,信用信息应用始终处于起步阶段,缺少社会影响重大的信用信息应用产品。

2. 作为市场信用主体的广大企业缺乏完备的风控及管理制度

苏州市工业经济发展处于全国领先水平,大型制造型企业多,外向依存度高,而各类企业之间信用管理意识和水平存在较大差异。很多企业信用风险控制和管理制度不健全,导致因授信不当引起的违约现象时有发生,企业对履约计划缺乏管理也造成许多合约不能履行。另外,对客户信用状况的了解不足,也是引起大量经济纠纷和交易损失的主要因素。一些国有企业由于产权制度改革不彻底、内部结构不规范等原因,很难真正建立企业信用服务制度。

3. 个人信用领域缺乏现代信用意识、道德规范和评价标准

从全国范围来看,个人征信的立法都相对滞后,苏州市的个人信用体系建设仍处于起步阶段。除了已建成个人信用信息数据库并归集了大量相关数据外,在个人信用评估、信用意识提升、失信惩罚机制等方面仍有许多亟待解决的问题。普通民众的信用意识尚未建立,社会个人的信用关系得不到充分重视,守信收益和失信成本都相对较低。由于对个人信用的统一评价标准的缺失,不同主体建设的信用信息系统的个人信用数据在内容、格式和应用方面都存在很大差异,不利于个人领域的信用体系建设顺利推进。

4. 信用服务领域缺乏市场化较高的服务体系和有序的市场竞争

目前苏州市信用中介服务行业初具雏形,信用服务市场日趋成熟,但信用主管部门对信用服务机构的管理还需进一步规范,各服务机构之间人员专业素养和服务水平存在较大差距,还不能为市场提供客观、公正和高质量的征信产品。信用服务行业水平较低直接造成信用市场的供需不足,目前信用服务市场的发展主要依赖政府主管部门的培育,企业主动申请评估的数量很少,信用承诺、信用审查和信用报告未能发挥足够的作用。

(二)苏州市社会信用体系建设存在问题的原因分析

1. 相关法律法规建设滞后

无论从国家还是省、市层面来看,信用法律法规的建设都还无法满足市场经济发展的需求,缺少专门的信用服务法律和政策,信用建设缺乏有力的法律保障。目前国家和江苏省已经出台的一些法律法规和管理办法,虽然有一些涉及信用信息归集、使用和资信评级问题,但整体性和针对性都存在不足,信用行业政策法规基本空缺,对信用建设和信用服务缺乏有效的约束与保护。

2. 信用联动监管和惩戒力度不够

信用法律体系的不完善,直接导致了信用联动奖惩机制的不健全和失信惩戒制度的不完善。信用信息的不对称,使失信记录的合法收集和有效传播得不到保障,社会法人和自然人的失信成本过低,造成整个社会的信用观念淡薄。企业赖账、三角债等情况日益普遍,正是由于许多企业对信用关系重要性认识不足。由于对信用服务机构缺乏严格的监管体系和评级标准,政府对整个信用服务行业的监管尚未能形成统一和科学的组织架构。

3. 信用文化环境和意识淡薄

苏州市工业基础好,市场经济起步较早、发展较快,成熟度也较高,但缺乏与之相适应的信用环境,个人和企业的信用观念还比较淡薄,传统的"熟人社会"影响还比较深,尚未形成以契约意识和诚信观念为基础的信用文化氛围。整个社会的信用观念淡薄,社会主体普遍缺乏守信意识和信用道德理念,以讲信用为荣、不讲信用为耻的信用道德评价标准和约束机制还未能完全建立起来。大部分企业内部信用管理制度不健全,对应收账款和商品销售的管理不够科学严谨;对外还没有建立起对客户进行客观分析和筛选,并与诚信客户保持长期联系的有效机制。

4. 信用服务市场供需不足

与全国、全省情况相比,目前苏州市的信用服务市场同样也存在着供需双重不足的情况。一方面,社会主体对信用服务和信用产品的认识和需求都很有限,尤其是企业普遍缺乏使用信用产品的意识,在经济交往中不能很好地利用信用服务和产品来维护自身的利益,政府部门在带头使用信用信息和信用产品方面尚未能充分发挥作用。另一方面,苏州缺乏能提供高质量信用服务和产品的机构或企业,有利于本地信用服务行业健康发展的市场环境尚不成熟。信用数据的开放程度较低,也制约了客观公正和独立开展的信用调查、征信和信用评价等专业信用服务的发展。

三、苏州市社会信用体系建设的对策与建议

基于以上对苏州市信用体系建设现状、问题和成因的分析,根据国务院《社会信用体系建设规划纲要(2014—2020年)》和《江苏省社会信用体系建设规划纲要2015—2020》提出的信用建设目标和具体要求,苏州市社会信用体系建设工作已经全面进入向纵深推进、以用促建的新阶段。下一步的发展必须依托苏州经济社会发展水平高、城乡一体化程度高、城市信息化水平高等优势,以制度法规建设为重要保障,以信用信息数据整合为有力支撑,以信用信息应用为突破重点,提升信用信息归集和整合水平,加强部门间联动监管,持续创新,重点突破,积累经验,探索建设条块结合、全面覆盖、多层架构、体现苏州特色的社会信用体系。具体应落实在以下几个环节。

(一)以信用法规体系建设为核心,完善信用建设制度环境

结合苏州实际,在遵守国家和江苏省现有法律法规的前提下,率先制定一系列地方信用法规政策,改善苏州信用建设法律环境。在实践操作层面,根据市场经济需要,加

强对行政管理事项的事中事后监管,逐步建立和完善信用法律法规体系,明确市场主体间的权利义务关系以及失信违法的后果,保障诚实守信者的合法权益。在已经发布的"三个办法"基础上,制定出台一系列实施细则和保障制度。按照江苏省黑名单公示制度要求,完善失信信息的查询、使用、告知和"黑名单"认定公布等管理办法。

(二) 以信用信息共享平台整合为重点,夯实信用建设支撑基础

深入整合现有资源,充分完善信息目录,尽快形成全面覆盖的社会成员信用记录。以需求为导向,进一步深化和拓展信用信息应用。按照风险分散的原则,在责任明确、保护隐私、数据及时准确的前提下,建立横向到边、纵向到底的信息交换共享机制。依托市公共信用信息平台,积极推进市级平台与各地区、各部门系统的数据交换和共享,做好与省平台的数据互联互通,并实现交换常态化。逐步形成覆盖全部信用主体的信息网络,为推动行业信用建设和跨部门信用联动提供有力支撑。按照社会法人、自然人失信惩戒办法和江苏省黑名单公示制度的要求,构筑市级信用联动平台,加强信息汇集和联通,完善红黑榜制度,建设信用预警奖惩平台。

(三) 以行业和重点领域信用建设为突破,着力推进信用信息应用

在完善行业信用记录、推进行业信用建设的基础上,突出重点领域和关键环节,引导(县)市、区和相关部门根据职能,制定社会法人和自然人失信行为等级划分规范、应用信用信息和信用产品实施办法。完善在行政管理事项中使用信用报告的主要内容和运用规范。研究出台重点领域联动惩戒制度和运用信用机制加强行政管理事中事后监管办法,建立事中事后监管流程和方式,将信用承诺、信用审查和信用报告制度嵌入行政管理全过程。

(四) 以政府引领为驱动,积极培育信用服务市场

充分发挥政府部门在政策引导、资金扶持、带头应用等方面的作用,营造公平竞争的市场环境,培育和发展信用服务业。在诸如市容市政、住建和商务等内部信息化水平较高、信息整合度较好的部门,选择社会关注度高、领导重视的热点,加强数据整合和协调,搭建跨部门专项信用联动平台。探索设立国有的苏州市企业征信服务有限公司,发挥其在信用服务市场中的引领作用。依托市信用平台和金融信用信息基础数据库,提供优质信用服务,缓解中小企业融资难问题,防范系统性金融风险。

参考文献:

[1] 王东胜. 社会信用体系原理[M]. 北京:中央广播电视大学出版社,2011.

[2] 刘建洲. 社会信用体系建设:内涵、模式与路径选择[J]. 中共中央党校学报,2011(3):50-53.

[3] 宋立,王蕴. 关于社会信用体系建设的思考与建议[J]. 宏观经济管理,2013(2):24-25,30.

[4] 谢仲庆,刘晓芬. 中国信用体系:模式构建及路径选择[J]. 上海金融,2014(7):63-66.

[5] 单英杰. 加快社会信用体系建设 提升社会信用水平的对策建议[J]. 经济研究导刊,2015(4):100-101.

[6] 王馨,张海阳,王世贵. 地方社会信用体系建设探讨[J]. 中国金融,2015(6):92-93.

[7] 苏州市人民政府. 市政府关于印发苏州市社会信用体系建设规划(2014—2020年)的通知(苏府[2015]2号)[R].2015.

(徐 铮)

苏州市企业信用治理研究

一、引言

苏州市工商局在 2016 年 5 月 24 日发布的数据显示,苏州市实有市场主体已达到 100.96 万户,总注册资本 38 766.99 亿元。苏州成为省内首个市场主体总量超过 100 万户的地级市,市场主体总量和注册资本总额分别占全省总量的 16.3% 和 22.5%。其中个体工商户的数量占比最高,其次为私营企业、国有集体企业和外商投资企业等。

同时,苏州市场主体诚信建设水平也高于全省平均水平。国家工商总局 2015 年对全国企业信用信息公示系统 2013 年、2014 年企业年报公示抽查报告显示,至 2015 年年底,苏州全市仅有 4.14 万户企业被列入经营异常目录,比江苏省平均值低了 7.5 个百分点。

本研究对苏州市企业信用治理的具体方式进行分析,并对其存在的问题和原因进行浅析,希望可以为推动苏州市企业信用建设提供一些可行性建议。

二、文献综述

Arturo Galindo、Margaret Miller(2002)通过对征信质量影响其融资能力的分析,认为基于信用系统,国家会受到较少的金融限制,有信用记录的企业也较容易获得贷款。在对各国公共信用和个人信用记录的数据实证分析的基础上,Martin Brown(2007)认为实现企业信用信息的共享将有利于企业获得更多的信贷,政府介入也会更少。刘瑛(2008)在企业信用建设研究中加入经济法和系统科学,阐述了保护商业机密、发展信用服务业、维护经济安全、维护公平竞争等相关原则,并结合发达国家的先进经验,最终提出了适合我国国情的企业信用规划法律雏形。在中小企业信用法律的制定方面,邹开亮、高丹卡(2010)提出政府可以指导和帮扶中小企业建立内部信用管理机制,并推动和支持第三方信用机构的发展,不断建设社会信用体系。在信用监管方面,孙百昌(2013)认为要针对新形势下企业的自律、第三方信用机构的评定加强监管,要对企业和第三方信用机构发布虚假信用的行为进行严厉惩处。

通过文献整理发现,企业信用治理的研究不断受到关注,越来越多的学术研究成果应用到社会各行业中。但是由于我国在这方面的研究起步较晚,信用系统化研究仍需要完善。

三、苏州市企业信用治理的现状分析

党的十八大召开以来,苏州市从 2014 年 3 月初开始实施商事制度改革,相关政府部门极大精简手续,不断加大市场创新活力,市场主体也在不断增加。根据苏州市工商局的统计,2014 年苏州市新设各类市场主体 14.43 万户,2015 年新设各类市场主体 16.74 万户,2016 年 1—4 月,新设各类市场主体 5.69 万户,预计年新设量将突破 20 万户。根据江苏省工商局的年度统计,截至 2015 年年底,苏州市的内资企业发展数量也居于全省第一位,共有 25 427 户。企业的整体信用建设也明显高于全省的平均水平,商事制度的改革也在不断推动企业信用体系的建设。一直以来,苏州社会信用体系建设在全方位强力推进,围绕信用制度、征信平台、工程建设领域项目信息和信用信息公开、行业信用建设、信用服务业培育和企业信用管理贯标等方面开展了切实有效的工作,取得了明显的成效。

(一)组织协调机制的建立

2012 年 5 月,苏州市政府印发了《关于进一步加强我市社会信用体系建设的实施意见》,提出立足于苏州现状,借鉴国内外信用体系建设的主要模式与趋势,制定苏州市信用体系建设规划和实施方案。2013 年,苏州市政府制定了《苏州市社会信用体系建设规划(2013—2020 年)》。2014 年,苏州市政府第 26 次常务会议讨论通过《苏州市注册资本登记制度改革实施方案》,加快推进注册资本登记制度改革。通过改革监管制度,进一步转变监管方式,强化信用监管,促进协同监管,提高监管效能;通过加强市场主体信息公示,进一步扩大社会监督,促进社会共治,激发各类市场主体创造活力,增强全市经济发展内生动力。最近,苏州市发布《苏州市法治政府建设 2016—2020 年规划》,提出将加大法治市场建设力度,并于 2016 年年底前完成清理工作;完善社会信用体系建设,构筑覆盖全社会的守信激励和失信惩戒机制,2017 年基本建成覆盖全社会的信用信息系统。

(二)社会信用信息化平台建设的推进

在 2016 年 5 月 23 日召开的《苏州市金融支持企业自主创新行动计划》推进座谈会上公布的数据显示,苏州综合金融服务平台已帮助 1 651 家企业获得近 170 亿元融资,18 家企业获得合计 16.74 亿元信用贷款,平台对接成功的融资利率基本在 5.5% 以内。另外,苏州市还成立了企业自主创新金融支持中心,加入该中心的金融机构达 32 家。企业征信平台的系统累计查询量达 3.9 万次,该平台已成为金融机构了解企业信用信息不可或缺的渠道。当前,苏州市信用办正在加快建设"一网三库一平台",即诚信苏州网、苏州市政府信用基础数据库、苏州市企业信用基础数据库、苏州市个人信用基础数据库和苏州市公共信用信息平台。市、区(县级市、园区)两级公共信用信息平台建设工作也在顺利推进。

(三)企业自身信用建设的促进

苏州市先后举办多期企业信用管理贯标培训,累计 1 000 余人参加了培训。在 2015

年度的企业纳税信用评价中,苏州共有20多万户企业参与评定,其中获评A级的有2.5万余户,参评企业与获评A级的企业在全省都是最多的。在2016年5月10日的江苏省年度信用建设工作交流会上,苏州市获得2015年度江苏省信用建设考核一等奖。

四、苏州市企业信用治理存在的问题

(一)组织协调体制机制有待健全

目前,苏州市经济和信息化委员会、市场监督管理局、质量技术监督局等多个相关政府部门都在进行信用建设的相关工作,各区(市)也成立了社会信用体系建设工作领导小组。但是,苏州市仍有部分重要部门(如银行、中国移动公司等)未纳入企业信用治理的主体范围。由于信息获取的不全面,信用建设即会存在信息采集不完全、不全面,政府部门在整合信用信息时则会受到限制。在责任权限方面,苏州市部分地方仍无法明确各自部门的权责边界,缺乏相应的主管协调部门。这些都会导致苏州市企业信用治理不能达到高效、统一的治理效果。

(二)企业信用建设教育有待加强

苏州市的中小企业占据了市场的主体。这些中小企业受利益驱使,更多关注短期的利益,而无法顾及信用建设对其长期发展的无形助力。这些企业更愿意用较低的成本生产产品,而忽视产品的质量等将会影响企业信用的因素,不愿把企业的资本投入品牌产品建设、产品研发以及增加产品附加值等方面;在企业信息公开方面,采取消极的态度,不愿承担相应的社会责任。这些较弱的信用意识,都需要政府相应的部门进行不断的宣传教育。

(三)信用市场监督机制仍不完善

首先,苏州市的公众监督渠道仍有限,公众参与信用监督的积极性不高,也不能明确其权利,担心受到举报单位的报复,这些都导致公众不能很好地行使其监督权。其次,苏州市的第三方信用服务机构仍然较少,目前全市仅有6家信用服务机构,而且这些信用服务机构受企业信用观念的影响,发挥的作用也极其有限,在层级及业务实力方面也较弱,缺乏企业需要的高端服务。另外,仅有部分企业公开其企业信用,而且有些信息公布得不及时、不准确。这些都给信用市场监督机制的建设带来了困扰。

五、苏州市企业信用治理的建议

(一)加强企业信用治理协同机制建设

在逐步完善的相关法律法规体系基础上,政府相关部门之间应明确各自部门的权责以及牵头部门,建立横向和纵向联动的机制。政府作为主要的监管主导机构,应在权责一致、公开透明及平等协作的基础上,完善企业信息的收集、存储及披露、监督等方面。政府相关部门之间也应形成双向循环的沟通渠道,最终促使各部门之间达成高效、统一的协同合作机制。

（二）改善社会信用理念

信用理念的加强,这是苏州市社会信用体系建设最重要的环节。不仅仅是企业自身,而是社会全体成员包括公民和政府都需要加强信用理念。政府作为社会的服务机构,可以加强对企业信用体系建设的指导及培训,引导企业诚信经营及提高产品附加值,促进企业的转型升级,使其主动承担社会责任,实现可持续发展。同时,政府应加大宣传,树立全民诚信、全员治理的观念及风气。

（三）完善市场监督体系

政府可以把信用信息的收集和公布等相关的工作承包给第三方信用服务机构,以弥补第三方服务机构市场受限的缺陷,不断引导企业与第三方信用服务机构合作,逐步建立信用治理的配套服务机制,规范市场的信用制度。第三方信用服务机构也需要不断加强自身的业务实力,培养一支熟悉业务及市场的信用服务人才队伍,尤其是要重视高端信用服务市场的人才培养。

参考文献:

[1] 郭亮.关于中小企业信用治理问题探讨[J].经济学动态,2011(7):85-88.

[2] 金银亮.信息失真、信用评级与小微企业发展[J].征信,2014(6):23-26.

[3] 徐保根,金曦.项目型科技咨询企业信用管理问题及对策研究[J].经营管理者,2015(16):281-282.

[4] Arturo Galindo, Margaret Miller. Can credit registries reduce credit constraints? Empirical evidence on the role of credit registries in firm investment decisions[J]. Economic Development and Cultural Change, 2002(51):189-204.

[5] Martin Brown. Credit Reporting, Relationship Banking, and Loan Repayment[J]. Journal of Money, Credit and Banking, 2007, 39(8):1883-1918.

[6] 刘瑛.建立健全中小企业信用法律保障系统[J].中国科技投资,2008(3):56-57.

[7] 邹开亮,高丹卡.政府在中小企业信用体系建设中的角色定位[J].新金融,2010(9):50-53.

[8] 孙百昌.新形势下的市场主体信用监管[J].中国工商管理研究,2013(9):54-56.

（胡 菊）

企业信用风险防范对策研究
——基于苏州市"守重"企业的调查分析

一、引 言

2016年是我国"十三五"规划实施的第一年,国家颁布《国务院办公厅关于社会信用体系建设的若干意见》等相关文件,各级地方政府也相应出台了相关的实施意见,这些信用建设规划的制定都在不断推动着我国法制化社会的进程。企业作为市场最基础的组成单元,其信用建设及信用风险的防范机制将直接影响信用市场的建设;企业作为社会的重要部分也将促进社会信用体系的完善。目前我国企业的信用建设仍存在很多问题,本文基于苏州市"守重"企业的调查分析,探讨企业如何建立有效的信用风险防范对策。

二、苏州市"守重"企业信用风险管理的现状

本课题对苏州市所有国家级及省级的"守合同重信用"(以下简称"守重")企业进行了问卷调查,共回收311份调查问卷,剔除7份数据不全、随意填写及填写不完整的问卷,最终有304份有效问卷。本文主要根据这304份有效问卷进行苏州市守合同重信用企业信用风险管理研究分析。

1. 苏州市"守重"企业信用重视情况

根据本课题回收的304份有效问卷,可以分析出,企业对信用管理非常重视的有179家,占比58.88%;很重视的有120家,占比39.47%;一般重视的有5家,占比1.64%。见图1。公司高层管理人员对公司信用管理非常了解的有140家,占比46.05%;很了解的有153家,占比50.33%;一般了解的有11家,占比3.62%。见图2。

"守重"企业中专门设有从事信用管理工作的专职人员和部门的有265家,占比87.17%;在筹备过程中的有17家,占比5.59%;还没有设立的企业有21家,占比6.91%;不清楚是否打算设立的有1家,占比0.33%。见表1。从图1、图2和表1可以看出,"守重"企业对于信用管理是非常重视的,管理层对信用管理普遍很了解,同时大部门企业也已经专门设立了或正在筹备设立从事信用管理工作的专职人员和部门。

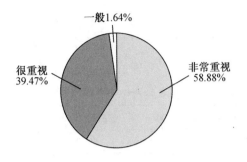
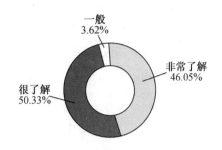

图1　公司对信用管理重视程度　　　　图2　公司高层管理人员对信用管理了解程度

表1　公司设有从事信用管理工作的专职人员和部门情况

举措	数量(家)	占比(%)
有	265	87.17
在筹备中	17	5.59
没有	21	6.91
不清楚	1	0.33
总计	304	100.00

2. 苏州市"守重"企业信用管理制度情况

对新的交易客户,有297家企业要求提供有关身份和资质证明,占比达到了97.70%;只有1家没有相关要求;6家企业对这一情况不是很清楚。见图3。由此可以得出,苏州市"守重"企业对于新的交易客户还是很谨慎的,注重诚信经营。

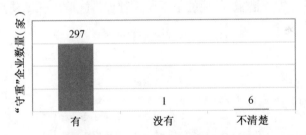

图3　苏州市"守重"企业对新的交易客户要求提供有关身份和资质证明情况

有162家企业对重大交易要求资本金到位再签合同,占比53.29%;有124家被调查企业表示无明确要求,占比40.79%;剩下的18家企业表示不是很清楚这方面的要求,占比5.92%。见表2。

表2　"守重"企业对重大交易要求资本金到位再签合同情况

举措	数量(家)	占比(%)
有	162	53.29
没有	124	40.79
不清楚	18	5.92
总计	304	100.00

有 180 家企业对重大交易的客户要求提供第三方信用服务机构评估,占比 59.21%;有 104 家企业对重大交易客户没有这项要求,占比 34.21%;还有 20 家企业不是很清楚是否对重大交易客户有相关要求,占比 6.58%。见表 3。

表 3 "守重"企业对重大交易的客户要求提供第三方信用服务机构评估情况

举措	数量(家)	占比(%)
有	180	59.21
没有	104	34.21
不清楚	20	6.58
总计	304	100.00

由表 2 和表 3 可知,一半以上的"守重"企业对于重大交易客户相关要求比较完善,尽量规避企业的信用风险;但是仍有超过 30% 的"守重"企业忽视重大交易可能给企业带来的信用风险,相关的信用制度要求比较低,这样将极大增加企业经营过程中的市场风险。

在信用风险管理过程中,有 293 家企业认为建立行之有效的信用管理制度和体系是最重要的;其次,授信管理制度和定期复审也是信用风险管理过程中比较重要的,分别有 181 家和 178 家企业选择;潜在客户评估排在第三位,有 135 家企业选择;逾期控制手段(如延长付款期限、停止供货等)、内部分析系统和抵押担保等手段分别有 100 家、101 家、79 家企业认为也是比较重要的信用风险管理措施。见图 4。信用风险管理措施有很多,但是绝大部分企业认为建立行之有效的信用管理制度和体系、授信管理制度、定期复审是最有效的管理措施,其他的信用风险管理措施可以辅助使用。

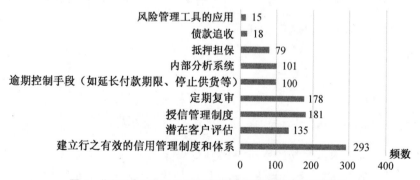

图 4 "守重"企业认为信用风险管理过程中重要的措施

对回收的 304 份有效问卷进行分析,发现有 216 家"守重"企业认为公司内部信控能力是最有效的规避信用风险的手段;其次是有 88 家"守重"企业认为信用报告及信用额度建议也是相对有效的规避信用风险的手段;对于信用保险,有 69 家"守重"企业选择其作为公司规避信用风险的手段;另外,分别有 29 家和 31 家"守重"企业认为保理和商账追收有助于企业规避信用风险。见图 5。

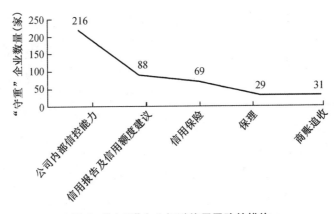

图5 "守重"企业规避信用风险的措施

3. 苏州市"守重"企业对信用服务需求情况

对于提供企业信用管理专业化服务的行业的了解程度,有215家"守重"企业表示对征信服务比较了解,有199家"守重"企业对信用调查服务比较了解,有262家"守重"企业对信用评级服务比较了解,有198家"守重"企业对信用担保服务比较了解,有60家"守重"企业对信用保险服务比较了解,有76家"守重"企业对信用管理咨询服务比较了解,有39家"守重"企业对商账追收服务比较了解,还有3家"守重"企业表示对第三方信用服务都不了解。从图6可以看出,信用评级、征信、信用调查和信用担保是企业了解最多的服务类型。

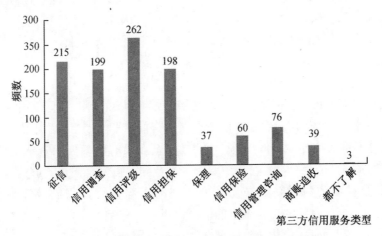

图6 "守重"企业对第三方信用服务行业了解程度

关于专业机构通过咨询、培训等服务,帮助企业建立起客户信用档案、赊销客户的授信、应收账款催收等一系列信用管理制度,提高企业防范赊销风险能力的信用管理咨询服务,有80家"守重"企业表示非常需要这类服务,占比26.32%;有178家"守重"企业表示比较需要这类服务,占比58.55%;有28家"守重"企业表示对这类服务持无所谓态度,占比9.21%;还有18家企业表示不需要这类服务,占比5.92%。从图7可以发现,有84.87%的"守重"企业比较需要甚至非常需要信用管理咨询服务,仅仅有5.92%的"守重"企业表示完全不需要信用管理咨询服务。

三、企业信用风险管理存在的问题

1. 企业信用风险防范意识有待加强

从304份对苏州市国家级及省级的守合同重信用企业的调查问卷发现,公司对信用管理重视程度一般的有1.64%,公司高层管理人员对公司信用管理一般性了解的有3.62%。虽然有超过98%的"守重"企业对信用管理比较重视甚至非常重视,超过96%的"守重"企业高层管理人员对公司信用管理制度很了解或者非常了解。虽然苏州市"守重"企业对信用管理已经有了足够的认识,但是非"守重"企业及其高层管理人员的信用管理意识很可能有较大比例的缺失。

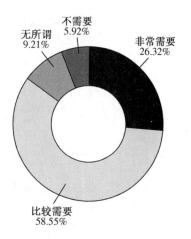

图7 "守重"企业对信用管理咨询服务需求程度

在市场经济中,虽然存在双方的合同约束,但是信用风险是跟随交易过程一直存在的。而很多企业仅仅追求短期利益或者是合同上的账面利益,没有认真考察合作对象的交易成交记录或者信用评价,这就给企业带来潜在的经营风险,最终导致逾期付款或者坏账现象,直接影响了企业的利润及资金周转。另外,企业对于信用风险的防范意识也较弱,没有对其加以足够的重视,没有建立相应的信用数据库,也没有对客户进行及时的信息更新。尤其缺少对老客户的定期信用审查,认为一次交易成功则始终可以作为安全的老客户,很多企业因此出现大交易额的坏账现象。以上这些因素都会导致企业的信用风险增加,最终削弱了企业的市场竞争力。

2. 信用风险防范体制仍需完善

接受调查的苏州市"守重"企业中,正在筹备设立从事信用管理工作的专职人员和部门的企业占比5.59%,还没有设立信用管理工作的专职人员和部门的"守重"企业占比6.91%;对于重大交易,有40.79%的"守重"企业没有明确要求资本金到位再签合同,5.92%的"守重"企业对重大交易中要求资本金到位再签合同仍不够清楚;有9.54%的"守重"企业表示公司对新的交易客户建立的内部信用评级制度完善程度一般,0.99%的"守重"企业对新的交易客户的信用评级管理非常不完善。从上述数据可以发现,对于"守重"企业而言,信用风险防范体制还有待完善。

市场经济是信用经济,企业要想在激烈的市场竞争中不断提升自身综合实力,必须要有完善的信用风险防范体制。我国的市场中中小企业较多,很多企业目前还没有建立信用风险防范体制,企业自身对风险的抵抗能力也弱,这将导致企业不能正确地对潜在客户进行科学、有效、系统的信用风险评估。特别是在较大交易额的情况下,企业需要慎重考虑客户,不管是老客户还是新客户,都应该对其目前的状况进行全面的了解,尤其是信用状况等相关方面,而这些都需要企业有完善的信用风险防范体制。同时,当国家的相关政策条例进行调整时,企业的信用管理条例也未及时跟进调整。这些不健全的信用风险防范体制都给企业经营带来严重的风险。

3. 社会信用体系不够健全

接受调查的"守重"企业中,有84.87%表示比较需要或者是非常需要信用管理咨询服务,尤其在征信服务、信用评级、信用调查和信用担保方面,超过一半的"守重"企业有明显的服务需要。然而,在企业信用管理制度中,仅仅有59.21%的"守重"企业明确要求重大交易客户提供第三方信用服务机构评估,还有40.79%的"守重"企业没有明确要求重大交易客户提供第三方信用服务机构评估。从上述数据可知,第三方信用服务机构对企业信用管理的参与还有待加强。

企业需要靠诚信经营,市场更需要维护好诚信环境。社会信用体系的建立,会直接推动企业信用风险防范机制的建立。但是目前,我国社会信用环境以及企业的信用管理都落后于发达国家。由于市场中交易信息的不对称,很多行业仍然无法开发其可公开的信用信息,导致企业在获取信用信息的时候存在诸多不便。另外我国社会信用方面的政策法规仍不完善,关于个人及企业的信用信息归集、管理及失信惩戒等方面的信用法规都不明确,或者是已经颁布但是地方政府并未提出相应的实施方案,从而这些政策法规并未发挥其真正的作用。企业由于信用风险等原因导致合法利益得不到保护,最终常常是很多讲信用的企业利益损害更大。另外,行业协会在企业信用建设中的作用也没有得到充分发挥。上述情况将导致企业不敢讲诚信或者不敢于用法律保护自身的合法权益,社会信用体系建设的进程也将大大延长。

四、企业信用风险防范的对策

1. 强化企业信用风险防范意识

企业需要从管理层到普通员工加强企业信用风险意识,重视企业信用风险防范机制的建立。近几年来,随着我国法制化社会进程的推进,社会信用体系的建设,行业及企业也必须开始重视信用体系建设。企业不仅应把信用体系建设作为公司发展的基本需求,甚至应该把它融入企业文化中,建设适合企业自身情况的信用文化。同时,企业应该对全体员工进行阶段性的信用风险意识教育,邀请政府或者第三方信用机构的信用风险管理专家对公司的信用风险管理基础、财务管理等与信用风险防范相关的课程进行现场的讲解,从而让公司全体员工感受到企业信用风险是时刻存在于企业中的,让员工在实践中不断提升信用风险防范意识。

公司高层管理人员对企业信用的重视将会极大地带动普通员工加强企业信用风险意识、责任意识以及危机意识。同时,公司高层管理人员也要加强与企业信用管理专职人员和部门的沟通、协调、交流与合作。最终,在整个企业中牢固树立企业风险防范管理的使命感、紧迫感,增强企业风险防范管理的自觉性、坚定性与创造性,从而树立正确的企业风险防范管理理念。

2. 健全企业信用风险防范机制

企业信用风险防范机制是企业管理的预防机制,企业应设立专门的信用管理部门,由专职人员负责客户信息的归集、录入及评估、后续交易跟进等相关信用信息管理,及时查询企业信用信息公示系统及其他相关信用信息公示平台,建立并及时更新客户信用信息管理数据库,并对客户进行信用评估和分级管理。信用管理部门应在选择客户前对客户的信用进行审查,根据数据库的信息对客户进行信用评估,尤其要根据不同的销售额进行严格的评定。对于金额较大的交易,信用管理部门应审查一下该客户最新披露的财务报表,了解该客户目前的资产和负债情况,结合该客户的信用评级,最终确定该客户的信用额度,超过了该额度企业应该进行严格把关,甚至可以采用到货后付款以及担保等保障方式。对于交易后期的应收账款,要时刻跟进,及时催收账款,以加快资金回笼。

对于客户的资信管理,凡是影响或者决定客户信用的信息都应列入客户信用信息的范围,包括法人信用及其关键信息、企业名称和地址、企业所有权、企业的经营范围及所属行业、企业注册日期、企业内部组织结构及主要管理者、财务信息及其关键信息、客户的资产负债状况、品牌信用及其关键信息、产品的品质特征等。客户资信系统也应与企业内部相关部门相链接,随时更新客户的信息。

首先,对于客户的授信管理,应结合企业信用风险管理软件,根据业务人员或管理人员掌握的客户信用信息进行判断,重大交易中还应加入第三方信用服务机构的评估。

其次,企业也要根据自身实际情况,从客户的财务状况和偿付能力、客户的重要程度、管理目标以及新客户评估等方面确定信用额度。在对客户确定了信用额度后,企业还需定期进行审议,及时向银行咨询了解客户的情况,根据客户信息的变化相应地调整客户的授信级别。

最后,对于应收账款的监控,应根据应收账款回收时间加以分类,监督应收账款支付状况,对公司的应收账款情况做动态的跟踪记录。对于逾期的应收账款,可通过自行追讨、委托专业机构追讨、仲裁、诉讼等方式予以追回,并做好坏账准备。

3. 推动社会信用体系建设

首先,政府作为企业信用体系的主导者,应为社会信用体系制定健全的法律法规,以营造和维护良好的社会信用环境。《国务院办公厅关于社会信用体系建设的若干意见》《江苏省2013—2020年社会信用体系建设规划和2013—2015年行动计划》等的出台仅仅是指导性意见,对于征信机构开展业务的权利和义务、信用信息的收集、披露与商业秘密保护、隐私权保护等重大问题,政府部门可以借鉴国外相关立法的先进经验,结合中国的国情制定更加细化的法律条例。对于与社会信用建设有紧密联系的工商行政管理部门、金融监管部门及其他部门的联动,仍需要政府部门制定权责明确、联动奖惩的法律机制,以搭建"一处失信,处处受限"的信用约束机制。

其次,第三方信用服务机构以及行业协会作为社会信用体系的重要组成部门,政府部门应赋予其相应获取信息的渠道和相关的指导意见等,引导第三方信用服务机构和行业协会参与企业信用体系建设。

我国当前正在建设社会信用体系,全国自上而下都在重视信用体系建设,对于经济转型期的中国这也是十分必要的。企业作为社会中重要的组成部分,应从自身的信用建设做起,做好信用风险的防范管理,加强部门间的沟通协作,形成信息共享、健全统一的管理体系。同时,企业自身也要不断加强防御信用风险,加大对产品研发以及品牌开发的投入,不断增加产品的附加值以及品牌的竞争力,加快企业的转型升级,提升企业的综合竞争力和抵御信用风险的水平,促进企业长足发展和社会经济的健康、有序发展。

参考文献:

[1] 胡涛.中小外贸企业的信用风险传染与防范对策研究——基于"义乌国际贸易综合服务及经济案事件预警平台"的典型案例分析[J].中国商贸,2015(4):106-108.

[2] 李默.工商企业信用风险管理的相关思考[J].商场现代化,2015(24):94-95.

[3] 邓雨菡.新经济形势下商业银行的信用风险与防范[J].湖南商学院学报,2016(1):97-100.

[4] 潘文渊.企业信用风险防范机制浅析——以民营上市公司为视角[J].当代会计,2016(2):37-38.

[5] 张亮.保险资产管理信用风险预警监测系统研究——基于央行征信系统的视角[J].中国保险,2016(2):31-35.

(胡　菊、魏文斌、胡　勇、佘彩云、沈　正)

企业信用对顾客购买意愿影响的实证研究
——基于顾客认同的中介变量①

一、引言

在当前的市场经济环境下,企业竞争模式逐步从价格、质量和服务的竞争模式发展成信用竞争模式,信用竞争模式不断推动企业关注企业信用以及顾客购买意愿,企业需要在竞争中不断获得顾客信任,争取更多的顾客购买率,扩大市场覆盖率,最终将市场覆盖率转化为顾客忠诚度。同时,企业信用对于企业自身的发展以及中国企业在世界的竞争力越来越有重要的战略意义。然而,在我国经济快速发展的同时,企业信用缺失问题屡见不鲜。近年来,我国企业经营中商业欺诈、制假售假、偷逃骗税等问题愈演愈烈,严重扰乱了市场秩序。2017年3月15日,以"用责任汇聚诚信的力量"为主题的央视"315"晚会曝光了互联网虚假广告、个人隐私、食品安全、产品虚假宣传等顾客所关心的问题。据全国工商总局统计,2016年全国工商和市场监管部门受理消费投诉166.7万件,同比增长29.1%,投诉量和增幅均创近5年来的最高值,涉及争议金额40.6亿元。近年来,国内外学者在企业信用的理论研究方面已经提出了较有影响力的观点和成果,但从顾客购买意愿的角度对企业信用进行的研究较少,还需要大量的实践与实证研究来完善相关理论。本研究主要围绕企业信用如何影响顾客认同这一例题,探讨企业信用对顾客购买意愿的影响,并为企业信用建设提出相应管理建议。

二、文献综述

对于企业信用,狭义的定义是指一个企业法人授予另一个企业法人的信用,即为卖方企业对买方企业的货币借贷活动,如制造企业进行的产品赊销行为。企业是市场的重要参与者,在企业与企业之间、企业与政府之间、企业与消费者之间建立良好的信用关系,是维系社会再生产良性循环的关键环节。目前,广义的企业信用已经不仅仅是指企业的贸易借贷活动,而是指企业在现代市场交易活动中的行为能力或履约能力。Ma-

---

① 本文根据苏州大学企业管理专业2017届硕士胡菊的硕士学位论文改写。文献来源:胡菊. 企业信用对顾客购买意愿影响的实证研究——基于顾客认同的中介变量[D]. 2017.

hon 和 Sugrue(1997)认为,企业在商品交换中提供有质量保证的产品和服务,并能获得卖方信任的能力,称为企业信用。另有学者认为,企业信用是指企业在市场经济中提供优质的产品和服务,在良好的管理能力、雄厚的企业实力和主动承担社会责任等方面获得社会的信任感,从而形成其他企业不可模仿的核心竞争力。总之,企业信用的概念界定不一,包括诚实、守信、信任等被越来越多的人所关注,涉及不同的学科领域,概念属性也有所不同,本研究主要从管理学的角度来进行相关论述,定义的理论基础为企业的社会契约理论。

国外学者从20世纪80年代开始已经非常关注企业信用问题的研究,并从经济学和伦理学等不同学科角度对企业信用进行了多层次的研究,形成了比较成熟的理论体系。在对已有的文献进行研究后发现,国外的学者都认同:企业应加强自身信用建设,这不仅是企业自身发展的内在需求,而且也是市场发展的外在需求。约翰·斯图亚特·穆勒认为信用就是购买力,在没有货币的情况下可以为交易双方提供保障。在最早的研究中,信用被认为等同于货币的作用对市场经济产生影响。包括交易费用理论在内的信用理论体系都认为信用减少了交易时间,节省了交易成本,为企业创造了额外的利润。

国内学者对于企业信用的研究开始于21世纪初。在一系列信用缺失问题给经济市场带来巨大冲击的背景下,学术界开始越来越重视对企业信用的研究,然而这些研究仅仅集中在信用制度、风险防范和信用体系等方面。

三、研究假设和模型构建
(一)研究假设
1. 企业信用与顾客认同的关系及假设

在企业信用研究中,顾客主要从信任感和专业度两方面对企业的信用水平进行感知,以评判企业是否有能力去实现其所承诺的事项以及履约程度,而顾客进行评判的信息主要从企业提供的产品或服务、管理能力、企业吸引力、企业相关报道等方面获取。陈思名和姚作为(2012)认为顾客认同影响着顾客对组织信用评价的认知,而信用知觉是顾客知觉企业整体品牌形象的一部分。在对高科技产品的研究中,证实企业信用对顾客购买企业产品或服务有很强的参考性,尤其是使用新产品或服务的顾客。因此本研究提出以下假设:

H1:企业信用对顾客认同产生直接正向促进作用。
H1a:产品与服务对顾客认同产生直接正向促进作用。
H1b:管理能力对顾客认同产生直接正向促进作用。
H1c:企业实力对顾客认同产生直接正向促进作用。
H1d:社会责任对顾客认同产生直接正向促进作用。

2. 顾客认同与顾客购买意愿的关系及假设

在顾客购买行为研究中,普遍存在顾客认同,即顾客寻找自我认同。顾客在购买企业的产品或服务的过程中,会主动寻求对企业的归属感,满足自我某种身份认同的需求,从而影响购买行为的决策。当顾客自我身份或想要传递的身份与企业提供的产品或服务相关联时,顾客认同会促使顾客选择与自身需求相一致的企业的产品或服务。在商品交易中,顾客正是基于对企业的认同这种特殊关系,才最终决定购买行为。

从顾客认同角度来看,当顾客自我身份受到外部威胁时,顾客会选择购买与自我身份相符的产品或服务来增强信心。换句话说,顾客会受其认同的消费群体的影响,采用购买、口碑宣传行为,借由企业的产品或服务来获得群体的认同,进而获得自我认同,而这一过程中,顾客认同对企业产品或服务流向顾客手中也是起到正向影响。因此本研究提出以下假设:

H2:顾客认同对顾客购买意愿产生直接正向促进作用。

H3:顾客认同在企业信用与顾客购买意愿之间起到中介作用。

H3a:产品与服务通过顾客认同对顾客购买意愿产生中介作用。

H3b:管理能力通过顾客认同对顾客购买意愿产生中介作用。

H3c:企业实力通过顾客认同对顾客购买意愿产生中介作用。

H3d:社会责任通过顾客认同对顾客购买意愿产生中介作用。

3. 企业信用与顾客购买意愿的关系及假设

侯昊鹏(2012)在研究顾客满意度与企业信用的关系时发现,顾客满意度与企业信用有一定的相关性,顾客满意度与企业信用呈同向变化,一般顾客满意度越高,则企业信用建设越好,顾客购买意愿越强烈。从顾客感知的角度分析,顾客感知的企业信用程度、感知效用性及感知企业实力等都对顾客购买意愿有直接正向促进作用。当顾客感知企业存在不诚信行为,或者企业提供的产品或服务的质量未达到承诺时,顾客购买意愿都会降低。因此本研究提出以下假设:

H4:企业信用对顾客购买意愿产生直接正向促进作用。

H4a:产品与服务对顾客购买意愿产生直接正向促进作用。

H4b:管理能力对顾客购买意愿产生直接正向促进作用。

H4c:企业实力对顾客购买意愿产生直接正向促进作用。

H4d:社会责任对顾客购买意愿产生直接正向促进作用。

(二)模型构建

根据企业社会契约理论,企业的信用是与企业活动相关的各方之间契约关系的履约程度和能力,而顾客认同是顾客对企业信用最直观的感知。当企业出现失信行为时,企业信用被破坏,直接影响顾客认同,且需要较长的修复时间。

陈蕾和王瑞梅(2016)指出顾客购买意愿是顾客对企业的认知和客观的综合评价过程,当顾客愿意与企业建立联系,并能从企业提供的产品或服务获得相应的价值时,顾客就会愿意做出购买决策。根据顾客感知价值理论,企业信用会增加顾客对企业感知的价值,获得顾客认同,进而促进顾客购买意愿的产生。

由于自我认可的需求,顾客会对信用良好的企业产生较强的认同感,并主动产生顾客购买意愿以建立牢固的联系。基于以上对企业信用、顾客认同、顾客购买意愿等相关文献的回顾,本研究构建了企业信用、顾客认同和顾客购买意愿这三者之间的结构模型,如图1所示。企业信用分为4个维度:产品与服务、管理能力、企业实力和社会责任。企业信用通过以上4个维度对顾客认同产生正向作用,顾客认同对顾客购买意愿产生正向促进作用;在企业信用对顾客购买意愿产生正向促进作用的过程中,顾客认同起到了中介作用,并且中介作用大于企业信用对于顾客购买意愿的直接正向促进作用。

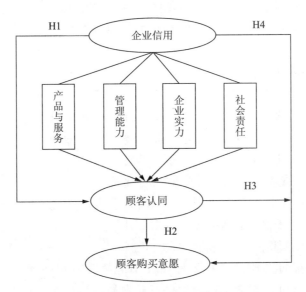

图1　企业信用、顾客认同和顾客购买意愿的概念模型

四、研究设计

(一)企业信用对顾客购买意愿影响的问卷设计

本研究采用适用领域广泛的问卷调查方法收集数据,借鉴了国内外相关领域的文献研究,采用李克特量表设计了问卷。为了保证问卷的可行性,本研究借鉴了已有国内外文献研究问卷量表,并结合本研究的特点进行了适当调整,从而让问卷更具有效度和信度。

为了更客观地反映顾客的真实情况,本问卷要求被调查者选择一家自己熟悉或感兴趣的企业作为目标企业,结合自身的经历来填写问卷。本调查问卷主要分为三个部分:第一部分为目标企业选取,选取的调查者都具有购买经历并保证了收集的数据真实可靠。第二部分是对企业的评价,选项均采用李克特5级评分法进行测量("1"对应"完全不同意","2"对应"比较不同意","3"对应"一般","4"对应"比较同意","5"对应"完全同意"),问卷填写者根据自己的真实想法选择最贴切的选项;其中,第A1—D7题反映问卷调查者对企业信用的感知,包括产品与服务、管理能力、企业实力、企业承担社会责任这4个方面;第E1—E5题反映企业信用对顾客认同的影响,有5个分选项可供选择;第F1—G2题反映企业信用对顾客购买意愿的影响。第三部分是背景信息的采集,包括被调查的性别、年龄、受教育程度、职业和月可支配收入等,目的是获取问卷调查者的基本信息和特征,以便控制变量并进行样本性描述性统计分析。

(二)问卷的发放与回收

本研究的数据采用问卷的形式收集,本研究关注的是企业信用与顾客购买意愿两者之间的关系及作用机制,因此研究对象主要是对企业的产品或服务有过购买经历或者有购买意愿的顾客,这使得问卷的调查结果更具有说服力和代表性。

本次问卷调查主要采用线上与线下相结合的方式。其中,线上操作是先在问卷星网站设计问卷,然后通过微信、QQ、邮件等方式分享链接,以问卷推广的形式让更多的人参与问卷填写;线下主要请对企业信用敏感度较高的 MBA 学生进行问卷填写,以保证问卷的代表性和有效性。

本次的调查问卷发放时间从 2016 年 11 月至 2017 年 2 月,总共发放 320 份,其中线上发放 280 份,线下发放 40 份。最终回收 269 份有效问卷,21 份填写不全,18 份随意填写,12 份问卷的填写者不符合本次调查对象要求,问卷有效率为 84.06%。存在以下情况的问卷被剔除:

(1)填写不全,或者不符合选项要求,一题多选。
(2)应付填写,答案有明显的规律性,或者几乎所有选项为相同答案。
(3)问卷填写者未满足调查对象的要求。

(三)数据处理工具

本研究的调查问卷回收后,主要采用 SPSS20.0 分析软件、Excel 软件进行数据处理。其中,Excel 软件主要是对样本数据进行基本处理和简单运算;SPSS20.0 分析软件主要是对样本数据进行描述性统计分析及各种相关性检验,分析本次问卷调查研究的总体特征,以及企业信用、顾客认同、顾客购买意愿这 3 个研究变量之间的关联性程度;采用线性回归分析对样本数据进行结构变量的假设检验,对企业信用与顾客购买意愿之间的概念模型进行验证。

五、实证分析

(一)相关性分析

1. 企业信用与顾客认同相关性分析

为了检验企业信用的 4 个因子和顾客认同之间的相关性,本研究采用 SPSS20.0 分析软件进行相关分析,并采用 Person 相关性分析和双侧分析,得出结论见表 1。

表1 企业信用与顾客认同相关性分析

		产品与服务	管理能力	企业实力	社会责任
顾客认同	Pearson 相关性	0.350**	0.542**	0.241**	0.523**
	显著性(双侧)	0.000	0.000	0.000	0.000
	N	269	269	269	269

**:在置信度(双侧)为 0.01 时,相关性是显著的。

如表1所示,企业信用的4个因子与顾客认同之间的Person系数都为正,且在显著性水平为0.01时,相关性显著,说明企业信用与顾客认同具有正相关关系,初步验证了假设H1的正确性。其中,产品与服务和顾客认同的相关系数为0.350,管理能力与顾客认同的相关系数为0.542,企业实力与顾客认同的相关系数为0.241,社会责任与顾客认同的相关系数为0.523,表明企业信用各因素对顾客认同都有积极促进作用,且管理能力和社会责任与顾客认同的相关性更大,即假设H1a、H1b、H1c、H1d得到初步验证。

2. 顾客认同对顾客购买意愿相关性分析

为了检验顾客认同和顾客购买意愿之间的相关性,本研究采用SPSS20.0分析软件进行相关分析,并采用Person相关性分析和双侧分析,得出结论见表2。

表2 顾客认同与顾客购买意愿相关性分析

		顾客认同
顾客购买意愿	Pearson 相关性	0.832**
	显著性(双侧)	0.000
	N	269

**:在置信度(双侧)为0.01时,相关性是显著的。

如表2所示,顾客认同与顾客购买意愿之间的Person系数为正,且在显著性水平为0.01时,相关性显著,顾客认同与顾客购买意愿的相关系数为0.832,说明顾客认同与顾客购买意愿具有正相关关系,初步验证了假设H2的正确性。

3. 企业信用对顾客购买意愿相关性分析

为了检验企业信用的4个因子和顾客购买意愿之间的相关性,本研究采用SPSS20.0分析软件进行相关分析,并采用Person相关性分析和双侧分析,得出结论见表3。

表3 企业信用与顾客购买意愿相关性分析

		产品与服务	管理能力	企业实力	社会责任
顾客购买意愿	Pearson 相关性	0.343**	0.457**	0.362**	0.555**
	显著性(双侧)	0.000	0.000	0.000	0.000
	N	269	269	269	269

**:在置信度(双侧)为0.01时,相关性是显著的。

如表3所示,企业信用的4个因子与顾客购买意愿之间的Person系数都为正,且在显著性水平为0.01时,相关性显著,说明企业信用与顾客购买意愿具有正相关关系,假设H4得到了初步验证。其中,产品与服务和顾客购买意愿的相关系数为0.343,管理能力与顾客购买意愿的相关系数为0.457,企业实力与顾客购买意愿的相关系数为0.362,社会责任与顾客购买意愿的相关系数为0.555,表明企业信用各因素对顾客购买意愿都有积极促进作用,且社会责任与顾客购买意愿的相关性更大,即假设 H4a、H4b、H4c、H4d 得到初步验证。

(二) 回归分析

1. 企业信用对顾客认同的回归分析

根据上述相关性分析,企业信用与顾客认同有明显的相关关系。本研究对企业信用的 4 个维度(产品与服务、管理能力、企业实力、社会责任)与顾客认同进行多元逐步线性回归分析,分析其是否存在显著的因果关系。

表4 逐步回归模型总体参数和方差分析表

模型	R	R^2	调整 R^2	标准估计误差	F	显著性概率
1	0.542[a]	0.294	0.291	0.805	111.010	0.000b
2	0.723[b]	0.522	0.519	0.663	145.365	0.000c
3	0.780[c]	0.609	0.604	0.601	137.468	0.000d
4	0.806[d]	0.650	0.645	0.570	122.538	0.000e

a. 预测变量:(常量),管理能力。
b. 预测变量:(常量),管理能力,社会责任。
c. 预测变量:(常量),管理能力,社会责任,产品与服务。
d. 预测变量:(常量),管理能力,社会责任,产品与服务,企业实力。
e. 因变量:顾客认同。

如表 4 所示,以顾客认同作为因变量,企业信用的 4 个因子作为自变量,管理能力、社会责任、产品与服务、企业实力都进入了模型。该回归方程模型解释了顾客认同总变异量的 64.5%,并且每个回归模型中 F 值的显著性概率都为 0.000。该数据分析表示每个模型的回归作用均比较显著。

另外,如表 5 所示,最先进入模型的是管理能力,说明管理能力对顾客认同的贡献最大;然后社会责任、产品与服务和企业实力依次进入模型。从输出的 4 个模型结果,即所有解释变量的 t 检验情况看来,常量的 P 值为 1,表明常量完全不显著;管理能力、社会责任、产品与服务、企业实力的显著性概率均低于 0.05,表示各变量在 0.05 的水平上显著。并且,各变量的回归系数均为正,表明管理能力、社会责任、产品与服务、企业实力对顾客认同的影响呈现显著的线性正相关关系,从而得出标准的线性回归方程为:

顾客认同 = 0.474 × 管理能力 + 0.463 × 社会责任 + 0.291 × 产品与服务 + 0.203 × 企业实力

根据上述回归方程可知,顾客认同随着管理能力、社会责任、产品与服务、企业实力的增加而增大,其中管理能力的回归系数最大,说明相对于社会责任、企业实力和产品与服务而言,管理能力更能增强顾客认同。

表5 企业信用与顾客认同的回归分析[a]

模型	预测变量	非标准化系数		标准系数	t	Sig.
		B	标准误差	B		
1	（常量）	2.495	0.049	—	0.000	1.000
	管理能力	0.565	0.054	0.542	10.536	0.000
2	（常量）	4.719	0.040	—	0.000	1.000
	管理能力	0.523	0.044	0.501	11.778	0.000
	社会责任	0.500	0.044	0.480	11.280	0.000
3	（常量）	4.966	0.037	—	0.000	1.000
	管理能力	0.507	0.040	0.486	12.591	0.000
	社会责任	0.483	0.040	0.463	11.999	0.000
	产品与服务	0.307	0.040	0.295	7.659	0.000
4	（常量）	4.357	0.035	—	0.000	1.000
	管理能力	0.495	0.038	0.474	12.942	0.000
	社会责任	0.483	0.038	0.463	12.655	0.000
	产品与服务	0.303	0.038	0.291	7.965	0.000
	企业实力	0.206	0.037	0.203	5.570	0.000

a. 因变量：顾客认同。

2. 顾客认同对顾客购买意愿的回归分析

根据上述相关性分析，顾客认同与顾客购买意愿有明显的相关关系，本研究对顾客认同与顾客购买意愿进行线性回归分析，分析其是否存在显著的因果关系。

表6 逐步回归模型总体参数和方差分析表

模型	R	R^2	调整R^2	标准估计误差	F	显著性概率
1	0.832[a]	0.692	0.691	0.538	600.742	0.000[b]

a. 预测变量：（常量），顾客认同。
b. 因变量：顾客购买意愿。

如表6所示，在顾客认同与顾客购买意愿的回归模型中，F值的显著性概率为0.000，表明该模型的回归作用比较显著。

如表7所示，从解释变量的t检验情况看来，常量的P值为1，表明常量完全不显著；顾客认同的显著性概率为0.000，表示该变量在0.05的水平上显著。同时，该变量的回归系数为正，表明顾客认同与顾客购买意愿存在明显的线性正相关关系，从而得出标准的线性回归方程为：

顾客购买意愿=0.832×顾客认同

根据上述回归方程可知,顾客购买意愿随着顾客认同的增加而增大。

表7 顾客认同与顾客购买意愿的回归分析[a]

模型	预测变量	非标准化系数		标准系数	t	Sig.
		B	标准误差	B		
1	(常量)	-1.990	0.033		0.000	1.000
	顾客认同	0.843	0.034	0.832	24.510	0.000

a. 因变量:顾客购买意愿。

(三)中介作用检验

通过上述回归分析可知,企业信用的4个维度(产品与服务、管理能力、企业实力和社会责任)都对顾客认同有显著的回归系数,企业信用的4个维度对顾客购买意愿也有显著的回归系数,同时,顾客认同对顾客购买意愿也有显著的回归系数,同时满足中介效应检验的三个条件。因此,需要验证企业信用的4个维度对顾客购买意愿的回归显著性是否会因为顾客认同的加入而有降低,或者作用完全消失变为不显著,而顾客认同对顾客购买意愿的影响仍然是显著的。因此本研究将对顾客认同的中介作用假设进行验证:

H3:顾客认同在企业信用与顾客购买意愿之间起到中介作用。

H3a:产品与服务通过顾客认同对顾客购买意愿产生中介作用。

H3b:管理能力通过顾客认同对顾客购买意愿产生中介作用。

H3c:企业实力通过顾客认同对顾客购买意愿产生中介作用。

H3d:社会责任通过顾客认同对顾客购买意愿产生中介作用。

根据Baron和Kenny对中介作用原理的解释,本研究将把企业信用的4个维度和顾客认同作为自变量,顾客购买意愿作为因变量,对顾客认同在企业信用与顾客购买意愿之间的中介作用进行检验。

表8 顾客认同在企业信用与顾客购买意愿关系中的中介作用检验

自变量	加入顾客认同前			加入顾客认同后		
	B	t	Sig.	B	t	Sig.
产品与服务	0.287	7.469	0.000	0.116	3.271	0.001
管理能力	0.384	9.989	0.000	0.107	2.610	0.010
企业实力	0.229	5.983	0.000	0.110	3.274	0.001
社会责任	0.504	13.110	0.000	0.233	5.744	0.000
顾客认同	—	—	—	0.583	10.885	0.000
调整后的 R^2	0.608			0.729		
F 值	104.984			145.063		
显著性概率	0.000			0.000		

如表 8 所示,当顾客认同引入企业信用与顾客购买意愿的回归模型中之后,顾客认同在显著性水平 0.05 的情况下与顾客购买意愿存在显著相关性。由表 8 可知,自变量产品与服务在显著性水平 0.05 的情况下与顾客购买意愿存在正相关性,且回归系数从 0.287 变为 0.116,表明顾客认同在产品与服务和顾客购买意愿的相关性中起到了部分中介作用;自变量管理能力在显著性水平 0.05 的情况下与顾客购买意愿存在正相关性,且回归系数从 0.384 变为 0.107,表明顾客认同在产品与服务和顾客购买意愿的相关性中起到了部分中介作用;自变量企业实力在显著性水平 0.05 的情况下与顾客购买意愿存在正相关性,且回归系数从 0.229 变为 0.110,表明顾客认同在产品与服务和顾客购买意愿的相关性中起到了部分中介作用;自变量社会责任在显著性水平 0.05 的情况下与顾客购买意愿存在正相关性,且回归系数从 0.504 变为 0.233,表明顾客认同在企业实力和顾客购买意愿的相关性中起到了部分中介作用。综上所述,企业信用 4 个维度的回归系数均有所下降,而顾客认同对顾客购买意愿的回归系数依旧显著,表明顾客认同在企业信用与顾客购买意愿的关系中起到了部分中介作用,即假设 H3a、H3b、H3c、H3d 得到验证。

(四) 实证结果

通过上述数据检验和回归分析,对本研究假设的验证结果进行阐述,在 0.05 的显著性水平下,企业信用、顾客认同和顾客购买意愿的相关关系验证结果如表 9 所示。

表 9　本文研究假设的验证结果

假设	假设内容	验证结果
假设 1	H1:企业信用对顾客认同产生直接正向促进作用。	支持
	H1a:产品与服务对顾客认同产生直接正向促进作用。	支持
	H1b:管理能力对顾客认同产生直接正向促进作用。	支持
	H1c:企业实力对顾客认同产生直接正向促进作用。	支持
	H1d:社会责任对顾客认同产生直接正向促进作用。	支持
假设 2	H2:顾客认同对顾客购买意愿产生直接正向促进作用。	支持
假设 3	H3:顾客认同在企业信用与顾客购买意愿之间起到中介作用。	支持
	H3a:产品与服务通过顾客认同对顾客购买意愿产生中介作用。	支持
	H3b:管理能力通过顾客认同对顾客购买意愿产生中介作用。	支持
	H3c:企业实力通过顾客认同对顾客购买意愿产生中介作用。	支持
	H3d:社会责任通过顾客认同对顾客购买意愿产生中介作用。	支持
假设 4	H4:企业信用对顾客购买意愿产生直接正向促进作用。	支持
	H4a:产品与服务对顾客购买意愿产生直接正向促进作用。	支持
	H4b:管理能力对顾客购买意愿产生直接正向促进作用。	支持
	H4c:企业实力对顾客购买意愿产生直接正向促进作用。	支持
	H4d:社会责任对顾客购买意愿产生直接正向促进作用。	支持

六、研究结论与建议

本研究以顾客认同为中介变量,对企业信用和顾客购买意愿之间的影响机制进行了讨论。通过对相关文献的梳理提出了企业信用、顾客认同和顾客购买意愿的测量指标,对提出的假设进行实证研究,比较分析了企业信用和顾客认同对购买意愿的影响作用,阐明了顾客认同在企业信用和顾客购买意愿之间存在部分中介效应。本研究得出结论:

(1) 企业信用对顾客购买意愿产生直接正向促进作用,其中社会责任和管理能力对顾客购买意愿的影响最显著,其次是产品与服务和企业实力。

(2) 企业信用对顾客认同产生直接正向促进作用,其中管理能力对顾客认同影响最显著,其次是社会责任、产品与服务和企业实力。

(3) 顾客认同对顾客购买意愿产生直接正向促进作用,并在企业信用与顾客购买意愿之间起到间接正向影响。

本研究通过对企业信用、顾客认同和顾客购买意愿的相关文献的回顾和总结,针对现今企业对信用建设的严峻现实,提出企业信用与顾客购买意愿的研究模型,并进行了实证分析,发现企业信用的4个维度对顾客认同和顾客购买意愿的影响程度是有明显区别的。同时,通过实证也阐明了顾客认同在企业信用和顾客购买意愿之间存在部分中介作用,即企业信用通过顾客认同影响了顾客购买意愿。根据上述研究,本文提出:① 加强自身信用文化建设,塑造企业良好声誉;② 提升企业品牌形象,增强核心竞争力;③ 完善企业信用评价体系,加强自我监管意识;④ 加强外部监督机制,建立全方位信用管理等管理建议。

参考文献:

[1] Mahon N G, Sugrue D D. Treatment of a Long Segment of Symptomatic Myocardial Bridging with Multiple Coronary Stents[J]. The Journal of Invasive Cardiology,1997,9(7):484 – 487.

[2] 陈思名,姚作为. 基于消费者认同的品牌整合策略探讨[J]. 生产力研究,2012(11):196 – 197.

[3] 陈从军,孙养学,刘军弟. 感知价值对口碑的影响消费者企业认同的调节效应——基于快递服务业的调研[J]. 商业时代,2014(24):59 – 61.

[4] 孙肖远. 构建区域信用治理与区域法治建设协同推进机制——以信用长三角建设为例[J]. 现代经济探讨,2014(9):59 – 62.

[5] 刘俊清,汤定娜. 在线评论、顾客信任与消费者购买意愿关系研究[J]. 价格理论与实践,2016(12):196 – 199.

[6] 陈蕾,王瑞梅. 社会化电子商务环境下消费者购买意愿及信任影响因素研究[J]. 科技与经济,2016(2):6 – 10.

[7] 李先国,陈宁颉,张新圣. 虚拟品牌社区感知价值对新产品购买意愿的影响机制——基于群体认同和品牌认同的双中介视角[J]. 中国流通经济,2017(2):93 – 100.

[8] 侯昊鹏.国内外企业信用评级指标体系研究的新关注[J].经济学家,2012(5):88-97.

[9] 陈蕾,王瑞梅.社会化电子商务环境下消费者购买意愿及信任影响因素研究[J].科技与经济,2016(2):6-10.

[10] Baron R M, Kenny D A. The moderator-mediator variable distinction in social psychological research: Conceptual, strategic and statistical considerations[J]. Journal of Personality and Social Psychology, 1986,51(6): 1173-1182.

(胡 菊)

关于企业信用信息记录的立法思考

深化商事制度改革中一项重要的任务就是加快建立全国企业信用信息公示系统。国家工商总局牵头正在加快推进国家企业信用信息公示系统的建设。为此,在两年多的时间里已经有多项措施落地。一是2014年起由国家工商总局牵头建设国家企业信用信息公示系统,也就是俗称的"全国一张网"。其主要内容是把所有企业的有关信息,如法定代表人、出资规模、企业的行政许可、行政处罚等信息归集到每一个企业的名下,面向社会公示。目前工商总局的企业信用公示系统已经与各省、直辖市工商局的公示系统衔接,根据国家工商总局的官方消息,正式联通后的"一张网"经过完善可直接查询企业信息,而不用按省市辖区查询。二是2015年11月在国务院的统一部署下,国家发展改革委、国家工商总局等中央层面的38个部门联合签署备忘录,对失信企业进行协同监管和联合惩戒。三是2015年6月国务院批转了发展改革委、中央编办、民政部、财政部、人民银行、税务总局、工商总局、质检总局制定的《法人和其他组织统一社会信用代码制度建设总体方案》,目前全国各地相关部门加强协作,正按这一方案开展工作,实现法人和其他组织社会信用代码的统一赋号。四是从国家层面到各级地方政府都成立了信用体系建设的领导机构,努力推进地方的"一张网"建设。"全国一张网"将成为企业信用信息的重要来源,给市场监管部门实现强化事中事后监管目标带来信用信息的技术保障,从而进一步推进中国信用体系建设,促进市场经济秩序的净化。相信随着"全国一张网"一系列措施的落实,具有中国特色的企业信用信息公示系统一定会不断完善。然而,笔者认为,无论企业信用信息公示系统发展到什么程度,除了网络基础建设外,企业信用信息公示系统的信用信息来源,通俗地讲,即信用信息的记录必然是其最重要的基础。本文结合当前的实际,就企业信用信息公示系统中信用信息的记录从立法角度进行思考。

一、现行信用体系中信用信息记录的弊端

2001年4月,国家经贸委、国家工商总局等十部委联合下发了《关于加强中小企业信用管理工作的若干意见》,这标志着我国以中小企业为主体的社会化信用体系建设开始启动。2014年6月,国务院又发布实施《社会信用体系建设规划纲要(2014—2020

年)》。尽管国家出台了一系列措施来推进信用体系建设,银行、工商、税务、海关等职能部门各自的企业信用数据库也日趋完善,但与市场经济较为成熟的欧美国家相比,中国的信用体系建设还存在着较大的差距,特别是在企业信用信息记录方面仍有相当大的距离,主要体现在以下三个方面。

1. 缺乏完善的法律法规

我国目前的法律体系中,如《民法通则》《公司法》《物权法》等仅对部分信用行为的债权保护提供了保证,涵盖面有限。商事制度改革后修改的《公司法》《广告法》《消费者权益保护法》在部分信用信息记录上尽管有所体现,如新《广告法》第六十七条规定,有本法规定的违法行为的,由工商行政管理部门记入信用档案,并依照有关法律、行政法规规定予以公示,新《消费者权益保护法》第五十六条第二款则规定,经营者有前款规定情形的,除依照法律、法规规定予以处罚外,处罚机关应当记入信用档案,向社会公布,但对于企业信用信息系统建设处于起步不久的中国来说,信用信息记录的法规体系还很不完善。作为信用信息的基础,发达国家在整个信用信息方面的制度建设已经有完整的框架并不断完善。以美国为例,早在20世纪60年代末期至80年代期间,美国就开始制定与信用管理相关的法规,形成以《公平信用报告法(Fair Credit Reporting Act)》为核心的17部法律,其中《信用控制法(Credit Control Act)》在20世纪80年代被停止使用。与之相比,我国的信用信息相关的法律建设不完备、不健全。一些企业信用信息相关制度不是散见于一些法律中,就是散见在各级地方政府的规章中。摆在"全国一张网"建设面前的两项重要立法任务就是,一方面建立起信用信息的法律框架,另一方面对已有的法律开展修订以补充信用信息的相关条款,进而从国家层面建立起完整的企业信用信息法律体系。

2. 缺乏标准且各自为政

由于企业信用信息体系建设本身缺乏完整的法律框架,对于企业信用信息的记录则必然缺乏统一标准,呈现各自为政的状态。以工商系统为例,在信用信息系统建设之初就是以省为单位,建设标准各不相同,以至于国家工商总局对数据进行整合之后必须以省辖区为单位分别查询。而工商、税务、海关、公安等各部门间更是各自为政。笔者认为,目前各部门的信用信息系统好比是"KTV",即属于关上门后的自娱自乐。整个企业信用信息记录的互动性、实时性比较差。之所以这样,是因为经过20多年的信息化建设,企业信用信息的记录较纸式办公肯定是发生了质的飞跃。但目前各部门建立的信用信息体系就信用信息记录而言有三个共同特点:一是权威的数据都来自本部门业务过程中的记录,非权威数据由企业提供,但很多数据并未得到证实,如工商企业年报中记录的许多数据;二是信用信息记录的数据以各自部门的原始数据为主,相对而言静态数据多于动态数据,动态数据中又以良好信用信息记录为主,失信的不良记录少;三是非本部门的数据往往通过定期或不定期的数据交换进行,如苏州市工商局与苏州税务机关之间的市场主体基本信息的交换,这种数据共享方式导致动态信用信息不能实时更新。

3. 缺乏科学的惩戒机制

建立企业信用信息公示体系的根本目的是为了鼓励守信、惩罚失信,保护市场主体的合法权益,建立良好的市场经济秩序。尽管近年对失信行为的惩戒在立法层面已经有很大改善,但总体而言目前的信用信息系统缺乏科学的惩戒机制,实际操作层面也存在问题。一是行政执法中重经济处罚轻信息记录公示。尽管目前大部分行政执法的全程最终通过业务系统归档,处罚记录必然记录在案,但这类记录往往只有本部门内部有权限者才能获得,从社会共治角度而言起不到惩戒作用。如《企业法人法定代表人登记管理规定》第四条规定了八项不能担任法定代表人的条件,但在实际操作中,不能担任法定代表人的信息由于部门间信息不共享是很难获取的。二是由于企业信用信息体系的法律框架没有形成,因此对不同失信行为的惩戒机制不完善。如给予什么样的惩戒,惩戒期限是多少,这方面有一些规定,但比较分散也不完善。三是惩戒规定常常只针对企业而未绑定失信行为的当事人。如在苏州曾多次出现以预付款方式通过会员卡消费的企业卷款而逃的现象,其中不乏当事人多次以这种方式侵害消费者利益,但因信用信息记录的都是企业而未绑定当事责任人,结果让其以"打一枪换一个地方"的方式屡屡得逞。

二、完善企业信用信息记录的立法建议

商事制度改革之初,理论界对注册资本实行认缴制争议很大,其根本原因就是认为我国信用环境很差,不适应认缴制的实行。由此可见,同步建设我国的信用体系是保证商事制度改革顺利进行的一项重要任务。近期发布的《国务院办公厅关于运用大数据加强对市场主体服务和监管的若干意见》(国办发〔2015〕51号)文件中,第一项主要目标就明确为提高大数据运用能力,增强政府服务和监管的有效性,具体举措为:高效采集、有效整合、充分运用政府数据和社会数据,健全政府运用大数据的工作机制,将运用大数据作为提高政府治理能力的重要手段,不断提高政府服务和监管的针对性、有效性。可见,要建立并完善企业信用信息公示系统的基础是信用信息数据的采集,换个角度说就是可能拥有这些数据的部门或单位对信用信息的记录是实现上述目标的基础。笔者从完善信用建设相关法律法规的角度,就企业信用信息记录提出五个方面的立法建议。

1. 关于信用信息记录内容的制度设计

对企业信用信息内容大致可按许可(或备案)与监管两种类型划分。前者是企业办理许可(或备案)登记时由政府部门记录的数据,后者则是企业年报或政府部门行政执法中记录的数据。但无论哪种类型,就当前实际情况看,在立法上都存在着一定的问题。一是很多数据在现行法律中没有作为法定信用信息数据加以明确,而是作为业务事项加以明确的。以设立公司的登记事项为例,在办理登记业务时因地方政府的需要,就会在设计系统软件时加入许多与公司设立法定条件无关的其他数据,如安排下岗人员的数据项。类似这样的数据是否可以作为信用信息数据记录存在着争议。二是随着

经济的飞速发展,许多新的失信行为在现行法律体系中无法可依,如 2016 年央视"3·15 晚会"曝光的刷单现象。淘宝网也曾移送一名巨额刷单者至公安部门,终因没有法律依据而被释放。对 2016 年央视"3·15 晚会"曝光互联网领域的失信行为,发改委表示要按照党中央国务院的部署,重点对互联网领域失信行为进行联合惩戒。但笔者认为,行政执法必须是依法行政。因此,在信用信息记录的内容上应当通过修旧法、立新法尽快完善现有的信用信息记录的相关法律,科学地设计作为企业信用信息的内容,无论是工商、税务、海关或是其他监管部门都要对守信、警示、失信及严重失信的标准从法律层面加以明确。坚持信用数据法定应当是信用信息记录立法的原则。

2. 关于信用信息记录行为的制度设计

信息记录行为涉及的责任主体有政府职能部门、相关公务人员及企业,也涉及录入过程中的时效限制及录入内容。现行法律体系中有散落的相关条款,但不完善。以《企业信息公示暂行条例》(国务院第 654 号令)为例,该暂行条例明确规定涉及的信用信息记录责任单位有工商行政管理部门、政府其他部门及企业,各责任单位负责记录的内容也很明确,但它只对工商行政管理部门及企业做出了信用信息生成后 20 日内予以公示的时效规定,而对政府其他部门却没有这样的规定。之所以会有这样的规定,与各部门信息化建设标准不一有很大关系。以工商行政管理部门为例。一是以省为统一建设单位,全国未使用统一的业务系统。二是信息产生的过程不一样。有些地方已经达到无纸化程度,任何一个程序都必须通过业务系统。而有的系统或某些业务则是采取事后录入的方式进行的。前者是企业信用信息产生完毕即可公示,后者则存在企业信用信息产生后要通过人工录入才可公示的问题。笔者认为,在信用信息实务操作的立法时以往可以将信用信息产生、记录及公示等相关法律制度分别考虑,但在互联网已经十分普及的今天,立法也应当有互联网思维。建议在设计信用信息记录行为的制度时明确:一是政府部门按系统使用全国统一的业务软件;二是各系统业务系统有互联的数据接口;三是所有的业务操作以通过业务系统为原则,事后录入为例外。这将大大提高信用信息公示的及时性。同时,对于政府部门、企业及政府工作人员在信用信息记录中的违法行为,应当细化追责条款,以加强责任性。

3. 关于信用信息记录修复的制度设计

在具有完善的信用法律体系的欧美国家都有信用修复机制。从理论上讲,信用修复机制的建立是考虑到一些真诚改正失信行为的组织和个人希望重新获得社会信任的机会。世界信用组织(WCO)制定了 ICE8000 国际信用标准体系信用修复的标准。ICE8000 信用修复不是删除或掩蔽一个组织的失信记录,而是由第三方信用机构按照公开的程序,证明失信人已经改正失信行为,已经获得失信行为侵害对象的谅解,并且承诺不再从事类似失信行为。通俗地说,信用修复意味着失信人已获得受侵害人的谅解,说明行为人具有诚信意愿。我国的信用体系建设的立法尚属起步阶段,因此在信用修复的立法上也不完善。2014 年 8 月 19 日国家工商总局颁发的《企业经营异常名录管理暂行办法》(第 68 号令)第四条列出四种进入企业经营异常名录的情形,该办法第十条至第十四条规定了移出企业经营异常名录的条件、程序及移出的内容。这就是一种失信信用信息修复制度。完善的信用法律体系除了要"奖励诚信、惩治失信"外,应当建立给失信者信用修复的机制。笔者以为,我国立法时除了完善信息主体的异议申请及失信信用信息修复申请、裁决等程序性规定外,在失信信用信息修复制度的设计中,应当考虑三方面的情况。一是像上述《企业经营异常名录管理暂行办法》中的情况,可以直接由行政机关经过法定程序移出企业经营异常名录。二是可以规定失信信用信息记录的时效,届满该信息作为记录存在而法律上不形成制约因素,如轻度违反食品安全经营的行为,限制其一定时间内不得进入市场。三是只有通过第三方评估后才能修复其失信信用信息记录,如企业安全管理体系的重新建立。但无论是上述哪种情况,原失信的信用信息记录都应当留存而不是删除。

4. 关于信用信息记录共享的制度设计

由于互联网技术的广泛应用,信用信息共享在技术层面已经毫无障碍,目前只是由于法律的滞后加上部门壁垒才导致各个信用信息平台间或物理隔断或逻辑隔断,形成相互间不能共享的局面。随着国务院关于建设国家企业信用信息公示系统决定的落实,这种状态将会逐步改变,最终实现互联互通。笔者以为,由国家发展改革委、国家工商总局等中央层面的38个部门联合签署备忘录,对失信企业进行协同监管和联合惩戒只是突击性的行政行为,是对信用信息记录共享的一个过渡性解决方案,从信息技术角度讲,采取这种方案的人力成本和时间成本都是不经济的,也不可能从根本上解决问题。在依法治国理念下还必须从立法角度对信用信息记录的共享加以明确。在保护合法商业秘密的前提下,信用信息应以公开为原则,保密为例外。因此,建议立法中关于信用信息记录共享的内容上公众应当可以查询到经过政府各部门许可、备案、查处、裁定等的全部结果,而行政机关或司法机关则可以根据工作需要依法律程序查询到审批过程以及其他不对外公开的信息,如企业的财产状况。信用征信机构一般情况下也只能通过全部公开的信用信息开展信用评估。立法中要对实现上述目标的技术支持给出法律上的明确规定,不允许各部门的信用信息平台在信用信息共享中设置壁垒。

5. 关于信用信息记录应用的制度设计

信用信息记录最主要应用于两个方面。一方面是信用评估。通过公开的信用信息记录可以让企业直接或通过第三方做出对交易方的信用评估。对这方面,笔者认为,对一家企业是否属于信用良好企业与失信企业,不应当由政府来做出认定。目前尚存一些政府对企业信用上的认定,短期内在推进信用企业建设方面确实起到了积极作用,但从长远看,无论从政府职能角度还是从厘清政府与市场关系角度,都要从法律层面禁止这种行为,而应把这种认定交给市场、征信机构或其他社会组织。另一方面是建立惩戒机制。通过信用信息记录可以对失信者实现惩戒。当前对失信行为企业的惩戒效果不理想,一是惩戒往往以行政罚款作为主要手段,信用信息记录由于没有共享则未受其他的行政制约,同时也起不到社会制约、市场制约的效果。总之,"一处失信,处处受罚"就是一句空话。二是现行法律很少将对严重失信企业的惩戒与直接当事人或企业所有人绑定,导致其一处受到处理后换个地方故伎重演。针对上述情况,笔者建议在惩戒制度设计中,首先要注重以人为本。因为任何企业的失信都是当事人行为所导致的,所以要将对企业的惩戒与对当事人的惩戒相结合。最高人民法院近期开展的联合惩戒中通过对法定代表人的惩戒从而实现对"老赖"企业的惩戒,就是很好的证明。其次要注重惩戒的连续性。惩戒不能因企业的破产或歇业而消失,失信企业的信用信息记录应当伴随着企业的投资人、高级管理人员和直接责任人,直至法律规定的年限,如对重大食品安全事故的直接责任人将限制其终身进入市场,对有严重失信信用信息记录的企业或主要责任人规定其在一定年限内不得进入相关行业。企业信用信息公示系统建设中已经推出的企业经营异常名录、联合惩戒等改革措施,对于改善整个社会的信用环境已经起到明显作用,从某种角度讲这些措施比对失信企业或个人直接罚款了事更具有震慑力。如果从立法层面进一步完善这些措施,将有力推动中国企业信用信息公示系统乃至整个社会信用体系的建设。

参考文献:

[1] 中国工商学会.企业信用监管理论与实务[M].北京:中国工商出版社,2003.

[2] 孙百昌.大数据时代市场监督管理分析方法与范例[M].北京:中国工商出版社,2015.

[3] [英]维克托·迈尔-舍恩伯格,[英]肯尼思·库克耶.大数据时代[M].盛杨燕,周涛,译.杭州:浙江人民出版社,2013.

[4] 张茅.深化商事制度改革,加强事中事后监管[J].中国工商管理研究,2015(11):3-14.

[5] 赵旭东.强化企业信用约束,实现有效事中事后监管[J].中国工商管理研究,2015(11):35-36.

(洪　海)

A级景区篇

苏州市A级景区品牌建设调查分析报告

一、苏州市A级旅游景区发展建设历程

A级景区作为中国特有的景区质量评级标准,是中国旅游资源标准化管理的重要指标。1999年国家旅游局发布《旅游区(点)质量等级评定办法》,开始使用A级评级对景区实行标准化管理,分为1A、2A、3A、4A这4个等级。2005年该标准升级,将原来的4个A级增加到5个A级,并规定5A级景区必须在4A级景区中选拔产生。从此,5A级景区成为中国旅游景区的最高荣誉。5A评级一方面象征着市场对景区的认可,另一方面为景区起到了巨大的品牌营销作用,也促进了景区所在地经济的发展。

随着旅游产业的蓬勃发展,旅游经济在我国地区生产总值中的占比越来越高,各地也在不断完善旅游景区标准化建设和管理。根据国家旅游局公布的5A级景区名录,截至2017年度,全国已有238个5A级旅游景区。江苏省是旅游资源丰富的大省,根据江苏省旅游局公布的数据,截至2017年度,江苏省A级景区总数超过600家,4A和5A级高等级景区数量占全省A级景区总数的三分之一,其中,5A级旅游景区23家,占全国总数238家的近十分之一,数量位居全国第一,4A级景区超过180家,在全国仅次于山东和浙江。根据苏州市旅游局公布的数据,截至2017年6月,苏州共有63家68个国家等级旅游景区,其中5A级6家11个点,4A级36家,3A级17家,2A级4家。

据世界旅游组织统计,旅游产业每收入1元,可带动相关产业增加4.3元的收入,旅游产业能够影响、带动和促进与之相关联的110个行业的发展,而5A级景区的品牌效应更能加大这种产业群的连锁效应,刺激所在地第三产业发展和增加就业,产生经济效益和实现财政增收。2009年,国务院《关于加快发展旅游业的意见》(国发〔2009〕41号)中指出,以信息化为主要途径,提高旅游服务效率,智慧旅游理念随之产生。2012年,国家旅游局确定了包括苏州在内的18个"国家智慧旅游试点城市"。2014年,国务院发布的《国务院关于促进旅游业改革发展的若干意见》(国发〔2014〕31号)为建设新颖特色、品牌鲜明、多元化的全域旅游提供了政策支持。2016年2月,国家旅游局公布了首批包括苏州市在内的262个"国家全域旅游示范区"创建单位名单。

二、苏州市 A 级旅游景区发展现状

截至 2017 年度,苏州市共有国家 A 级旅游景区 63 家(68 个点),其中 5A 级 6 家 11 个点,4A 级 36 家,3A 级 17 家,2A 级 4 家。在本次调查中,课题组对苏州市 63 家(68 个点)国家等级景区进行了问卷调查,并于 7 月 5 日回收了 67 份问卷,其中有效问卷 65 份,随意填写的有 2 份,问卷有效率为 97.02%。

(一)苏州市 A 级旅游景区地区分布情况

根据本次回收的 65 份有效问卷,从表 1 苏州市 A 级旅游景区地区分布可知:吴中区 A 级旅游景区最多,有 10 个,占比 15.38%;其次为姑苏区、吴江区和高新区,各有 9 个,占比 13.85%;昆山市有 7 个,占比 10.77%;常熟市、张家港市各有 6 个,占比 9.23%;太仓市有 4 个,占比 6.15%;相城区有 3 个,占比 4.62%;园区有 2 个,占比 3.08%。苏州市 A 级旅游景区主要分布在吴中区、姑苏区、吴江区、高新区,其他各区(市)分布比较平均。

表 1　苏州市 A 级旅游景区地区分布情况

地区	小计	比例(%)
常熟市	6	9.23
姑苏区	9	13.85
昆山市	7	10.77
太仓市	4	6.15
吴江区	9	13.85
吴中区	10	15.38
相城区	3	4.62
高新区	9	13.85
园区	2	3.08
张家港市	6	9.23
合计	65	100

(二)苏州市 A 级旅游景区等级分布情况

根据本次回收的 65 份有效问卷,从图 1 苏州市 A 级旅游景区地区分布可知:4A 级景区最多,有 36 家,占比 55.38%;其次为 3A 级景区,有 16 家,占比 24.62%;5A 级景区数量排在第三位,有 11 家,占比 16.92%;最后为 2A 级景区,有 2 家,占比 3.08%。苏州市 A 级旅游景区等级在 4A 级及以上的占比 73.84%,可见,苏州市整体旅游资源建设和管理较好。

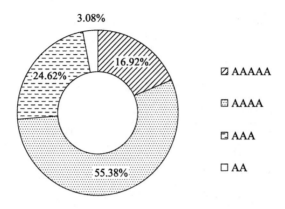

图1 苏州市A级旅游景区等级分布情况

（三）苏州市A级旅游景区中"世界文化遗产"分布情况

根据本次回收的65份有效问卷，从表2苏州市A级旅游景区中"世界文化遗产"分布可知，目前A级旅游景区中有7个为"世界文化遗产"，占比10.77%，其中姑苏区有5个，吴江区有1个，高新区有1个，分别为盘门、留园、狮子林、网师园、拙政园、同里、虎丘。在申报中的有6个，占比9.23%，其中昆山市有2个，太仓市有1个，吴江区有1个，吴中区有1个，张家港市有1个，分别为锦溪古镇、周庄、沙溪古镇、王锡阐纪念馆、甪直景区、凤凰山景区。

表2 苏州市A级旅游景区中"世界文化遗产"分布情况

世界文化遗产	小计	比　例(%)
是	7	10.77
否	52	80.00
申报中	6	9.23
合计	65	100

（四）苏州市A级旅游景区在营销策划方面的举措

根据本次回收的65份有效问卷，有89.23%的苏州市A级旅游景区结合传统节庆开展营销活动，有86.15%的A级旅游景区制定营销策划规划或计划，有80%的A级旅游景区开展线上营销(微信、微博、网站等)活动，有64.62%的A级旅游景区设有专门的营销部门，有61.54%的A级旅游景区增加合作商，有30.77%的A级旅游景区增加营销人员的数量，有18.46%的A级旅游景区提高营销人员的薪资，有15.38%的A级旅游景区高薪引进营销人才。从图2可知，苏州市A级旅游景区主要在结合传统节庆开展营销活动、制定营销策划规划或计划、开展线上营销这三个方面进行营销活动。

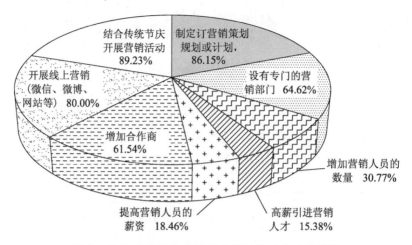

图 2　苏州市 A 级旅游景区在营销策划方面的举措

（五）苏州市 A 级旅游景区具有的竞争优势情况

根据本次回收的 65 份有效问卷,苏州市 A 级旅游景区具有的竞争优势排在第一位的为门票价格,占比 75.38%;服务质量排在第二位,占比 70.77%;景区等级、旅游资源排在第三位,各占比 67.69%;排在第四位的为景区管理、政府支持和景区设施,分别占比 63.08%、61.54%、52.31%;宣传广告、运营成本分别占比 21.54%、16.92%。从表 3 可知,不同等级的旅游景区的竞争优势存在差别,在 5A 级旅游景区中,主要竞争优势集中于景区等级、旅游资源、服务质量、景区设施、景区管理这五个方面;在 4A 级旅游景区中,主要竞争优势集中于景区等级、旅游资源、门票价格、服务质量和政府支持这五个方面;在 3A 级旅游景区中,主要竞争优势集中于门票价格、政府支持、服务质量和景区管理这四个方面;在 2A 级旅游景区中,主要竞争优势集中于门票价格、旅游资源、政府支持和服务质量这四个方面。

表 3　苏州市 A 级旅游景区具有的竞争优势情况

优势	5A 级景区	4A 级景区	3A 级景区	2A 级景区
门票价格	9(18.37%)	25(51.02%)	13(26.53%)	2(4.08%)
景区等级	11(25.58%)	26(60.47%)	6(13.95%)	0(0%)
旅游资源	11(25%)	26(59.09%)	5(11.36%)	2(4.55%)
宣传广告	5(35.71%)	9(64.29%)	0(0%)	0(0%)
政府支持	4(10%)	23(57.5%)	11(27.5%)	2(5%)
服务质量	11(23.91%)	24(52.17%)	9(19.57%)	2(4.35%)
景区设施	11(32.35%)	14(41.18%)	8(23.53%)	1(2.94%)
运营成本	1(9.09%)	7(63.64%)	3(27.27%)	0(0%)
景区管理	10(24.39%)	21(51.22%)	9(21.95%)	1(2.44%)

（六）苏州市 A 级旅游景区存在的竞争劣势情况

根据本次回收的 65 份有效问卷,苏州市 A 级旅游景区有 29 个在经营成本和宣传广告方面存在劣势,各占比 44.62%；景区特色方面有 24 个 A 级旅游景区存在竞争劣势,占比 36.92%；旅游资源、景区品牌方面,分别有 30.77%、29.23% 的 A 级旅游景区存在劣势；管理机制、服务人员素质、门票价格和服务质量方面,分别有 27.69%、18.46%、9.23%、7.69% 的 A 级旅游景区存在竞争劣势。从图 3 可知,苏州市 A 级旅游景区的主要竞争劣势集中于经营成本、宣传广告、景区特色、旅游资源和景区品牌等方面。

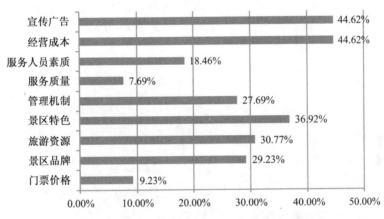

图 3　苏州市 A 级旅游景区存在的竞争劣势情况

（七）苏州市 A 级旅游景区在品牌认知和品牌建设方面的情况

根据本次回收的 65 份有效问卷,有 78.46% 的 A 级旅游景区举办大型活动或在传统节庆时推广品牌,有 70.77% 的 A 级旅游景区通过设计景区 LOGO 建立景区品牌,有 66.15% 的 A 级旅游景区增加宣传广告渠道,有 52.31% 的 A 级旅游景区更新景区广告语,有 47.69% 的 A 级景区增加广告投入来提升品牌知名度,有 40.00% 的 A 级景区设立品牌推广部门/岗位,有 4.62% 的 A 级景区有形象代言人。从图 4 可知,苏州市 A 级

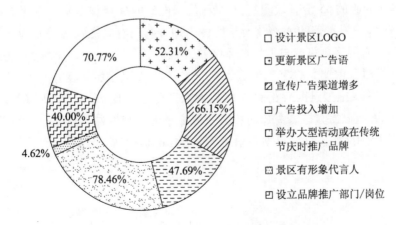

图 4　苏州市 A 级旅游景区在品牌认知和品牌建设方面的情况

旅游景区的品牌认知和建设措施主要在举办大型活动或在传统节庆时推广品牌、设计景区 LOGO 方面开展。

（八）苏州市 A 级旅游景区在社会责任方面的情况

根据本次回收的 65 份有效问卷，93.85% 的 A 级旅游景区关注环境保护，90.77% 的 A 级旅游景区关注游客权益，87.69% 的 A 级旅游景区积极参加公益活动，81.54% 的 A 级旅游景区关注员工权益，81.54% 的 A 级旅游景区关注对政府的责任，63.08% 的 A 级旅游景区关注对社区的责任，35.38% 的 A 级旅游景区设立社会责任岗位/部门，15.38% 的 A 级旅游景区关注股东权益，12.31% 的 A 级旅游景区发布社会责任报告。从图 5 可知，苏州市 A 级旅游景区主要在关注环境保护、关注游客权益、积极参加公益活动这三个方面承担社会责任。

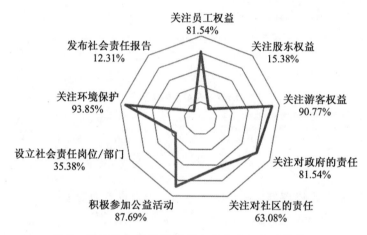

图 5　苏州市 A 级旅游景区在社会责任方面的情况

三、苏州市 A 级旅游景区智慧旅游平台建设情况

（一）苏州市 A 级旅游景区智慧旅游服务系统覆盖情况

根据本次回收的 65 份有效问卷，有景区门户网站的 A 级旅游景区占比 93.85%；景区有免费 Wi-Fi 信号覆盖的 A 级旅游景区占比 81.54%；有景区二维码的 A 级旅游景区占比 76.92%；有网络预订或自助售票系统的 A 级旅游景区占比 75.38%；有在线咨询服务的 A 级旅游景区占比 53.85%；有自助电子导游的 A 级旅游景区占比 52.31%；有电子地图和可以提供虚拟景区游览的 A 级旅游景区分别占比 26.15%、24.62%。从表 4 可知，苏州市 A 级旅游景区智慧旅游服务系统在景区门户网站、景区免费 Wi-Fi 信号覆盖、景区二维码和网络预订或自助售票系统等方面的覆盖情况较好。

表4　苏州市A级旅游景区智慧旅游服务系统覆盖情况

智慧旅游服务系统	小计	比例(%)
景区门户网站	61	93.85
在线咨询服务	35	53.85
网络预订或自助售票系统	49	75.38
景区免费Wi-Fi信号覆盖	53	81.54
景区二维码	50	76.92
自助电子导游	34	52.31
虚拟景区游览	16	24.62
电子地图	17	26.15
有效问卷数	65	100

(二)苏州市A级旅游景区社交平台建立情况

根据本次回收的65份有效问卷,有58个苏州市A级旅游景区已建立社交平台(微博、微信等),占比89.23%,还有10.77%的A级旅游景区未建立社交平台。从图6可知,苏州市5A级旅游景区已全部建立社交平台(微博、微信等);4A级旅游景区中有97.22%已建立社交平台(微博、微信等);3A级旅游景区中有60%已建立社交平台(微博、微信等);2A级旅游景区已全部建立社交平台(微博、微信等)。苏州市5A级和2A级旅游景区的社交平台建立情况较好。

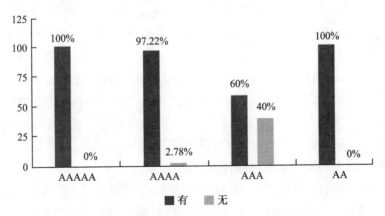

图6　苏州市A级旅游景区社交平台(微博、微信等)建立情况

(三)苏州市A级旅游景区后台数据库建立和使用情况

根据本次回收的65份有效问卷,43.08%的A级旅游景区有后台数据库并进行客源和客流的数据分析,56.92%的A级旅游景区未建立后台数据库或者未进行客源和客流的数据分析。从图7可知,苏州市5A级旅游景区有66.67%有后台数据库并进行客源和客流的数据分析,4A级旅游景区有50%有后台数据库并进行客源和客流的数据分

析,3A级旅游景区有13.33%有后台数据库并进行客源和客流的数据分析,2A级旅游景区目前尚未建立后台数据库或未进行客源和客流的数据分析。苏州市5A级和4A级旅游景区的后台数据库建立和使用情况相对较好。

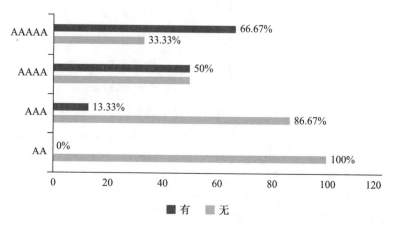

图7　苏州市A级旅游景区后台数据库建立和使用情况

四、苏州市A级旅游景区品牌建设存在的问题

(一)苏州市A级旅游景区品牌营销推广方面有待加强

根据本次问卷结果分析,目前还有23.08%的苏州市A级旅游景区未使用旅游宣传口号,营销推广意识淡薄。其次,目前苏州市A级旅游景区采用的营销措施主要还是集中在结合传统节庆开展营销活动、制定营销策划规划或计划、开展线上营销(微信、微博、网站等)这三个方面。其中5A级景区的营销措施除了以上三个方面之外,还有设立专门的营销部门,但是只有75%的景区增加合作商,41.67%的景区增加营销人员,25%的景区提高营销人员的薪资,16.67%的景区高薪引进营销人才。而4A级景区、3A级景区和2A级景区在营销措施上面更加不完善。另外,苏州市A级旅游景区在宣传广告方面存在明显的劣势,在营销推广方面的人力、财力都不足。由于营销推广方面的欠缺,更多的游客无法及时有效地获取景区资讯。

(二)苏州市A级旅游景区品牌体系不健全

36.92%的苏州A级旅游景区认为自身在景区特色方面存在明显劣势,在景区品牌方面有29.23%的A级旅游景区认为自身存在明显劣势,可见旅游景区在品牌定位和推广方面问题突出。其次,在品牌建设体系中,有41.67%的5A级旅游景区未增加广告投入和更新景区广告语,有33.33%的5A级旅游景区未设立品牌推广部门/岗位,有25%的5A级旅游景区未增加宣传广告渠道;同样地,4A级旅游景区、3A级旅游景区、2A级旅游景区在设立品牌推广部门/岗位、更新景区广告语、增加广告投入、增加宣传广告渠道等品牌建设方面仍不完善,品牌体系不健全。另外,78.46%的苏州市A级旅游景区认为需要重视品牌文化建设,66.15%的苏州市A级旅游景区认为需要加大品牌传播。由于景区品牌体系不健全,从而景区自身品牌潜力无法得到有效发挥。同时,景区需要不断树立、推广、维护和创新品牌,才能获取竞争优势,实现可持续发展。

(三)苏州市 A 级旅游景区智慧旅游服务系统不完善

江苏省政府出台的《省政府关于推进旅游业供给侧结构性改革促进旅游投资和消费的意见》(苏政发〔2016〕134 号)提出在 2018 年全省所有 3A 级以上景区、旅游度假区实现免费 Wi-Fi 全覆盖。调查结果显示,截至 2017 年 6 月,还有 8.33% 的苏州市 5A 级旅游景区未覆盖 Wi-Fi,有 13.89% 的苏州市 4A 级旅游景区未覆盖 Wi-Fi,仅有 26.15% 的苏州市 A 级旅游景区实现 Wi-Fi 全覆盖。其次,有 73.85% 的苏州市 A 级旅游景区未设有电子地图,有 73.38% 的苏州市 A 级旅游景区未设有虚拟景区游览,有 47.69% 的苏州市 A 级旅游景区未设有自助电子导游,有 46.15% 的苏州市 A 级旅游景区未设有在线咨询服务,有 24.62% 的苏州市 A 级旅游景区未设有网络预订或自助售票系统,有 23.08% 的苏州市 A 级旅游景区未设有景区二维码,可见,苏州市 A 级旅游景区智慧旅游服务平台仍需要完善。另外,在数据应用方面,56.92% 的苏州市 A 级旅游景区未建立后台数据库或未对客源和客流进行数据分析。由于智慧旅游服务体系不完善,因而无法提供智慧化旅游服务、旅游管理和旅游营销。

五、苏州市 A 级旅游景区发展的总体建议

(一)政府层面

1. 规范"智慧景区"建设的标准体系

智慧景区标准化建设作为旅游景区标准化建设的重要部分,旨在更好地提供景区服务。2011 年,苏州制订了《智慧旅游行动计划》,要建成以"智慧的旅游服务、智慧的旅游管理、智慧的旅游营销"为主要内容的智慧旅游体系。具体项目为:打造苏州智慧旅游云计算中心;建立苏州智慧旅游服务、管理、营销体系,包括苏州智慧旅游公共服务平台、电子商务平台、服务卡和手机应用软件等内容;建成包括旅游数据监测、旅游安全保障和旅游品质保障的智慧旅游管理体系;建成包括旅游舆情监控分析、旅游营销效果评价和旅游自媒体营销的智慧旅游营销体系。

在此基础上,政府应进一步对智慧旅游景区的建设内容做规范化要求,包括通用基础标准体系、游客服务标准体系、运行管理标准化体系等方面。如游客服务标准体系方面,应进一步对通信网络标准、电子门票售检标准、门户网站标准、电子商务标准、信息互动终端标准、全景浏览标准等方面进行规范。未来,逐步与智慧旅行社标准化、智慧酒店标准化等智慧旅游标准化项目进行融合,形成完整的智慧旅游标准化体系,实现旅游产业转型升级。

2. 加大政府支持力度

旅游产业是国家扩大内需、拉动经济增长的新亮点,也被地方政府当作发挥资源比较优势、促进经济长期增长的支柱产业之一。政府应加强财政资金对旅游业的支持力度,加强基础设施投入力度。全域旅游和智慧旅游发展最重要的是建好基础设施,有了良好的基础设施保证,全域旅游和智慧旅游才可能推进。在智慧旅游的层面,信息基础建设非常重要。信息基础设施作为国家基础设施的重要内容,是国家战略性公共基础资源,更是智慧旅游和全域旅游发展的基础。全域旅游信息化的发展和完善更离不开高水准的通信网、无线基站、中继设备、计算和服务中心以及相关配套设施的支持。推进高质量的信息基础设施建设是未来智慧旅游发展的必要条件。

另外,在苏州旅游景区的宣传和品牌建设方面,政府应提供政策和资金支持,按照"城市即旅游、旅游即城市"的发展理念,强化城市旅游形象整体宣传推介,在对外政务、商务及经济文化旅游交流活动中,统一使用区域旅游品牌形象和标识,全面落实"旅游+",形成产业发展合力,提升城市旅游品牌的知名度和美誉度。通过以上举措,提升旅游业的战略地位,发挥综合优势,使城市的个性、品牌、文明建设都与旅游发展有机融合,实现旅游与城市发展的一体化。

3. 完善旅游景区综合协调机制

全域旅游包括全域优化配置经济社会发展资源、全域按景区标准统筹规划建设、构建全域大旅游管理体制、全域发挥"旅游+"功能、全民共建共享全域旅游这5个基本特征。在全域旅游格局下,政府需要构建出一个从全局谋划和推进、有效整合区域各种资源、统筹推进全域旅游的体制机制和工作格局,建立健全旅游综合协调机制。

在景区管理方面,政府应全面协调理顺各相关部门在旅游发展中的职能关系,建立有效的联络和沟通机制。同时,应积极引导社会力量参与构建立体的旅游资源管理与监督网络,完善旅游景区管理水平。另外,政府应通过智慧旅游服务平台,实现对景区数据信息的共享和监控,实现智慧化管理。

(二)企业层面

1. 加大宣传推广投入

首先,旅游景区应强化对景区宣传推广的意识,建立多元化的宣传推广方式,包括在景区设立宣传口号、景区标志,结合传统节庆开展营销活动,增加合作供应商,开展线上营销、自媒体营销、区域整合营销等,多渠道、全方位开展营销宣传。

其次,旅游景区要加大在营销宣传方面的人力、资金投入。各景区应积极主动承办各类旅游节、体育旅游赛事活动,参加各类论坛、展会等,提升景区知名度,扩大景区影响力。在全域旅游战略布局下,根据区域定位,形成多主体营销机制,实行政企协作、景区联合、区域合作、旅行社结对等,构建一个常态化、立体化、全覆盖的推广体系。同时应借助已有的广告资源,成立全域推广联盟,共建平台,形成宣传合力。另外,应实行营销方式多元化,开展事件营销、节会营销、主题营销、电影营销等,并注重四季营销。

最后,景区应注重整体形象推广,包括统一旅游宣传主题,制作统一的旅游形象宣传片、宣传标语等;注重营销队伍的建设,包括建立专门的营销部门和营销人员;注重对大数据平台的数据分析,包括用户数、用户评论、转发量等指标,实现精准营销。

2. 完善景区品牌体系建设

从品牌特色化程度看,各景区应找准自身旅游景区品牌定位,立足景区旅游资源深度开发,走差异化经营之路,使品牌形象从泛化走向特化,打造特色旅游品牌。从资源利用角度看,苏州旅游景区需要提升游客品牌体验,从而满足人们审美、猎奇、求知、娱乐乃至发展等多样化的需求。其次,景区尽量减少同周边景区的品牌共性,围绕"吴文化"和"江南水乡"等突出文化特色,打造旅游景区的特色品牌。同时,在景观设计与游客体验方面,自觉同周边景区形成互补结构,不搞重复建设和内耗竞争。

旅游景区应有针对性地开发多层次、多类型的旅游产品体系,丰富城市旅游品牌内涵,并逐步构建相应的产业要素来支撑旅游品牌体系的发展。可以充分利用周边市域内全部的吸引物要素,形成景点、景线、景域相结合的旅游产品线,为游客提供全过程、全时空的体验产品,全面地满足游客的全方位体验需求。另外,景区应向"旅游+"的融合发展体系转变,推动区域资源融合发展,产生区域品牌优势。

3. 完善景区智慧旅游服务系统

目前,苏州仅有26.15%的A级旅游景区实现Wi-Fi全覆盖,景区的智慧旅游服务系统的建设仍需要完善。智慧旅游服务系统主要涉及游客服务系统、景区管理系统和旅游产品系统这三个维度。在游客服务系统中,可通过智能化移动终端,配合二维码、GPS定位等技术手段,为游客提供全程式的游览服务、丰富的旅游体验、互动的游览方式和拓展的消费形式。同时,游客可以在平台上体验网络预订或自助售票服务、自助电子导游、虚拟景区游览、电子地图、在线咨询服务、旅游安全检测等,享受更人性化、智能化的服务。在景区管理系统中,可以对旅游质量、旅游安全、景区管理等进行记录、监督。另外,景区可对后台数据进行客流、客源等的统计分析,以便景区开发设计产品、开展宣传营销和提供个性化服务。

参考文献:

[1] 宋瑞,孙盼盼.资源属性、管理体制、景区级别与门票价格——基于5A级景区的实证研究[J].中国社会科学院研究生院学报,2014(1):59-67.

[2] 白雪,刘江,苏醒.乡村温泉生态旅游景区服务质量提升策略探讨——基于贵阳市温泉城游客感知的调查与分析[J].改革与战略,2015,31(9):116-119.

[3] 吉根宝,王丽娟.国内外智慧旅游研究进展[J].生态经济,2015,31(12):107-110.

[4] 徐凡,尤玮,周年兴,等.基于百度指数的网络空间关注时空分布研究——以长三角5A级景区为例[J].资源开发与市场,2016,32(4):489-493.

[5] 马海鹰,吴宁.全域旅游发展首在强化旅游综合协调体制机制[J].旅游学刊,2016,31(12):15-17.

[6] 王玉成.我国旅游景区管理体制问题与改革对策[J].河北大学学报(哲学社会科学版),2017,42(3):143-148.

[7] 张建涛,王洋,刘力钢.大数据背景下智慧旅游应用模型体系构建[J].企业经济,2017,36(5):116-123.

[8] 张建涛,王洋.大数据背景下智慧旅游管理模式研究[J/OL].管理现代化,2017,37(2):55-57.

[9] 章秀琴.智慧旅游服务生态系统的概念、特征及构建[J].电子政务,2017(4):106-113.

(刘　泓、胡　菊、沈激桦、金冠群、巫前进)

苏州市 A 级景区智慧旅游研究报告

"智慧地球"的概念在 2008 年年末一经 IBM 公司提出,很快在全球掀起热潮,各地智慧城市战略蓬勃兴起。而随着个性化定制和信息化时代的推进,以及云计算、物联网等技术的快速发展,公众对旅游服务的多样性需求愈加强烈。旅游作为城市活动中的一个重要内容也很快成了智慧城市建设中的重点。2010 年,江苏省镇江市率先提出"智慧旅游(smart tourism)"这一专业名词,并积极投入实际建设。2011 年,国家旅游局批准在镇江建立"国家智慧旅游服务中心"。随后,各省市纷纷提出了自己的智慧旅游战略,智慧旅游的概念逐渐深入人心。2011 年年末,《苏州智慧旅游行动计划》通过评审,该计划明确了以旅游服务、旅游管理及旅游营销为主要内容的三大体系。2012 年,国家旅游局确定 18 个首批国家智慧旅游试点城市,以积极引导和进一步推动全国智慧旅游发展。同时,国务院决定把"旅游业培育成国民经济的战略性支柱产业和人民群众更加满意的现代服务业",明确提出将信息化与旅游业相融合的发展方向,为我国景区智能信息化建设指明方向。2015 年 9 月,国家旅游局下发《关于实施"旅游+互联网"行动计划的通知》,进一步加速我国旅游业的发展。由此,在政策鼓励和旅游行为与需求转变的背景下发展苏州 A 级景区智慧旅游,对于当地促进社会和谐、提升景区管理水平、满足游客的个性化需求以及提高旅游行政管理部门的管理效率,都具有十分重要的意义。

一、智慧旅游与智慧旅游景区的内涵
(一)智慧旅游的内涵

智慧旅游的内涵在国内外经过了多年的发展。严格说来,国外并无"智慧旅游"这一专业术语,但国外将信息技术应用于旅游业的研究和实践开展得早于国内。如 2000 年,加拿大旅游业协会人员 Gordon Phillips 在其相关论述中首次涉及旅游的智慧化,他认为智慧的旅游是可持续地进行规划、开发、营销旅游产品和经营旅游业务。欧盟在 2001 年就开展了"用户友好的个性化移动旅游服务"项目。2005 年,第一个为游客而配置的 RFID 定位装置反馈系统 Mountain Watch 在美国科罗拉多州 Steamboat 滑雪场推出,实现游客位置的实时监测、滑雪路线推荐以及游客消费情况反馈等功能。国内许多地方已在尝试进行智慧旅游的建设,但目前对智慧旅游的概念尚没有统一的定义。总结分析可知,对于智慧旅游的探讨主要分为新旅游形态论、技术应用论和务实操作论。

新旅游形态论将智慧旅游视为一种全新的高级旅游形态,基于所完善的高级集成形态,旅游业发展所面临的诸多问题能够有效解决。智慧旅游被认为是一种将互联网技术、物联网技术、大数据技术、云计算技术等应用于旅游过程体验、旅游产业发展、旅游规范化管理等方面,并服务于大众的全新的旅游形态,此种旅游形态促使旅游自然资源和数据信息资源得到有效整合。新旅游形态论从宏观角度阐述了智慧旅游的基本模式,但对于如何有效地将传统旅游信息化与智慧旅游相结合,该理论并未给出具体解释。

技术应用论是当前较为主流的论点,可理解为运用最新信息通信技术引起旅游行业中多层面的变化。黄超和李梦等都认为智慧旅游是利用云计算、物联网等技术,通过互联网、通信网、移动互联网等,借助便携智能终端等设备,主动感知旅游资源、旅游经济、旅游活动、旅游者等方面的信息并及时发布,让人们能够及时了解这些信息,及时调整工作与旅游计划,从而达到对各类旅游信息的智能感知与利用的效果。周波、周玲强认为旅游业一直走在技术应用的最前沿,智慧旅游是基于数字化信息技术完成的一种实时信息回馈和处理的旅游管理方法。由于旅游者需求和旅游过程中行为的改变而产生的新的信息科学与管理科学技术的应用是智慧旅游产生和发展的原动力,同时新技术的应用也推进了旅游群体的行为模式和需求的变化,二者相辅相成,助力智慧旅游的发展与完善,即技术应用论是围绕旅游者新的需求和行为逐渐变化而产生的。

务实操作论不仅考虑了新技术的应用,还关注旅游业主体发展方式的转变、旅游发展模式创新以及信息技术与旅游业融合并服务于旅游业等方面。姚国章认为智慧旅游是以游客为中心,以互联网、物联网、云计算、3G通信、三网融合、GIS等技术的应用为手段,以计算机、移动设备、智能终端等为工具,以智慧服务、智慧商务、智慧管理和智慧政务为主要表现形式,以全面满足游客"吃、住、行、游、购、娱"的服务需要为基本出发点,以为游客、旅行社、景区、酒店、政府主管部门以及其他旅游参与方创造更大的价值为根本任务的一种旅游运行新模式。务实操作论虽然能够对当前智慧旅游的内涵予以较为清晰的阐述,但该概念缺乏一定的前瞻性。

综上所述,智慧旅游的内涵在以上三个论点中得到多方面的体现。智慧旅游是一种灵活的形态,该形态能够融合最新的管理技术和信息技术,即能够以物联网、云计算、通信技术、计算机技术、数据挖掘技术等技术为基础,以游客为主要服务对象,同时能够结合实际环境整合与开发旅游物理资源和信息资源,激励产业创新,促进产业转型升级,输出多样化产品,以更好地服务于公众、企业以及管理部门。

(二)智慧旅游景区的概念

对于智慧旅游景区的概念,国内也尚未统一。葛军莲等认为智慧景区的实质是用智慧技术和科学管理理论的高度集成来取代传统的某些需要人工判别和决断的任务,达到各项工作业务的最优化,推进景区管理和服务电子化、瞬时化、便捷化、系统化、精准化和高效化,营造出一个运作规范与高效的智慧景区。党安荣等认为"智慧景区"构建的核心是通过传感网、物联网、互联网、空间信息技术的整合,实现对景区资源环境、基础设施、游客活动、灾害风险等进行全面、系统、及时的感知与可视化管理,提高景区信息采集、传输、处理与分析的自动化程度,实现综合、实时、交互、精细、可持续的信息化景区管理与服务目标。

从以上概念表述可以看出,狭义的智慧旅游景区偏重于技术因素,包括对物联网技术、互联网技术、数据收集与挖掘技术、网络通信技术、云计算技术、虚拟现实技术等适当的集成与应用,而广义的智慧旅游景区则强调多方面因素,把科学管理理论同工学领域诸多成果高度融合,以提高区域旅游管理以及景区运作的效率,实现人与自然和谐发展,景区低碳智能运营,以及社会经济、环境保护的协调与可持续发展。

二、苏州市 A 级景区智慧旅游建设现状与不足

(一)苏州市 A 级景区智慧旅游建设现状

上文阐述了智慧旅游的内涵以及智慧旅游景区的概念,本专题结合苏州市 A 级景区智慧旅游调查数据,从以下几个方面分析苏州市 A 级景区智慧旅游建设现状(图1)。所涉及的内容包括智慧旅游平台中的基础要素,如景区门户网站、在线咨询服务、网络预订或自助售票系统、景区免费 Wi-Fi 信号、景区二维码、自助电子导游、虚拟景区游览、电子地图和其他基础要素等,以及拓展功能,如社交平台(微博、微信等)、后台数据库等。本专题首先从整体上分析各指标,进而按照 2016 年接待游客人数、景区评定等级以及是否为"世界文化遗产"进行拓展分析,并对指标所涉及内容进行较为细致的分析。

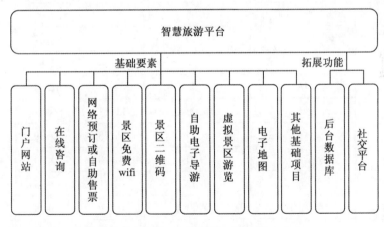

图 1 苏州市 A 级景区智慧旅游平台

(二)苏州市 A 级景区智慧旅游平台基础要素现状

从整体上而言,苏州市各 A 级别景区智慧旅游平台基础要素的构成分布如图 2 所示。从图 2 可知,较多景区的智慧旅游平台具备 4~6 项基础要素(55.22%),其次是 1~3 项(25.37%),再者为不少于 7 项(17.91%)。表 1 则为按照 2016 年接待游客人数、景区评定等级以及是否为"世界文化遗产"等类别对景区智慧旅游平台基础要素的

构成子分布进行的描绘。由表1可知,对于不同接待游客人数的景区而言,同样以包含4~6项基础要素的平台为主;从不同景区评定等级来看,5A级景区(61.54%)和4A级景区(66.67%)同样以4~6项基础要素构成的平台为主,3A级景区则以1~3项基础要素构成的平台为主(68.75%),2A级景区则在1~3项和4~6项基础要素构成的平台分布较为均匀。同时,不论景区是否为"世界文化遗产",均以包含4~6项基础要素的平台为主。

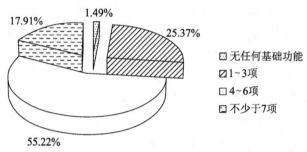

图2 景区智慧旅游平台基础要素构成分布

表1 景区智慧旅游平台基础要素构成子分布

项目		平台基础要素建设数量比(%)			
		无任何基础功能	1~3项	4~6项	不少于7项
2016年接待游客人数(人次)	不少于500万	0.00	0.00	75.00	25.00
	200.1万~500万	0.00	10.00	50.00	40.00
	50.1万~200万	0.00	17.24	62.07	20.69
	0.1万~50万	5.26	36.84	52.63	5.26
景区评定等级	5A	0.00	7.69	61.54	30.77
	4A	0.00	11.11	66.67	22.22
	3A	6.25	68.75	25.00	0.00
	2A	0.00	50.00	50.00	0.00
是否为"世界文化遗产"	是	0.00	0.00	71.43	28.57
	申报中	0.00	0.00	100.00	0.00
	否	1.85	31.48	48.15	18.52

就智慧旅游平台的基础要素而言,低于7项基础功能的平台占比达到了82.09%,说明绝大多数景区在智慧旅游平台的基础建设上不够完善,且有1.49%的景区无智慧旅游平台。从景区智慧旅游平台基础要素构成子分布上来看,无任何基础功能的旅游平台主要集中在游客较少(0.1万~50万)、景区评定等级较低(3A)及非"世界文化遗产"的景区。同样,由表1可知,构成要素不足的智慧旅游平台也以游客较少、景区评定

等级较低及非"世界文化遗产"的景区为主。结合表1和图2可知,游客较多、景区评定等级较高以及列入"世界文化遗产"的部分景区在智慧旅游平台的基础建设上同样存在不足。

此外,在对Wi-Fi的覆盖进行统计后,得到图3所示的分布图。由图3可知,85.07%的景区实现了Wi-Fi覆盖,但64.18%的景区的Wi-Fi覆盖面积低于园区的80%,且14.93%的景区未被Wi-Fi覆盖。表2显示,游客较多、景区评定等级较高以及有着"世界文化遗产"称号的景区与具有相对级别较低、游客较少以及无"世界文化遗产"称号等特征的景区在Wi-Fi覆盖范围上同样存在着一定程度上的不足。

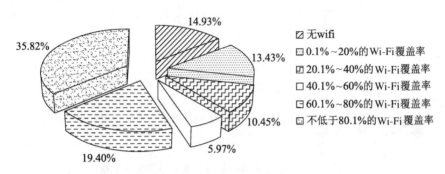

图3 景区Wi-Fi覆盖率分布

表2 景区Wi-Fi覆盖率子分布

项目		Wi-Fi覆盖率(%)					
		无	0.1%~20%	20.1%~40%	40.1%~60%	60.1%~80%	不少于80.1%
2016年接待游客人数(人次)	不少于500万	0.00	0.00	25.00	0.00	50.00	25.00
	200.1万~500万	0.00	10.00	0.00	10.00	10.00	70.00
	50.1万~200万	10.34	17.24	17.24	6.90	17.24	31.03
	0.1万~50万	26.32	15.79	5.26	5.26	15.79	31.58
景区评定等级	5A	15.38	0.00	7.69	7.69	30.77	38.46
	4A	8.33	13.89	11.11	5.56	19.44	41.67
	3A	25.00	25.00	12.50	6.25	6.25	25.00
	2A	50.00	0.00	0.00	0.00	50.00	0.00
是否为"世界文化遗产"	是	14.29	0.00	14.29	0.00	14.29	57.14
	否	16.67	16.67	11.11	5.56	16.67	33.33
	申报中	0.00	0.00	0.00	16.67	50.00	33.33

（三）苏州市 A 级景区智慧旅游平台拓展功能情况

智慧旅游平台不仅要具有基础要素，同时也应有一定的拓展功能。从调查数据可知（图4、表3），86.57%的景区拥有着自己的社交平台（微博、微信等），其中85.07%的景区通过所搭建的社交平台实现景区信息公告的发布等功能。

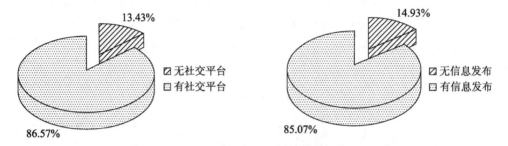

图4　景区智慧旅游社交平台构成及信息发布分布

表3　景区智慧旅游社交平台构成及信息发布子分布

项目		社交平台的有无		平台信息发布	
		无社交平台	有社交平台	无信息发布	有信息发布
2016年接待游客人数（人次）	不少于500万	0.00%	100.00%	0.00%	100.00%
	200.1万~500万	0.00%	100.00%	0.00%	100.00%
	50.1万~200万	3.45%	96.55%	6.90%	93.10%
	0.1万~50万	26.32%	73.68%	31.58%	68.42%
景区评定等级	5A	7.69%	92.31%	0.00%	100.00%
	4A	0.00%	100.00%	2.78%	97.22%
	3A	50.00%	50.00%	56.25%	43.75%
	2A	0.00%	100.00%	0.00%	100.00%
是否为"世界文化遗产"	是	0.00%	100.00%	0.00%	100.00%
	申报中	16.67%	83.33%	18.52%	81.48%
	否	0.00%	100.00%	0.00%	100.00%

表3中，游客人数为50.1万~200万和0.1万~50万的景区、景区评定等级为3A的景区以及正在申报"世界文化遗产"的景区存在着无社交平台的现象，相应地，这部分景区存在无信息发布的现象。结合图4和表3可知，在社交平台构建上存在不足的景区主要集中在游客较少、景区评定等级较低以及非"世界文化遗产"的景区。

在景区智慧旅游后台数据库方面，经数据统计发现，较多的景区（59.70%）未搭建智慧旅游后台数据库。后台数据库不仅能够记录游客数据，同时还能够为客源和客流数据提供分析基础。结合表4可知，游客数量可观（50.1万以上）、景区评定等级较高

(4A及5A)以及列入"世界文化遗产"的景区多数配备有后台数据库,而游客较少、景区评定等级较低以及非"世界文化遗产"的景区在后台数据库的配备上存在不足。

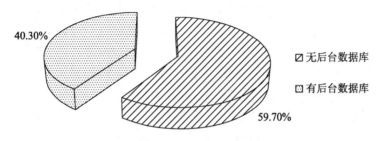

图5 景区智慧旅游后台数据库分布

表4 景区智慧旅游后台数据库子分布

项目		后台数据库的配备	
		无后台数据库	有后台数据库
2016年接待游客人数(人次)	不少于500万	50.00%	50.00%
	200.1万~500万	40.00%	60.00%
	50.1万~200万	48.28%	51.72%
	0.1万~50万	84.21%	15.79%
景区评定等级	5A	46.15%	53.85%
	4A	47.22%	52.78%
	3A	93.75%	6.25%
	2A	100.00%	0.00%
是否为"世界文化遗产"	是	28.57%	71.43%
	申报中	64.81%	35.19%
	否	50.00%	50.00%

三、苏州市A级景区智慧旅游建设对策

根据上文的分析,苏州市A级景区智慧旅游发展存在一定的不足,秉持苏州市A级景区智慧旅游建设的原则,本文提出以下几点对策。

(一)进一步完善苏州市A级景区智慧旅游平台的基础建设

由前面的分析可见,苏州市A级景区的基础要素如门户网站、在线咨询服务、网络预订或自助售票系统、景区免费Wi-Fi信号、景区二维码、自助电子导游、虚拟景区游览、电子地图和其他基础要素等存在一定的不足,所以需要进行进一步完善,尤其是游客量较少、景区评定等级较低及非"世界文化遗产"的景区。基础建设完善才能确保智慧旅游得以顺利开展。

（二）进一步加强苏州市 A 级景区智慧旅游平台的拓展功能

智慧旅游平台的建设不仅体现在基础要素，同时也应注重拓展功能的开发。苏州市 A 级景区在社交平台和后台数据库的构建与配备上存在不足现象，这类现象主要集中在游客较少、景区评定等级较低以及非"世界文化遗产"的景区。所以要进一步加强这些景区智慧旅游平台的拓展功能，以便于旅游信息更好地传播和回馈。

总之，在经济新常态的发展形势下，旅游也更应顺应新常态的发展趋势，趋向于个性化旅游。从游客的基本需求出发，做好苏州市 A 级景区的智慧旅游平台建设，一方面有利于提升景区的品牌形象，另一方面也有利于提升游客的游览品质。这将会使苏州市智慧旅游更向前迈进一步，实现游客和景区的互利，从而赢得更多的旅游市场，促进苏州市旅游业的更大发展。

参考文献：

[1] 李云鹏,晁夕,沈华玉.智慧旅游：从旅游信息化到旅游智慧化[M].北京：中国旅游出版社,2013.

[2] 黄超,李云鹏."十二五"期间"智慧城市"背景下的"智慧旅游"体系研究[C]//2011 旅游学刊中国旅游研究年会会议论文集,2011.

[3] 李梦."智慧旅游"与旅游信息化的内涵、发展及互动关系[C]//2012 中国旅游科学年会论文集,2012.

[4] 姚国章."智慧旅游"的建设框架探析[J].南京邮电大学学报(社会科学版),2012,14(2)：13 – 16.

[5] 葛军莲,顾小钧,龙毅.基于利益相关者理论的智慧景区建设探析[J].生产力研究,2012(5)：183 – 184.

[6] 周波,周玲强.国外智慧旅游商业模式研究及对国内的启示[J].旅游学刊,2016(6)：8 – 9.

[7] 凌守兴.智慧旅游产业价值链分析及对策[J].企业经济,2015(1)：118 – 122.

[8] 党安荣,张丹明,陈杨.智慧景区的内涵与总体框架研究[J].中国园林,2011(9)：15 – 21.

[9] 章秀琴.智慧旅游服务生态系统的概念、特征及构建[J].电子政务,2017(4)：106 – 113.

（李青霞、王金鑫、胡兆欣、位　凯）

苏州市 A 级景区节事活动与品牌建设研究

节事活动是以景区资源为基础,主要在景区内一次性或重复举办的,具有特定主题和形象,能吸引旅游者前来参加,主要目的在于丰富景区的旅游产品、提升景区形象的活动形式。节事活动彰显了景区的文化、生态、风俗等综合文化元素,能带给游客多方位的感受,因此,节事活动对于景区的形象打造、景区的宣传和建设以及游客的良好体验等有着不可低估的作用,发展节事活动是景区品牌和城市旅游品牌建设的重要举措。

一、苏州 A 级景区节事活动的现状

本课题针对苏州市所有 A 级景区进行了问卷调查,共回收 67 份调查问卷,剔除 2 份数据不全、信息不完整的问卷,最终有效问卷为 65 份。本文主要根据这 65 份有效问卷对苏州的 A 级景区节事活动进行研究分析。

(一)苏州 A 级景区节事活动的开展情况

本课题回收的 65 份调查问卷中,共有 36 家是 4A 级景区,占比 55.4%;11 家 5A 级景区(点),占比 16.9%;16 家 3A 级景区,占比 24.6%;2 家 2A 级景区,占比 3%。从表 1 可知,全年举行 1 次节事活动的景区有 11 家,占比 16.9%;举行 2 次节事活动的景区有 20 家,占比 30.8%;举行 3 次节事活动的景区有 10 家,占比 15.4%;举行 3 次以上节事活动的景区有 20 家,占比 30.8%;而全年不举行节事活动的景区有 4 家,占比 6.1%。由此可见,绝大部分 A 级景区都在举行各种各样的节事活动,苏州市的 A 级景区对于节事活动的重视程度是比较高的。

表 1　苏州市 A 级景区全年举行节事活动的情况

全年节事活动数量	景区(家)	占比(%)
3 次以上	20	30.8
3	10	15.4
2	20	30.8
1	11	16.9
0	4	6.1
总计	65	100

(二)苏州A级景区节事活动的内容

通过对调查问卷的整理分析可以发现,苏州市的A级景区所开展的节事活动有很明显的几大类风格,如赏花类、民俗祈福类、美食类等。

本课题调查发现,花、果展(节)是苏州市A级景区最常举行的节事活动;其次是民俗类的,主要包括新年祈福、闹元宵等传统节日活动。苏州市A级景区中具有代表性的节事活动有:

(1)虎丘景区的节事活动:农历初一到十五的迎春游园活动;3月下旬到5月上旬的虎丘艺术花会;9月中下旬到10月中旬的金秋虎丘庙会。

(2)拙政园的节事活动:3月底到5月初的拙政园杜鹃花节,以春季赏花游园为主开展特色文化活动;6月底到10月初的拙政园荷花节,以夏季赏荷游园为主开展特色文化体验活动;春节期间的精品花果展,除花果展以外还有年味浓厚的相关活动。

(3)七里山塘景区的节庆活动:1、2月的山塘迎新春活动及正月初五接财神、闹元宵猜灯谜活动;3月的山塘百花节;4月的清明寻根祭祖活动;5月的轧神仙、七里山塘杯全市中小学生乒乓球赛;6月的山塘端午节活动;8月的山塘街七夕民俗文化风情节;9月的中秋祭月活动;等等。

(4)穹窿山景区每季度都会举办穹窿山养生文化节,春节期间会举办新春祈福节,秋季有穹窿山森林醒脑节以及一年一度的孙子兵法文化节。

(5)周庄于1996年举办了首届"中国苏州周庄国际旅游艺术节暨摄影大赛"。在首届旅游节成功举办的基础上,周庄与游客们一年一会,连续办了超过20届旅游节,内容涉及书画大赛、旅游工艺品大赛、文学作品大赛、影视作品大赛、吴文化展示活动、民俗文化大赛、水乡美食大赛、周庄文化北京展示活动、国际旅游小姐大赛、驻华使节夫人中国才艺大赛、实景演出等,大大提升了"中国第一水乡"的知名度。每逢春节期间,周庄还推出"周庄过大年"大型主题系列活动,因快速城市化进程而逐步消失了的传统年俗与乡土温情,被热闹的"周庄年"赋予了全新的生命力。在活动期间,参与者可以体验腊月二十四夜吃圆食、腊月二十八夜装糕、除夕祈福守岁、正月初一拜年打春牛、正月初五接财神、正月十五闹元宵打田财等节事活动。完整、真实的民俗元素,让游客身处异乡、心有家园,对水乡人传统的生活方式有了更深刻的感知。

(6)沙家浜景区通过多年宣传营销,已形成了以春节、清明、端午等传统节日为主题的"沙家浜阿庆嫂民俗风情节"(每年1月至6月)、以传承沙家浜革命故事为主题的"沙家浜红色旅游节"(每年7月至8月)、以大闸蟹为核心传播江南美食文化的"沙家浜旅游节"(每年9月至11月)和以宣传湿地文化与环境教育为主题的"沙家浜湿地文化节"(每年5月至11月)等四大节庆活动,增加了游客体验,提高了游客参与度。

(7)苏州乐园国际啤酒节。啤酒节作为苏州高新区地标性活动,至今已开展20余届,在每年7、8月期间开放夜场,不断升级打造,每年都有不一样的亮点活动。

总体来看,以上这些景区的节事活动种类繁多,已形成一定的特色和主题。但是,在其他A级景区中,具有明确而独特的主题文化的节事活动数量并不多。由表2可见,就苏州市所有 A 级景区而言,可以做到提出明确主题文化且有自身特色的节事活动并不太多。

表2 景区节事活动是否具备明确主题文化

有、无明确的主题文化	节事活动数量(项)	占比(%)
有	19	13
无	124	87
总计	143	100

二、苏州 A 级景区节事活动存在的问题分析

(一)苏州 A 级景区节事活动的主题文化有待明确和加强

一个景区的节事活动充分展示了景区所处地区的地理、民俗、历史和文化特色,传统的节事活动无不特色鲜明、主题明确。在苏州的 A 级景区中也不乏这样的成功节事活动,如穹窿山孙子兵法文化节、"山花烂漫、春天有约"上方山百花节等。在接受调查的 A 级景区中仅有13%的节事活动可以做到有明确的主题文化,而实际上,苏州市 A 级景区中有很多节事活动要么盲目跟风,照搬其他同类节事活动,要么牵强地利用自身资源进行展览,并没有模式创新,也未深入挖掘文化内涵。

节事活动的主题文化应该是按照节事活动的理念提炼出的各项活动所要表达的主题思想,是整个节事活动的中心线索,具有统领的作用,因此明确主题文化是组织景区节事活动的核心。节事活动需要合理有效地挖掘利用景区本身的资源特色,顺应市场需求和发展趋势,通过独特的创意和持续运作设计策划出能引导消费者心理需求的活动主题,使得节事活动与景区品牌相得益彰、互相促进。

(二)苏州 A 级景区节事活动创新亮点不多

通过对于调查问卷的分析可以看到,尽管苏州市的 A 级景区对于节事活动很重视,也开展了很多的活动,但是大部分节事活动都集中在各种花、果的展览或者是各种民俗祈福上。各种花展、水果节的活动达到54场,占比38%;各种民俗祈福类的节事活动达到39场,占比27%。仅此两类就超过了所有节事活动类型总数的三分之二,用千篇一律来形容也不为过。这些节事活动的类型总体上结构不平衡,缺乏创新和多元化、差异化、个性化的发展。

节事活动作为景区的名片,展示的是当地的文化、生态、风俗等的综合文化元素,对于景区及所在城市的形象打造和宣传有着不可低估的作用。苏州市作为一座历史文化名城,拥有着深厚的历史文化底蕴,是一座既有现代化开放包容发展又有古典文化内涵的多元文化相融合碰撞的城市,在景区节事活动的设计上也应对应城市文化的特质,在符合景区文化底蕴的基础上不断地推陈出新,如运动休闲型、娱乐消遣型等,调整节事活动类型的结构平衡。

（三）苏州 A 级景区节事活动的互动性有待提升

通过对接受调查的景区所举行的节事活动进行分析可以发现，70% 的节事活动都是花展、水果节、民俗祈福等，形式较为单调，多为提供场地和环境供游客游玩欣赏，基本没有景区和游客之间的双向互动。景区举办节事活动的成功度或受欢迎程度仅仅依靠游客人数来判断，缺乏游客的互动反馈，这对于把握市场需求、改善节事活动的质量非常不利。

节事活动需要外来游客真正参与到其中，并深入地了解节事活动的文化内涵，同时又可以给景区一个互动反馈。外来游客对景区抱有很高的期望，景区作为节事活动的组织方带有浓郁的本地情怀和特色，前者是体验未知，后者是重复着熟知。如何使游客摆脱参观式的游览，在短时间内真正地融入当地的文化风俗，满足其好奇心和求知欲，又能在这种氛围中实现双向互动反馈，是苏州 A 级景区努力的方向。

三、苏州 A 级景区提升节事活动效果的建议

（一）明确和强化节事活动的主题文化

策划节事活动，首先需要确定的就是节事活动的主题文化。在结合景区资源状况和市场需求的情况下，首先应选定题材。确定题材是一个集体创意的过程，只有广集思路，推出具有市场引领力的题材，才能避免出现"撞车"。确定题材大致来说有两种模式：① 直接将景区内某类特质资源定为题材，如"穹窿山孙子兵法文化节"。② 借用模式，直接借用流行文化确定题材，即"拿来主义"，如"七夕文化风情节"，关键在于如何融合入自身的资源文化特点，形成独特的卖点，从而大大拓宽景区的节事活动题材。

在选定题材后需要明确的是活动的主题。主题的设计需要追求独创性、时代性和新奇性。避免出现平淡无奇的活动主题才能避免使节事活动平淡无奇。即使同样的题材也可设计出有吸引力的主题，比如同样都是花展活动，上方山百花节将活动主题定为"山花烂漫、春天有约"就显得更有感染力。除此之外还要考虑主题的时代性。随着生活水平的提高，游客的需求出现了较大的变化，因此在设计活动主题时需要兼顾当下"彰显个性、亲近自然、放松心灵"的目的，在传统的节事活动主题设计中可以每年推出不一样的活动主题，形成串联的系列。

有了明确的主题后，还要将其落实为宣传口号。只有充分了解游客心理需求和偏好，语言紧扣时代，才能设计出有广告效应、能够打动游客的心并使其产生游玩欲望的宣传口号。比如吴江青少年科技文化中心推出的以"放飞梦想、成长未来"为口号的科技旅游就贴合了青少年的需求。口号虽简单，但是迎合了游客特点，有很强的吸引力。

（二）强化景区节事活动的创新性

通过前文的分析可知，苏州市的 A 级景区节事活动缺乏创新，主要表现为活动类型较为单一，活动宣传手段较少。创新是景区节事活动保持生命力的源泉，景区节事活动是一种周期性的活动，要保持长期具有市场吸引力就需要不断创新，具有独到的创意。首先可以从活动的内容设计上进行拓宽，在体验式经济时代，游客的消费观念和消费方

式都发生了多方面的变化：更加注重情感的愉悦和满足；对个性化的产品和服务需求越来越高；重视过程而非结果。因此，景区在进行节事活动内容规划设计的时候，需要包括新鲜、动感、体验等概念，每年可以更换不同的主题，同时结合市场发展趋势设计不同的贴近生活和市场需求的活动内容。比如大白荡生态公园举行的"市民广场舞大赛"就迎合了市场需求。

有了新颖的活动内容还需要一定的活动宣传才能让更多的人了解，如果只是在活动内容上花心思，却不在宣传方面投入，那无疑就是关起门来自己看热闹。从调查问卷来看，苏州市的A级景区在节事活动的宣传方面做得很不够，鲜有亮点，宣传的主要手段包括新闻发布会、信函、广告等。如今人们接收信息的媒介已发生了较大的变化，纸媒越来越少，人们更多地习惯了接受新媒体，然而很少有景区采用如微信公众号之类的新媒体作为宣传的手段和媒介，建议可以多采取诸如此类的新型宣传手段。

（三）增强景区节事活动的互动性

景区作为节事活动的组织者，应该承担起市场主体的责任。作为历史文化、地理资源等与游客之间连接的桥梁，景区不仅要让游客体验到本地的文化，也应该了解游客的需求，催生更和谐的节事活动，不能仅仅为了活动而活动。

增强节事活动的互动性可以从活动内容设计和宣传两个方面入手：一方面，可以减少纯观赏类的活动，多开展将竞猜、比赛等形式融合的节事活动，增加游客的参与度，比如"元宵灯谜会""金鸡湖马拉松"等；另一方面，可以在拓宽宣传手段的同时，利用新媒体的优势，采用网络活动报名、开设论坛等形式，在空间上和时间上加大游客的参与度。

参考文献：

[1] 李志飞,汪绘琴.旅游景区管理[M].武汉：武汉大学出版社,2013.

[2] 李志丹.景区节事活动开发研究[J].旅游纵览,2013(3)：128-129.

[3] 聂鹏洁,陈英毅.节事营销下的服务质量与顾客满意的关系探究[J].山东纺织经济,2013(1)：37-39.

[4] 戴光全,张洁,孙欢.节事活动的新常态[J].旅游学刊,2015(1)：3-5.

[5] 钟志强,王蕊,刘侯晨曦,等.江苏节事活动的发展现状及其对策研究[J].旅游纵览,2017(2)：145-146,150.

（秦嘉鑫、刘德星）

苏州市 A 级景区品牌传播与品牌提升研究

一、苏州 A 级景区品牌传播与品牌提升的现状

（一）品牌、品牌传播与品牌提升的含义

对于"品牌"，美国营销协会曾做出这样的定义：品牌是一种名称、术语、标记、符号或设计，或是它们的组合运用，其目的是借以辨认某个生产者或某个生产者的产品或服务，并使之与竞争对手的产品和服务区别开来。品牌对于一个企业来说是至关重要的，它是企业参与市场竞争、建立品牌忠诚度、树立企业形象的重要保证。简单地讲，品牌是指消费者对产品及产品系列的认知程度，是人们对一个企业及其产品、售后服务、文化价值的一种评价和认知，是一种信任。当品牌文化被市场认可并接受后，品牌才产生其市场价值。而旅游景区的品牌不是单纯的品牌名称，其有着丰富的内涵。景区品牌定位与战略将会全面影响景区的一切经营管理活动。

所谓"品牌传播"，就是企业以品牌的核心价值为原则，在品牌识别的整体框架下，选择广告、公关、销售、人际等传播方式，将特定品牌推广出去，以建立品牌形象，促进市场销售。品牌传播是企业满足消费者需要、培养消费者忠诚度的有效手段。传播是塑造品牌影响力的主要途径。品牌的有效传播可以使品牌为广大消费者和社会公众所认知，使品牌得以迅速发展。同时，品牌的有效传播还可以实现品牌与目标市场的有效对接，为品牌及产品进占市场、拓展市场奠定宣传基础。品牌传播是诉求品牌个性的手段，也是品牌文化的重要组成部分。

旅游景区品牌传播中应该实施整合传播战略，针对目标游客进行传播，吸引目标游客加入该景区的消费行动。更重要的是通过品牌管理，让顾客通过消费感知或体验该景区的品牌核心价值，提高顾客对景区品牌的满意度，实现顾客推荐，促成其他消费者前来体验区的产品及服务。

"品牌提升"是指企业基于品牌形象、企业文化、企业长远发展的考虑，有意识地进行一些赞助及慈善活动，提高品牌的形象和价值。企业在下述情况下可实施品牌提升：品牌资产已经建立，如果品牌的盈利能力趋稳或下降，就有必要对品牌进行提升活动，以应对激烈的市场竞争。

(二) 苏州 A 级景区品牌传播与品牌提升的基本情况

本课题面向苏州 68 个 A 级景区(点)发放调查问卷,共收回 67 份调查问卷,经过相关的调研和分析得出如下的基本情况。

1. 对自身景区品牌的认知情况

在提交调查问卷的 67 个 A 级景区中,有 17 家 A 级景区认为自己景区的劣势之一为景区品牌问题。而这 17 家中有 2 家在近三年内没有采取任何与品牌建设相关的措施。当然,这也间接地说明了大部分 A 级景区都认为自己的景区品牌非自己的劣势,对品牌传播和提升都做了很多努力。

2. 近三年来在品牌认知和品牌建设方面所采取的措施

苏州市 A 级旅游景区在品牌认知和品牌建设方面采取的措施主要包括更新景区广告语、增多宣传广告渠道、增加广告投入、举办大型活动或在传统节庆时推广品牌、设立专门的品牌推广部门和岗位、设计景区 LOGO 以及有自己景区的形象代言人等,如图 1 所示。

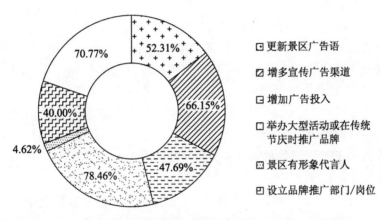

图 1　苏州市 A 级旅游景区品牌认知和品牌建设方面的情况

3. 近三年来在品牌价值提升上所做的努力

苏州市 A 级景区在品牌提升上所做的努力主要体现在:关注游客新需求、提高服务人员素质、加大品牌传播、加强智慧旅游平台建设、重视品牌文化建设等。

二、苏州 A 级景区品牌传播与品牌提升存在的问题及分析

(一) 苏州 A 级景区品牌传播与品牌提升存在的问题及其原因分析

1. 品牌知名度、美誉度及其影响力不够

在苏州市旅游局面向苏州 A 级景区进行的问卷调查中,针对收回的 67 份调查问卷分析发现,有 15 家 A 级景区的负责人认为在传播其景区品牌的过程中,自身品牌的知名度、美誉度及影响力不够。

其原因主要有:首先,客流量不足,远端市场占有率不够。苏州 A 级景区所吸引的

游客以本地人口居多,周边及远端市场都不大,导致品牌的知名度及影响力不够。其次,基础设施建设欠缺,部分设施陈旧。硬件设施投入不够直接导致游客的满意度不高,从而影响了其品牌的美誉度。再次,苏州 A 级旅游景区的淡旺季过于明显,如阳澄湖景区,只有大闸蟹上市的季节品牌的影响力才能够体现。此外,还缺少与景点配套的集参与性、体验性、休闲性于一体的项目。旅游项目内容不够丰富,吸引力就不够,从而使得其影响力也不够。

2. 品牌国际化传播推进缓慢,景区整体品牌认知度弱

苏州 A 级景区的品牌国际化传播推进缓慢,品牌在海外推广的过程中,有热点事件,但延续性不够。景区整体品牌认知度很弱,缺乏传播联动性。

造成这一问题的主要原因为:第一,苏州 A 级景区区域位置存在局限性,景点较为分散,受到了很大的空间制约,景区融合度不够,因此整体品牌认知度弱。第二,景区品牌同质化严重,特别是古镇和园林,内容大同小异,竞争激烈,没有新产品推出,因此旅游产品就显得单一,无亮点。

3. 品牌传播营销渠道单一,媒体宣传力度不够

在本次问卷调查中,苏州 A 级景区的相关负责人员都提到了目前品牌宣传的力度不够,很难有大的突破,很多景点的宣传部门都还处在搭建的过程中。很多景区的负责人都认为造成这一问题的原因是资金不足,而资金不足直接导致专业营销品牌策划人员的配置缺少以及拓展渠道的局限性。此外,各个景点的管理公司不同,管理人员的素质参差不齐,这也影响了品牌的提升。还有一些景点的负责人提到,可能是景点与旅行社合作不足,导致宣传的力度不够。

(二)苏州 A 级景区品牌传播与品牌提升的必要性

1. 品牌传播对苏州 A 级景区品牌的塑造起着关键性的作用

首先,商品力、品牌文化和品牌联想等构成品牌的因素只有在传播中才能体现出它们的力量。品牌主要是站在消费者的角度提出的,而要使有关品牌的信息进入大众的视野,唯一的途径是通过传播。如果少了传播这一环节,那么消费者将无从对商品的效用、品质有进一步的了解,品牌文化和品牌联想的建立则几乎是不可能的。因此,苏州 A 级景区想要建立自己的品牌形象和品牌文化,扩大品牌知名度和影响力,就必须加大品牌传播力度。

其次,传播过程中的竞争与反馈对品牌有很大的影响。传播是由传播者、媒体、传播内容、受众等方面构成的一个循环往复的过程,其中充满竞争和反馈。在现代传播日益发达的"传播过多"的社会中,人们再也不能企望接受所有信息,而是逐渐学会了有选择地记取、接受,即只接受那些对他们有用或吸引他们、满足他们需要的信息。比如,在电视机前,当你不满某个品牌的广告时,就会对该品牌的产品不满。如果绝大多数的人都产生这样的情绪,传播者在销售的压力下,就不得不重新考虑他的传播内容。同样,如果只有某个人不满企业的某个公关活动,传播者则会站在目标市场大众的基础上,坚持这个活动,不会因为某个人而改变其运行。因此,在传播中塑造品牌就必须考虑到如

何才能吸引、打动品牌的目标消费者,如何在传播中体现出能满足更大需求的价值。选择合适的传播途径和手段对苏州 A 级景区的品牌提升有着重要的意义。

2. 品牌提升是目的,品牌传播是手段

品牌提升对于企业的发展至关重要,企业在品牌行为的每一个方面都要有意识地进行品牌提升活动,以使品牌保持活力,获得更大市场份额。提升苏州 A 级景区的品牌影响力不仅有利于规范旅游景区的管理和发展,更能促进苏州旅游业在全国乃至世界上的影响力与知名度。

三、苏州 A 级景区品牌传播与品牌提升的优化建议

(一) 加大力度,宣传推广景区品牌

苏州 A 级景区应加大品牌宣传力度。例如,各旅游景区可以进行品牌联动传播,通过关联地区、关联旅游景区品牌资源的联合营销,实现旅游资源和品牌资源共享。建议各景区成立专业的营销品牌策划部门,建立完整的品牌推广链条。同时,建议相关政府部门给予人员配置和资金方面的支持。另外,传统的宣传手段很多已不适应社会的发展,效果不理想,今后要充分利用自媒体的宣传平台和手机 App 等智慧型平台传播自己的品牌。

(二) 明确景区品牌定位,提升景区品牌

旅游景区的品牌要针对其形象、功能、产品、客源市场和目标游客进行相应的定位。如此,游客才会根据景区在心目中的品牌形象和认知度来做决策。如果景区形象模糊,定位不准确,其品牌在市场上就很难对游客产生吸引力,且无法在市场竞争中获得优势。

当今世界旅游业的竞争,关键是服务品牌的竞争。在服务经济时代,产品则被视为基础设施,而服务则贯穿整个产品链。就服务内容而言,包括服务项目、服务标准、服务方式、服务承诺等诸多方面,这些内容共同构成了服务质量的评价标准。例如,各景区可在整个景区相同距离段设置游客中心,提供雨伞、遮阳帽、保险箱、轮椅、自行车等物品的租赁,提供母婴室等设施服务,从而提高游客美誉度,提升品牌。

(三) 重视特色,开发景区产品

好的品牌可以提高景区的知名度,使景区拥有抵御市场风险的能力,同时拥有大量高忠诚度的顾客。为了吸引更多的游客,使旅游产品形象能够让旅游者印象深刻,避免同质化问题,各景区一定要挖掘自身的产品特色,错位发展。例如,可以为自己的景区设立吉祥物,如苏州乐园的小狮子形象,由此拉近与游客的距离,从而提升品牌形象。

(四) 优化信息反馈机制

品牌传播是一个双向互动过程,即品牌传播主体和受众间的互动。品牌传播主体在通过一定的传播渠道传递品牌信息的同时,受众也通过相同渠道向传播主体反馈品牌认知信息。一方面,受众的反馈信息能体现品牌在他们心中的地位,有利于传播主体准确掌握受众的需求,进而建立并积极改进品牌和受众的关系,实现品牌的良好构建。

另一方面,这种反馈信息可让传播主体及时有效地进行传播效果评估,为改进景区品牌传播策略提供重要依据。

(五) 运用社交媒体传播景区品牌

旅游景区在社交媒体进行旅游品牌传播时,可以通过大数据获取社交媒体用户的年龄、籍贯、性别、喜好等基本信息,同时对用户经常参与的话题和发布的信息抓取分析,锁定旅游目的地的潜在游客,进行精准传播,从而充分利用注意力资源,降低宣传成本。总之,旅游景区品牌的传播和提升,要从一个战略的高度来规划和实施,要从现代市场营销理论中吸取必要的营养。另外,需要建立专门的品牌开发管理机构,确定具体的品牌管理者来负责品牌的推广营销,具体制订相关的计划,从而才能对景区品牌的知名度、美誉度的提升起到有效的作用。

参考文献:

[1] 谢佩清. 浅析旅游景区品牌的困惑与对策[J]. 商业经济,2014(20):45-47.

[2] 饶鉴. 基于景区品牌传播的景区品牌建设[J]. 统计与决策,2014(5):112-116.

[3] 王占华. 景区品牌价值评价模型构建[J]. 湖北社会科学,2015(4):160-164.

[4] 马建森. 旅游景区品牌信息传播过程的要素研究[J]. 企业改革与管理,2016(8):171-172.

[5] 马秋芳. 基于游客视角的景区品牌资产模型研究[J]. 商业研究,2017(1):170-176.

(钟 颖,杨 洁)

苏州市 A 级景区旅游文化研究

一、引言

当今世界已经进入信息时代,第三产业已经成为主导产业。旅游业作为第三产业的重要组成部分,在社会生活中发挥着越来越重要的作用。旅游已经成为现代人不可缺少的生活方式,同时也成为当代文化的显著特征。

走马观花式的参观游览已经无法满足当今旅游者的需求,在旅游过程中使游客通过各种方式进一步获得精神文化需求的满足,感受到日常生活中体验不到的新鲜文化,才是旅游业追求的目标,所以文化和旅游紧密结合,成为不可分割的整体。

(一)国外学者对于旅游文化的认识

国外文化经济学者于 20 世纪 80 年代提出旅游文化创新产业就是要通过各式载体(如艺术表演、特色产品和书籍等)向游客提供文化、娱乐和艺术层面的产品或者服务。20 世纪 90 年代初,国外学者对旅游文化的概念进行了更加充分的诠释,构建了包括旅游文化标志、旅游产品的文化结构差异和旅游传递功能在内的系统体系。同时,大量案例研究主要聚焦两方面:一是东道主对旅游吸引物的生产、再生产与营销研究;二是不同类型的旅游者行为、体验模式研究。在对旅游文化内涵进一步归纳的条件下,通过对旅游产品研究的设计,以恰当的方法传递地域文化特征是旅游文化发展的目的。

由罗杰克与厄里(Rojek&Urry)主编的《旅游文化——旅行与理论的转型》(*Touring Cultures: Transformation of Travel and Theory*)对旅游文化基础性研究具有很大影响。两位编者指出旅游与文化之所以必须并置而谈是因为:① 社会的文化化:从前分割的社会与文化领域现在却在不断融合。② 文化创新击破了各个领域(包括历史和政治)的边界。③ 旅游实践自身的文化化趋势。书中,克雷克在《旅游文化》一文中指出,当文化旅游通过手段蓄意吸引新旅游人群的时候,旅游文化将深受其影响和限定。文化旅游指为旅游业和旅游者塑造文化,以开发特色旅游产品为形式,注重旅游;旅游文化指为文化而塑造旅游业和旅游者,以文化为核心调适旅游吸引物和潜在目的地,注重文化。

(二)国内学者对于旅游文化的认识

20 世纪 80 年代是旅游文化研究的启蒙阶段,多数文章以界定或框限旅游文化为旨归。从 1990 年至今,旅游文化研究主要围绕以下四个方向展开:① 旅游文化概念(包括旅游文化属性、特征等,以及旅游文化、历史文化与文化旅游之间的辨析)。② 旅游文化学。③ 旅游文化开发。④ 旅游文化研究综述。

苑炳慧、辜应康通过对国内 20 世纪 80 年代至今关于旅游文化内涵的研究进行梳理,认为旅游文化是渗透于旅游行为过程的、能使旅游主体产生文化体验的、适应旅游需要实现了形式转化的文化消费对象。翁钢民根据旅游与文化产业融合机理对中国 31 个省市区旅游与文化产业融合发展的耦合协调度和空间进行分析,得出我国旅游和文化产业耦合协调程度总体偏低,东南沿海融合程度较高,西部地区融合程度偏低。毕海龙对旅游文化学进行探讨,总结出旅游文化具有移动传播性、时代性、民族性和阶层性,并且具有人文教化与审美功能、商业价值与经济功能以及文化交流功能。王彦斓对旅游文化和文化旅游进行了辨析,指出旅游文化包括了文化在旅游中各方面各层次的体现,而文化旅游研究的重心则是旅游产品的开发和经营管理问题。邹本涛等认为文化的标准化介入旅游对于促进服务质量规范化、程序化具有重要意义,但同时整齐划一的标准很难满足灵活多变的旅游需求,于是随着个性化旅游体验的发展,旅游文化也日益个性化。张丽梅从文化融合的角度对中国冰雪旅游进行研究,认为特色旅游具有民族和地域特点,并且通过某种媒介将民俗文化和地域文化渗透其中,形成差异化的文化特色。

旅游一定意义上是旅游者离开熟悉的环境,来到陌生的地方看不一样的风景,感受不一样的生活,更多的是为了追求精神层面上的需要,而文化恰恰能够满足游客的这种需求。了解蕴藏在风景内的独特文化,才能成为一个真正意义上的旅游者,而不只是一个看客。各个景区都需要符合现在的潮流,加强自身的文化建设,增加景区各方面的文化含量,在吸引更多游客的同时发扬优秀的文化。

二、研究设计

(一)研究方法确定

扎根理论方法不同于以往的定量实证研究,而是"自下而上"进行的归纳研究方法,经过数据的收集、梳理和比照,加以提炼和总结得到新理论。现有研究方法缺乏量化收集苏州市 A 级景区运营数据的能力,通过对 4 家苏州市 A 级景区的真实数据及白描性记录的收集,本研究选择运用扎根理论。多案例的设计有利于从中归纳共同规律,提升可靠性和适用性。

(二)研究样本选择与数据收集

本文案例研究从景区文化建设事实出发,遵循理论抽样原则,首先从众多苏州市 A 级景区中确定典型类别景区,包括园林、水乡、山、红色景区,再从每一类景区内挑选代表性的景区,包括留园、周庄、穹窿山、沙家浜,所选案例景区均为苏州市 5A 级景区。本文所收集资料主要来源于以上景区的官方网站以及苏州市旅游局官网,同时还涉及案例景区实地调研获得的资料。

(三)数据编码以及思路

本文运用归纳法,通过多案例数据分析,遵循"概念化""范畴化""命题和概念构型"逻辑展示收集数据和分析过程。数据、一阶概念、二阶范畴编码举例如图1所示。

1. 二阶范畴：文化内涵（其一阶概念为历史挖掘、内部构局）

收集资料：俞樾作《留园记》，赞留园为"吴下名园之冠"。留园是中国园林的杰出代表，亦是江南私家园林的典范，综合了江南造园艺术，并以建筑空间布局为特点。周庄四面环水，依水成街，吴侬软语，阿婆茶香，橹声欸乃，昆曲悠远，自成一派悠闲水乡生活。著名画家陈逸飞所绘《故乡的回忆》"双桥"油画曾被选为联合国首日封图案，由美国西方石油公司董事长阿曼德·哈默购买后于1984年11月访华时将它赠送给邓小平，引起了广泛深远的影响。穹窿山是一座文化名山。据传，孙武隐居在此创作《孙子兵法》，南道教中心上真观和韩世忠隐居的宁邦寺也隐于山中，这里也是乾隆六次祈福之地。沙家浜景区可追溯到1958年，上海市人民沪剧团根据抗日期间新四军在沙家浜的传奇经历创作了沪剧《芦荡火种》，后改编为红色经典京剧《沙家浜》。

2. 二阶范畴：文化展示（其一阶概念为节事活动、特色活动）

收集资料：留园每年都会定期举办文化活动，例如4月和10月举办的"留园寻梦"活动，11月举办的菊展等。留园寻梦活动期间，游客还可以看到在冠云峰下的《牡丹亭》实景演出。中国第一部水乡实景演出《四季周庄》以水文化为背景，以本地民俗为特色，以国际时尚为元素，集中展示周庄优秀传统文化和浓郁水乡民俗风情。周庄有摇橹游船数百条，在水巷中供游客乘坐。乘船游客一面看古镇风光，一面听船娘吴歌小唱。游玩累了可以到茶馆里喝茶水、看昆曲和听评弹，感戏曲文化、品水乡味道。穹窿山每年都会举办孙子兵法文化节，春节期间有新春祈福节，秋季又有穹窿山森林醒脑节。孙武苑的保存和孙武文化园的建设使来此旅游的人们身临其境感受到了兵家文化。沙家浜于2008年建成的国防教育园集体验革命战争场面、增强公民国防观念、增强旅游可参与性和全面提高青少年爱国情感于一体。革命历史纪念馆紧扣爱国主义教育和革命传统教育两大主题，让人置身江南水乡的抗日场景，深入了解沙家浜革命的背景和特点。沙家浜从2011年开始，在芦苇荡附近举行《芦荡烽火》和《让子弹飞》革命演出，已形成了以春节、清明、端午等传统节日为主题的"沙家浜阿庆嫂民俗风情节"（每年1月至6月）、以传承沙家浜革命故事为主题的"沙家浜红色旅游节"（每年7月至8月）、以大闸蟹为核心传播江南美食文化的"沙家浜旅游节"（每年9月至11月）和以宣传湿地文化和环境教育为主题的"沙家浜湿地文化节"（每年5月至11月）等四大节庆活动。

3. 二阶范畴：文化宣传（其一阶概念为标语宣传、合作推广）

收集资料：留园通过"留园寻梦"主题活动的打造，以丰富的文化内涵、小而精的园林特点向广大游客传递江南古典园林的精致文化。如邀请中国油画写生俱乐部的8名会员到园内写生，所有作品用于慈善拍卖，所得善款尽捐给鲁甸灾区。周庄凭借小桥流水人家的特色景致和悠闲惬意的水乡生活，以"中国第一水乡"的口号，向游客传递着江南水乡独特的文化。穹窿山的标语是"苏州的穹窿山，天下的智慧山"，正在建设以孙子兵法文化为核心，以宗教文化、皇家文化、名人文化、休闲文化等内容为补充的知名景区，并积极通过微信、微博、电视广告和旅游推广会的方式对该景区及文化进行推广。

沙家浜景区联合常熟市图书馆开启"书香常熟图书漂流"活动,让更多市民和游客参与到图书分享中来;结合"走进经典沙家浜,感受山水常熟城"的旅游主题,将旅游和品牌形象联袂进行整体宣传促销,提升文化品位,挖掘文化内涵,不断拓展壮大旅游市场。

4. 二阶范畴:创新(其一阶概念为文化升级、与时俱进)

收集资料:留园与苏州当地学校合作,让更多孩子感受江南园林的建筑艺术之美,加强中国古典园林文化的宣传,在各节日、假期期间经常举办摄影、美文和各类亲子活动,强化景区和游客之间的互动。周庄今年已举办了22届中国周庄国际旅游节,牢固树立起中国第一水乡的品牌形象,主题摄影活动中创作的作品承载着江南水乡文化走进了世界各地人们的视野。周庄每年正月里都会"打春牛""祭春牛""摸春牛",在向外地游客展示传统年俗的同时,也将这习俗更好地传承与发扬。穹窿山景区为实现全域旅游发展战略,不断完善基础设施建设,加强安全管理和监管力度,重视员工培训和创新营销模式。另外,沙家浜还以"风起芦苇荡,心动沙家浜"为口号,围绕现代京剧样板戏《沙家浜》,以发生在沙家浜的革命历史故事为传承,结合大面积的苇荡湿地环境,营造出"红色教育"和"绿色生态"的旅游特色。另外,沙家浜还与广告公司联手在夏季打造冰雪节,吸引游客。

三、扎根研究过程

(一)开放性编码与主轴编码

根据一定原则将大量数据逐级压缩,通过概念和范畴反映出来,再将抽象出来的概念打破,揉碎并重新综合。在开放性编码的基础上,对各个独立的数据进行整合,抽象出共同特点,归纳出8个一阶概念。编码过程与结果如图1。

(二)选择性编码与故事线分析

对开放性编码和主轴编码的结果进行深入探究,共得到4个二阶范畴,经过不断分析研究发现其中隐藏的逻辑线,综合成一个较为完整的理论框架。本文经过分析对照识别出核心范畴,即文化继承和文化发扬,并且从图1可以看出4个案例中发生的现象趋于一致。

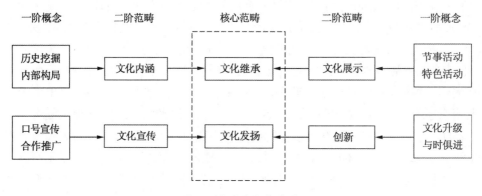

图1 编码过程与结果

四、研究发现

（一）研究命题

每一个景区都有自己的文化,景区想要满足游客们深层次的精神需求,就必须从文化的差异性入手,依靠自身与众不同的文化吸引游客,以此确立在游客心目中的地位。独特的文化除了后天的建设,更多是通过历史的积淀而产生,所以文化的建设首先可以从本景区的历史进行挖掘。苏州A级景区大多拥有悠久而又精彩的历史,例如清幽静谧的穹窿山,中国古代大军事家孙武便隐居在此创作了《孙子兵法》,对后世产生了深远的影响;清帝乾隆六次临山,留下了无数鲜为人知的趣闻轶事;西汉大臣朱买臣,曾在此砍柴、读书。穹窿山所传承的以兵家文化为核心的智慧文化便在这悠久的历史中逐渐形成。著名画家陈逸飞所绘《故乡的回忆》画的是周庄的"双桥"（又称"钥匙桥"）。"钥匙桥"不仅打开了周庄和国际接轨的门扉,更拉近了中美之间的距离。抗战时期新四军在沙家浜的传奇经历先后被改编成沪剧和京剧,毛主席亲自定名为《沙家浜》,沙家浜因此一举成名,红色教育深入沙家浜的历史。景区独特的风光在历史变迁中也逐渐成为文化不可分割的一部分。留园以园内建筑布置精巧、奇石众多而知名,以其独创一格、收放自然的精湛建筑艺术而享有盛名,体现出江南园林建筑的艺术风格和特色。周庄镇为泽国,四面环水,依河成街,桥街相连,这种江南典型的小桥流水人家景致也展示出周庄居民们悠闲自在的生活状态。穹窿山景区拥有丰富的自然资源,苍松翠竹,泉水潺潺,这才引来众多智者名人在此留下足迹。由此,本文得到以下命题:

命题一：景区自身的文化内涵是旅游文化的核心所在。

景区旅游文化要通过许多载体向游客展示,例如周庄的各类特产,如"周庄竹编""庄炉"和"万三酒"等;穹窿山下的孙武文化园是集兵法解读、文化体验、史迹探寻、休闲养生等功能为一体的兵法文化主题园区;沙家浜的革命历史纪念馆对外免费开放,让更多的游客接受爱国主义和革命传统的教育。另外,景区还会通过各式各类的节事活动和文艺演出向游客展示自己的文化,例如留园每年都要开展的"留园寻梦"活动、中国第一部水乡实景演出《四季周庄》、沙家浜每天都会上演的《芦荡烽火》《让子弹飞》节目等。穹窿山每年都举办兵圣文化节和兵圣杯围棋赛。同时,让游客通过体验式旅游深刻地融入当地旅游文化,游客在周庄品一杯清茶,赏一曲昆曲或是听一集评弹,充分感受这江南水乡的气息。沙家浜的芦苇活动区为游客提供了一个追寻野趣和体验新四军辗转芦苇荡情景的场所。为了使更多的游客可以感受到独特的旅游文化,景区还要积极对外宣传。各景区对外都有自己的标语,这些标语不仅是对文化的一种体现,同时也起到吸引游客的作用。例如穹窿山的"苏州穹窿山,天下智慧山",展现了一座静谧而又充满智慧的大山的形象,沙家浜的"风起芦苇荡,心动沙家浜"以芦苇荡为载体,使人们联想到新四军抗日的传奇经历,又体现了绿色生态的特色。景区通过线上微博、微信、广告以及线下旅游推广会等方式进行宣传,在与其他企业、单位联手共同推广景区的同时也起到了传递本景区文化的作用。例如,周庄经常举办摄影活动,通过摄影作品将周庄和周庄文化共同带向了全国甚至国际;沙家浜在2017年夏季与广告公司联手打造

"冰雪节",吸引了更多的游客。由此,本文得到以下命题:

命题二:文化宣传和文化展示是旅游文化建设的助力器。

世界在发展,时代在进步,景区原有的资源并不能够充分满足现在游客的需求,所以景区在巩固核心文化的基础上建设了新的文化体系。穹窿山正在建设以孙子兵法文化为核心,以宗教文化、皇家文化、名人文化、休闲文化等内容为补充的知名景区,每季度都会举办穹窿山养生文化节。作为苏州市红色旅游的代表,沙家浜并没有故步自封,而是追赶着时代的步伐,依托自身特别的自然资源又打出"生态旅游"的旗号。与此同时,为了满足游客更多的需求以及更广泛地宣传景区文化,各景区积极开拓新业务和开展新活动。留园曾邀请中国油画写生俱乐部到园内写生,并将所有作品用于慈善拍卖,所得善款尽捐给灾区。留园与苏州当地学校合作,为学生们提供更多接触中国古典园林文化的机会,还经常举办摄影、美文和各类亲子活动。周庄自2008年世博会起开始了观光文化向休闲文化的转型,通过各种措施力图将游客留下来,融入水乡古镇休闲生活,当一天"周庄人"。穹窿山景区以兵法文化为核心,兼顾生态、养生旅游文化,成立"慧生活"品牌,开发各类特色生态产品。例如,举办兵圣杯围棋赛,宣传兵家文化,举办马拉松活动,传递健康的生活态度。沙家浜积极与外界联合,引进项目,探索民宿客栈、养生养老等产业发展。如今的沙家浜已不仅是一个红色宣传教育品牌,更是一种经济效益实现载体,经济效益和社会效益的良性互动催生了精神、物质"双丰收"。由此,本文得到以下命题:

命题三:创新是旅游文化发展的动力。

(二)概念构型

本文运用扎根理论方法分析了苏州4家A级景区在旅游文化继承和传播方面的经验,得到了三个命题,为更清楚地展现理论框架,本文建立了如图2所示的综合概念模型。

图2形象地显示出苏州A级景区以其文化内涵为核心,以不断加强文化展示和对外宣传为手段,在特定环境下建设新的文化体系和开展新业务,最终实现旅游文化持续发展的目的。

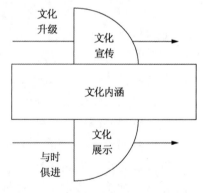

图2 基于扎根理论的苏州市A级景区旅游文化建设综合概念模型

五、结论

旅游活动需要有文化的渗透,通过文化的支撑才能够得到不断发展。现在的人在旅游的同时更加注重旅游产品的文化含量,文化含量越高的旅游越吸引游客,因此我们要抓住游客们的这一特点,以此为重点更好地传承文化、宣传文化和发展文化。

本文通过对苏州市4家A级景区数据的研究,得出景区文化建设的一般模式,在培养内部文化的同时要加强和外部的交流,以恰当的方式展示文化和吸引游客,更要注意的是对资源的整合利用,在原文化的基础上孕育补充文化,以此来适应当今社会不同人群的需求。

参考文献：

[1] Rojek C, Urry J. Transformations of travel and theory[C]// Rojek C, Urry J. Touring Cultures: Transformation of Travel and Theory. London: Routledge, 1997: 1 - 4.

[2] Craik J. The culture of tourism[C]// Rojek C, Urry J. Touring Cultures: Transformation of Travel and Theory. London: Routledge, 1997: 113 - 136.

[3] 赵红梅. 论旅游文化——文化人类学视野[J]. 旅游学刊, 2014(1): 16 - 20.

[4] 苑炳慧, 辜应康. 基于顾客的旅游目的地品牌资产结构维度——扎根理论的探索性研究[J]. 旅游学刊, 2015(1): 87 - 98.

[5] 翁钢民, 李凌雁. 中国旅游与文化产业融合发展的耦合协调度及空间相关分析[J]. 经济地理, 2016(1): 180 - 183.

[6] 毕海龙. 基于旅游文化产业发展的旅游产品开发研究[J]. 学术交流, 2014(4): 145 - 148.

[7] 邹本涛, 曲玉镜. 旅游文化史: 内涵与分期的再探讨[J]. 旅游学刊, 2015(12): 112 - 115.

[8] 张丽梅. 旅游文化产业视域下冰雪旅游与文化融合研究[J]. 学术交流, 2013(10): 106 - 109.

[9] 王彦澜. 旅游文化的内涵挖掘策略研究[J]. 经济研究导刊, 2017(15): 159 - 160.

[10] 武宇璇. 旅游景区应注重文化包装设计及宣传推广[J]. 价值工程, 2017(18): 239 - 240.

（祝　雷、魏文斌）

游客对苏州旅游景区品牌与服务质量的评价

一、问卷设计与数据收集

（一）问卷设计

本课题采用适用领域最广的问卷调查方法收集数据。本次调查问卷主要分为三个部分：第一部分为个人基本信息，包括性别、年龄、教育程度、职业、月收入，获取问卷调查者的基本信息和特征，以便控制变量并进行样本的描述性统计分析。第二部分为苏州旅游景区品牌相关情况，包括游客对苏州旅游景区的总体印象、对苏州市旅游景区品牌了解情况、旅游期限、旅游目的等，获取游客对苏州旅游景区的了解程度。第三部分为苏州旅游景区服务质量评价，包括"影响您对苏州旅游景区满意度的内容""在苏州市旅游过程中，哪些给您留下了难忘美好的经历""您最喜欢的苏州旅游景点"以及关于苏州旅游整体品牌"人间天堂、自在苏州"（口号）的调查。

（二）数据收集

本次问卷调查主要采用线上填写方式，将问卷星网站设计的问卷用微信、QQ 等方式分享链接，受访者在线参与问卷填写。

本次调查问卷发放时间为 2017 年 6 月至 2017 年 7 月，共发放 635 份，回收有效问卷 616 份，问卷有效率为 97.01%。

本次调查问卷回收后，主要用 Excel 对样本数据进行基本处理和简单运算。

二、游客描述性统计分析

调查样本数据显示，在 616 份有效问卷中，在游客性别方面，男性占比 51.6%，女性占比 48.4%。男女比例基本相同，基本保持回收数据的客观性。在游客年龄方面，分布最多的为 25~34 岁，占比 47.2%，其次分布在 35~44 岁、45~59 岁、15~24 岁、60 岁及以上、15 岁以下，分别占比 24.7%、18.3%、7.8%、1.8%、0.2%，总体趋于年轻化。在游客教育程度方面，主要集中于本科阶段，占比 55.3%；硕士及以上占比 30.2%；大专中专/技校占比 10.4%；高中占比 2.8%；初中及以下占比 1.3%。在游客职业方面，企业单位人员占比 55.2%；事业单位人员占比 15.4%；公务员占比 12.7%；学生和自由职业者分别占比 6%；私营业主占比 4.7%。在月收入方面，5 000~7 999 元占比 31%；8 000~

11 999元占比24.4%；12 000~19 999元占比13.6%；3 000~4 999元占比12.8%；3 000元以下占比9.1%；20 000元及以上占比9.1%。

表1 本次调查游客的人口统计学分析

类型	分类	频数	百分比(%)	累积百分比(%)
性别	男	318	51.6	51.6
	女	298	48.4	100.0
	合计	616	100.0	—
年龄	15岁以下	1	0.2	0.2
	15~24岁	48	7.8	8.0
	25~34岁	291	47.2	55.2
	35~44岁	152	24.7	79.9
	45~59岁	113	18.3	98.2
	60岁及以上	11	1.8	100.0
	合计	616	100.0	—
教育程度	初中及以下	8	1.3	1.3
	高中	17	2.8	4.1
	大专中专/技校	64	10.4	14.5
	本科	341	55.3	69.8
	硕士及以上	186	30.2	100.0
	合计	616	100.0	—
职业	公务员	78	12.7	12.7
	事业单位人员	95	15.4	28.1
	企业单位人员	340	55.2	83.3
	私营业主	29	4.7	88.0
	学生	37	6.0	94.0
	自由职业者	37	6.0	100.0
	合计	616	100.0	—
月收入	3 000元以下	56	9.1	9.1
	3 000~4 999元	79	12.8	21.9
	5 000~7 999元	191	31.0	52.9
	8 000~11 999元	150	24.4	77.3
	12 000~19 999元	84	13.6	90.9
	20 000元及以上	56	9.1	100.0
	合计	616	100.0	—

三、苏州旅游景区品牌相关情况调查

（一）游客对苏州旅游景区的总体印象情况

回收的 616 份有效问卷中，游客对苏州旅游景区的总体印象情况为：评价为 4 分的最多，占比 52.27%；其次为 5 分，占比 37.66%；评价为 3 分的占比 9.09%；评价为 2 分和 1 分的各占比 0.49%。从图 1 可知，游客对苏州旅游景区的整体评价较好，在 4 分及以上的占比达到 89.93%。

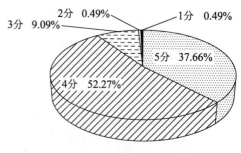

图 1　游客对苏州旅游景区的总体印象情况

（二）游客对苏州旅游景区品牌了解情况

回收的 616 份有效问卷中，游客对苏州旅游景区品牌了解情况为：一般了解的占比最多，达到 54.22%；其次为很了解的，占比 25.81%；非常了解的占比 9.42%；不太了解的占比 9.42%；不了解的占比 1.14%。从图 2 可知，很了解和非常了解的占比达到 35.23%，不太了解或者不了解的占比 10.56%。

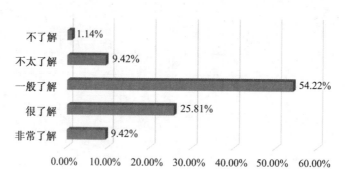

图 2　游客对苏州旅游景区品牌了解情况

（三）游客来苏州旅游目的情况

回收的 616 份有效问卷中，游客来苏州旅游目的情况为：欣赏自然风光占比 26%；休闲度假占比 22%；品尝特色美食占比 20%；体验民俗风情占比 18%；增长见识占比 12%；其他占比 2%。从图 3 可知，游客主要来苏州欣然自然风光、休闲度假及品尝特色美食。

（四）游客在苏州旅游期限情况

回收的 616 份有效问卷中，游客在苏州旅游期限情况为：在苏州旅游 3 天以下的

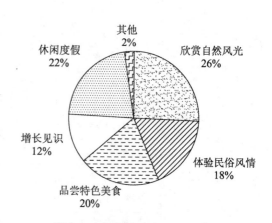

图 3　游客来苏州旅游目的情况

占比达到58.77%;旅游期限在3~5天的占比29.38%;旅游期限在15天以上的占比6.17%;旅游期限在6~8天的占比4.55%;旅游期限在9~14天的占比1.14%。从图4可知,在苏州旅游不超过5天的占比达到88.15%,游客大部分为短期旅游。

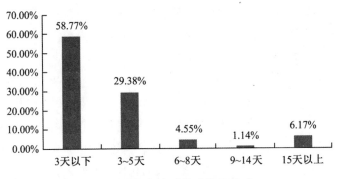

图4 游客在苏州旅游期限情况

(五)游客获取苏州旅游信息的途径情况

回收的616份有效问卷中,游客获取苏州旅游信息的途径情况为:通过微博、微信获取苏州旅游信息的占比71.27%;通过旅游官方网站获取苏州旅游信息的占比50.49%;通过网络论坛获取苏州旅游信息的占比38.96%;通过社交网络获取苏州旅游信息的占比37.99%;通过其他途径获取苏州旅游信息的占比14.12%,包括朋友推荐、书籍、广告及有关旅游App等。从表2可知,游客获取苏州旅游信息的途径主要为微博、微信、旅游官方网站。

表2 游客获取苏州旅游信息的途径情况

选项	频数	占比(%)
微博、微信	439	71.27
社交网络	234	37.99
网络论坛	240	38.96
旅游官方网站	311	50.49
其他	87	14.12

(六)游客获取苏州旅游目的地信息的类型情况

回收的616份有效问卷中,游客获取苏州旅游目的地信息的类型情况为:获取住宿信息占比71.75%;获取餐饮信息占比67.05%;获取交通信息占比64.12%;获取旅游攻略信息占比63.64%;获取景点信息占比59.90%;获取游客评价、游记信息占比53.41%;获取旅游产品的信息占比34.09%;获取购物信息占比26.14%;获取旅游团信息占比11.36%。从图5可知,游客主要获取住宿、餐饮、交通、旅游攻略、景点及游客评价和游记等方面的信息。

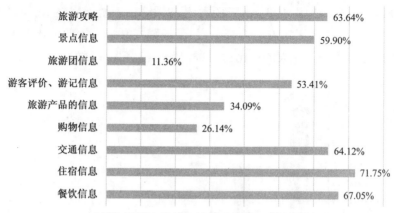

图5　游客获取苏州旅游目的地信息的类型情况

（七）游客有好感的苏州旅游景点情况

回收的616份有效问卷中,游客有好感的苏州旅游景点情况为:拙政园占比63.67%,虎丘占比46.92%,金鸡湖景区占比44.48%,平江历史街区占比35.71%,留园占比34.9%,同里古镇占比31.82%,周庄古镇占比29.38%,苏州乐园和东山景区各占比27.11%,穹窿山景区占比26.46%,七里山塘景区占比25.65%,网师园占比23.05%,木渎古镇占比21.75%,天平山景区占比20.45%,石湖景区占比17.21%,沙家浜风景区占比15.91%,甪直古镇游览区占比14.77%,旺山景区占比11.53%,其他景区占比6.98%。从表3可知,游客对拙政园、虎丘、金鸡湖景区、平江历史街区、留园、同里古镇等景区好感度较高。

表3　游客有好感的苏州旅游景点情况

地区	频数	占比（%）
拙政园	391	63.47
虎丘	289	46.92
周庄古镇	181	29.38
同里古镇	196	31.82
金鸡湖景区	274	44.48
东山景区	167	27.11
穹窿山景区	163	26.46
沙家浜风景区	98	15.91
苏州乐园	167	27.11
旺山景区	71	11.53
留园	215	34.9

续表

地区	频数	占比(%)
网师园	142	23.05
石湖景区	106	17.21
七里山塘景区	158	25.65
平江历史街区	220	35.71
天平山景区	126	20.45
木渎古镇	134	21.75
甪直古镇游览区	91	14.77
其他	43	6.98

(八)游客提到苏州的联想元素情况

回收的616份有效问卷中,游客提到苏州的联想元素情况为:苏州园林占比95.45%;阳澄湖大闸蟹占比54.55%;苏州评弹占比46.59%;苏州古城占比43.02%;人间天堂占比41.88%;苏州古镇占比41.56%;碧螺春占比34.58%;吴文化占比30.68%;昆曲占比27.11%;湖光山色占比19.32%;其他占比2.44%,包括苏绣、太湖石、状元、特色小吃等。从图6可知,游客对苏州的印象主要为苏州园林、阳澄湖大闸蟹、苏州平弹、苏州古城、人间天堂、苏州古镇等。

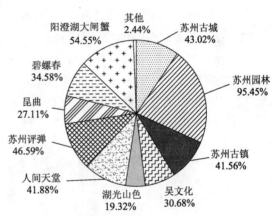

图6 游客提到苏州的联想元素情况

四、游客对苏州旅游景区服务质量评价

(一)影响游客对苏州旅游景区满意度的因素情况

在回收的616份有效问卷中,影响游客对苏州旅游景区满意度的因素情况为:景区内的旅游道路及路标设置占比57.63%;景区内环境卫生占比56.33%;景区内的旅游线路的设置占比44.16%;旅游厕所占比38.31%;旅游秩序占比30.36%;旅游高峰期游客的疏导与分流占比27.27%;景区讲解员的讲解占比25%;安全提示与安全保障占比23.38%;景区服务人员占比21.43%;商品购物占比16.56%;旅游纠纷占比7.95%;其他占比3.90%,包括停车场、景区公众号、市区道路通畅度等。从图7可知,影响游客对苏州旅游景区满意度的因素主要为景区内的旅游道路及路标设置、景区内环境卫生、景区内的旅游线路的设置、旅游厕所、旅游秩序等。

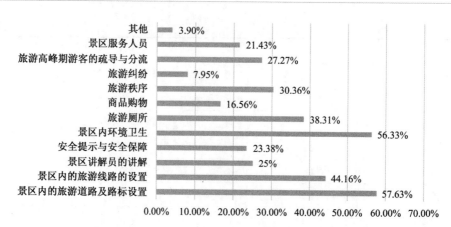

图7 影响游客对苏州旅游景区满意度的因素情况

(二) 游客对苏州产生美好回忆的元素情况

在回收的616份有效问卷中,游客对苏州产生美好回忆的元素情况为:生态绿化占比68.67%;旅游景点占比58.28%;城市建筑占比55.52%;地方美食占比51.62%;民俗文化占比39.45%;服务水平占比29.71%;购物环境占比12.01%;其他占比2.76%,包括市民素质等。从图8可知,苏州给游客留下难忘美好的回忆主要为生态绿化、旅游景点、城市建筑、地方美食等。

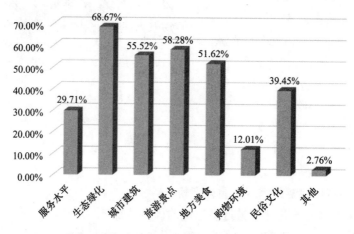

图8 游客对苏州产生美好回忆的元素情况

(三) 游客对苏州整体品牌"人间天堂,自在苏州"的感知情况

回收的616份有效问卷中,游客对苏州整体品牌"人间天堂,自在苏州"的感知情况为:认为这个口号很好的占比52.27%;知道这个口号的占比49.68%;这个口号能激发受访者来苏州旅游的兴趣占比26.79%;知道苏州旅游的其他口号的占比7.47%,包括"上有天堂,下有苏杭""世博在上海,旅游到苏州""太湖名城,天堂苏州""东方水城,天堂苏州""人间天堂,东方水城""人间天堂,人文苏州"等。从图9可知,游客对"人间天堂,自在苏州"口号认可度较高。

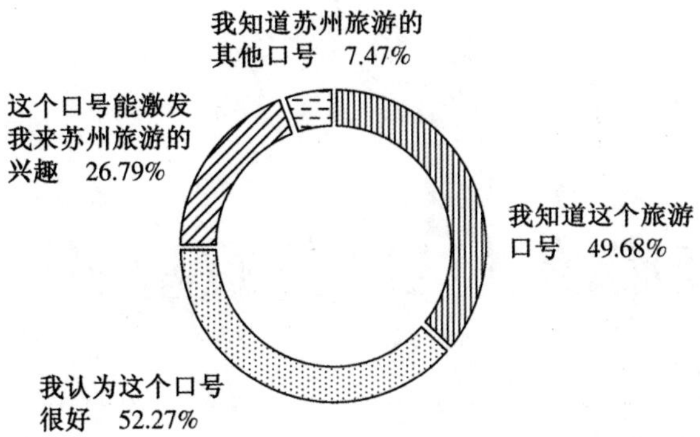

图9 游客对苏州整体品牌"人间天堂,自在苏州"的感知情况

(胡 菊、周剑玲)

苏州市旅游景区服务质量实证研究

国家旅游局数据中心公布的数据显示,2017年上半年,国内旅游人数25.37亿人次,比上年同期增长13.5%;入境旅游人数6 950万人次,比上年同期增长2.4%。《国务院关于进一步扩大和升级信息消费持续释放内需潜力的指导意见》(国发〔2017〕40号)明确把旅游服务等生活类信息消费列为重点领域之一。可见,中国的旅游业已进入快速发展阶段,同时,游客对服务品质的要求也在不断提升。旅游景区应在满足游客新需求的基础上,不断提升景区服务质量,促进景区的转型升级,才能实现景区的可持续发展。本文以苏州市旅游景区为研究对象,从游客的视角出发,对苏州市旅游景区服务质量进行实证研究。

一、理论基础与研究假设
(一)国内外文献综述

旅游服务质量的概念最早在20世纪80年代被正式提出。Zeithaml(1985)等提出旅游服务质量是游客感知与服务期望之间差异程度的观点被学术广泛认可。在评价维度方面,服务质量维度又称服务质量特性,是影响游客感知服务质量期望和绩效的要素。PZB(Parasuraman,Zeithaml,Berry,1988)提出的服务质量五维度(有形性、可靠性、响应性、保证性和移情性)被绝大多数评价方法所采用。Bahia(2000)等认为景区的宣传内容和形象、服务人员态度、服务效率等影响游客对景区服务质量的感知。Gonzalez(2007)等调查发现旅游服务质量对游客满意度有明显正向影响,同时满意度也对游客行为产生正向影响。Narayan(2009)从核心服务、设施、交通、餐饮等维度测量旅游点服务质量。

马震(2010)构建了美观性、安全性、敏感性、有行性、保证性、环境性和移情性等7个维度40项的游客感知景区服务质量体系。王昆欣(2013)认为旅游服务质量包括有形产品质量和无形产品质量2个维度。王颖凌(2016)对比旅游咨询、旅游安全、旅游交通、旅游便民、旅游住宿、旅游餐饮、旅游景区、旅游购物、旅游娱乐9个维度的提升力和表现力,发现旅游安全、旅游景区对旅游服务质量提升影响突出。秦远好(2017)从景区服务、交通服务、娱乐服务、住宿服务、餐饮服务、导游服务和购物服务这7个方面评价城镇居民旅游服务满意度,发现城镇居民满意度在逐年提高;同时,我国能够获得城镇居民赞许的旅游服务存在明显的行业差距,这是影响城镇居民旅游服务质量感知评价水平和满意度的重要因素。

随着学者对服务质量研究的深入,服务质量的研究方法也在不断丰富。国外对服务质量的研究起步较早,研究对象更广泛,研究方法更多样,其中 SERVQUAL 评价法、SERVPERF 评价法、非差异分析法(Non-difference)、重要性-满意度分析法(IPA 法)、数据包络分析法(DEA 法)等评价方法最常被运用,各种方法各有优点和适用条件。

(二)理论基础

1. 可持续发展理论

可持续发展对于保护景区生态、提升景区品牌影响力和竞争力起着重要的作用。世界旅游卫生组织对可持续发展的定义为:在保护生态的前提条件下,满足人类对经济社会和审美的要求,不仅为当代人提供旅游活动,也能保护和增进后代人的利益并提供同样的旅游活动机会。

旅游景区的资源是景区的核心竞争力,是为游客提供服务的载体,具有不可替代性。景区在旅游产品线路设计、基础设施建设、营销活动、景区管理等发展建设过程中,必须以保护环境为前提条件。同时,景区应设立保护环境和生态的标志、宣传语等,倡导游客共同保护景区的资源和生态。

2. 全面质量管理理论

全面质量管理最先被应用于企业的服务质量管理。旅游景区的服务质量管理是指从游客的需求出发,以保证游客的服务质量为核心,运用现代的管理思想、方法、技术,为游客提供优质的服务,满足游客的需求。

旅游景区的全面质量管理要求景区的全体成员树立全面质量管理意识,从而提升景区的整体服务质量。不同类型的景区须根据自身特点,运用现代化的技术手段和方法,对景区实行科学化、信息化管理,提高管理水平和服务质量,从而提高游客满意度。

3. 旅游景区品牌理论

旅游景区品牌是指旅游目的地和其他地区的景区有所区别的一个标识,主要有景区的名字、标识、广告形式、景区形象、基础设施、旅游价值、人文背景、经营管理等方面,旅游景区品牌是由不同要素共同构成的。从这些要素看,旅游景区品牌的内涵表现在两个方面:一方面,景区资源和相关服务的标识及其和其他旅游景区具有区别的独有表现;另一方面,广大受众对景区资源和产品的认知情况。对于旅游景区品牌而言,不但要有旅游景区的名称、独特标志,还应包含旅游景区产品及服务等指导理念、文化内涵、目标定位等,是一系列和旅游景区有关的信息的整合。

(三)研究假设

本研究通过对已有文献梳理,从顾客角度出发,构建了包含旅游景观、餐饮服务、旅游交通、娱乐体验、商品购物、公共信息服务、景区人员服务、旅游安全监测 8 个维度的旅游服务质量研究假设模型:

H1：旅游景观对服务质量产生正向的显著作用。
H2：餐饮服务对服务质量产生正向的显著作用。
H3：旅游交通对服务质量产生正向的显著作用。
H4：娱乐体验对服务质量产生正向的显著作用。
H5：商品购物对服务质量产生正向的显著作用。
H6：公共信息服务对服务质量产生正向的显著作用。
H7：景区人员服务对服务质量产生正向的显著作用。
H8：旅游安全监测对服务质量产生正向的显著作用。

二、问卷设计与数据收集

（一）问卷设计

本文采用适用领域最广的问卷调查方法收集数据。本问卷借鉴了国内外相关领域的文献研究，采用李克特量表设计了本问卷。本次调查问卷主要分为三个部分：第一部分为个人基本信息，包括性别、年龄、教育程度、职业、月收入，获取问卷调查者的基本信息和特征，以便控制变量并进行样本的描述性统计分析。第二部分为苏州旅游景区品牌相关情况，包括游客对苏州旅游景区的总体印象、对苏州市旅游景区品牌了解情况、旅游期限、旅游目的等，获取问卷调查者对苏州旅游景区的了解程度。第三部分为苏州旅游景区服务质量情况，包括旅游景观、餐饮服务、旅游交通、娱乐体验、商品购物、公共信息服务、景区人员服务、旅游安全监测8个维度、32个因素，获取问卷调查者的满意度评价。

（二）数据收集

本文问卷调查主要采用线上填写方式，将问卷星网站设计的问卷用微信、QQ等方式分享链接，受访者在线参与问卷填写。

本文的调查问卷发放时间为2017年6月至2017年7月，共发放635份，收回有效问卷616份，问卷有效率为97.01%。

问卷调查回收后，主要采用SPSS 20.0数据软件和Excel进行数据处理。其中，Excel主要是对样本数据进行基本处理和简单运算；SPSS 20.0数据软件主要是对样本数据进行描述性统计分析及各种相关性检验，分析本次问卷调查研究的总体特征；采用线性回归分析对样本数据进行假设验证。

三、实证分析

（一）描述性统计分析

调查样本数据显示，在616份有效问卷中，在性别方面，男性占比51.6%，女性占比48.4%。男女比例基本相同，基本保持回收数据的客观性。在年龄方面，分布最多的为25~34岁，占比47.2%；其次分布在35~44岁、45~59岁、15~24岁、60岁及以上、15岁以下，分别占比24.7%、18.3%、7.8%、1.8%、0.2%。调查对象总体趋于年轻化，是对旅游景区服务质量比较敏感的年龄段,保证了调查数据的有效性。在教育程度方面,主要集中于本科阶段,占比55.3%;硕士及以上占比30.2%;大专中专/技校占比10.4%;高中占比2.8%;初中及以下占比1.3%。本次问卷调查对象的文化程度普遍处于较高水平,调查主体拥有自己的主见,确保了收集的数据的真实有效性。在职业方面,企业单位人员占比55.2%;事业单位人员占比15.4%;公务员占比12.7%;学生和自由职业者分别占比6%;私营业主占比4.7%。在月收入方面,5 000~7 999元占比31%,8 000~11 999元占比24.4%;12 000~19 999元占比13.6%,3 000~4 999元占比12.8%;3 000元以下占比9.1%,20 000元及以上占比9.1%。调查对象的月可支配收入相对宽裕,在购买产品或服务时可以自由根据自己喜好进行选择。

表1 本次问卷调查的人口统计学分析

类型	分类	频数	百分比(%)	累积百分比(%)
性别	男	318	51.6	51.6
	女	298	48.4	100.0
	合计	616	100.0	—
年龄	15岁以下	1	0.2	0.2
	15~24岁	48	7.8	8.0
	25~34岁	291	47.2	55.2
	35~44岁	152	24.7	79.9
	45~59岁	113	18.3	98.2
	60岁及以上	11	1.8	100.0
	合计	616	100.0	—
教育程度	初中及以下	8	1.3	1.3
	高中	17	2.8	4.1
	大专中专/技校	64	10.4	14.5
	本科	341	55.3	69.8
	硕士及以上	186	30.2	100.0
	合计	616	100.0	—
职业	公务员	78	12.7	12.7
	事业单位人员	95	15.4	28.1
	企业单位人员	340	55.2	83.3
	私营业主	29	4.7	88.0
	学生	37	6.0	94.0
	自由职业者	37	6.0	100.0
	合计	616	100.0	—

续表

类型	分类	频数	百分比(%)	累积百分比(%)
月收入	3 000元以下	56	9.1	9.1
	3 000~4 999元	79	12.8	21.9
	5 000~7 999元	191	31.0	52.9
	8 000~11 999元	150	24.4	77.3
	12 000~19 999元	84	13.6	90.9
	20 000元及以上	56	9.1	100.0
	合计	616	100.0	—

（二）信度和效度检验

1. 信度检验

本文采用 SPSS 20.0 数据分析软件进行旅游景观、餐饮服务、旅游交通、娱乐体验、商品购物、公共信息服务、景区人员服务、旅游安全监测这 8 个维度的信度分析，得出各变量的信度系数值，如表 2 所示。餐饮服务的 Cronbach's α 系数为 0.887，表明餐饮服务的可信度非常高。旅游景观、旅游交通、娱乐体验、商品购物、公共信息服务、景区人员服务、旅游安全监测的 Cronbach's α 系数都在 0.9 以上，表明这 7 个维度的测量量表有极佳的可信度。总量表的 Cronbach's α 系数在 0.9 以上，表明苏州旅游景区服务质量的总量表的可信度非常理想。

表2　信度分析结果

变量	测量条目数量	Cronbach's α 系数
旅游景观	5	0.908
餐饮服务	3	0.887
旅游交通	4	0.926
娱乐体验	3	0.947
商品购物	5	0.945
公共信息服务	4	0.945
景区人员服务	4	0.970
旅游安全监测	4	0.963
总量表	32	0.980

2. 效度检验

本文对 32 项评价指标进行效度检验，KMO 和 Bartlett 检验的数值为 0.971，大于 0.9，表明进行因子分析是极佳的。同时，Bartlett 检验中，Sig 为 0.000，统计量 P 值达到显著，原始变量间存在关联性，适合因子分析。见表 3。

表3 景区服务质量的KMO和Bartlett检验

取样足够度的Kaiser-Meyer-Olkin度量		0.971
Bartlett的球形度检验	近似卡方	23 631.930
	df	496
	Sig.	0.000

本文对景区服务质量8个维度32个因素采用主轴因子分解的提取方法,旋转后的因子共有8个,旋转后累计解释总方差量为73.062%,表明因子有较强的解释力。每一项的负荷值都大于0.5,表明量表保持了内部的一致性,具有较高的建构效度。见表4。

表4 景区服务质量旋转因子矩阵[a]

维度	因素	因子							
		1	2	3	4	5	6	7	8
旅游景观	旅游环境	0.566							
	景区特色	0.726							
	观赏价值	0.789							
	资源丰富度	0.733							
	文化价值	0.722							
餐饮服务	餐饮特色		0.576						
	餐饮价格		0.625						
	餐饮卫生状况		0.594						
旅游交通	便捷性			0.696					
	舒适性			0.718					
	安全性			0.684					
	线路合理性			0.634					
娱乐体验	娱乐项目种类				0.541				
	娱乐体验效果				0.567				
	娱乐设施安全性				0.529				
商品购物	购物环境					0.659			
	商品特色					0.674			
	商品价格					0.757			
	商店信誉					0.716			
	市场秩序					0.667			

续表

维度	因素	因子 1	2	3	4	5	6	7	8
公共信息服务	政府旅游政务网站建设						0.578		
	企业旅游信息网站建设						0.603		
	咨询设施(如游客中心)						0.634		
	咨询平台(如旅游服务热线、旅游投诉电话等)						0.643		
景区人员服务	服务态度							0.727	
	服务效率							0.729	
	服务水平							0.704	
	服务人员形象							0.711	
旅游安全监测	公共安全机制(如旅游应急预案)								0.753
	公共安全服务设施(交通、游乐、消防安全设施)								0.734
	消费环境监测(旅游交通、酒店及景区的安全监测)								0.729
	消费权益保护(如旅游投诉处理)								0.774

提取方法：主轴因子分解。
旋转法：具有 Kaiser 标准化的正交旋转法。
a：旋转在 7 次迭代后收敛。

(三) 回归分析

经过上述分析,下面将采用多元回归法分析旅游景观、餐饮服务、旅游交通、娱乐体验、商品购物、公共信息服务、景区人员服务、旅游安全与旅游景区服务质量之间的关系,采用 SPSS 19.0 软件进行逐步回归筛选(Stepwise),得到模型的自变量,并且针对回归模型进行显著性检验、回归系数的显著性检验以及多重共线性检验。

1. 回归模型显著性检验

从表 5 回归模型显著性检验结果可以看出,F 检验的观测值为 30.835,回归方程显著性检验的概率 P 值小于 0.01,被解释变量与解释变量全体的线性关系是显著的,可建立线性模型,即该回归分析是可行的。

表5　回归模型显著性检验结果 Anova^b

模型	平方和	df	均方	F	Sig.
回归	82.331	8	10.291	30.835	0.000^a
残差	202.590	607	0.334		
总计	284.920	615			

a：预测变量,(常量),旅游安全监测,旅游景观,餐饮服务,旅游交通,娱乐体验,公共信息服务,商品购物,景区人员服务。

b：因变量,旅游景区服务质量。

2. 回归系数及显著性检验

根据表6回归模型中变量的回归系数及显著性检验可以得知,在显著性水平0.01下,旅游景观、餐饮服务、旅游交通、娱乐体验、商品购物、公共信息服务、景区人员服务、旅游安全监测的回归系数较显著,建立的回归模型如下：

旅游景区服务质量 = 1.739 + 0.163旅游景观 + 0.009餐饮服务 + 0.113旅游交通 + 0.029娱乐体验 + 0.017商品购物 + 0.001公共信息服务 + 0.090景区人员服务 + 0.019旅游安全监测。

表6　回归系数及其显著性检验结果系数^a

模型	非标准化系数		标准系数	t	Sig.
	B	标准误差	试用版		
（常量）	1.739	0.023		74.694	0.000
旅游景观	0.163	0.034	0.230	4.736	0.000
餐饮服务	0.009	0.042	0.013	3.223	0.000
旅游交通	0.113	0.040	0.160	2.826	0.000
娱乐体验	0.029	0.045	0.041	0.642	0.000
商品购物	0.017	0.049	0.025	0.351	0.001
公共信息服务	0.001	0.048	0.002	0.028	0.003
景区人员服务	0.090	0.050	0.130	1.811	0.000
旅游安全监测	0.019	0.049	0.028	0.391	0.000

a：因变量,旅游景区服务质量。

四、研究结论与建议

（一）研究结论

通过上述回归分析,得到的结果如下：

1. 旅游景观与服务质量呈显著正相关

从回归结果来看,旅游景观与服务质量的回归系数为0.163,相关系数的Sig值为

0,通过显著性检验,由此可知,旅游景观对服务质量产生正向的显著作用,与研究假设1一致。旅游环境、景区特色、观赏价值、资源丰富度及文化价值与旅游服务质量直接相关。

2. 餐饮服务与服务质量呈显著正相关

从回归结果来看,餐饮服务与服务质量的回归系数为0.009,相关系数的Sig值为0,通过显著性检验,由此可知,餐饮服务对服务质量产生正向的显著作用,与研究假设2一致。旅游景区的餐饮特色、价格及卫生状况与景区服务质量有直接相关性。

3. 旅游交通与服务质量呈显著正相关

从回归结果来看,旅游交通与服务质量的回归系数为0.113,相关系数的Sig值为0,通过显著性检验,由此可知,旅游交通对服务质量产生正向的显著作用,与研究假设3一致。旅游交通的便捷性、舒适性、安全性、线路合理性与景区服务质量有直接相关性。

4. 娱乐体验与服务质量呈显著正相关

从回归结果来看,娱乐体验与服务质量的回归系数为0.029,相关系数的Sig值为0,通过显著性检验,由此可知,娱乐体验对服务质量产生正向的显著作用,与研究假设4一致。娱乐项目种类、娱乐体验效果、娱乐设施安全性与景区服务质量有直接相关性。

5. 商品购物与服务质量呈显著正相关

从回归结果来看,商品购物与服务质量的回归系数为0.017,相关系数的Sig值为0.001,通过显著性检验,由此可知,商品购物对服务质量产生正向的显著作用,与研究假设5一致。购物环境、商品特色、商品价格、商店信誉、市场秩序与景区服务质量有直接相关性。

6. 公共信息服务与服务质量呈显著正相关

从回归结果来看,公共信息服务与服务质量的回归系数为0.001,相关系数的Sig值为0.003,通过显著性检验,由此可知,公共信息服务对服务质量产生正向的显著作用,与研究假设6一致。政府旅游政务网站建设、企业旅游信息网站建设、咨询设施(如游客中心)、咨询平台(如旅游服务热线、旅游投诉电话等)与景区服务质量有直接相关性。

7. 景区人员服务与服务质量呈显著正相关

从回归结果来看,景区人员服务与服务质量的回归系数为0.090,相关系数的Sig值为0,通过显著性检验,由此可知,公共信息服务对服务质量产生正向的显著作用,与研究假设7一致。服务态度、服务效率、服务水平、服务人员形象与景区服务质量有直接相关性。

8. 旅游安全监测与服务质量呈显著正相关

从回归结果来看,旅游安全监测与服务质量的回归系数为0.019,相关系数的Sig值为0,通过显著性检验,由此可知,旅游安全监测对服务质量产生正向的显著作用,与研究假设8一致。公共安全机制(如旅游应急预案)、公共安全服务设施(交通、游乐、消防安全设施)、消费环境监测(旅游交通、酒店及景区的安全监测)、消费权益保护(如旅游投诉处理)与景区服务质量有直接相关性。

(二) 管理建议

国务院发布的《"十三五"旅游业发展规划》明确指出,"以转型升级、提质增效为主题,以推动全域旅游发展为主线"。国家旅游总局发布的《2017全域旅游发展报告》指出,全域旅游将成为中国旅游发展新道路、区域统筹发展新方案、生态保护新格局。

本文通过对苏州旅游景区服务质量的研究,提出以下几点管理建议:

1. 提高景区特色旅游体验

旅游景区需要根据景区的特色定位和丰富的区域资源,改善旅游环境,加强与科技、文化、体育、教育等产业的融合,设计特色旅游线路产品。在景区娱乐体验方面,在保证项目设施安全性的前提下,对娱乐项目种类根据游客需求进行创新,满足游客的多种需求。另外,在景区的特色产品和购物环境等方面,进行标准化、规范化管理,营造良好的市场秩序,为游客提供特色化旅游体验。

2. 加强基础设施投入

根据游客的需求,对景区的指引、标志、垃圾桶、道路、游客服务中心、厕所、停车场、餐饮、酒店等配套基础设施不断完善,为游客提供便捷、安全和人性化的景区服务。另外,为了打造全域旅游和智慧旅游的旅游新格局,景区应建立景区的智慧旅游系统,包括游客服务系统、景区管理系统和旅游产品系统这三个维度,为景区的信息化管理提供基础的通信、无线基站、中继设备、计算和服务中心以及相关配套设施的支持。

3. 实现服务创新

随着智慧旅游景区的建设,旅游景区应对服务进行创新和提升。在景区人员服务方面,利用信息化,提升服务能力,加强景区人员与游客间的互动,及时为游客提供高效、便捷服务。在智慧旅游服务平台上,景区可为游客提供网络预订或自助售票、自助电子导游、虚拟景区游览、电子地图、在线咨询等服务,实现服务人性化、智能化。在旅游公共安全、消费环境、消费权益保护等方面,实现及时监督和跟踪。

参考文献:

[1] 陆霖.旅游景区服务质量管理及其实证研究[M].北京:北京交通大学出版社,2016.

[2] 王颖凌,刘元,肖晓春.基于游客感知的海南旅游公共服务质量提升研究[J].西南大学学报(自然科学版),2014(12):135-140.

[3] 秦远好,刘德秀.城镇居民对国内旅游服务质量感知评价研究[J].西南大学学报(自然科学版),2015(4):47-54.

[4] 徐荣林,王建琼.基于员工视角的景区旅游服务质量实证研究[J].旅游科学,2016(4):86-94.

[5] 雷红霞.我国旅游景区服务质量提升策略研究[J].江西社会科学,2016(4):222-226.

[6] 赵艳林,毛道维,钟兰岚.民族村寨旅游服务质量对游客行为意愿的影响研

究——满意、不满意的中介作用[J].四川师范大学学报(社会科学版),2016(4):80-89.

[7] 陈炜.民族村寨旅游服务质量游客满意度评价指标体系的构建及应用——以柳州三江程阳侗寨为例[J].社会科学家,2016(1):97-101.

[8] 耿裕清,吴泗宗.民族旅游服务质量满意度与重要性评测与研究[J].贵州民族研究,2016(3):171-175.

[9] 雷红霞.我国旅游景区服务质量提升策略研究[J].江西社会科学,2016(4):222-226.

[10] 王静,王玉霞.北京博物馆文化旅游服务质量提升研究[J].北京联合大学学报(人文社会科学版),2017(3):26-30.

[11] 陈喆,翁美莹.景区服务质量研究述评[J].特区经济,2017(4):116-118.

[12] 姜烛,刘力真.旅游服务质量信用评价模型及实证研究——以旅游景区为例[J].标准科学,2017(7):81-84,95.

(刘　泓、魏文斌、胡　菊)

苏州旅游目的地品牌营销策略研究

一、旅游目的地品牌营销概述

（一）旅游目的地

相较于"旅游城市""景区"等概念，旅游目的地的概念更具空间性。国内学者将旅游目的地定义为"实现旅游者旅游动机及其综合体验的空间区域。这个区域可以是一座城市、一个乡镇，也可以是一个景区等"。旅游目的地的空间性在于，它以特定的地域空间为依托，延伸至经济空间、文化空间、历史空间、心理空间。当这些空间的尺度达到一定范围，一个旅游目的地便诞生了。旅游目的地是城市旅游发展的深化和提升，它以鲜明的形象、独特的气质吸引着来此的游客，对城市旅游发展的重要性与日俱增。

（二）旅游目的地品牌

Keller 在《战略品牌管理》中提出，"地理位置同产品与人一样，可以品牌化"。旅游目的地的品牌是指"能激起旅游者的旅游动机和情感向往的个性特征"。一个旅游目的地品牌的直观体现是它的物质载体，即包含了名称、图案、口号、符号等元素在内的目的地标识。这些标识展示了旅游目的地的资源质量、文化底蕴、管理服务等内核。

当旅游市场日益壮大，各旅游目的地间的资源同质化现象随之产生。旅游目的地品牌化的必要性在于与其竞争者形成差异，增加旅游资源的辨识度。只有实现了品牌的核心化与特色化的转变，旅游目的地的品牌化才算完成。

（三）旅游目的地品牌营销

营销活动是旅游目的地为提高知名度，吸引旅游者停留、消费而采取的一系列活动。为了打开旅游市场，在激烈的市场竞争中生存，旅游目的地的管理者将营销视为一项战略任务。营销工作的好坏直接影响着目的地的竞争力。

旅游目的地营销已进入品牌营销时代。相比过去，品牌营销时代的旅游目的地管理者需要将目的地作为一个整体形象进行包装，充分考虑旅游目的地的品牌形象、品牌定位、品牌承诺、品牌信任和品牌资产。只有为旅游目的地找出一个能够引起旅游者情感共鸣、具有差异化个性的品牌核心价值，才能制定出一份更精准深入的营销策略。

二、苏州旅游的整体品牌营销策略

（一）苏州旅游的品牌口号及品牌定位

2017年3月，苏州市旅游局发布了苏州市委市政府签发的《关于实施全域旅游发展战略打造国际文化旅游胜地的若干意见》（以下简称《意见》）。《意见》旨在将苏州建设成为具有独特魅力的国际文化旅游胜地。其中第23条明确将苏州旅游目的地品牌整体定义为"人间天堂，自在苏州"。

"人间天堂，自在苏州"口号采用了两个四字偏正短语，其前后有着内部逻辑与联系，体现了苏州旅游目的地的品牌定位与品牌承诺。

"人间天堂"是苏州在中国地域文化体系中固有的形象，是中国人对苏州最原始、深刻的印象。"人间天堂"主要表现的是苏州秀丽的自然景色与人文的完美结合。在纷繁的中国旅游目的地品牌中，只有苏州和杭州拥有高度的"人间天堂"辨识度。地方俗谚"上有天堂，下有苏杭"最早的文字记载见于宋代文人范成大编撰的《吴县志》，迄今品牌知名度已累积800余年，显示出苏州"人间天堂"形象所具有的深厚的历史文化内涵。因此，"人间天堂"可被视为苏州旅游目的地的原始品牌。

"自在苏州"则显示出苏州旅游目的地管理者对当今旅游市场需求的认识。"自在"一词可被理解为悠闲、轻松、慢节奏、无拘无束。在快节奏生活的当下中国，旅游对一些旅游者来说并非是一件让人放松的活动。尤其在客流量较大的黄金周期间，景点内游客的高密度和景点间转移的高强度容易使人身心疲倦。"自在苏州"口号的提出所针对的就是这种现象。同时，苏州旅游资源的精神特质，例如著名的苏州园林，与"自在"旅游本身具有一致性，因此"自在"的品牌承诺较容易兑现。

"人间天堂，自在苏州"的口号体现了苏州形象的历史底蕴与当今社会需求的结合，营造了苏州独特的地方魅力，是地方文化的集中体现。

（二）苏州旅游的整体品牌营销策略

《意见》同时确立了若干条苏州旅游目的地的整体营销策略。其中第23条中指出，"实施国内旅游提升计划。各市、区旅游营销宣传的内容中必须有'苏州'字样及苏州旅游LOGO"。LOGO是旅游品牌的图形化表现，体现着品牌的个性。苏州旅游LOGO如右图所示。

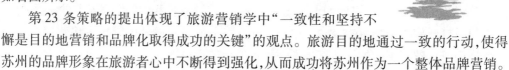

第23条策略的提出体现了旅游营销学中"一致性和坚持不懈是目的地营销和品牌化取得成功的关键"的观点。旅游目的地通过一致的行动，使得苏州的品牌形象在旅游者心中不断得到强化，从而成功将苏州作为一个整体品牌营销。

《意见》同时提出了采取灵活的景区定价的营销策略，实行淡旺季票价和非周末促销价，并在一些节庆活动中扩大景区免费开放范围。灵活的品牌定价策略的目的是引导旅游者"错时错峰旅游消费"。错时错峰旅游的好处在于苏州能够抓住旅游市场中的长尾市场，在旅游淡季也能创造出可观的经济效益。同时，错时错峰旅游的旅游者避免了拥堵与高价，更能体会到苏州旅游品牌中"自在"的定位。这对提升苏州旅游品牌的满意度和美誉度至关重要。

此外,《意见》提出的创新营销策略还包括了大力推行城市智慧旅游和加强节事活动的海外营销。

(三)苏州旅游品牌营销经典案例

以苏州全域为整体策划的代表性品牌营销案例是每年一度的苏州国际旅游节。2016年4月18日,第19届"东方水城"苏州国际旅游节在太湖园博园开幕。旅游节推出了"百米长卷绘苏州""千言万语说苏州""万人狂欢闹苏州""全城美食大比拼"和"全民欢乐大比拼"五大系列活动,凭借惠及全民的促销与祝福征集的营销策略实现了有效的品牌传播。2017年4月22日,第20届苏州国际旅游节在盘门景区开幕,众多主题旅游活动将苏州国际旅游节的影响力推到了新高度。

苏州国际旅游节是《意见》中苏州旅游目的地品牌营销策略的集中展现。旅游节覆盖了苏州全境,将苏州的旅游资源进行筛选、整合,形成了多条主题性很强的旅游路线,体现了苏州全域旅游的战略思想。"美食比拼""集祝福"等活动采用了"撬动全民"的营销策略,在"线上+线下"推广的双重加持下,成功地扩大了旅游节在全国旅游市场中的影响力。由于苏州国际旅游节定期举办,苏州旅游品牌每年都能得到一次强有力的助推,使苏州旅游品牌得到全方位的传播。

三、苏州市A级景区的品牌营销策略

苏州旅游目的地的核心资源由地区内的各个旅游景点组成。一些知名度较高的景点,尤其是国家等级景区(以下简称A级景区),其本身也是一处旅游目的地。研究A级景区的品牌营销策略,有利于整体把握苏州旅游目的地的品牌营销情况。为了获取研究原始信息,本研究采用了对苏州A级景区管理单位进行问卷调查的方式。问卷分为三部分,第一部分为景区基本信息采集,第二部分为景区在品牌塑造和景区营销中所做的工作(多选形式),第三部分为景区特色营销活动。

截至2017年度,苏州共有63家(68个点)A级旅游景区,其中5A级景区6家11个点,4A级景区36家,3A级景区17家,2A级景区4家。本研究从68个A级景区管理单位收回66份有效问卷,有效率为97%。

(一)苏州市A级景区的品牌营销策略

通过整理问卷可知,苏州A级景区普遍采用的品牌营销策略有以下三种。

1. 网络营销策略

本研究调查了苏州A级景区的网络营销情况。调查结果显示,86.4%的A级景区拥有至少一种自媒体社交平台(微信公众平台、微博或其他)。同样是86.4%的A级景区近三年来采取了互联网营销的策略(在自有社交平台、景区网站上传播或与其他社交平台、网站合作)。65.2%的A级景区近三年来宣传广告的渠道增多,而目前新的广告宣传渠道几乎全部属于线上渠道。

在网络时代,网络营销成了营销研究中的热点话题。随着互联网的普及以及信息技术的发展,"两微一端(微博、微信、新闻客户端)"正在蚕食着传统媒体的市场份额。在一份调查中,超过40%的游客以互联网作为获取旅游信息的主要渠道。在此背景下,绝大多数的A级景区开设了自己的社交账号并投入到网络营销的工作中。在"两微一端"上开展品牌营销的好处在于景区与旅游者的互动性强,宣传渠道扁平化,能够第一时间获取旅游者的反馈,同时网络营销也与现代人的行为习惯相吻合。

值得注意的是,由于网络信息技术的不断发展,新的线上传播渠道会不断涌现。如果运营得当,新的营销渠道(例如直播)产生的传播效果甚至高于"两微一端"。网络营销策略和网络技术一样,日日新,需要运营人员及时把握。

2. 节事活动营销策略

旅游目的地的节事活动是指景区精心策划的、特定时期内的、定期举办的节日营销活动。节事活动具有极强的媒体导向性。旅游目的地通过创造层次高、影响力大的节事活动,能够在短时间内提升品牌效应的同时,产生经济效益的爆发式增长。

在调查中,91%的A级景区结合传统节事活动开展营销活动,78.8%的A级景区在举办大型活动或在传统节庆时推广品牌。苏州A级景区举办的知名度较高的传统节事活动有拙政园荷花节、天平山红枫节、虎丘艺术花会、寒山寺新年听钟声、平江路七夕文化风情节、同里油菜花节、阳澄湖蟹文化节等。

近年来,一批体育类的景区节事活动在苏州地区兴起。体育节事活动大体分为两类,一类是迎接社会公众参与的活动,另一类则是职业精英的赛事。前者的代表如金鸡湖马拉松赛、金鸡湖龙舟赛、大阳山跑山赛、太湖越野赛等。这些赛事群众参与性广,传播性强,对旅游者有强烈的吸引力。后者的代表则是"同里杯"中国围棋天元战、"兵圣杯"穹窿山世界女子围棋赛。这类比赛只有职业精英运动员参赛,主办方看中的是该体育项目的精神内核与景区品牌间的联系。因此,两家文化底蕴深厚的苏州A级景区不约而同地选择了传统文化中的围棋。

3. 联合营销策略

根据本研究调查,62.1%的A级景区近三年内增加了合作商,65.2%的A级景区近三年来宣传广告的渠道增多。A级景区的商业合作者大体可分为四类:服务游客者、营销游客者、广告商以及景区开发者。服务游客者包括酒店、交通公司、旅行社、餐饮店等。营销游客者主要由旅游代理商、会议参展商、团队/包价旅游商等组成。广告商包括传统媒体、互联网媒体、自媒体等广告运营商。景区开发者则是指当地政府和产业伙伴。

2014年,以"苏州乐园首届国际杂技马戏节"为契机,苏州乐园开始与旅游业巨头同程网开展深入合作。合作期间内,同程网深度参与苏州乐园欢乐世界的营销策略制订、现场演出内容策划及相关的市场推广活动。从此,同程网不再仅仅是苏州乐园的门票代理商,而且还是这家4A级景区的联合营销者。2015年,同程网全程策划了"苏州乐园第十九届国际啤酒狂欢节"。

联合营销策略有利于增强目的地的营销能力、降低营销成本以及均摊营销风险。

同时,联合营销可以将旅游资源进行整合,最终提升旅游目的地的竞争优势和品牌影响力。

(二)苏州 A 级景区品牌营销中存在的问题

通过此次问卷调查,本研究也发现了一些 A 级景区在品牌营销过程中的问题。这些问题具有一定的普遍性。

1. 旅游资源同质化

之所以要将旅游目的地进行品牌化营销,是因为品牌能够增加一处旅游目的地的辨识度,使之与同类产品区别开来。如果经过一系列营销活动后旅游目的地的差别性没有提升,那么该旅游目的地的品牌营销策略是存在一定问题的。

本研究将每一家 A 级景区作为一个旅游目的地进行考察,调查发现苏州旅游资源同质化的现象主要体现在古镇资源与园林资源两方面。

调查中,同里古镇的受访者认为"(景区)面临的最大问题是同质化竞争。周边周庄、西塘等古镇众多,景区特色差异不大"。锦溪古镇、千灯古镇的受访者坦陈江浙地区间古镇旅游竞争激烈。甪直古镇、木渎古镇的受访者认为自身品牌的知名度不高。同里古镇、甪直古镇、木渎古镇认为未来品牌影响力提升的途径是加大宣传力度。

在园林类景区受访者中,网师园的受访者认为"(苏州园林品牌)同质化现象较为严重,苏州园林品牌内容大同小异"。狮子林的受访者认为"需多方渠道加大景区品牌力的宣传推广,与同类同质景区差异化竞争,形成自己独有的宣传品牌"。

造成同质化竞争现象的原因在于景区最核心、独特的文化精髓没有被透彻挖掘,景区独有的营销点没有被充分利用。以千灯古镇为例,由于昆曲创始人明人魏良辅之故,千灯古镇被冠以"昆曲之乡"的名号。然而,无论是在千灯古镇的日常营销工作中,还是在特色化的节事活动营销工作中,都缺失围绕千灯"昆曲之乡"的营销。在昆曲市场日趋火热、越来越多青年人关注昆曲的今天,这种营销缺失显得尤为可惜。一个古镇品牌营销较为成功的例子是木渎古镇。目前木渎的旅游宣传口号是"木渎古镇,乾隆六次到过的地方,中国园林古镇",可见景区将"乾隆皇帝"作为了品牌的核心卖点。每年 5 月至 6 月,木渎古镇策划皇家主题游览"御游节",加强品牌特性。由于乾隆皇帝被高度地影视剧化,接下来景区如果能抓住机遇,形成借势宣传,那么同简单地加大宣传投入相比,景区的营销工作肯定能够事半功倍。

2. 景区品牌营销工作未能以人为本

本研究针对 A 级景区的调查发现,48.5% 的景区在过去三年增加了广告宣传的投入。然而在这些增加广告投入的景区中,75% 的景区认为"宣传广告"或"运营成本"是景区存在的竞争劣势。这一数据说明景区增加的广告投入并未带来相应的经济效益。造成该现象的原因可能在于景区广告的质量不高,传播力度弱,卖点不清晰明确等。而根本上,这一现象揭示的是苏州 A 级景区营销人才稀缺的现状。

据问卷调查,在过去三年,只有 31.8% 的 A 级景区增加了营销人员的数量,16.7% 的 A 级景区高薪引进了营销人才,18.2% 的 A 级景区提高了营销人员的薪资水平。由此可见,当下苏州 A 级景区的营销部门的现状是:工资低,人才少。

另一个现象可作为苏州 A 级景区营销人才稀缺的佐证。尽管高达 86.4% 的 A 级景区拥有至少一种自媒体社交平台,然而一些景区依然认为自身信息平台的信息发布不及时。研究者随机关注了几家景区的微信公众账号,发现这些自媒体账号的普遍特点是内容质量不高,发布时间不规律,阅读量少,与用户的交互基本为零。这一现象说明景区缺乏专业微信平台的运营人员。景区尽管拥有社交平台账号,但是没有在移动互联时代享受到自媒体的传播红利。

营销人员的数量和素质是旅游目的地品牌营销成功与否的关键。在旅游行业,营销人员属于技术型人才。他们需要具有较强的市场洞察力、文案策划能力以及创新能力。在旅游人才市场上,优秀的营销人员属于紧俏的资源。

因此,加强营销人才队伍建设应当是苏州旅游目的地营销能力提升工作的重点。两条途径可以建设起一支强大的营销团队。第一条途径是引进人才。对于人才市场中的高端营销人才,苏州 A 级景区应表现出高竞争力。高薪并不会给景区的运营带来负担,因为营销人才所创造的效益将远大于他的薪资。人才建设的另一条途径是人才培养,增加对营销人员的业务培训,不断提升他们的业务素质和创新思维。同时完善人才薪酬保障体系建设,用激励机制体现对人才的尊重和重视。

3. 5A 级景区的远端市场营销难题

苏州市共有 11 个 5A 级景区(点),其中 3 个景区在本研究调查中表示目前其品牌发展面临的最大问题是远端市场品牌吸引力不足。这 3 家 5A 级景区分别为拙政园、留园和周庄古镇。周庄古镇的受访人认为"(周庄的)品牌国际化推进有些缓慢,在海外品牌推广的过程中,有热点事件,但延续性不够,没有形成完整的品牌推广链条"。留园的受访人表示其远端市场品牌宣传吸引力不足。拙政园面临的问题与留园相同。

景区的远端市场营销应当依托高一级旅游目的地的营销策略,形成统一营销的格局。近年来,随着苏州市旅游局一系列海外创新营销策略的推出,"苏州"品牌在海外市场有了一定的知名度。这些创新性的营销策略包括建设全英文官方网站、积极运营 Facebook 和 Twitter 社交账号、与欧美消费者最常用的旅游网站 TripAdvisor 开展战略合作等。2015 年 3 月 11 日,国际顶级奢侈品牌 Armani 的创始人乔治·阿玛尼先生光临拙政园,在一场新品发布会上发布了名为"苏州·牡丹"的香水新品,引起了世界轰动。

"苏州"品牌的海外推广体现的是政府意志。依托在"苏州"品牌下统一营销,苏州的景区将享受到品牌传播的红利。在此基础上,景区可以再根据自身特点、文化内核,打造神秘、独特、吸引力强、海外游客接受度高的"域外风情"。周庄的受访者如此描绘周庄古镇未来的国际化营销战略:"进行品牌全球化推广,深层次发掘和挖掘自己独有的精髓,理解自己独有的品牌核心价值,加强推广力度,加快推广脚步。树立全球品牌战略意识,具体操作与规划同步进行。"

四、苏州旅游目的地品牌营销的发展方向

在上述问卷调查结果分析的基础上,本研究总结了苏州旅游目的地品牌营销的以下几点发展方向。

(一)景区节事活动品牌化营销

调查显示,91%的苏州A级景区结合传统节事活动开展营销活动。其中以木渎古镇、虎丘为代表的景区全年各个时段都有节事活动,景区的整体营销规划可以细分为几个节事活动的营销计划,这给节事活动的品牌化带来了契机。节事活动的品牌化策略要求营销人员具有良好的事件营销能力,能够针对节事内容的区别瞄准需求不同的消费者。例如针对本地居民的节事活动,要以民俗事件为主,注重当地消费者的情感营销。

节事活动品牌与景区品牌的关系是子品牌与品牌的关系。节事活动品牌化有利于占领旅游市场的细分领域,形成节事活动的差异化。子品牌影响力的增长最终将带动景区品牌知名度的提升。

(二)旅游目的地产品的个性化营销

在消费时尚的当下,消费者越来越追求个性化、情感化的商品,而不再满足于一般的大众化商品。由于消费者对符合自己个性的、私人化的产品具有强烈的购买意愿,越来越多的企业开始为消费者量体裁衣,按照顾客的特殊要求制作个性化的产品。同其他种类产品一样,旅游产品也可以进行个性化营销。

在苏州旅游目的地个性化营销方面,拙政园已经走在了前列。2015年,拙政园推出了"私人定制"体验活动,即在一个闭园的时间段(早晨6:30),游客私享拙政园的美景。与此同时,拙政园还会为每位购买"私人定制"服务的游客指派一名专属金牌导游。传统的导游模式是游客跟着导游规划好的路线行进,而"私人定制"服务中的导游则是跟着游客走。因此游客可以随心所欲地游览,体验到"既贪恋城市生活,又伪托寒素,向往山林野趣"的园林精神内核。

(三)苏州园林统一营销,错位发展

"苏州园林"是"苏州"旅游品牌下知名度最高的子品牌。苏州现存古典园林60余处,其中对外开放的有19处。以"苏州园林"为品牌进行统一营销,有利于整体品牌影响力的提升,带动单一园林品牌的知名度增长。统一营销后,各园林的营销部门应避免出现园林同质化竞争的现象。各园林应充分挖掘自身特色,做到错位发展。《关于实施全域旅游发展战略打造国际文化旅游胜地的若干意见》中提出要"做热偏冷园林",苏州非A级景区的中小园林将迎来发展机遇期。"偏冷园林"应结合自身特点推出一系列高端私人化服务,吸引那些不堪大园林拥挤的消费者,在雅致幽静的环境中,让游客真正体会到苏州的"自在"。

参考文献:

[1] 凌常荣. 旅游目的地开发与管理[M]. 北京: 经济管理出版社, 2013.

[2] Kevin Lane Keller. 战略品牌管理[M]. 卢泰宏, 译. 北京: 人民大学出版社, 2009.

[3] 徐惠群. 旅游营销[M]. 北京: 人民大学出版社, 2009.

[4] 辛璐琦, 王兴元. 旅游目的地品牌形象识别要素对游客行为意愿的影响机制研究——以品牌认同为中介[J]. 商业经济与管理, 2016(1): 88-97.

[5] 程德年, 周永博, 魏向东. 旅游目的地意象固化与更新的动力机制研究——以苏州为例[J]. 旅游学刊, 2017(2): 42-52.

(尹　璨)

附录一　政策法规

国务院办公厅关于发挥品牌引领作用推动供需结构升级的意见

国办发〔2016〕44号

各省、自治区、直辖市人民政府,国务院各部委、各直属机构:

品牌是企业乃至国家竞争力的综合体现,代表着供给结构和需求结构的升级方向。当前,我国品牌发展严重滞后于经济发展,产品质量不高、创新能力不强、企业诚信意识淡薄等问题比较突出。为更好发挥品牌引领作用、推动供给结构和需求结构升级,经国务院同意,现提出以下意见:

一、重要意义

随着我国经济发展,居民收入快速增加,中等收入群体持续扩大,消费结构不断升级,消费者对产品和服务的消费提出更高要求,更加注重品质,讲究品牌消费,呈现出个性化、多样化、高端化、体验式消费特点。发挥品牌引领作用,推动供给结构和需求结构升级,是深入贯彻落实创新、协调、绿色、开放、共享发展理念的必然要求,是今后一段时期加快经济发展方式由外延扩张型向内涵集约型转变、由规模速度型向质量效率型转变的重要举措。发挥品牌引领作用,推动供给结构和需求结构升级,有利于激发企业创新创造活力,促进生产要素合理配置,提高全要素生产率,提升产品品质,实现价值链升级,增加有效供给,提高供给体系的质量和效率;有利于引领消费,创造新需求,树立自主品牌消费信心,挖掘消费潜力,更好发挥需求对经济增长的拉动作用,满足人们更高层次的物质文化需求;有利于促进企业诚实守信,强化企业环境保护、资源节约、公益慈善等社会责任,实现更加和谐、更加公平、更可持续的发展。

二、基本思路

按照党中央、国务院关于推进供给侧结构性改革的总体要求,积极探索有效路径和方法,更好发挥品牌引领作用,加快推动供给结构优化升级,适应引领需求结构优化升级,为经济发展提供持续动力。以发挥品牌引领作用为切入点,充分发挥市场决定性作用、企业主体作用、政府推动作用和社会参与作用,围绕优化政策法规环境、提高企业综合竞争力、营造良好社会氛围,大力实施品牌基础建设工程、供给结构升级工程、需求结构升级工程,增品种、提品质、创品牌,提高供给体系的质量和效率,满足居民消费升级需求,扩大国内消费需求,引导境外消费回流,推动供给总量、供给结构更好地适应需求总量、需求结构的发展变化。

三、主要任务

发挥好政府、企业、社会作用,立足当前,着眼长远,持之以恒,攻坚克难,着力解决制约品牌发展和供需结构升级的突出问题。

(一)进一步优化政策法规环境。加快政府职能转变,创新管理和服务方式,为发挥品牌引领作用推动供给结构和需求结构升级保驾护航。完善标准体系,提高计量能力、检验检测能力、认证认可服务能力、质量控制和技术评价能力,不断夯实质量技术基础。增强科技创新支撑,为品牌发展提供持续动力。健全品牌发展法律法规,完善扶持政策,净化市场环境。加强自主品牌宣传和展示,倡导自主品牌消费。

(二)切实提高企业综合竞争力。发挥企业主体作用,切实增强品牌意识,苦练内功,改善供给,适应需求,做大做强品牌。支持企业加大品牌建设投入,增强自主创新能力,追求卓越质量,不断丰富产品品种,提升产品品质,建立品牌管理体系,提高品牌培育能力。引导企业诚实经营,信守承诺,积极履行社会责任,不断提升品牌形象。加强人才队伍建设,发挥企业家领军作用,培养引进品牌管理专业人才,造就一大批技艺精湛、技术高超的技能人才。

(三)大力营造良好社会氛围。凝聚社会共识,积极支持自主品牌发展,助力供给结构和需求结构升级。培养消费者自主品牌情感,树立消费信心,扩大自主品牌消费。发挥好行业协会桥梁作用,加强中介机构能力建设,为品牌建设和产业升级提供专业有效的服务。坚持正确舆论导向,关注自主品牌成长,讲好中国品牌故事。

四、重大工程

根据主要任务,按照可操作、可实施、可落地的原则,抓紧实施以下重大工程。

(一)品牌基础建设工程。围绕品牌影响因素,打牢品牌发展基础,为发挥品牌引领作用创造条件。

1. 推行更高质量标准。加强标准制修订工作,提高相关产品和服务领域标准水平,推动国际国内标准接轨。鼓励企业制定高于国家标准或行业标准的企业标准,支持具有核心竞争力的专利技术向标准转化,增强企业市场竞争力。加快开展团体标准制定等试点工作,满足创新发展对标准多样化的需要。实施企业产品和服务标准自我声明公开和监督制度,接受社会监督,提高企业改进质量的内生动力和外在压力。

2. 提升检验检测能力。加强检验检测能力建设,提升检验检测技术装备水平。加快具备条件的经营性检验检测认证事业单位转企改制,推动检验检测认证服务市场化进程。鼓励民营企业和其他社会资本投资检验检测服务,支持具备条件的生产制造企业申请相关资质,面向社会提供检验检测服务。打破部门垄断和行业壁垒,营造检验检测机构平等参与竞争的良好环境,尽快形成具有权威性和公信力的第三方检验检测机构。加强国家计量基标准建设和标准物质研究,推进先进计量技术和方法在企业的广泛应用。

3. 搭建持续创新平台。加强研发机构建设,支持有实力的企业牵头开展行业共性关键技术攻关,加快突破制约行业发展的技术瓶颈,推动行业创新发展。鼓励具备条件的企业建设产品设计创新中心,提高产品设计能力,针对消费趋势和特点,不断开发新产品。支持重点企业利用互联网技术建立大数据平台,动态分析市场变化,精准定位消费需求,为开展服务创新和商业模式创新提供支撑。加速创新成果转化成现实生产力,催生经济发展新动能。

4. 增强品牌建设软实力。培育若干具有国际影响力的品牌评价理论研究机构和品牌评价机构,开展品牌基础理论、价值评价、发展指数等研究,提高品牌研究水平,发布客观公正的品牌价值评价结果以及品牌发展指数,逐步提高公信力。开展品牌评价标准建设工作,完善品牌评价相关国家标准,制定操作规范,提高标准的可操作性;积极参与品牌评价相关国际标准制定,推动建立全球统一的品牌评价体系,增强我国在品牌评价中的国际话语权。鼓励发展一批品牌建设中介服务企业,建设一批品牌专业化服务平台,提供设计、营销、咨询等方面的专业服务。

(二) 供给结构升级工程。以增品种、提品质、创品牌为主要内容,从一、二、三产业着手,采取有效举措,推动供给结构升级。

1. 丰富产品和服务品种。支持食品龙头企业提高技术研发和精深加工能力,针对特殊人群需求,生产适销对路的功能食品。鼓励有实力的企业针对工业消费品市场热点,加快研发、设计和制造,及时推出一批新产品。支持企业利用现代信息技术,推进个性化定制、柔性化生产,满足消费者差异化需求。开发一批有潜质的旅游资源,形成以旅游景区、旅游度假区、旅游休闲区、国际特色旅游目的地等为支撑的现代旅游业品牌体系,增加旅游产品供给,丰富旅游体验,满足大众旅游需求。

2. 增加优质农产品供给。加强农产品产地环境保护和源头治理,实施严格的农业投入品使用管理制度,加快健全农产品质量监管体系,逐步实现农产品质量安全可追溯。全面提升农产品质量安全等级,大力发展无公害农产品、绿色食品、有机农产品和地理标志农产品。参照出口农产品种植和生产标准,建设一批优质农产品种植和生产基地,提高农产品质量和附加值,满足中高端需求。大力发展优质特色农产品,支持乡村创建线上销售渠道,扩大优质特色农产品销售范围,打造农产品品牌和地理标志品牌,满足更多消费者需求。

3. 推出一批制造业精品。支持企业开展战略性新材料研发、生产和应用示范,提高新材料质量,增强自给保障能力,为生产精品提供支撑。优选一批零部件生产企业,开展关键零部件自主研发、试验和制造,提高产品性能和稳定性,为精品提供可靠性保障。鼓励企业采用先进质量管理方法,提高质量在线监测控制和产品全生命周期质量追溯能力。支持重点企业瞄准国际标杆企业,创新产品设计,优化工艺流程,加强上下游企业合作,尽快推出一批质量好、附加值高的精品,促进制造业升级。

4. 提高生活服务品质。支持生活服务领域优势企业整合现有资源,形成服务专业、覆盖面广、影响力大、放心安全的连锁机构,提高服务质量和效率,打造生活服务企业品牌。鼓励社会资本投资社区养老建设,采取市场化运作方式,提供高品质养老服务供给。鼓励有条件的城乡社区依托社区综合服务设施,建设生活服务中心,提供方便、可信赖的家政、儿童托管和居家养老等服务。

(三)需求结构升级工程。发挥品牌影响力,切实采取可行措施,扩大自主品牌产品消费,适应引领消费结构升级。

1. 努力提振消费信心。统筹利用现有资源,建设有公信力的产品质量信息平台,全面、及时、准确发布产品质量信息,为政府、企业和教育科研机构等提供服务,为消费者判断产品质量高低提供真实可信的依据,便于选购优质产品,通过市场实现优胜劣汰。结合社会信用体系建设,建立企业诚信管理体系,规范企业数据采集,整合现有信息资源,建立企业信用档案,逐步加大信息开发利用力度。鼓励中介机构开展企业信用和社会责任评价,发布企业信用报告,督促企业坚守诚信底线,提高信用水平,在消费者心目中树立良好企业形象。

2. 宣传展示自主品牌。设立"中国品牌日",大力宣传知名自主品牌,讲好中国品牌故事,提高自主品牌影响力和认知度。鼓励各级电视台、广播电台以及平面、网络等媒体,在重要时段、重要版面安排自主品牌公益宣传。定期举办中国自主品牌博览会,在重点出入境口岸设置自主品牌产品展销厅,在世界重要市场举办中国自主品牌巡展推介会,扩大自主品牌的知名度和影响力。

3. 推动农村消费升级。加强农村产品质量安全和消费知识宣传普及,提高农村居民质量安全意识,树立科学消费观念,自觉抵制假冒伪劣产品。开展农村市场专项整治,清理"三无"产品,拓展农村品牌产品消费的市场空间。加快有条件的乡村建设光纤网络,支持电商及连锁商业企业打造城乡一体的商贸物流体系,保障品牌产品渠道畅通,便捷农村消费品牌产品,让农村居民共享数字化生活。深入推进新型城镇化建设,释放潜在消费需求。

4. 持续扩大城镇消费。鼓励家电、家具、汽车、电子等耐用消费品更新换代,适应绿色环保、方便快捷的生活需求。鼓励传统出版企业、广播影视与互联网企业合作,加快发展数字出版、网络视听等新兴文化产业,扩大消费群体,增加互动体验。有条件的地区可建设康养旅游基地,提供养老、养生、旅游、度假等服务,满足高品质健康休闲消费需求。合理开发利用冰雪、低空空域等资源,发展冰雪体育和航空体育产业,支持冰雪运动营地和航空飞行营地建设,扩大体育休闲消费。推动房车、邮轮、游艇等高端产品消费,满足高收入群体消费升级需求。

五、保障措施

(一)净化市场环境。建立更加严格的市场监管体系,加大专项整治联合执法行动力度,实现联合执法常态化,提高执法的有效性,追究执法不力责任。严厉打击侵犯知识产权和制售假冒伪劣商品行为,依法惩治违法犯罪分子。破除地方保护和行业壁垒,有效预防和制止各类垄断行为和不正当竞争行为,维护公平竞争市场秩序。

（二）清除制约因素。清理、废除制约自主品牌产品消费的各项规定或做法,形成有利于发挥品牌引领作用、推动供给结构和需求结构升级的体制机制。建立产品质量、知识产权等领域失信联合惩戒机制,健全黑名单制度,大幅提高失信成本。研究提高违反产品质量法、知识产权保护相关法律法规等犯罪行为的量刑标准,建立商品质量惩罚性赔偿制度,对相关企业、责任人依法实行市场禁入。完善汽车、计算机、家电等耐用消费品举证责任倒置制度,降低消费者维权成本。支持高等院校开设品牌相关课程,培养品牌创建、推广、维护等专业人才。

（三）制定激励政策。积极发挥财政资金引导作用,带动更多社会资本投入,支持自主品牌发展。鼓励银行业金融机构向企业提供以品牌为基础的商标权、专利权等质押贷款。发挥国家奖项激励作用,鼓励产品创新,弘扬工匠精神。

（四）抓好组织实施。各地区、各部门要统一思想、提高认识,深刻理解经济新常态下发挥品牌引领作用、推动供给结构和需求结构升级的重要意义,切实落实工作任务,扎实推进重大工程,力争尽早取得实效。国务院有关部门要结合本部门职责,制定出台具体的政策措施。各省级人民政府要结合本地区实际,制定出台具体的实施方案。

国务院办公厅
2016 年 6 月 10 日

工商总局关于深入实施商标品牌战略推进中国品牌建设的意见

工商标字〔2017〕81 号

各省、自治区、直辖市、计划单列市及副省级市工商和市场监督管理部门,总局机关各司局、直属单位:

2009 年商标战略实施以来,我国商标工作取得了显著成效,实现了商标战略的阶段性目标。当前,我国经济发展进入新常态,党中央、国务院高度重视品牌工作,在《国家创新驱动发展战略纲要》《中国制造 2025》《国务院关于新形势下加快知识产权强国建设的若干意见》《国务院办公厅关于发挥品牌引领作用推动供需结构升级的意见》《中共中央国务院关于完善产权保护制度依法保护产权的意见》等文件中,对品牌建设作出了一系列新的重大部署。在新形势下实施商标品牌战略,是对商标战略的深化和发展,是贯彻落实创新驱动发展战略的必然选择,是推动中国制造向中国创造转变、建设商标品牌强国的迫切要求,是引领供需结构升级的重要举措。为深入实施商标品牌战略,提出如下意见。

一、总体思路

深入实施商标品牌战略,要全面贯彻党的十八大和十八届三中、四中、五中、六中全会精神,统筹推进"五位一体"总体布局和协调推进"四个全面"战略布局,坚持创新、协调、绿色、开放、共享的发展理念,进一步理顺政府、企业和市场的关系,立足职能,优化服务,以深化商事制度改革为契机,以商标注册便利化改革为突破口,以商标品牌有效运用和依法保护为重点,以提升中国品牌竞争力为目标,创新商标品牌战略实施工作理念和举措,着力构建企业自主、市场主导、政府推动、行业促进和社会参与的实施商标品牌战略工作格局,推动实现中国产品向中国品牌转变,促进经济社会持续发展。

二、深化商标注册管理体制改革

(一)持续推进商标注册便利化。稳步提高我国企业注册商标平均拥有量,夯实品牌保护的法律基础。持续拓宽商标申请渠道,增设地方商标受理窗口,大力推行商标网上申请。不断提升商标注册服务水平,引导和推动商标业务办理电子收发文,推广使用电子注册证,为市场主体注册使用自主商标提供更多便利。及时研究修订商品和服务分类,完善更新可注册商品和服务项目。提升商标管理电子化水平和注册商标数据库在基层商标管理中的运用水平。

(二)加强商标注册体制机制建设。积极推进京外商标审查协作中心试点工作,及时推广试点经验,优化京外审查协作中心布局。修订公布《商标申请形式审查标准》和《商标审查审理标准》,积极推行商标独任审查制。探索推进初步裁定和合议环节"双随机"商标评审案件审理模式。

(三)完善商标确权程序。以诚实信用为原则,完善确权机制,在审查、异议、评审等环节加大驰名商标的保护力度。从严从快审理大规模恶意抢注商标案件,有效制止恶意抢注行为。探索完善商标与字号、域名等权利冲突的解决机制。

三、切实加强注册商标行政保护

(四)加大注册商标专用权保护力度。以驰名商标、地理标志、涉外商标、老字号注册商标为重点,加大商标行政保护力度。立足驰名商标制度立法本意,充分运用驰名商标保护手段加大对知名品牌合法权益的保护,引导企业通过诚实守信和公平竞争做大做强。严厉打击网络商标侵权假冒违法行为,推进线上线下一体化监管。加强对地方商标监管执法工作的指导和协调,制定出台商标行政执法指导意见,积极推动商标行政执法信息共享平台的有效应用,定期发布商标侵权假冒典型案例。推进统一市场监管框架下的知识产权综合管理执法,支持有条件的地方开展试点工作。

(五)推进商标监管规范化。加强商标信用监管,将因商标侵权假冒、违法商标代理行为受到行政处罚等信息纳入国家企业信用信息公示系统,形成对商标失信行为的协同监管和联合惩戒。实施商标"双随机、一公开"监管,根据总局随机抽查事项清单,加强对商标违法行为的检查。有效利用抽查检查结果,积极探索实行风险分类监管。创新商标监管方式,充分利用大数据、云计算等现代信息化手段,探索实行"互联网+监管"模式,增强对商标违法行为线索的发现、收集和甄别能力。

(六)加强商标执法协作。加强工商和市场监管部门内部商标执法与竞争执法、消费者权益保护、市场监管、企业登记注册、企业监管、广告监管等各业务条线的协同配合,强化与公安、海关、质监等部门的执法协作,推进落实商标行政执法与刑事司法衔接机制,创新与行业协会、电商平台、中介组织合作机制。深入推动京津冀、长三角、泛珠三角地区、西部五省打击商标侵权假冒区域合作,积累经验并在全国推广。促进跨部门、跨区域商标执法信息共享,建立健全联席会议、线索通报、证据移转、案件协查等制度。

四、全面构建品牌培育服务体系

(七)规范发展商标品牌服务业。支持和鼓励商标品牌服务机构不断提升服务水平,在商标品牌设计、价值评估、注册代理、法律服务等环节有力支撑品牌发展。优化空间布局,形成一批商标品牌服务业集聚区。充分发挥商标代理机构在品牌建设中的作用,拓宽服务内容,提高服务能力。建立健全商标代理机构信用档案,完善执业信息披露制度,加强信用监管。发挥商标品牌服务行业组织作用,加强行业自律,制定服务标准,建立健全守信激励、失信惩戒工作机制。

(八)分类指导企业实施商标品牌战略。支持鼓励企业制定符合自身发展特点的商标品牌战略。出台企业商标品牌工作指南,分类指导企业实施商标品牌战略,健全商标品牌管理体系,发挥商标品牌引领作用,带动技术创新能力、产品和服务质量、市场营销水平、企业文化等全面协调发展,打造知名品牌,提升我国品牌在国际知名的品牌价值排行榜位次和上榜数量。

(九)提高企业商标品牌资产运用能力。积极拓宽融资渠道,推进地方注册商标质权登记申请受理点建设,帮助企业特别是中小微企业解决融资难题。引导企业开展商标品牌资本化运作,在企业并购、股权流转、对外投资等活动中,加强商标品牌资产评估管理。创新商标授权使用形式。进一步加强注册商标连续三年不使用撤销审查,促进注册商标使用。强化商标交易监管,加强交易规则和监管制度研究设计,切实规范商标交易行为,防止恶意抢注并转让牟利。

(十)开展商标品牌创业创新基地建设。统筹推进商标受理窗口、注册商标质权登记申请受理点等公共服务资源与地方发展相结合,建设商标品牌创业创新基地,发挥基地的辐射带动作用,有效促进产业集群、地理标志产业区、商标密集型产业集聚区、商标品牌服务业集聚区的品牌培育。

(十一)规范发展商标品牌价值评价体系。加强品牌商誉保护,完善商标产权评估制度,有效促进商标产权的运用与保护。支持中国商标品牌研究院等研究机构建立科学的商标品牌价值评价体系和标准,稳步开展商标品牌价值评价工作,发布《中国商标品牌价值排行榜》和《中国商标品牌发展报告》。

五、统筹推进产业区域品牌建设

(十二)加强部门行业协作。促进商标品牌政策与产业、科技、贸易政策等的衔接,推动商标品牌建设各支撑要素的协同发展。积极推进与产业、行业协会的合作,开展产业、行业商标品牌发展规划研究,结合行业发展特点引导行业商标品牌管理精细化。积极引导战略性新兴产业加强商标品牌培育和保护。推动中华老字号改革创新发展。

（十三）推进农业品牌化建设。坚持把提高质量效益作为主攻方向,向品牌经营要利润。加强对农民、农村经济组织和涉农企业的商标法律宣传,积极引导注册并依法规范使用农产品商标以及地理标志商标。适时开展地理标志资源调查工作,运用地理标志精准扶贫。及时总结推广"商标富农"工作经验,搭建交流平台,不断健全农业商标品牌建设工作机制,推动农业加快转变发展方式。大力推行"公司+商标品牌（地理标志）+农户"产业化经营模式,进一步提高农民进入市场的组织化程度。

（十四）提升制造业品牌建设水平。贯彻落实《中国制造2025》,按照大力发展先进制造业,改造提升传统产业,推动生产型制造向服务型制造转变的要求,加强自主品牌培育。健全集体商标、证明商标注册管理制度,推动产业集群品牌的注册和保护。研究制定产业集群品牌管理措施,打造一批特色鲜明、竞争力强、市场信誉好的产业集群区域品牌。推进制造业企业信用体系建设,建设中国制造信用数据库。

（十五）促进服务业品牌发展。在大力推进传统服务业以商标品牌为核心转型升级的基础上,以研发设计、信息、物流、商务、金融、会展、广告等现代服务业为重点,加强品牌建设,提升对生产的服务支撑能力。加快发展生活性服务业,推动服务业向高端发展。鼓励商业模式创新和业态创新,及时对新业态、新服务提供商标保护。

（十六）健全区域商标品牌培育制度。鼓励支持各地结合区域产业特色加强区域品牌培育,制定区域商标品牌发展规划。支持有条件的地区率先发展,开展商标品牌建设局(部)省战略合作。支持和指导地方建立科学有效的商标品牌工作评价体系。加快推动条件成熟的地区成立品牌指导站。推广品牌基地建设等成功经验,促进品牌经济与产业发展、区域发展深度融合,不断提高区域经济的综合竞争力。

六、大力开拓品牌发展国际空间

（十七）参与构建更加公平合理的商标领域国际规则体系。主动参与商标领域国际规则制定,提高我国商标领域的制度性话语权和影响力。积极参与多边双边自贸区商标领域规则谈判,为中国品牌"走出去"构建更加公平的国际营商环境。

（十八）加强商标品牌对外合作机制建设。加强与世界知识产权组织合作,开展"中国商标金奖"评选活动。深化同主要国家商标主管部门合作,积极参与商标五方会谈项目合作,进一步扩大与其他国家商标主管部门合作范围。探索建立"一带一路"沿线国家和地区商标案件协处机制,维护我国企业商标合法权益。推动国内行业协会、服务机构与国外相关组织合作交流,服务中国企业参与竞争。

（十九）支持企业运用商标品牌参与国际竞争。引导企业在实施"走出去"战略中"商标先行",通过马德里商标国际注册等途径,加强商标海外布局规划,拓展商标海外布局渠道。稳步提升我国企业马德里商标国际注册数量。鼓励企业持自主商标品牌出口产品,加快培育以商标品牌为核心的国际竞争新优势。引导鼓励有条件的优势企业打造全球知名品牌,收购海外知名品牌,向全球价值链高端延伸。

(二十)助力企业提升商标品牌国际影响力。加大自主商标品牌海外宣传支持力度。鼓励企业持自主商标品牌参加中国国际商标品牌节和其他国际展会、博览会,拓展商标品牌国际营销渠道。支持企业创新"互联网+品牌"营销新模式,综合运用跨境电商、外贸综合服务平台等新兴业态,扩大中国品牌国际影响。

(二十一)健全企业商标海外维权协调机制。探索建立中国企业商标海外维权信息收集平台。进一步加大海外商标维权援助力度,利用多边双边会谈机制,适时提出诉求,协助企业解决海外商标注册与维权问题。指导企业建立商标海外侵权预警和应对制度,提升海外风险防控能力。提升中介机构商标海外维权法律服务水平。

七、组织实施和保障措施

(二十二)加强组织领导。国家工商总局商标战略实施领导小组更名为商标品牌战略实施领导小组,统筹协调商标品牌战略实施的全局性工作,指导、督促、检查政策措施的落实。各地要高度重视,健全工作机制,细化政策措施,结合实际研究制定具体实施方案和配套政策,加强向当地党委、政府的请示汇报和与相关部门的协调配合,确保各项措施有效落实。

(二十三)加强宣传引导。做好舆论宣传,及时宣传报道商标品牌战略实施工作的新进展、新成效,增强全社会的商标品牌意识,为深入实施商标品牌战略营造良好氛围。鼓励支持学术界教育界推出优秀商标品牌研究成果和普及读物。在中小学、高校、各级行政学院、社会主义学院开展树立商标品牌意识和创新意识的宣传活动。建设中国商标品牌网上博物馆。

(二十四)加强理论研究。设立中国商标品牌战略专家委员会,完善商标品牌战略决策咨询机制。根据商标品牌战略实施的需要,适时推动《商标法》等法律法规的修订。开展商标密集型产业的跟踪、研究与分析。推动中国商标品牌研究院等商标品牌理论研究平台发展,探索构建商标品牌对经济发展贡献率的指标体系。支持商标品牌领域的智库建设和交流。

(二十五)加强人才培养。加大对商标品牌管理人员、审查审理人员、一线执法人员和商标代理人员的培训力度。加快建设国家和各省商标品牌人才库和专业人才信息网络平台。支持高等院校有关专业开设商标品牌课程,培养商标品牌培育、运用、管理等专业人才。

(二十六)加强经费保障。建立商标品牌战略实施经费专项预算和拨付制度。加强商标战略实施项目经费的立项、评审、申报和绩效管理工作,保障战略实施工作的相关经费。

国家工商总局
2017年5月17日

附录二 调查问卷

苏州市驰名商标企业情况调查问卷

企业名称：_____

企业地址：_____ 邮政编码：_____

联系人：_____ 工作部门：_____ 职　　务：_____

联系电话：_____ 传真：_____

电子邮箱：_____

苏州市工商行政管理学会
苏州大学 MBA 案例研究中心　联合课题组

苏州市驰名商标企业情况调查问卷

说明：

1. 本问卷设计的选择题，一般为单项选择，如果是多选的可以选择两个以上。
2. 本问卷涉及数据的填空题，请尽量填写准确数据，如不能非常准确估计，请填写约数。
3. 本问卷所获资料仅用于课题研究的整体分析，不会做个体披露。（调查问卷将作为研究统计资料予以保密）

感谢您的支持与合作！

一、企业基本信息

1. 企业名称：_____
2. 企业所属行业（参考国民经济行业分类进行填写）：_____
3. 企业成立时间：_____
4. 企业的注册资本（万元）：_____
5. 企业现有的规模（员工人数）：_____
6. 企业核心产品（服务）：_____
7. 公司2011年度的销售总额（万元）：_____
8. 企业的性质为（　　）。
   A. 国有企业　　　　　B. 民营企业　　　　　C. 外资企业
9. 如企业具有外资成分，企业最初是否为中资企业？（　　）
   A. 是　　　　　B. 否
10. 企业是否为上市公司？（　　）
    A. 是　　　　　B. 否
11. 企业商标曾被认定过（　　）。
    A. 中国驰名商标　　　B. 江苏省著名商标企业　　C. 二者都被认定过

二、商标信息

12. 商标注册数量_____件，其中商品商标注册数量_____件，服务商标注册数量_____件。
13. 国内商标注册数量_____件，国外商标注册数量_____件。
14. 如有国外注册商标，在_____个国家注册过。
15. 本企业驰名商标信息：（若有多个驰名商标，请分别列出）
    商标名称为_____，认定时间为_____年，注册号_____，第_____类。
16. 本企业著名商标信息：（若有多个著名商标，请分别列出）
    商标名称为_____，认定时间为_____年，注册号_____，第_____类。
17. 本企业驰名商标最初的所有人为_____。

三、商标价值及品牌延伸

18. 本企业驰名商标的商标名称为_____,该商标的评估价值约为_____,评估机构为_____,评估时间_____年_____月。(若有多个驰名商标,请分别列出)

19. 本企业著名商标的商标名称为_____,该商标的评估价值约为_____,评估机构为_____,评估时间_____年_____月。(若有多个著名商标,请分别列出)

20. 被认定的驰名商标或著名商标目前是否延伸运用(注册)到其他商品或服务?(   )
    A. 是　　　　　　　　B. 否

四、商标保护

21. 2008年以来各年度商标被侵权假冒的案件数量统计、涉案金额:
    2008年数量_____件,涉案金额_____万元;
    2009年数量_____件,涉案金额_____万元;
    2010年数量_____件,涉案金额_____万元;
    2011年数量_____件,涉案金额_____万元。

22. 商标被假冒侵权时所采取的解决方式中,认为最有效和最先考虑的措施是(   )。
    A. 请求工商机关处理　　　B. 向法院提起诉讼
    C. 向侵权者发出律师函警告

23. 如采取向法院起诉,是否曾采取过诉前保全(禁令)措施?(   )
    A. 是　　　　　　　　B. 否

24. 是否将企业驰、著名商标进行海关备案?(   )
    A. 是　　　　　　　　B. 否

25. 本企业驰名商标是否成功获得过跨类保护?(   )
    A. 是　　　　　　　　B. 否

26. 本企业驰、著名商标是否被他人在国外在相同或类似商品上抢注?(   )
    A. 是　　　　　　　　B. 否

27. 针对该抢注,是否积极采取措施?(   )
    A. 是,具体措施为_____
    B. 否,原因为_____

28. 本企业驰、著名商标是否在国外被侵权?(   )
    A. 是　　　　　　　　B. 否

29. 针对该侵权行为,是否积极采取措施?(   )
    A. 是,具体措施为_____
    B. 否,原因为_____

五、商标管理

30. 2008年以来各年度投入商标管理的费用为:
    2008年_____万元;2009年_____万元;

2010年_____万元;2011年_____万元。

31. 企业内部是否有专门的商标管理部门?（   ）

　　A. 是,该部门名称为_____

　　B. 否

32. 本企业专门从事本企业品牌管理的人员数量为(   )。

　　A. 无　　　　　B. 2人以下　　　　C. 3~5人　　　　D. 5人以上

六、商标运用

33. 企业是否使用过驰名商标作为投资入股其他企业?（   ）

　　A. 是　　　　　　　　　B. 否

34. 企业是否发展连锁经营或特许经营?（   ）

　　A. 是　　　　　　　　　B. 否

35. 企业是否利用驰名商标进行商标许可?（   ）

　　A. 是,每年带来的价值为_____万元

　　B. 否

36. 企业是否利用驰名商标进行融资贷款?（   ）

　　A. 是,累计获贷款金额为_____万元

　　B. 否

37. 虚拟经营是指企业在组织上突破有形的界限,虽然有生产、营销、设计、财务等功能,但企业体内却没有完整地执行这些功能的组织。企业仅把专利权、品牌、营销渠道或研发能力等依赖性强的高增值部分掌握在自己手中,而把自己不擅长的、实力不够或没有优势的其他部分分化出去,也就是把其他功能虚拟化,通过各种方式借助外力进行整合弥补。贵公司是否采取品牌虚拟经营?（   ）

　　A. 是　　　B. 目前没有,但是有此计划　　　C. 没有,目前也无此计划

38. 本企业所有商品中,是否使用他人品牌?（   ）

　　A. 是,使用他人品牌所取得的收入为_____万元

　　B. 否

39. 本企业的核心产品中,使用自主商标、自主生产的约占产品数量的_____%,使用贴牌生产、使用他人商标的约占产品数量的_____%。

40. 2011年度驰名商标主要商品或服务在该行业中的市场占有率和排名情况:

	占有率(%)	排　名
省内市场		
国内市场		
国际市场		

七、观点和建议

41. 驰名商标的认定给企业发展带来了哪些促进作用?主要表现在哪些方面?

42. 本企业在驰名商标认定后主要带动了哪些相关产业？实际收效如何？（请尽可能用具体财务数据说明）

43. 本企业在驰名商标管理与保护中的难点是什么？

44. 在企业驰名商标的保护和运用方面，对政府部门有何建议？

45. 在促进驰名商标所属企业的政策方面，已有政策措施的效果如何？希望政府出台哪些新的政策？

46. 驰名商标认定后，本企业在公益事业、社会责任方面的捐赠或投资情况如何？（请尽可能用具体实例和财务数据说明）

苏州市老字号企业情况调查问卷

企业名称:_____

企业地址:_____ 邮政编码:_____

联系人:_____工作部门:_____职　　务:_____

联系电话:_____ 传真:_____

电子邮箱:_____

苏州市工商行政管理学会
苏州大学 MBA 案例研究中心　联合课题组

苏州市老字号企业情况调查问卷

说明：

1. 本问卷设计的选择题，一般为多项选择题，可以选择两个及以上（在括号内打钩"√"）。

2. 本问卷涉及数据的填空题，请尽量填写精确数据，如不能非常准确估计，请填写约数。

3. 本问卷所获资料仅用于课题研究的整体分析，不会做个体披露（调查问卷将作为研究统计资料予以保密）。

感谢您的支持与合作！

一、基本信息

1. 企业名称：_____
2. 本企业老字号品牌名称（注册商标）：_____
3. 企业所属行业（按国民经济行业分类填写）：_____
4. 老字号品牌的始创时间（年代及年份）：_____
5. 企业注册资本为（万元）：_____
6. 企业现有的规模为（员工人数）：_____
7. 企业连锁店（或加盟店）数量为：_____
8. 公司2013年的营业收入为（万元）：_____
9. 企业的性质为（　　）。
   A. 国有企业　　　　B. 民营企业　　　　C. 合资企业
   D. 个体工商户　　　E. 其他
10. 本企业是否已被认定为"中华老字号"？（　　）
    A. 是　　　　　　B. 否　　　　　　　C. 申报中

二、本企业具有的竞争优势（多选）

1. 价格　　　　　　（　）　　2. 品牌　　　　　　（　）
3. 产品种类　　　　（　）　　4. 产品质量　　　　（　）
5. 传统工艺技术　　（　）　　6. 消费者　　　　　（　）
7. 管理水平　　　　（　）　　8. 服务态度　　　　（　）
9. 工作效率　　　　（　）　　10. 经营成本　　　　（　）
11. 宣传广告　　　　（　）　　12. 政府支持　　　　（　）
13. 银行支持　　　　（　）　　14. 其他　　　　　　（　）

三、本企业现存的竞争劣势（多选）

1. 价格　　　　　　　　（　　）　2. 品牌　　　　　　　　　（　　）
3. 产品种类　　　　　　（　　）　4. 产品质量　　　　　　　（　　）
5. 传统工艺技术　　　　（　　）　6. 消费者　　　　　　　　（　　）
7. 管理水平　　　　　　（　　）　8. 服务态度　　　　　　　（　　）
9. 工作效率　　　　　　（　　）　10. 经营成本　　　　　　　（　　）
11. 宣传广告　　　　　　（　　）　12. 政府支持　　　　　　　（　　）
13. 银行支持　　　　　　（　　）　14. 其他　　　　　　　　　（　　）

四、近五年来，本企业在经营发展方面的举措（多选）

1. 增加新产品　　　　　（　　）　2. 增加新的生产线　　　　（　　）
3. 增加销售网点　　　　（　　）　4. 提高服务水平　　　　　（　　）
5. 增加宣传广告　　　　（　　）　6. 增加新的工艺技术　　　（　　）
7. 增加新的分公司　　　（　　）　8. 改善经营环境　　　　　（　　）
9. 降低成本　　　　　　（　　）　10. 增大投资　　　　　　　（　　）
11. 优化业务流程　　　　（　　）　12. 扩大到其他行业　　　　（　　）
13. 增加员工人数　　　　（　　）　14. 其他　　　　　　　　　（　　）

五、近五年来，本企业在营销策划和品牌认知方面的举措（多选）

1. 设立营销部门　　　　（　　）　2. 增加营销人员的数量　　（　　）
3. 高薪引进营销人才　　（　　）　4. 提高营销人员的工资　　（　　）
5. 增加销售网点　　　　（　　）　6. 增加广告投入　　　　　（　　）
7. 增加代理商　　　　　（　　）　8. 改善销售环境　　　　　（　　）
9. 关注消费者的新需求　（　　）　10. 结合传统节庆开展营销活动（　　）
11. 增加经销商　　　　　（　　）　12. 其他　　　　　　　　　（　　）

六、近五年来，本企业在品牌建设方面的举措（多选）

1. 更新公司标识　　　　（　　）　2. 更新公司广告词　　　　（　　）
3. 广告投入增加　　　　（　　）　4. 设立品牌推广部门/岗位（　　）
5. 采用品牌经理制　　　（　　）　6. 宣传广告渠道增多　　　（　　）
7. 公司有形象代言人　　（　　）　8. 举办大型活动推广品牌　（　　）
9. 在传统节庆时进行品牌推广（　　）　10. 更新公司内部装修风格（　　）
11. 其他　　　　　　　　（　　）

七、近五年来，本企业在品牌传承方面所做的努力（多选）

1. 保留传统的产品(服务)（　　）　2. 保留传统工艺、技术　　（　　）
3. 延续品牌形象　　　　（　　）　4. 传承品牌文化　　　　　（　　）
5. 建立品牌发展历史档案（　　）　6. 其他　　　　　　　　　（　　）

八、近五年来，本企业在新产品开发和品牌创新方面的举措（多选）

1. 设立研发部门　　　　（　　）　2. 增加研发人员数量　　　（　　）

3. 高薪引进研发人才　　（　） 4. 提高研发人员的工资　（　）
5. 开发新的生产工艺　　（　） 6. 增加新的生产线　　　（　）
7. 增建新厂房　　　　　（　） 8. 改善生产环境　　　　（　）
9. 迎合新的消费需求　　（　） 10. 迎合传统消费　　　 （　）
11. 降低生产成本　　　 （　） 12. 其他　　　　　　　 （　）

九、近五年来，本企业在信息化管理方面的举措（多选）

1. 办公自动化系统　　　（　） 2. 销售信息化系统　　　（　）
3. 采购信息化系统　　　（　） 4. 财务信息化系统　　　（　）
5. 研发/设计信息化系统 （　） 6. 生产制造信息化系统　（　）
7. 人力资源信息化系统　（　） 8. 建立公司网站　　　　（　）
9. 采用网上销售　　　　（　） 10. 上述整套信息化管理系统（　）
11. 其他　　　　　　　 （　）

十、近五年来，本企业在社会责任方面的举措（多选）

1. 关注员工权益　　　　（　） 2. 关注消费者权益　　　（　）
3. 注意企业对政府、社区等的责任　　　　　　　　　　　（　）
4. 参加公益活动　　　　（　） 5. 关注股东权益　　　　（　）
6. 关注环境保护　　　　（　） 7. 投身慈善捐赠　　　　（　）
8. 注意与供应商的关系　（　） 9. 将其作为企业战略内容（　）
10. 关注利益有关方的权益（　） 11. 设立社会责任岗位/部门（　）
12. 注意对外披露企业信息（　） 13. 发布社会责任报告　 （　）
14. 其他　　　　　　　 （　）

十一、近五年来，本企业在品牌价值提升方面的努力（多选）

1. 关注消费者需求　　　（　） 2. 品牌不断创新　　　　（　）
3. 重视品牌文化建设　　（　） 4. 提高员工素质　　　　（　）
5. 加强客户关系管理　　（　） 6. 其他　　　　　　　　（　）

十二、观点和建议

1. 您认为老字号品牌发展面临的最大问题（困难）是什么？如何扬长避短，提升老字号品牌影响力？

```
┌─────────────────────────────────────────────────┐
│                                                 │
│                                                 │
│                                                 │
│                                                 │
└─────────────────────────────────────────────────┘
```

2. 您认为行业协会在老字号品牌发展方面如何更有效地发挥作用?

3. 本企业希望政府出台哪些保护和发展老字号品牌的政策?

苏州市守合同重信用企业情况调查问卷

企业名称：_____

企业地址：_____邮政编码：_____

联系人：_____工作部门：_____职　　务：_____

联系电话：_____传真：_____

电子邮箱：_____

苏州市市场监督管理学会
苏州大学 MBA 案例研究中心　联合课题组

苏州市守合同重信用企业情况调查问卷

说明：

1. 本问卷设计的选择题，一般为单项选择，如果是多选的可以选择两个以上。

2. 本问卷设计数据的填空题，请尽量填写准确数据，如不能非常准确估计，请填写约数。

3. 本问卷所获资料仅用于课题研究的整体分析，不会做个体披露。（调查问卷将作为研究统计资料予以保密）

感谢您的支持与合作！

一、企业基本情况

1. 贵企业名称：_____
2. 贵企业所属行业（参考国民经济行业分类进行填写）：_____
3. 贵企业成立日期：_____
4. 贵企业注册资本（万元）：_____
5. 贵企业现有的规模（员工人数）：_____
6. 贵企业主营业务：_____
7. 贵企业 2015 年的营业收入（万元）：_____
8. 贵企业性质为（　　）。
   A. 国有企业　　　　B. 集体企业　　　　C. 民营企业
   D. 外商投资企业　　E. 其他
9. 贵企业是否为上市公司？（　　）
   A. 是　　　　　　　B. 否
10. 贵企业被认定的"守合同重信用"级别为（　　）。
    A. 国家级　　　　　B. 省级　　　　C. 前两者都被认定过　　D. 市级
11. 贵企业银行信用评级为（　　）。
    A. AAA　　　　　　B. AA　　　　　C. A　　　　　　　　　D. BBB
    E. BB　　　　　　　F. B　　　　　　G. CCC　　　　　　　　H. CC
    I. C　　　　　　　　J. 无

二、企业信用管理情况

12. 贵公司高层管理人员了解公司信用管理的程度为（　　）。
    A. 非常了解　　　　B. 很了解　　　　C. 一般
    D. 较少了解　　　　E. 不了解
13. 贵公司对信用管理的重视程度为（　　）。
    A. 非常重视　　　　B. 很重视　　　　C. 一般

D. 较少重视　　　E. 不重视
14. 贵公司是否设有从事信用管理工作的专职人员和部门？（　　）
　A. 有　　　　B. 在筹备中　　　C. 没有　　　　D. 不清楚
15. 贵公司对新的交易客户是否要求提供有关身份和资质证明？（　　）
　A. 有　　　　B. 没有　　　　C. 不清楚
16. 贵公司对重大交易是否要求资本金到位再签合同？（　　）
　A. 有　　　　B. 没有　　　　C. 不清楚
17. 贵公司对新的交易客户是否建立完善的内部信用评级制度？（　　）
　A. 非常完善　　B. 很完善　　　C. 一般
　D. 不完善　　　E. 没有
18. 贵公司对客户符不符合赊销的条件是否有明确的制度规定？（　　）
　A. 非常明确　　B. 很明确　　　C. 一般
　D. 不明确　　　E. 没有
19. 贵公司对重大交易的客户是否要求提供第三方信用服务机构评估？（　　）
　A. 有　　　　B. 没有　　　　C. 不清楚
20. 在信用风险管理过程中，贵公司认为最重要的是（最多可选4项）（　　）。
　A. 建立行之有效的信用管理制度和体系　B. 潜在客户评估
　C. 授信管理制度　　　　　　　　　　　D. 定期复审
　E. 逾期控制手段（如延长付款期限、停止供货等）
　F. 内部分析系统　　　　　　　　　　　G. 抵押担保
　H. 债款追收　　　　　　　　　　　　　I. 风险管理工具的应用
　J. 其他（请说明）_____
21. 您认为在信用管理过程中最困难的环节是（　　）。
　A. 获取客户可靠信息　　　　　　　　　B. 给予合适的付款条件和信用额度
　C. 管理应收账款　　　　　　　　　　　D. 收回货款
　E. 其他（请说明）：_____
22. 您认为最有助于贵公司规避信用风险的手段是（　　）。
　A. 公司内部信控能力　　　　　　　　　B. 信用报告及信用额度建议
　C. 信用保险　　　　　　　　　　　　　D. 保理
　E. 商账追收
　F. 其他（请说明）：_____
23. 在发达的市场经济中，有一系列的信用服务机构为其提供企业信用管理专业化的服务。下列信用服务行业，哪些您比较了解？（多选）（　　）
　A. 征信　　　　B. 信用调查　　　C. 信用评级
　D. 信用担保　　E. 保理　　　　　F. 信用保险
　G. 信用管理咨询　H. 商账追收　　I. 都不了解
24. 信用管理咨询服务就是由专业机构通过咨询、培训等服务，帮助企业建立起客户信用档案、赊销客户的授信、应收账款催收等一系列信用管理制度，提高企业防范赊

销风险的能力。您认为,贵公司有没有这类服务需求?(　　)

　　A. 非常需要　　　B. 比较需要　　　C. 无所谓　　　D. 不需要

三、《企业信息公示暂行条例》实施情况

25. 在此之前,您听说过《企业信息公示暂行条例》吗?(　　)

　　A. 非常了解　　　　　　　　　B. 比较了解

　　C. 听说过,但不太了解　　　　D. 没听说过

26. 在此之前,您听说过"企业信用信息公示系统"吗?(　　)

　　A. 非常了解　　　　　　　　　B. 比较了解

　　C. 听说过,但不太了解　　　　D. 没听说过

27. 在与其他企业进行交易前,您是否会在工商部门的"企业信用信息公示系统"上查询相关企业的信息?(　　)

　　A. 经常查询　　　　　　　　　B. 偶尔查询

　　C. 知道该系统,但从没有查询过　D. 不知道该系统

28. 据您所知,贵企业是否有专门负责企业信用公示的部门或人员?(　　)

　　A. 有　　　　B. 没有　　　　C. 不清楚

29. 据您所知,贵企业是否向工商部门报送过企业年度报告?(　　)

　　A. 有　　　　B. 没有　　　　C. 不清楚

30. 据您所知,贵企业是否根据新条例的实施对交易管理制度进行相应调整?(　　)

　　A. 很大调整　　　B. 较大调整　　　C. 一般

　　D. 较少调整　　　E. 无调整

31. 您知道企业年度报告的报送日期是什么时候吗?(　　)

　　A. 每年6月30日前　　　　　B. 每年9月30日前

　　C. 每年12月30日前　　　　D. 不太清楚

32. 您知道企业的重要信息(如股权转让、行政处罚等)应自形成之日起多少个工作日内向社会公示吗?(　　)

　　A. 10个工作日　　B. 20个工作日　　C. 30个工作日　　D. 不太清楚

33. 贵企业是否通过"企业信用信息公示系统"向社会公示过行政处罚或行政许可信息?(　　)

　　A. 向社会公示过相关信息　　　B. 没有向社会公示过相关信息

　　C. 没有行政处罚或行政许可信息　D. 不了解这方面的情况

34. 据您所知,工商部门是否随机抽查过您所在企业的信息公示情况?(　　)

　　A. 有　　　　B. 没有　　　　C. 不清楚

35. 您对"经营异常名录制度"了解吗?(　　)

　　A. 非常了解　　　B. 比较了解　　　C. 一般

　　D. 较少了解　　　E. 不了解

36. 您对"严重违法企业名单制度"了解吗?(　　)

　　A. 非常了解　　　B. 比较了解　　　C. 一般

　　D. 较少了解　　　E. 不了解

37. 您认为"企业信用信息公示系统"对维护企业合法权益的作用有多大?（   ）
　　A. 作用很大　　　B. 有些作用　　　C. 没有作用　　　D. 无法判断
38. 在当前的信用环境下,您认为企业信息公示是否有必要?（   ）
　　A. 非常有必要　　B. 有必要　　　　C. 没必要　　　　D. 无所谓
39. 您认为企业信息公示是否会侵犯到国家秘密、商业秘密或个人隐私?（   ）
　　A. 会　　　　　　B. 可能会　　　　C. 不会　　　　　D. 不清楚
40. 您认为企业信息公示制度是否有助于改进企业的信用状况,从而促进企业诚信经营?（   ）
　　A. 非常有帮助　　B. 有一点作用　　C. 没有帮助　　　D. 还有待观察
41. 除了工商部门的"企业信用信息公示系统"外,您了解哪些企业信用信息公示平台?（多选）（   ）
　　A. 中国人民银行的征信平台
　　B. 交通部门的公路建设市场信用信息平台
　　C. 商务部、国资委的"全国行业信用公共服务平台"
　　D. 海关的企业进出口信用信息公示平台
　　E. 人民法院的诉讼或失信被执行人信息平台
　　F. 相关行业协会的信用信息平台
　　G. 以上都不了解

四、观点和建议

42. 您认为企业信用体系建设给企业经营发展带来了哪些促进作用?

43. 您认为企业信用体系建设过程中,哪些方面还存在不足？有何具体改进建议？

44. 您认为地方政府在企业信用建设方面如何更有效地发挥作用?

苏州市 A 级景区品牌建设调查问卷

景区名称：_____

景区地址：_____ 邮政编码：_____

联系人：_____ 工作部门：_____ 职务：_____

联系电话(办公室)：_____ 手机：_____

电子邮箱：_____

景区网站地址：_____

苏州市市场监督管理学会
苏州大学 MBA 案例研究中心　联合课题组

苏州市 A 级景区品牌建设调查问卷

说明：
1. 本问卷设计的选择题，一般为多项选择题，可选择两个及以上(打钩"√")。
2. 本问卷涉及数据的填空题，请尽量填写精确数据。
3. 本问卷所获资料主要用于课题研究的整体分析。(调查问卷将作为研究统计资料予以保密)

感谢您对本课题的支持与合作！

一、基本信息
1. 贵景区企业(或事业单位)名称：_____
2. 贵景区企业(或事业单位)的统一社会信用代码：_____
3. 贵景区企业(或事业单位)注册资本(万元)：_____
4. 贵景区正式在编员工：_____人；临时聘用员工：_____人。
5. 贵景区门票价格，旺季：_____(元)；淡季：_____(元)。
6. 贵景区 2016 年营业收入：_____(万元)，净利润：_____(万元)。
7. 贵景区 2016 年接待游客人数：_____
8. 贵景区评定等级为(　　)；评定时间(请填写年月)：_____
   A. AAAAA　　　B. AAAA　　　C. AAA　　　D. AA
9. 贵景区是否为"世界文化遗产"？(　　)
   A. 是　　　B. 否　　　C. 申报中
10. 贵景区目前使用的旅游宣传口号是：_____

二、贵景区具有的竞争优势(多选)
(1) 门票价格(　　)　　　(2) 景区等级(　　)
(3) 旅游资源(　　)　　　(4) 宣传广告(　　)
(5) 政府支持(　　)　　　(6) 服务质量(　　)
(7) 景区设施(　　)　　　(8) 运营成本(　　)
(9) 景区管理(　　)

三、贵景区存在的竞争劣势(多选)
(1) 门票价格(　　)　　　(2) 景区品牌(　　)
(3) 旅游资源(　　)　　　(4) 景区特色(　　)
(5) 管理机制(　　)　　　(6) 服务质量(　　)
(7) 服务人员素质(　　)　　(8) 经营成本(　　)

(9) 宣传广告( )

四、贵景区智慧旅游平台建设情况

1. 贵景区已覆盖的智慧旅游服务系统有(多选,请打钩"√")

(1) 景区门户网站( )　　　　　　(2) 在线咨询服务( )

(3) 网络预订或自助售票系统( )　　(4) 景区免费 Wi-Fi 信号覆盖( )

(5) 景区二维码( )　　　　　　　　(6) 自助电子导游( )

(7) 虚拟景区游览( )　　　　　　　(8) 电子地图( )

(9) 其他(请填写)_____

2. 如贵景区有 Wi-Fi 信号覆盖,其覆盖面积大约占景区的多少? ( )

3. 贵景区是否拥有自己的社交平台(微博、微信等)? ( )

4. 是否利用上述社交平台发布景区信息公告、提供电子地图等相关信息? ( )

5. 贵景区是否拥有自己的后台数据库,并对客源和客流进行数据分析? ( )

五、近三年来,贵景区(企业)在营销策划方面的举措(多选)

(1) 制订营销策划规划或计划( )　　(2) 设有专门的营销部门( )

(3) 增加营销人员的数量( )　　　　(4) 高薪引进营销人才( )

(5) 提高营销人员的薪资( )　　　　(6) 增加合作商( )

(7) 开展线上营销(微信、微博、网站等)( )

(8) 结合传统节庆开展营销活动( )

(9) 其他(请填写)_____

六、近三年来,贵景区(企业)在品牌认知和品牌建设方面的措施(多选)

(1) 更新景区广告语( )　　　　　　(2) 宣传广告渠道增多( )

(3) 广告投入增加( )

(4) 举办大型活动或在传统节庆时推广品牌( )

(5) 景区有形象代言人( )　　　　　(6) 设立品牌推广部门/岗位( )

(7) 设计景区 LOGO( )　　　　　　(8) 其他(请填写)_____

七、近三年来,贵景区(企业)在社会责任方面的举措(多选)

(1) 关注员工权益( )　　　　　　　(2) 关注股东权益( )

(3) 关注游客权益( )　　　　　　　(4) 关注对政府的责任( )

(5) 关注对社区的责任( )　　　　　(6) 积极参加公益活动( )

(7) 设立社会责任岗位/部门( )　　　(8) 关注环境保护( )

(9) 发布社会责任报告( )　　　　　(10) 其他(请填写)_____

八、近三年来,贵景区(企业)在品牌价值提升方面的努力(多选)

(1) 关注游客新需求( )　　　　　　(2) 加大品牌传播( )

(3) 重视品牌文化建设( )　　　　　(4) 提高服务人员素质( )

(5) 加强智慧旅游平台建设( )　　　(6) 其他(请填写)( )

九、访谈：观点和建议

1. 贵景区的旅游特色是什么？贵景区每年举办的节事活动有哪些？（请具体填写：节事活动名称、节事活动起止时间、节事活动主题、节事活动效果等）

2. 您认为贵景区的信息服务方式有哪些缺陷，以后发展的方向有哪些？

3. 您认为贵景区品牌发展面临的最大问题是什么？如何进一步提升品牌影响力？

4. 苏州市委、市政府于 2017 年 3 月颁布了《关于实施全域旅游发展战略，打造国际文化旅游胜地的若干意见》，贵景区实施全域旅游发展战略有哪些举措？

苏州市旅游景区品牌与服务质量调查问卷

尊敬的女士/先生：

您好！我们正在进行一项有关苏州市旅游景区品牌与服务质量的研究，希望了解您对苏州旅游景区服务的个人看法和总体印象，请您根据对苏州旅游景区的实际感受填写此问卷，您的意见对本课题的研究非常有帮助。本调查采取匿名的方式，您提供的个人信息只供课题分析使用，请放心填写。（调查问卷将作为研究统计资料予以保密）

感谢您对本课题的帮助和支持！

苏州市市场监督管理学会、苏州大学MBA案例研究中心联合课题组

第一部分：个人基本信息

1. 您的性别为（　　）。
   A. 男　　　　　　B. 女
2. 您的年龄段为（　　）。
   A. 15岁以下　　　B. 15~24岁　　　C. 25~34岁　　　D. 35~44岁
   E. 45~59岁　　　F. 60岁及以上
3. 您的教育程度为（　　）。
   A. 初中及以下　　B. 高中　　　　　C. 大专中专/技校　D. 本科
   E. 硕士及以上
4. 您的职业为（　　）。
   A. 公务员　　　　B. 事业单位人员　C. 企业单位人员　D. 私营业主
   E. 学生　　　　　F. 自由职业者
5. 您的月收入为（　　）。
   A. 3 000元以下　　　　　　　　　B. 3 000~4 999元
   C. 5 000~7 999元　　　　　　　　D. 8 000~11 999元
   E. 12 000~19 999元　　　　　　　F. 20 000元及以上

第二部分：苏州旅游景区品牌相关情况

1. 您对苏州旅游景区的总体印象评分为（　　）。（满分为5分）
   A. 5分　　B. 4分　　C. 3分　　D. 2分　　E. 1分
2. 您对苏州市旅游景区品牌了解吗？（　　）（单选）
   A. 非常了解　B. 很了解　C. 一般了解　D. 不太了解　E. 不了解
3. 您来苏州旅游的目的是（　　）。（可多选）
   A. 欣赏自然风光　　　　B. 体验民俗风情　　　　C. 品尝特色美食
   D. 增长见识　　　　　　E. 休闲度假

F. 其他(请填写)＿＿＿＿＿＿＿＿＿＿＿＿＿＿＿＿＿＿＿＿＿＿＿

4. 您在苏州市的旅游期限一般为(　　)。
   A. 3天以下　　B. 3~5天　　C. 6~8天　　D. 9~14天　　E. 15天以上

5. 您获取苏州旅游信息的信息化途径有哪些?(可多选)(　　)
   A. 微博、微信　B. 社交网站　　C. 网络论坛　　D. 旅游官方网站
   E. 其他

6. 您经常通过渠道获取哪些方面的旅游目的地信息?(　　)(可多选)
   A. 目的地餐饮信息　　　　　B. 目的地住宿信息
   C. 目的地交通信息　　　　　D. 目的地购物信息
   E. 旅游产品的信息　　　　　F. 游客评价、游记
   G. 旅游团信息　　　　　　　H. 景点信息
   I. 旅游攻略

7. 在您去过的苏州旅游景点中,对哪些颇有好感?(　　)(可多选)
   A. 拙政园　　B. 虎丘　　　C. 周庄古镇　D. 同里古镇　E. 金鸡湖景区
   F. 东山景区　G. 穹窿山景区　H. 沙家浜风景区　　I. 苏州乐园
   J. 旺山景区　K. 留园　　　L. 网师园　　M. 石湖景区　N. 七里山塘景区
   O. 平江历史街区　　　　P. 天平山景区　　　　Q. 木渎古镇
   R. 甪直古镇游览区　　　S. 其他(请填写)＿＿＿＿＿＿＿＿＿＿

8. 提到苏州,您能联想到的是(　　)。(可多选)
   A. 苏州古城　B. 苏州园林　C. 苏州古镇　D. 吴文化　　E. 湖光山色
   F. 人间天堂　G. 苏州评弹　H. 昆曲　　　I. 碧螺春　　J. 阳澄湖大闸蟹
   K. 其他(请补充)＿＿＿＿＿＿＿＿＿＿＿＿＿＿＿＿＿＿＿＿

第三部分:苏州旅游景区服务质量情况

1. 影响您对苏州旅游景区满意度的内容有(　　)。(可多选)
   A. 景区内的旅游道路及路标设置　　　B. 景区内的旅游线路的设置
   C. 景区讲解员的讲解　　　　　　　　D. 安全提示与安全保障
   E. 景区内环境卫生　　　　　　　　　F. 旅游厕所
   G. 商品购物　　　　　　　　　　　　H. 旅游秩序
   I. 旅游纠纷　　　　　　　　　　　　J. 旅游高峰期游客的疏导与分流
   K. 景区服务人员　　　　　　　　　　L. 其他(请填写)＿＿＿＿＿＿＿＿

2. 在苏州市旅游过程中,哪些给您留下了难忘美好的印象?(　　)(可多选)
   A. 服务水平　B. 生态绿化　C. 城市建筑　D. 旅游景点
   E. 地方美食　F. 购物环境　G. 民俗文化　H. 其他(请填写)＿＿＿＿＿

3. 您最喜欢的苏州旅游景点是:(请填写前三位)
   (1)＿＿＿＿＿＿＿　(2)＿＿＿＿＿＿＿　(3)＿＿＿＿＿＿＿

4. 关于苏州旅游整体品牌"人间天堂,自在苏州"(口号)的调查。(　　)(可多选)
   A. 我知道这个旅游口号　　　　　　B. 我认为这个口号很好
   C. 这个口号能激发我来苏州旅游的兴趣

D. 我知道苏州旅游的其他口号(请填写)＿＿＿＿＿＿＿＿＿＿＿＿＿＿＿＿

5. 感知调查,根据您自己到苏州旅游景区的感觉,在相应的方框里划"√"。

		非常满意	比较满意	一般满意	不太满意	很不满意
旅游景观	旅游环境	□	□	□	□	□
	景区特色	□	□	□	□	□
	观赏价值	□	□	□	□	□
	资源丰富度	□	□	□	□	□
	文化价值	□	□	□	□	□
餐饮服务	餐饮特色	□	□	□	□	□
	餐饮价格	□	□	□	□	□
	餐饮卫生状况	□	□	□	□	□
旅游交通	便捷性	□	□	□	□	□
	舒适性	□	□	□	□	□
	安全性	□	□	□	□	□
	线路合理性	□	□	□	□	□
娱乐体验	娱乐项目种类	□	□	□	□	□
	娱乐体验效果	□	□	□	□	□
	娱乐设施安全性	□	□	□	□	□
商品购物	购物环境	□	□	□	□	□
	商品特色	□	□	□	□	□
	商品价格	□	□	□	□	□
	商店信誉	□	□	□	□	□
	市场秩序	□	□	□	□	□
公共信息服务	政府旅游政务网站建设	□	□	□	□	□
	企业旅游信息网站建设	□	□	□	□	□
	咨询设施(如游客中心)	□	□	□	□	□
	咨询平台(如旅游服务热线、旅游投诉电话等)	□	□	□	□	□
景区人员服务	服务态度	□	□	□	□	□
	服务效率	□	□	□	□	□
	服务水平	□	□	□	□	□
	服务人员形象	□	□	□	□	□
旅游安全监测	公共安全机制(如旅游应急预案)	□	□	□	□	□
	公共安全服务设施(交通、游乐、消防安全设施)	□	□	□	□	□
	消费环境监测(旅游交通、酒店及景区的安全监测)	□	□	□	□	□
	消费权益保护(如旅游投诉处理)	□	□	□	□	□

问卷到此结束,再次感谢您的帮助和支持!

附录三 苏州品牌企业名单

1. 苏州品牌企业——驰名商标名单

苏州市驰名商标（行政认定）名单
（截至2017年，苏州市共有119件驰名商标）

序号	商标名称	注册人	类别	注册号	所在地	认定时间
1	波司登	波司登股份有限公司	25	620464	常熟	1999年
2	好孩子	好孩子儿童用品有限公司	12	672357	昆山	1999年
3	梦兰	江苏梦兰集团公司	24	537808	常熟	2000年
4	AB	江苏AB集团股份有限公司	25	692990	昆山	2000年
5	春花	苏州春花国际贸易有限公司	9	219668	姑苏区	2000年
6	雅鹿	苏州雅鹿控股股份有限公司	25	843644	太仓	2001年
7	菊花	张家港市新菊味精有限公司	30	120886	张家港	2002年
8	隆力奇	江苏隆力奇生物科技股份有限公司	29	685063	常熟	2001年
9	阪神	江苏白雪电器股份有限公司	11	647553	常熟	2004年
10	BaiXue	江苏白雪电器股份有限公司	11	955029	常熟	2004年
11	华芳	华芳集团有限公司	23	1256550	张家港	2004年
12	捷安特	巨大机械工业股份有限公司	12	622683	昆山	2004年
13	亨通光电	江苏亨通光电股份有限公司	9	1229094	吴江区	2004年
14	DER	德尔国际家居股份有限公司	19	1765196	吴江区	2005年
15	旗舰及图	亚龙纸制品（昆山）有限公司	16	1196496	昆山	2006年
16	哈森HARSONE及图	昆山珍兴鞋业有限公司	25	973576	昆山	2006年
17	龙达飞LongDafei	江苏龙达飞投资实业有限公司	25	1077269	常熟	2006年
18	罗普斯金LPSK	苏州罗普斯金铝业股份有限公司	6	696666	相城区	2007年
19	通鼎光电	江苏通鼎光电股份有限公司	9	3021550	吴江区	2007年
20	隆力奇及图	江苏隆力奇生物科技股份有限公司	3	1795310	常熟	2007年
21	BenQ	明基电通股份有限公司	9	3049911	高新区	2007年

续表

序号	商标名称	注册人	类别	注册号	所在地	认定时间
22	雪中飞	波司登股份有限公司	25	1939230	常熟	2007 年
23	沙洲 SZ 及图	江苏张家港酿酒有限公司	33	502274	张家港	2008 年
24	沙钢及图	江苏沙钢集团有限公司	6	1129493	张家港	2008 年
25	并蒂莲	昆山并蒂莲服装有限公司	25	1089365	昆山	2008 年
26	多威 DOWIN	昆山多威体育用品有限公司	25	1088865	昆山	2008 年
27	太仓及图	太仓肉松食品有限公司	29	171382	太仓	2008 年
28	罗技	罗技科技(苏州)有限公司	9	1240993	高新区	2008 年
29	迪欧 UNDC 及图	迪欧餐饮管理有限公司	43	3058306	姑苏区	2008 年
30	TORIN 及图	江苏通润机电集团有限公司	7	1364453	常熟	2009 年
31	第 1273835 号图形	常熟开关制造有限公司	9	1273835	常熟	2009 年
32	七宝及图	江苏七宝光电集团有限公司	9	1710114	吴江区	2009 年
33	盛虹及图 SHENGHONG	盛虹集团有限公司	24	1810458	吴江区	2009 年
34	港洋及图	江苏港洋实业股份有限公司	24	631082	张家港	2009 年
35	洲艳 ZhouYan 图形	江苏洲艳服饰有限公司	25	885237	常熟	2009 年
36	洞庭山碧螺春及图	苏州市吴中区洞庭(山)碧螺春茶业协会	30	1163958	吴中区	2009 年
37	通润及图	江苏通润机电集团有限公司	7	3233797	常熟	2010 年
38	AAA SANEIPAI 及图	张家港市 AAA 轴承有限公司	7	163770	张家港	2010 年
39	科林 kelin 及图	科林环保设备股份有限公司	11	654407	吴江区	2010 年
40	SJEC	苏州江南嘉捷电梯股份有限公司	7	3177565	工业园区	2010 年
41	第 1080023 号图形	江苏德威新材料股份有限公司	1	1080023	太仓	2010 年
42	冠军	信益陶瓷(中国)有限公司	19	661646	昆山	2010 年
43	桑罗	江苏华佳投资集团有限公司	25	3047536	吴江区	2010 年
44	千仞岗	常熟市千仞岗制衣有限公司	25	1333567	常熟	2010 年
45	Enox	江苏强盛化工有限公司	1	3141617	常熟	2011 年
46	环球及图	苏州环球集团有限公司	7	119616	吴中区	2011 年
47	牛头 NIU TOU 及图	江苏江南高纤股份有限公司	22	1075750	相城区	2011 年
48	阿里山	江苏阿里山食品有限公司	29	1066815	常熟	2011 年
49	恒远 HENGYUAN 及图	恒力集团有限公司	23	3560842	吴江区	2011 年

续表

序号	商标名称	注册人	类别	注册号	所在地	认定时间
50	雅士利	雅士利涂料（苏州）有限公司	2	1092438	工业园区	2011年
51	樱花SAKURA及图	樱花卫厨（中国）股份有限公司	11	1209675	昆山	2011年
52	月龙YUELONG	江苏月龙服饰有限公司	25	1290782	常熟	2011年
53	大卫及图	苏州大卫木业有限公司	19	3730674	吴江区	2011年
54	二叶ERYE及图	苏州二叶制药有限公司	5	139295	相城区	2011年
55	水天堂	江苏水天堂餐饮管理有限公司	43	3411158	姑苏区	2011年
56	苏净及图	江苏苏净集团有限公司	11	673519	工业园区	2011年
57	扬帆SETSAIL	江苏扬帆服饰有限公司	25	1426132	常熟	2011年
58	南寶NANPAO	南宝树脂化学工厂股份有限公司	2	1556198	昆山	2011年
59	雷允上及图	雷允上药业有限公司	5	560667	高新区	2012年
60	MIYOU及图	密友集团有限公司	7	1342023	昆山	2012年
61	MAXXIS	正新橡胶（中国）有限公司	12	765872	昆山	2012年
62	沙洲优黄	江苏张家港酿酒有限公司	33	3827646	张家港	2012年
63	捷星及图	长江润发机械股份有限公司	7	599323	张家港	2012年
64	吴通WUTONG及图	江苏吴通通讯股份有限公司	9	5950009	相城区	2012年
65	丁家宜	珈侬生化科技（中国）有限公司	3	1080913	工业园区	2012年
66	浩波HOPE	苏州浩波科技股份有限公司	1	1307505	张家港	2012年
67	港星	张家港市新港星科技有限公司	6	1061415	张家港	2012年
68	龙星LongXing及图	常熟市金龙机械有限公司	7	1201111	常熟	2012年
69	金丝狐Jinsihu及图	江苏金丝狐服饰有限公司	25	3475685	常熟	2012年
70	摩卡MOCCA	瑞昶贸易股份有限公司	30	515218	昆山	2012年
71	金螳螂	苏州金螳螂建筑装饰股份有限公司	37	1031597	工业园区	2012年
72	康力	康力电梯股份有限公司	7	1912490	吴江区	2012年
73	第3394728号图形	苏州东菱振动试验仪器有限公司	9	3394728	高新区	2012年
74	联冠及图	江苏联冠科技发展有限公司	7	1729901	张家港	2012年
75	同程	苏州同程旅游网络科技有限公司	39	3861551	工业园区	2012年
76	安佑	安佑（中国）动物营养研发有限公司	31	1274693	太仓	2012年
77	冰洁	波司登国际服饰（中国）有限公司	25	1939223	常熟	2013年
78	csc	常熟长城轴承有限公司	7	668628	常熟	2013年

续表

序号	商标名称	注册人	类别	注册号	所在地	认定时间
79	圣达因	张家港中集圣达因低温装备有限公司	12	3435980	张家港	2013 年
80	金字及图	江苏华昌化工股份有限公司	1	1098369	张家港	2013 年
81	梁丰	江苏梁丰食品集团有限公司	30	1363913	张家港	2013 年
82	玛吉斯	正新橡胶(中国)有限公司	12	846305	昆山	2013 年
83	周庄 zhouzhuang 及图	江苏水乡周庄旅游股份有限公司	39	1804292	昆山	2013 年
84	膳魔师	膳魔师(中国)家庭制品有限公司	21	688940	昆山	2013 年
85	巨峰及图	苏州巨峰电气绝缘系统股份有限公司	2	1315527	吴江区	2013 年
86	SEALL	苏州物流中心有限公司	39	4823601	工业园区	2013 年
87	稻香村 DXC	苏州稻香村食品工业有限公司	30	352997	工业园区	2013 年
88	协孚	昆山协孚人造皮有限公司	18	1168531	昆山	2014 年
89	TX	张家港欣欣高纤股份有限公司	23	537901	张家港	2014 年
90	金辰 JINCHEN 及图	江苏金辰针纺织有限公司	24	1136307	常熟	2014 年
91	梦兰 MENGLAN 及图	江苏梦兰集团有限公司	24	1541770	常熟	2014 年
92	LZY	苏州路之遥科技股份有限公司	9	3066076	高新区	2014 年
93	松鹤楼	苏州松鹤楼餐饮食文化有限公司	42	771929	姑苏区	2014 年
94	红蚂蚁 RED ANT 及图	江苏红蚂蚁装饰设计工程有限公司	42	3145605	姑苏区	2014 年
95	大象及图	江苏大象东亚制漆有限公司	2	145380	吴江区	2014 年
96	神王 SHEN WANG 及图	江苏神王集团有限公司	6	6348629	吴中区	2014 年
97	鹿港	江苏鹿港科技股份有限公司	24	5425908	张家港	2014 年
98	纽威	苏州纽威阀门股份有限公司	6	3994460	高新区	2015 年
99	美瑞德 MEIRUID	苏州美瑞德建筑装饰有限公司	37	3346734	姑苏区	2015 年
100	海格 HIGER	金龙联合汽车工业(苏州)有限公司	12	3585834	工业园区	2015 年
101	zl 图形	中利科技集团股份有限公司	9	1686285	常熟	2015 年
102	明港 MINGGANG 及图	吴江区市明港道桥工程有限公司	19	7989942	吴江区	2015 年
103	口水娃及图	苏州口水娃食品有限公司	29	5005485	太仓	2015 年
104	巴城阳澄湖	昆山市巴城镇阳澄湖蟹业协会	31	5067165	昆山	2015 年
105	澳洋 AOYANG 及图	澳洋集团有限公司	24	1290724	张家港	2015 年
106	老相食	苏州金记食品有限公司	29	4843836	吴中区	2015 年

续表

序号	商标名称	注册人	类别	注册号	所在地	认定时间
107	静思园及图	吴江区静思园	39	3853266	吴江区	2015年
108	蓝冰	苏州雅鹿控股股份有限公司	25	1806669	太仓	2015年
109	Frognie Zila	苏州佛朗尼齐拉服饰有限公司	25	3660381	太仓	2015年
110	NNANKANG	南港(张家港保税区)橡胶工业有限公司	12	876554	张家港	2015年
111	伊思贝得 Itsbetter	江苏东渡纺织集团有限公司	25	1943936	张家港	2015年
112	邻里中心+图形	苏州工业园区邻里中心发展有限公司	35	4774478	工业园区	2015年
113	帝奥	苏州帝奥电梯有限公司	7	4457239	吴江区	2016年
114	金宏气体 JINHONG GAS 及图	苏州金宏气体股份有限公司	1	6604284	相城区	2016年
115	德胜洋楼 TECSUN	德胜(苏州)洋楼有限公司	19	1584764	工业园区	2016年
116	天烨	苏州天烨集团有限公司	40	4120052	吴中区	2016年
117	正大富通	江苏正大富通股份有限公司	35	3865520	张家港	2016年
118	典发及图	典发食品(苏州)有限公司	29	5483881	吴江区	2017年
119	苏试	苏州苏试试验仪器股份有限公司	9	3759147	工业园区	2017年

2. 苏州品牌企业——中华老字号名单

苏州市中华老字号名单

("中华老字号"先后由原国内贸易部批准、中国商业联合会批准、中国商务部认定。苏州共有72家中华老字号,其中商务部认定的中华老字号有30家。)

序号	企业名称	中华老字号名称	备注
食品类:(14家)			
1	苏州陆稿荐食品有限公司	陆稿荐(注册商标:大房/陆稿荐)	商务部认定
2	苏州稻香村食品工业有限公司	稻香村(注册商标:禾)	商务部认定
3	苏州乾生元食品有限公司	乾生元(注册商标:乾)	商务部认定
4	太仓糟油食品有限公司	香玉糟油	
5	苏州黄天源食品有限公司	黄天源	商务部认定
6	苏州市相城区黄埭天福食品厂	天福(黄埭西瓜子)	

续表

序号	企业名称	中华老字号名称	备注
7	苏州采芝斋食品有限公司	采芝斋	商务部认定
8	太仓肉松食品有限公司	太仓牌（注册商标：太仓及图）	商务部认定
9	昆山周市太和爊鸭食品厂	太和爊鸭	
10	苏州叶受和食品商店	叶受和（注册商标：和合）	商务部认定
11	苏州杜三珍餐饮管理有限公司	杜三珍	
12	苏州万福兴糕团食品有限公司	万福兴	
13	苏州津津食品有限公司	津津	商务部认定
14	苏州桂香村食品有限公司	桂香村	
酱园类：(5家)			
15	苏州吴中区甪直酱品厂	甪直萝卜（注册商标：甪直）	商务部认定
16	苏州工业园区苏润贸易有限公司	恒泰兴	
17	苏州万康副食品有限公司	万康	
18	苏州市吴江区同里酱制品厂	公号酱园	
19	苏州市吴江区平望调料酱品厂	平望酱品（注册商标：莺湖）	商务部认定
餐饮类：(20家)			
20	苏州市得月楼餐饮有限公司	得月楼	商务部认定
21	苏州松鹤楼餐饮管理有限公司	松鹤楼	商务部认定
22	苏州市石家饭店	石家饭店	商务部认定
23	苏州市绿杨餐饮服务管理有限公司	绿杨馄饨	
24	昆山奥灶馆有限公司	奥灶馆	商务部认定
25	苏州观振兴饮食有限公司	观振兴	
26	苏州市江南食单餐饮有限公司	聚新春	
27	苏州市义昌福酒店	义昌福	商务部认定
28	苏州市近水台面馆	近水台	商务部认定
29	常熟市王四酒家有限公司	王四酒家	商务部认定
30	太仓市城厢镇孟家羊肉店	孟家羊肉面	
31	常熟市山景园菜馆有限公司	山景园菜馆（注册商标：辛峰牌）	商务部认定
32	苏州吴中区藏书升美斋羊肉店	升美斋	
33	苏州吴中区藏书老庆泰羊肉馆	老庆泰	商务部认定

续表

序号	企业名称	中华老字号名称	备注
34	苏州市新聚丰菜馆	新聚丰	
35	太仓市双凤镇俞长盛羊肉面店	俞长盛	
36	苏州市大鸿运酒店有限公司	大鸿运	
37	苏州市朱鸿兴饮食有限公司	朱鸿兴	商务部认定
38	浙江五芳斋实业股份有限公司苏州分公司	五芳斋	
39	江苏国泰南园宾馆有限公司	南园宾馆	
建材类:(3家)			
40	苏州市相城区陆慕御窑砖瓦厂	御窑金砖	
41	苏州市金山石雕艺术有限公司	金山石雕	
42	苏州市中平砖雕文化发展有限公司	中平澄泥堂	
珠宝首饰类:(3家)			
43	苏州子冈玉坊手工艺品有限公司	子冈玉坊	
44	苏州老万年金银有限公司	老万年银楼	
45	苏州恒孚首饰集团有限公司	恒孚银楼	商务部认定
工艺类:(7家)			
46	苏州姜思序堂国画颜料有限公司	姜思序堂	
47	苏州如意檀香扇有限公司	如意檀香扇	
48	苏州艺石斋有限公司	艺石斋	
49	苏州刺绣研究所有限公司	环绣山庄	
50	苏州红木雕刻厂有限公司	红艺牌	
51	苏州民族乐器一厂有限公司	虎丘牌	
52	苏州玉石雕刻厂有限公司	宝鼎玉雕	
医药类:(10家)			
53	苏州雷允上国药连锁总店有限公司宁远堂药店	宁远堂	商务部认定
54	雷允上药业有限公司	雷允上诵芬堂	商务部认定
55	苏州雷允上国药连锁总店有限公司沐泰山药店	沐泰山	
56	苏州市良利堂药店	良利堂	商务部认定

续表

序号	企业名称	中华老字号名称	备注
57	苏州雷允上国药连锁总店有限公司天益生药店	天益生	
58	苏州雷允上国药连锁总店有限公司潘资一药店	潘资一	
59	昆山双鹤同德堂连锁大药房有限公司	同德堂	
60	苏州雷允上国药连锁总店有限公司童葆春药店	童葆春	
61	苏州雷允上国药连锁总店有限公司王鸿翥药店	王鸿翥	商务部认定
62	苏州市天灵中药饮片有限公司	李良济	
茶叶类:(3家)			
63	苏州春蕾茶庄有限公司	汪瑞裕	商务部认定
64	苏州三万昌茶叶有限公司	三万昌	商务部认定
65	苏州玉露春茶叶有限公司	玉露春	商务部认定
酿酒类:(2家)			
66	江苏张家港酿酒有限公司	沙洲优黄	商务部认定
67	苏州元大昌酒业有限公司	元大昌	
丝绸类:(2家)			
68	苏州辑里丝绸有限公司	辑里蚕丝	
69	苏州乾泰祥丝绸有限公司	乾泰祥	商务部认定
其他类:(3家)			
70	苏州市光明眼镜有限公司	光明眼镜	
71	苏州东来仪百货文化用品商店	东来仪	
72	苏州市国际照相馆	国际照相馆	

3. 苏州品牌企业——上市公司名单

苏州市 A 股上市公司名单

（截至 2017 年 12 月底，苏州市 A 股上市公司共有 103 家，其中上海主板 31 家，深圳主板 3 家，中小板 39 家，创业板 30 家）

序号	股票简称	上市时间	所属行业	辖区	股票代码	交易所
1	通润装备	2007年8月10日	金属制品业	常熟	002150	深圳证券交易所
2	常铝股份	2007年8月21日	有色金属冶炼和压延加工业	常熟	002160	深圳证券交易所
3	中利集团	2009年11月27日	电气机械和器材制造业	常熟	002309	深圳证券交易所
4	亿通科技	2011年5月5日	计算机、通信和其他电子设备制造业	常熟	300211	深圳证券交易所
5	天银机电	2012年7月26日	电气机械和器材制造业	常熟	300342	深圳证券交易所
6	中来股份	2014年9月12日	计算机、通信和其他电子设备制造业	常熟	300393	深圳证券交易所
7	瑞特股份	2017年1月25日	铁路、船舶、航空航天和其他运输设备制造业	常熟	300600	深圳证券交易所
8	风范股份	2011年1月18日	金属制品业	常熟	601700	上海证券交易所
9	常熟银行	2016年9月30日	金融业	常熟	601128	上海证券交易所
10	常熟汽饰	2017年1月5日	汽车制造业	常熟	603035	上海证券交易所
11	长城影视	2006年10月12日	文化、体育和娱乐业	张家港	002071	深圳证券交易所
12	沙钢股份	2006年10月25日	黑色金属冶炼和压延加工业	张家港	002075	深圳证券交易所
13	江苏国泰	2006年12月8日	批发和零售业	张家港	002091	深圳证券交易所
14	澳洋科技	2007年9月21日	化学纤维制造业	张家港	002172	深圳证券交易所
15	东华能源	2008年3月6日	批发和零售业	张家港	002221	深圳证券交易所
16	澳洋顺昌	2008年6月5日	交通运输、仓储和邮政业	张家港	002245	深圳证券交易所
17	海陆重工	2008年6月25日	通用设备制造业	张家港	002255	深圳证券交易所
18	华昌化工	2008年9月25日	化学原料及化学制品制造业	张家港	002274	深圳证券交易所
19	长江润发	2010年6月18日	医药制造业	张家港	002435	深圳证券交易所

续表

序号	股票简称	上市时间	所属行业	辖区	股票代码	交易所
20	康得新	2010年7月16日	橡胶和塑料制品业	张家港	002450	深圳证券交易所
21	银河电子	2010年12月7日	计算机、通信和其他电子设备制造业	张家港	002519	深圳证券交易所
22	天沃科技	2011年3月10日	专业技术服务业	张家港	002564	深圳证券交易所
23	张家港行	2017年1月24日	金融业	张家港	002839	深圳证券交易所
24	富瑞特装	2011年6月8日	专用设备制造业	张家港	300228	深圳证券交易所
25	新美星	2016年4月25日	专用设备制造业	张家港	300509	深圳证券交易所
26	金陵体育	2017年5月9日	文教、工美、体育和娱乐用品制造业	张家港	300651	深圳证券交易所
27	保税科技	1997年3月6日	交通运输、仓储和邮政业	张家港	600794	上海证券交易所
28	鹿港文化	2011年5月27日	纺织业	张家港	601599	上海证券交易所
29	金鸿顺	2017年10月23日	汽车制造业	张家港	603922	上海证券交易所
30	天顺风能	2010年12月31日	电气机械和器材制造业	太仓	002531	深圳证券交易所
31	雅本化学	2011年9月6日	化学原料及化学制品制造业	太仓	300261	深圳证券交易所
32	德威新材	2012年6月1日	橡胶和塑料制品业	太仓	300325	深圳证券交易所
33	怡球资源	2012年4月23日	有色金属冶炼和压延加工业	太仓	601388	上海证券交易所
34	沪电股份	2010年8月18日	计算机、通信和其他电子设备制造业	昆山	002463	深圳证券交易所
35	众应互联	2010年8月31日	软件和信息技术服务业	昆山	002464	深圳证券交易所
36	新宁物流	2009年10月30日	交通运输、仓储和邮政业	昆山	300013	深圳证券交易所
37	天瑞仪器	2011年1月25日	仪器仪表制造业	昆山	300165	深圳证券交易所
38	飞力达	2011年7月6日	交通运输、仓储和邮政业	昆山	300240	深圳证券交易所
39	新莱应材	2011年9月6日	通用设备制造业	昆山	300260	深圳证券交易所
40	世名科技	2016年7月5日	化学原料及化学制品制造业	昆山	300522	深圳证券交易所
41	优德精密	2016年9月30日	专用设备制造业	昆山	300549	深圳证券交易所
42	哈森股份	2016年6月29日	皮革、毛皮、羽毛及其制品和制鞋业	昆山	603958	上海证券交易所
43	科森科技	2017年2月9日	金属制品业	昆山	603626	上海证券交易所

续表

序号	股票简称	上市时间	所属行业	辖区	股票代码	交易所
44	春秋电子	2017年12月12日	计算机、通信和其他电子设备制造业	昆山	603890	上海证券交易所
45	东方市场	2000年5月29日	电力、热力生产和供应业	吴江区	000301	深圳证券交易所
46	南极电商	2007年4月18日	商务服务业	吴江区	002127	深圳证券交易所
47	康力电梯	2010年3月12日	通用设备制造业	吴江区	002367	深圳证券交易所
48	通鼎互联	2010年10月21日	电气机械和器材制造业	吴江区	002491	深圳证券交易所
49	科林环保	2010年11月9日	电力、热力生产和供应业	吴江区	002499	深圳证券交易所
50	德尔未来	2011年11月11日	木材加工及木制品业	吴江区	002631	深圳证券交易所
51	华源控股	2015年12月31日	金属制品业	吴江区	002787	深圳证券交易所
52	凯伦股份	2017年10月26日	非金属矿物制品业	吴江区	300715	深圳证券交易所
53	永鼎股份	1997年9月29日	电气机械和器材制造业	吴江区	600105	上海证券交易所
54	亨通光电	2003年8月22日	电气机械和器材制造业	吴江区	600487	上海证券交易所
55	吴江银行	2016年12月29日	金融业	吴江区	603323	上海证券交易所
56	法兰泰克	2017年1月25日	通用设备制造业	吴江区	603966	上海证券交易所
57	东山精密	2010年4月9日	计算机、通信和其他电子设备制造业	吴中区	002384	深圳证券交易所
58	华软科技	2010年7月20日	化学原料及化学制品制造业	吴中区	002453	深圳证券交易所
59	安洁科技	2011年11月25日	计算机、通信和其他电子设备制造业	吴中区	002635	深圳证券交易所
60	电科院	2011年5月11日	专业技术服务业	吴中区	300215	深圳证券交易所
61	斯莱克	2014年1月29日	专用设备制造业	吴中区	300382	深圳证券交易所
62	晶瑞股份	2017年5月23日	化学原料及化学制品制造业	吴中区	300655	深圳证券交易所
63	江苏吴中	1999年4月1日	医药制造业	吴中区	600200	上海证券交易所
64	建研院	2017年9月5日	专业技术服务业	吴中区	603183	上海证券交易所
65	赛腾股份	2017年12月25日	专用设备制造业	吴中区	603283	上海证券交易所
66	罗普斯金	2010年1月12日	有色金属冶炼和压延加工业	相城区	002333	深圳证券交易所
67	扬子新材	2012年1月19日	金属制品业	相城区	002652	深圳证券交易所

续表

序号	股票简称	上市时间	所属行业	辖区	股票代码	交易所
68	科斯伍德	2011年3月22日	化学原料及化学制品制造业	相城区	300192	深圳证券交易所
69	吴通控股	2012年2月29日	计算机、通信和其他电子设备制造业	相城区	300292	深圳证券交易所
70	江南高纤	2003年11月27日	化学纤维制造业	相城区	600527	上海证券交易所
71	道森股份	2015年12月10日	专用设备制造业	相城区	603800	上海证券交易所
72	易德龙	2017年6月22日	计算机、通信和其他电子设备制造业	相城区	603380	上海证券交易所
73	创元科技	1994年1月6日	专用设备制造业	高新区	000551	深圳证券交易所
74	中核科技	1997年7月10日	通用设备制造业	高新区	000777	深圳证券交易所
75	苏州固锝	2006年11月16日	计算机、通信和其他电子设备制造业	高新区	002079	深圳证券交易所
76	胜利精密	2010年6月8日	计算机、通信和其他电子设备制造业	高新区	002426	深圳证券交易所
77	宝馨科技	2010年12月3日	金属制品业	高新区	002514	深圳证券交易所
78	世嘉科技	2016年5月10日	金属制品业	高新区	002796	深圳证券交易所
79	苏州恒久	2016年8月12日	通用设备制造业	高新区	002808	深圳证券交易所
80	天孚通信	2015年2月7日	计算机、通信和其他电子设备制造业	高新区	300394	深圳证券交易所
81	苏州高新	1996年8月15日	房地产业	高新区	600736	上海证券交易所
82	纽威阀门	2014年1月17日	通用设备制造业	高新区	603699	上海证券交易所
83	柯利达	2015年2月16日	建筑装饰和其他建筑业	高新区	603828	上海证券交易所
84	莱克电气	2015年5月13日	电气机械和器材制造业	高新区	603355	上海证券交易所
85	苏州科达	2016年12月1日	计算机、通信和其他电子设备制造业	高新区	603660	上海证券交易所
86	兴业股份	2016年12月12日	化学原料及化学制品制造业	高新区	603928	上海证券交易所
87	金螳螂	2006年11月20日	建筑装饰和其他建筑业	工业园区	002081	深圳证券交易所
88	新海宜	2006年11月30日	计算机、通信和其他电子设备制造业	工业园区	002089	深圳证券交易所
89	中科新材	2009年9月3日	电气机械和器材制造业	工业园区	002290	深圳证券交易所

续表

序号	股票简称	上市时间	所属行业	辖区	股票代码	交易所
90	春兴精工	2011年2月18日	金属制品业	工业园区	002547	深圳证券交易所
91	锦富技术	2010年10月13日	计算机、通信和其他电子设备制造业	工业园区	300128	深圳证券交易所
92	和顺电气	2010年11月12日	电气机械和器材制造业	工业园区	300141	深圳证券交易所
93	苏大维格	2012年6月28日	计算机、通信和其他电子设备制造业	工业园区	300331	深圳证券交易所
94	南大光电	2012年8月7日	计算机、通信和其他电子设备制造业	工业园区	300346	深圳证券交易所
95	天华超净	2014年7月31日	计算机、通信和其他电子设备制造业	工业园区	300390	深圳证券交易所
96	苏试试验	2015年1月22日	仪器仪表制造业	工业园区	300416	深圳证券交易所
97	启迪设计	2016年2月4日	专业技术服务业	工业园区	300500	深圳证券交易所
98	聚灿光电	2017年10月16日	计算机、通信和其他电子设备制造业	工业园区	300708	深圳证券交易所
99	东吴证券	2011年12月12日	金融业	工业园区	601555	上海证券交易所
100	晶方科技	2014年2月10日	计算机、通信和其他电子设备制造业	工业园区	603005	上海证券交易所
101	中衡设计	2014年12月31日	专业技术服务业	工业园区	603017	上海证券交易所
102	麦迪科技	2016年12月8日	软件和信息技术服务业	工业园区	603990	上海证券交易所
103	亚翔集成	2016年12月30日	建筑安装业	工业园区	603929	上海证券交易所

4. 苏州品牌企业——"守合同重信用"企业名单

苏州市"守合同重信用"企业名单(国家级)

(截至2015年度,苏州市共有国家级"守合同重信用"企业63家,省级"守合同重信用"企业308家。2016年6月,国家工商行政管理总局向社会公示了2014—2015年度"守合同重信用"企业,其中,苏州市新增首次公示的国家级"守重"企业24家。)

序号	企业名称	辖区	所属行业	备注
1	江苏金陵体育器材股份有限公司	张家港	文教、工美、体育和娱乐用品制造业	
2	江苏永钢集团有限公司	张家港	金属制品业	

续表

序号	企业名称	辖区	所属行业	备注
3	张家港市乐万家房地产调剂有限公司	张家港	房地产中介服务	
4	长江润发机械股份有限公司	张家港	专用设备制造业	
5	常熟风范电力设备股份有限公司	常熟	金属结构制造	
6	常熟开关制造有限公司	常熟	电子器件制造	
7	常熟市汽车饰件股份有限公司	常熟	汽车零部件及配件制造	
8	中利科技集团股份有限公司	常熟	电线、电缆、光缆及电工器材制造	
9	常熟市双乐彩印包装有限公司	常熟	塑料零件制造	
10	江苏金土木建设集团有限公司	常熟	房屋建筑业	
11	常熟市良益金属材料有限公司	常熟	金属制日用品制造	
12	常熟市杨园园林工程有限公司	常熟	绿化管理	
13	江苏梦兰集团有限公司	常熟	纺织业	
14	江苏五洋集团有限公司	太仓	矿产品、建材及化工产品批发	
15	太仓市市政工程有限公司	太仓	其他土木工程建筑	
16	太仓市开林油漆有限公司	太仓	基础化学原料制造	
17	太仓市明辉装饰装潢有限公司	太仓	建筑装饰业	
18	江苏城南建设集团有限公司	昆山	房屋建筑业	
19	昆山市华新电路板有限公司	昆山	电子器件制造	
20	正中路桥建设发展有限公司	昆山	土木工程建筑业	
21	江苏新民纺织科技股份有限公司	吴江区	纺织业	
22	江苏华佳控股集团有限公司	吴江区	房屋建筑业	
23	盛虹集团有限公司	吴江区	棉纺织及印染精加工	
24	亨通集团有限公司	吴江区	通信设备制造	
25	康力电梯股份有限公司	吴江区	专用设备制造	
26	吴江市震洲喷气织造厂	吴江区	机织服装制造	
27	通鼎互联信息股份有限公司	吴江区	电线、电缆、光缆及电工器材制造	
28	吴江市八都建筑有限公司	吴江区	房屋建筑业	
29	科林环保装备股份有限公司	吴江区	通用设备制造业	

续表

序号	企业名称	辖区	所属行业	备注
30	苏州凯达路材股份有限公司	吴中区	铁路、道路、隧道和桥梁工程建筑	
31	苏州宏盛苏作园林有限公司	吴中区	其他未列明建筑业	
32	苏州营财物业管理工程服务有限公司	吴中区	物业管理	
33	苏州金诚科技有限公司	吴中区	专业技术服务业	
34	苏州天马精细化学品股份有限公司	吴中区	基础化学原料制造	
35	江苏吴中集团有限公司	吴中区	投资与资产管理	
36	苏州市华迪净化系统有限公司	吴中区	采矿、冶金、建筑专用设备制造	
37	苏州太湖美药业有限公司	吴中区	非金属矿物制品业	
38	苏州市腾发钢结构工程有限公司	吴中区	金属结构制造	
39	江苏鑫宇装饰有限公司	相城区	建筑、安全用金属制品制造	
40	江苏新安电器有限公司	相城区	计算机、通信和其他电子设备制造业	
41	江苏江南高纤股份有限公司	相城区	纺织业	
42	苏州美瑞德建筑装饰有限公司	姑苏区	建筑装饰业	
43	德合集团有限公司	姑苏区	食品、饮料及烟草制品批发	
44	苏州金鼎建筑装饰工程有限公司	姑苏区	建筑装饰业	
45	中亿丰建设集团股份有限公司	姑苏区	房屋建筑业	
46	苏州第一建筑集团有限公司	姑苏区	房屋建筑业	
47	苏州水木清华设计营造有限公司	姑苏区	建筑装饰业	
48	苏州市沧浪市政工程有限公司	姑苏区	建筑安装业	
49	苏州现代建设监理有限公司	姑苏区	其他未列明服务业	
50	苏州市东吴物业管理有限公司	姑苏区	机动车、电子产品和日用产品修理业	
51	江苏文正工程有限公司	姑苏区	建筑安装业	
52	苏州卓越建设项目管理有限公司	姑苏区	咨询与调查	
53	苏州市双虎高分子材料有限公司	高新区	合成纤维制造	
54	苏州固锝电子股份有限公司	高新区	电子器件制造	
55	苏州广林建设有限责任公司	高新区	房屋建筑业	

续表

序号	企业名称	辖区	所属行业	备注
56	苏州金螳螂怡和科技股份有限公司	高新区	市政道路工程建设	
57	苏州市华丽美登装饰装潢有限公司	工业园区	建筑装饰业	
58	江南嘉捷电梯股份有限公司	工业园区	专用设备制造业	
59	苏州江南嘉捷机电技术研究院有限公司	工业园区	研究与试验发展	
60	苏州天华超净科技股份有限公司	工业园区	纺织服装服饰业	
61	苏州华成集团有限公司	工业园区	机械设备、五金及电子产品批发	
62	攀华集团有限公司	保税区	有色金属冶炼和压延加工业	
63	张家港保税区纺织原料市场有限公司	保税区	租赁和商务服务业	
64	江苏吴中医药集团有限公司	吴中区	医药业	2016年度新增
65	苏州相亭绿化建设工程有限公司	相城区	绿化管理	2016年度新增
66	苏州顺龙建设集团有限公司	吴中区	房屋建筑业	2016年度新增
67	常熟长城轴承有限公司	常熟	泵、阀门、压缩机及类似机械制造	2016年度新增
68	通鼎集团有限公司	吴江区	通信设备制造	2016年度新增
69	江苏亨通线缆科技有限公司	吴江区	电线电缆光缆及电工器材制造	2016年度新增
70	格朗富（苏州）集团有限公司	吴江区	机械设备、五金产品及电子产品批发	2016年度新增
71	苏州祥盛建设工程有限公司	张家港	市政设施管理	2016年度新增
72	吴江市固友木门厂	吴江区	木制品制造	2016年度新增
73	苏州震纶棉纺有限公司	吴江区	化纤织造加工	2016年度新增
74	昆山市开源环境建设有限公司	昆山	土木工程建筑业	2016年度新增
75	优德精密工业（昆山）股份有限公司	昆山	金属工具制造	2016年度新增
76	宏大建设集团有限公司	昆山	土木工程建筑业	2016年度新增
77	苏州绿世界园林发展有限公司	姑苏区	绿化管理	2016年度新增
78	苏州市城建开发监理有限公司	姑苏区	咨询与调查	2016年度新增
79	苏州建筑工程监理有限公司	高新区	房屋建筑业	2016年度新增

续表

序号	企业名称	辖区	所属行业	备注
80	苏州吴林园林发展有限公司	高新区	绿化管理	2016年度新增
81	迪诺曼(苏州)科技服务有限公司	工业园区	机动车、电子产品修理业	2016年度新增
82	江苏苏净集团有限公司	工业园区	其他专用设备制造	2016年度新增
83	齐力建设集团有限公司	保税区	土木工程建筑业	2016年度新增
84	吴江市明港道桥工程有限公司	吴江区	铁路、道路、隧道和桥梁工程建设	2016年度新增
85	江苏隆力奇集团有限公司	常熟	日用化学产品制造	2016年度新增
86	江苏永鼎股份有限公司	吴江区	通信光缆、电缆设备制造	2016年度新增
87	江苏神王集团有限公司	吴中区	金属丝绳及其制品制造	2016年度新增

5. 苏州品牌企业——A级景区名单

苏州市A级景区(景点)名单

(截至2017年度,苏州共有63家68个国家等级旅游景区点,其中5A级景区6家11个点,4A级景区36家,3A级景区17家,2A级景区4家。)

序号	景区名称		等级
1	苏州园林景区	(1) 苏州市拙政园	AAAAA
		(2) 苏州市留园	AAAAA
		(3) 苏州市虎丘山风景名胜区	AAAAA
2	周庄古镇景区		AAAAA
3	苏州吴江市同里古镇游览区		AAAAA
4	苏州市金鸡湖景区		AAAAA
5	苏州吴中太湖旅游区	(1) 东山景区	AAAAA
		(2) 穹窿山景区	AAAAA
		(3) 旺山景区	AAAAA
6	苏州沙家浜·虞山尚湖旅游区	(1) 苏州常熟市虞山尚湖风景区	AAAAA
		(2) 苏州常熟市沙家浜风景区	AAAAA
7	苏州市狮子林		AAAA

续表

序号	景区名称	等级
8	苏州市网师园	AAAA
9	石湖景区	AAAA
10	苏州乐园	AAAA
11	苏州盘门景区	AAAA
12	苏州市七里山塘景区	AAAA
13	苏州市平江历史街区	AAAA
14	苏州白马涧生态园	AAAA
15	苏州太湖国家湿地公园	AAAA
16	中国刺绣艺术馆景区	AAAA
17	苏州市寒山寺	AAAA
18	苏州市西园戒幢律寺	AAAA
19	苏州天平山景区	AAAA
20	苏州甪直古镇游览区	AAAA
21	苏州木渎古镇	AAAA
22	苏州西山景区	AAAA
23	苏州工业园区重元寺	AAAA
24	苏州吴江市静思园	AAAA
25	常熟方塔古迹名胜区	AAAA
26	常熟服装城购物旅游区	AAAA
27	常熟蒋巷乡村旅游景区	AAAA
28	昆山市千灯古镇游览区	AAAA
29	苏州昆山市亭林园	AAAA
30	苏州昆山市锦溪古镇	AAAA
31	张家港市凤凰山风景区	AAAA
32	太仓现代农业园	AAAA
33	张家港市香山景区	AAAA
34	吴江区震泽古镇景区	AAAA
35	苏州光福景区	AAAA
36	张家港永联景区	AAAA
37	吴中区天池山景区	AAAA

续表

序号	景区名称	等级
38	太仓市沙溪古镇景区	AAAA
39	常熟市梅李聚沙园	AAAA
40	张家港暨阳湖生态旅游区	AAAA
41	苏州湾黄金湖岸旅游区	AAAA
42	江苏大阳山国家森林公园	AAAA
43	苏州何山公园	AAA
44	苏州荷塘月色湿地公园	AAA
45	苏州中国花卉植物园	AAA
46	苏州中国珍珠宝石城	AAA
47	苏州大白荡城市生态公园	AAA
48	苏州相城盛泽湖月季园	AAA
49	苏州张家港市东渡苑景区	AAA
50	张家港市梁丰生态园	AAA
51	昆山巴城阳澄湖景区	AAA
52	吴江青少年科技文化活动中心	AAA
53	吴江圆通寺景区	AAA
54	苏州太仓市太仓公园(弇山园)	AAA
55	苏州太仓市南园公园	AAA
56	吴江平望莺湖景区	AAA
57	昆山市城市生态森林公园	AAA
58	常阴沙生态农业旅游区	AAA
59	昆山五谷丰灯景区	AAA
60	苏州柳亚子故居	AA
61	王锡阐故居纪念馆	AA
62	苏州张家港市张家港公园	AA
63	太仓张溥故居	AA